水利信息化
基础设施建设与运维
实操手册

唐肖岗　王妍　张涛　宗华丽　吴新荣　谷立成 / 编著

WATER INFORMATION
INFRASTRUCTION

知识产权出版社
全国百佳图书出版单位
—北京—

图书在版编目（CIP）数据

水利信息化基础设施建设与运维实操手册 / 唐肖岗等编著. — 北京：知识产权出版社，2021.12
ISBN 978-7-5130-7991-4

Ⅰ. ①水… Ⅱ. ①唐… Ⅲ. ①水利建设－信息化建设－基础设施建设－中国－手册 Ⅳ. ①F426.9-39

中国版本图书馆CIP数据核字(2021)第266964号

内容提要：

本书从水利行业角度出发，从基础入手，全面、系统地介绍水利信息化基础设施建设与运维的基本方法，重点对运行环境、通信和网络、计算存储资源、视频会议、网络安全防御体系、基础网络服务、运维管理系统等方面的建设管理和运维管理进行详细阐述。注重信息化基础设施与水利行业特点相结合，介绍了水利信息化基础设施的各部分主要组成、技术发展和建设思路，总结实际工作中水利信息化基础设施的建设和应用经验、运行维护要点和难点，同时以实例说明如何把控好各个过程的质量和常见问题的分析与解决，从而正确、高效地处理好水利信息化基础设施生命周期各个阶段、各个环节之间的关系。

责任编辑：张　珑　　　　**责任印制**：孙婷婷

水利信息化基础设施建设与运维实操手册

SHUILI XINXIHUA JICHU SHESHI JIANSHE YU YUNWEI SHICAO SHOUCE

唐肖岗　王　妍　张　涛　宗丽华　吴新荣　谷立成　编著

出版发行：知识产权出版社有限责任公司　　**网　　址**：http://www.ipph.cn
电　　话：010－82004826　　http://www.laichushu.com
社　　址：北京市海淀区气象路50号院　　**邮　　编**：100081
责编电话：010－82000860转8574　　**责编邮箱**：laichushu@cnipr.com
发行电话：010－82000860转8101　　**发行传真**：010－82000893
印　　刷：北京中献拓方科技发展有限公司　　**经　　销**：新华书店、各大网上书店及相关专业书店
开　　本：720mm×1000mm　1/16　　**印　　张**：24.75
版　　次：2021年12月第1版　　**印　　次**：2021年12月第1次印刷
字　　数：393千字　　**定　　价**：118.00元

ISBN 978－7－5130－7991－4

前言

国民经济的现代化离不开水利现代化的保障，而水利信息化是水利行业走向现代化的措施和手段，也是水利现代化的基础标志和重要内容。同时，水利信息化建设作为国家信息化建设的重要组成部分，也是水利行业自身发展的迫切需要。因此，水利信息化就要在水利行业普遍应用的现代通信传输、计算机网络、计算存储资源等水利信息化基础设施方面做好建设与运维，并逐渐趋于标准化、规范化，全面提升水利行业各项活动效率与效能，直接为各项水利业务提供服务，提高科学管理水平。因此，水利信息化基础设施建设与运维是水利信息化工作的重要基础，也是水利事业发展的重要基础。

本书的6位作者，均长期工作在水利信息化建设与运维一线，具有丰富的建设和运维实践经验。通过本书的编写，他们将自身的工作经验进行系统的总结，并分享给广大读者，希望能为从事水利信息建设与运维工作的同行提供一些可借鉴之处。

本书的撰写充分结合了各位作者在信息化运维团队的工作岗位分工以及技术专长，其中：唐肖岗负责撰写第1章“概述”以及第5章“计算和存储资源”中5.1节“服务器”、5.2节“存储资源”的内容，共70 000字；王妍负责撰写第4章“网络交换”4.1节“网络设备概述”和第7章“网络安全体系”的内容，共80 000字；吴新荣负责撰写第3章“通信传输”的内容，共80 000字；张涛负责撰写第6章“虚拟化和云计算”、第5章“计算和存储资源”中5.3节“备份资源”的内容，共60 000字；宗华丽负责撰写8章“基础支撑服务”和第9章“运维管理系统”的内容，共80 000字；谷立成撰写第4章“网络交换”4.2节“组网形式”和4.3节“网络管理与运维”的内容，共20 000字。

目 录

第1章 概述

近几年，水利信息化快速发展，作用日益显著。水利信息化基础设施覆盖了水利业务的方方面面，在水旱灾害防御、水资源管理、水土保持、政务办公等工作中发挥了重要作用。信息化基础设施主要包括水利信息采集、工程监控、通信、网络、视频会商、计算、存储及机房环境等资源。信息化基础设施是一个单位信息系统建设、运行的基础，其稳定、可靠运行的能力，将直接影响上层信息系统的使用。

1.1 水利信息化基础设施的重要作用

可持续发展是水利工作的一个永恒主题，也是水利信息化工作的一个永恒主题。水利信息化基础设施的建设与运维是水利信息化工作的重要组成部分，是水利信息化保障环境的重要环节，是水利信息系统故障处理的主要依托，并贯穿于水利信息化的整个工作过程。因此应深刻认识建设运行维护管理工作的必要性和紧迫性，在保证已建系统充分发挥效益上面下功夫。

各单位首先理顺水利信息化基础设施的建设及运行维护管理机制，明确运行维护部门，制定严密的管理制度，明确岗位，落实责任，定期检查，实时维护。长远来看，要注意信息系统的软硬件环境、网络环境等资源整合，要逐步由信息化职能部门接手，实行统一的运行维护管理，避免资源和人才的浪费，以便更好地创造效益。有条件的地区，可尝试运行维护外包等新的管理模式。

在水利信息系统运行管理的行业政策未出台前，各级水利行政主管部门应依托相应机构，或在部门已建立的水利信息中心的基础上，设立技术支持部门，协助完成系统的运行维护任务。

技术支持部门需要建立服务对象及服务承担人的档案，实现问题提交、问题跟踪、问题更新、问题处理、处理记录、解决方案查询等工作的系统化、规范化。

1.2 面临的形势与分析

1.2.1 存在问题

1. 统筹协调难度大

水利信息化涉及多个业务部门，因此，必须统筹规划、协调安排好跨部门、跨层级的业务协同关系，并以水利工作全局为出发点，始终坚持统一领导、统筹规划、统一建设。在实际的实施过程中，由于政府职能部门化、管理碎片化，加上水利信息化建设顶层设计不足，致使水利信息化工作部门化、局部化现象严重。此外，与实际情况相比，水利信息化发展仍存在较大改进空间，建设管理模式与观念较为分散，要想实现集中、统一的建设管理还存在较大难度。

2. 信息化认识不足

水利信息化需要在水利工作中有效融入信息技术，并充分发挥信息技术在水利工作中的重要作用，这就需要水利部门加深对信息化的认识，以实现水利与信息技术的有效融合。然而，目前与水利管理相关的标准规范和制度忽视了信息技术的重要作用，使得各项水利管理制度缺乏统一性与衔接性，信息采集与整合不统一、共享机制缺失，致使水利信息化的整体水平较低。

3. 建设效果与预期目标差距较大

很多信息化基础设施在建设完成并投入使用后，才发现存在很多问题。比如，计算机机房面积余量不足，难以满足信息系统不断增加的需要；计算机机房空调制冷效果不好；房间内网络接口不够用，无法新布网线；网络不稳定，经常上不去网，或者上网很慢；楼宇内监控系统存在盲区，某些部位被入侵却无法获得有效监控图像；远程召开视频会议时视频、声音断断续续，等等。大量的问题总在工程验收、系统投入使用后才暴露出来。

4. 运维管理混乱，使用不便

基础设施建设完成后，设备使用维护成了大问题。比如，制定了许多管理制度，却很难得到真正执行；原来的机房布线由于几次调整，线标更新不及时、脱落，已经很难理得清；交换机上有用、没用的线一大堆混在一起，动了一根，就造成很多人上不去网；设备灰尘、老化、故障，更换的设备一大堆，搞不清楚哪台能用、哪台不能用；网络时慢时快，原因难以排查；视频监控时好时坏，不知是设备还是线路有问题；监控图像存了几十千兆，查找历史图像费时费力，想要的查不着，无用的存了一大堆。设备出现问题，更是麻烦，维护人员查找多时不能查明原因，设备出现问题后找不到承建商，或承建商不愿上门服务，维修困难；安全问题更是严重，水灾、火灾等一旦发生，才发现员工束手无策，更不知道发生灾难后的营救措施或如何求救了。这些都是运维管理的问题。

1.2.2 分析

信息化基础设施建设投入了大量的人力、物力、财力，为什么产生的效益远未达到预期，为什么使用过程中还是问题不断？其原因大致有以下几个方面：

1. 缺乏科学合理的规划设计

在进行信息化基础设计时，对未来信息化应用情况普遍缺乏预测和详细的需求分析，所有的规划、设计都是主观臆断和设想，导致系统投入使用后出现不适用、不好用等现象；规划设计人员习惯于套用以前其他地方的设计，设计图千篇一律，施工图针对性不强，没有根据设计对象的要求、层次、定位等方面认真思考，来定位基础设施系统设计目标，导致布局混乱、容量不足、选型不准、针对性不强等现象。

2. 缺乏严格有效的项目管理和控制

在施工过程中，缺乏有效的项目管控措施，只能让承建商牵着鼻子走，进度、质量、成本都无法有效控制。对承建商缺乏有效监管和制约，尤其是有多个承建商时，常导致承建商之间相互扯皮、推诿。施工质量缺乏控制，常常造成质量隐患，而很多问题只有真正使用时才能充分暴露出来。

3. 缺乏科学有效的运维管理和应急响应体系

信息化基础设施的使用、维护，需要建立科学、实用的管理制度，需要建立专业的运维人员队伍，需要建立完善的工作体系。缺乏科学有效的运维，导致系统更新不及时、变更无记录、故障无预防、事故无应急、问题无解决。这将造成运维人员疲于奔命，而系统依然问题不断，用户埋怨，领导不满意。

1.2.3 发展趋势

根据新时期水利事业发展的迫切需要，水利部提出了由传统水利向现代水利、可持续发展水利转变，以水资源的可持续利用支撑经济社会可持续发展的治水新思路，提出了“水利信息化是水利现代化的基础和重要标志，要以水利信息化带动水利现代化的发展”的理念，并将水利信息化列入了年度水利工作发展的十大主要目标，对水利信息化建设提出了明确的要求。水利信息化已成为防洪抗旱减灾、节水型社会建设、水资源管理、水生态保护和水土保持等工作的重要手段和技术保障，也是增强水利工程建设与运行管理效能、提高工作效率和决策水平的重要途径，更是实现水利政务公开、服务社会的必然要求。

从长时段考虑，要注意信息化基础设施的软硬件环境、网络环境等资源整合，要逐步由信息化职能部门接手，实行统一的运行维护管理，避免资源和人才的浪费，更好地创造效益。有条件的地区，可尝试运行维护外包等新的管理模式。

1.3 水利信息化基础设施建设机制

信息化建设基础设施遵循统一技术标准、统一运行环境、统一安全保障、统一数据中心和统一门户的“五统一”原则。

信息化基础建设生命周期包括规划设计阶段、施工阶段、运行阶段，各阶段具体内容如图 1-1 所示。控制好各个过程中的活动和质量，处理好各个阶段、各个环节之间的关系，是信息化基础设施建设的正确道路。

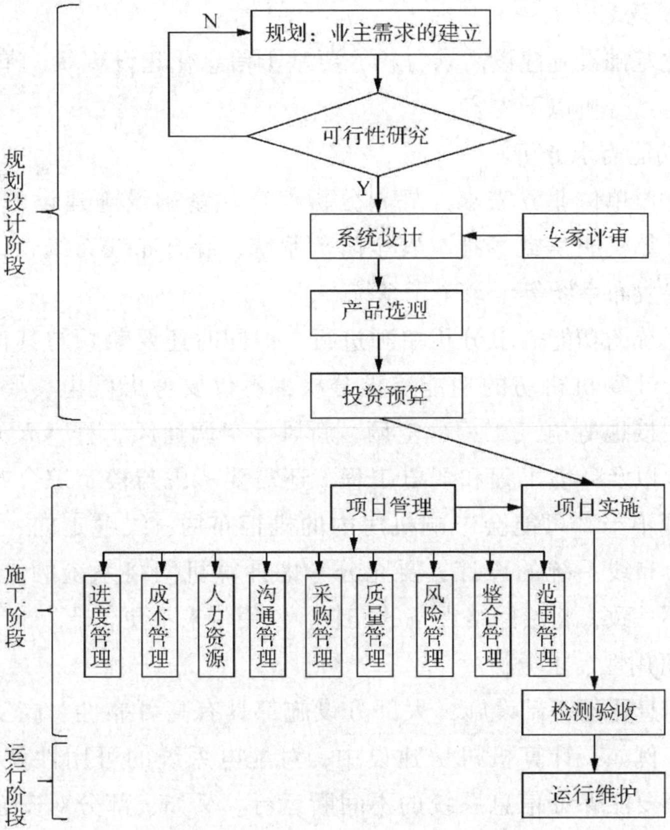

图 1-1　信息化基础建设生命周期

1.3.1　建设规划设计阶段

大部分信息化建设单位对信息化基础设施建设的规划设计重视不够，常常让施工方自行出方案，而施工方多基于自身商业利益进行方案设计，考虑建设单位的实际需求不足，且施工方对建设单位的未来需求缺乏预估，导致信息化建设完成后出现一系列问题。

信息化基础设施的规划设计阶段主要完成建设需求与可行性分析、方案设计、产品选型、投资预算等工作。基于建设需求，结合信息化基础设施建设实践和对信息技术发展趋势的把握，定义组织信息化基础设施建设目标，规划出基础设施的架构，全面地、系统地指导信息化基础设施建设进程。

1. 分析规划

信息化基础设施建设需求分析，要基于信息化建设现状、单位的 IT 战略规划，重点分析以下内容。

（1）功能需求分析。

根据建设单位业务需求，规划分析信息化基础设施建设的功能需求。通常包括计算机机房或场地、安全防范系统、综合布线系统、计算机网络系统、信息发布系统等十余个子系统。

每个系统的功能需求分析单独进行，但同时还要兼顾与其他系统的关系。比如，计算机机房的功能需求分析，不仅要考虑配电、照明、防雷、动力配电、接地等电气工程，空调、新风等空调通风工程，灭火、报警等消防工程，以及环境工程和弱电工程，还需要考虑与楼宇综合布线的衔接问题，处理不当，可能会影响机房内的机柜布局、线缆走向、通风效果。又如，综合布线系统的设计，要充分考虑计算机网络系统的结构、布局，两者如果不一致，将给网络设备的安装、使用带来不便。

（2）可用性需求分析。

作为信息化的基础设施，大部分设施都具有高可靠性、高安全性等可用性需求。例如，计算机机房建设中，对配电系统的可用性就要求较高，在动力方面要能保证信息系统的不间断运行。又如，部分对安全性较高场合，必须采取物理环境保护、电磁屏蔽等措施，以加强安全防护。

根据业务的重要程度、对不间断运行的要求程度，确定信息化基础设施建设的可用性级别，据此规划设计各系统、设备的冗余能力。比如，可靠性要求为 A 级和 B 级的机房，必须为两个独立电源供电，而可靠性要求为 C 级机房则可以是 1 个电源、2 个回路供电。又如，网络系统，可用性要求较高时，可以是所有链路、设备皆采取冗余措施；要求不高时，则可以仅做核心设备冗余即可。

（3）容量及可扩展性需求分析。

信息化基础设施一次建设完成后，再进行扩充、调整都较为麻烦。所以在分析、设计时，要充分考虑到业务的发展，为未来系统的扩充留足余量。如计算机机房中的场地面积、电力载荷、场地集中载荷、空调风量、UPS 功率等，都要兼顾投资预算和未来扩充的需要。

（4）可维护性需求分析。

由于信息化基础设施相关系统中设备繁多，具有一定复杂性，投入使用后的管理任务繁重。所以在需求分析时，必须考虑其可维护性需求。比如，计算机机房应该配备机房环境监控系统，以实时监测整个机房的运行状况，实现语音报警、短信报警、远程监测，以简化机房管理人员的维护工作。

（5）初步方案规划。

根据需求分析结果，设计初步建设方案。初步方案主要完成功能架构、技术架构、物理分布、系统组成结构、设备选型原则等。必要时，可以给出多个备选方案，以供对比选择。

（6）可行性分析。

对需求分析结果、初步方案进行可行性分析，包括必要性，以及技术、财务、组织、环境等可行性，并对建设中的风险进行识别、分析，制定规避风险的对策，为项目全过程的风险管理提供依据。

2. 系统设计

信息化基础设施建设在经过需求分析并进行可行性论证后，则开始进行系统设计。主要完成总体系统结构，各子系统具体功能、结构，以及各类设备、产品的选型，数量计算，分布和安装设计，绘制设计图纸，编写设计文档等。最后进行投资预算，形成详细的预算清单。

以计算机机房系统的设计为例。首先进行总体结构设计，确定机房位置、整体结构、各子系统组成、设备区域布置等；然后完成各子系统的设计，包括建筑结构设计（如出入口、防火和疏散通道、室内装修），空调通风系统设计（如负荷计算、气流组织），电气系统设计（如供配电、照明、静电防护、接地），电磁屏蔽设计（如屏蔽结构、屏蔽方式），布线系统设计（如光纤、铜缆分布、配线方式），消防系统设计（如探测方式、消防设施、安全报警措施），给排水设计（如管道分布、防水措施），监控与安防设计（如环境监控、设备监控、安全防范措施）等，形成对应的设计图纸、报告；再进行设备、材料选型，综合考虑资金、质量要求、产品品牌要求等，选择适用的设备或材料，计算材料、设备数量；最后完成投资预算，确定设备、材料费用，计算人工、管理、差旅、纳税等其他费用，形成设备与预算清单或报告。

1.3.2 施工阶段

信息化基础设施建设包含的系统较多，涉及专业广，所以建设过程中涉及的承建单位、供应商也较多，从而给工程的建设、管理带来较大难度，对工程的统筹安排、协调配合、质量管控等提出了挑战。良好的项目管理是项目实施成功的重要保障。

1. 建立项目管理组织

建立一个高效的项目管理组织，是实施项目管理的基础。应由建设单位相关人员、各承建单位、质量检测单位、项目管理或监理单位、设计单位等，共同组成项目组，并明确人员职责和分工。

2. 明确项目计划和规范

在项目组内部，确立项目整体工作计划，并明确各个阶段的工作成果及要求，建立项目组沟通机制、事件处理机制、工作汇报机制、变更审批机制等工作制度规程。

3. 项目进度控制

项目进度控制的重点是做好计划并逐步分解，时时进行进度评审，确保施工进度与计划保持一致。在出现某个阶段的计划没有及时完成时，应采取必要措施，将计划赶上。

信息化基础设施建设项目的进度控制，难点在于项目由多个子系统组成，会有多个施工方参与，相互之间有工序要求，如综合布线和静电地板施工、布线和装修施工等，只有统筹规划、协调配合，才能保证不出现窝工等现象。

4. 项目质量控制

质量控制是所有项目管理中的重要内容。在施工过程中，需要采取到货验收、现场抽样检测、隐蔽工程检测、系统检测等多种手段控制工程质量。

其中隐蔽工程的检测尤为重要。建设过程中如果没有控制好质量，待项目完工时，已无法检测，如果出现质量问题，排查起来也较为困难。比如，在计算机机房建设中，承重散力架安装时，应进行震动、载荷等检测。

5. 项目变更控制

项目实施过程中，变更难以避免。但变更内容、方式等必须严格控制。否则可能使整个工程的进度、质量受到影响，并造成项目经费、成本等难以核算、控制。

项目变更提出后，应由项目组内各方人员进行评审，并由建设单位最终确认。评审时应充分评估变更对质量、进度的影响。

6. 项目风险控制

项目风险控制是项目管理中的另一项重要工作。在项目实施的不同阶段，要充分识别人员、环境、工序、制度、技术等各类风险，并提前采取对应措施，以使项目风险得到有效控制，避免出现重大的事故或变更。

1.3.3　验收阶段

信息化基础设施建设具有投资大、周期长、科技含量高、项目复杂等特点。在投入使用前，必须对所建设的各个系统进行细致的检测，方能验证整个系统正常使用。信息化基础设施系统通常检测验收的内容包括：施工文档资料检查、系统功能符合性验证、系统性能检测、系统施工工艺检查等。

信息化基础设施检测工作专业性强，需要大量专业设备，通常由专业的检测机构完成。

1.4　水利信息化基础设施运维管理机制

信息化基础设施运行维护是信息系统全生命周期中的重要阶段，这一阶段对系统主要提供维护和技术支持以及其他相关的支持和服务。信息化建设项目验收后，项目建设单位应及时向运行维护单位办理交付手续，并纳入日常运行维护管理。信息系统的运行维护遵循统一管理、分级负责、确保安全的原则。

水利信息系统运行维护服务体系由运行维护对象、运行维护活动、运行维护过程管理、运行维护组织体系、运行维护保障资源等五部分构成。运行维护对象分为基础设施和业务应用两大类。运行维护服务可将信息系统整体视为一个对象，也可将信息系统一个或多个组成要素视为一个对象。运行维护活动按工作内容分为监控巡检、例行维护、响应式维护、故障处置、应急响应、安全管理、分析总结和其他活动等八类。运行维护过程管理包括事件管理、服务请求管理、变更管理和应急管理四类。运行维护组织体系包括人员组织、工作模式、岗位职责、技能要求和绩效考核五个方面。运行维护保障资源包括支撑系统、工具装备、文档资料、备品备件和管理制度五个方面。各部分的组成如图 1-2 所示。

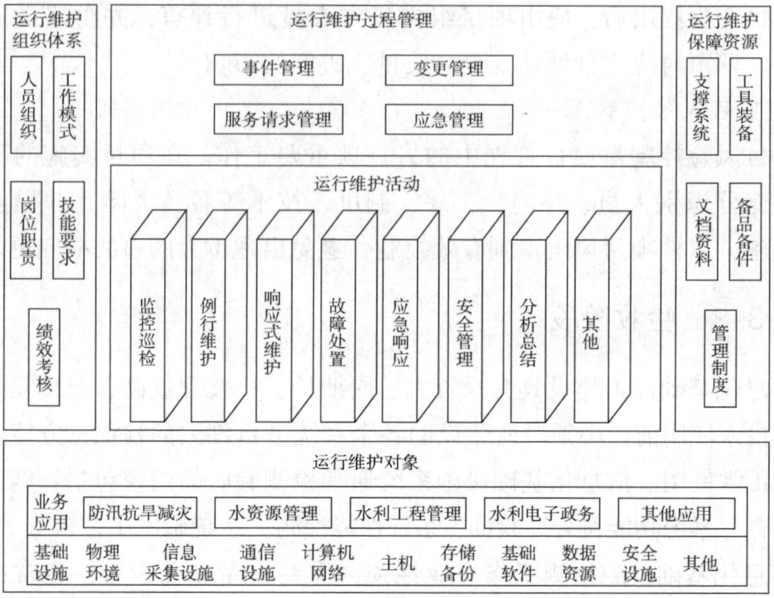

图 1-2　水利信息系统运行维护服务体系

1.4.1　运维体系

1. 运维工作体系与流程

运维工作体系是使运维工作高效有序进行的保证，是控制运维工作质量、提升运维工作效率的主要工具。通常采取 ITIL 等先进思想，结合信息技术服务管理、质量管理、信息安全管理等工作体系，建设运维工作体系。运维工作体系由一系列的工作规程（程序）、操作指南等文件组成，并要求明确各工作流程中的工作记录。这些工作规程（程序）通常包括系统巡检监测工作程序、事件处理程序、应急救援程序、资产管理管理程序、配置管理及变更程序、问题处理程序、故障处理程序、机房等重点区域安防控制程序、人员管理程序、设备保养维修程序、供应商管理程序、采购审批程序等。同时，在各工作程序执行中，还应形成对应的工作记录，以跟踪追溯，出现问题时备查。

2. 运维团队建设

运维团队建设是运维工作得以进行的保障。没有一支技术精湛、服务态度积极、工作兢兢业业的团队，不可能把运维工作做好。

(1) 人员组成。信息化基础设施的运维，主要根据系统的技术要求等分成不同专业类型人员，比如，计算机机房、安防监控、视频显示、综合布线等系统，通常由弱电工程师类人员负责运维；计算机网络由网络工程师类人员负责运维；运维体系、供应商管理、资产管理等，由综合管理类人员负责。

(2) 人员培养。由于信息化基础设施系统和设备众多、组成复杂，对人员有较高技术和能力要求。需要对运维人员进行持续的培养。一是要加强运维体系相关知识的培养，让运维人员熟悉工作程序；二是要加强相关技术、产品知识的培养，让运维人员能完成相应的运维工作；三是加强服务意识、服务管理相关知识、能力的培养，以保证运维服务的质量，提高业务应用部门的满意度。

(3) 绩效管理。绩效管理和人员培养是运维团队建设的两个重要手段，绩效管理还是衡量运维团队工作成绩的重要标准。绩效管理可以借鉴平衡记分卡等思想，从客户、财务、内部运营、学习成长等四个角度设定绩效目标、实施绩效评价。绩效评价指标可以采取定量和定性两种方式，定量指标包括连续无故障运行时间、停机修复时间、设备寿命、设备完好率等；定性指标包括资产档案质量、技术水平、工作态度等。

1.4.2 运维管理制度及标准

水利信息化基础设施的运行维护工作应按照《水利信息系统运行维护规范》(SL-715-2015) 等有关技术标准和规定进行，根据需要设立运行维护岗位，落实运行维护人员，建立运行维护考评机制，制定应急预案。运行维护管理机构应依照《水利信息系统运行维护定额标准》和本单位实际情况，按年度申请专项运行维护经费，并按相关要求使用。

1.4.3 运维活动

1. 维护工作分类

(1) 监控巡检。

运行维护服务机构应提供监控巡检服务，应实时或定期对信息系统运行状态进行监控，并定期对物理环境和硬件设备进行人工巡检。重要信息系统应实时自动监控，并定期进行人工监控，非重要信息系统及暂不具备实时监控条件的信息系统可定期监控。

运行维护服务机构应根据服务级别要求制定监控及巡检服务计划，并做好监控巡检记录，对于监控巡检中发现的问题应根据事先制定的工作流程进行通知、通告和处置。

（2）例行维护。

运行维护服务机构应提供例行维护服务，定期对信息系统进行保养、健康检查、系统更新等周期性维护。

运行维护服务机构应根据服务级别要求制定例行维护的服务计划，并做好例行维护工作记录，发现问题可根据事先制定的工作流程进行通知、通告和处置。

（3）响应式维护。

运行维护服务机构应根据业务需要进行配置变更、系统优化、信息更新等响应式维护，并做好响应式维护工作记录。

响应式维护开展前宜根据事先制定的工作流程进行申请审批、通知、通告。

响应式维护实施前应制定实施方案，重点是应急恢复方案，保证系统的安全可靠和可恢复性。

（4）故障处置。

运行维护服务机构应提供故障处置服务，在信息系统发生故障时，根据服务级别要求，在规定的时间内消除故障影响，并最终清除故障。

依据GB/T28827.3分类分级标准，信息系统故障根据故障严重性和受影响系统的重要性分为特别重大、重大、较大和一般四个等级。重大及以上故障应启动应急预案，按预先制定的应急预案进行处置。

故障处置宜遵循“先抢通、后修复，先核心、后边缘”的原则，优先保证重要业务的恢复，特殊情况酌情处理。

故障处置应根据预设工作流程开展，根据故障情况适时启动应急响应机制。

故障处置完成后应及时记录故障处理方法、做好故障总结，并定期进行统计分析，对发生频次较多的故障现象应进行重点分析，采取相应措施，降低故障发生率。

（5）应急响应。

运行维护服务机构应提供应急响应服务，确保按预先制定的应急处置流程处置信息系统突发事件。

应制定应急响应流程。依据《水利网络与信息安全应急预案》的相关规定，应急响应流程应包括事故发现、事件接报、事件类型判断、应急预案启动、事态控制、应急恢复、应急结束等环节。

应编制整体应急预案，可针对信息系统不同的服务级别明确相应的应急响应级别，针对重要系统制定专项应急预案，建立多手段、多层次的保障机制。应急预案应包括编制目的、适用范围、系统说明、故障等级定义、应急预案启动条件、应急处置流程、应急组织等。

应定期进行应急预案的培训与演习。

应急响应结束后应及时进行总结，同步优化、调整和完善应急预案。

（6）安全管理。

运行维护服务机构应提供安全管理服务，包括系统脆弱性评估、安全威胁监测、安全攻击事件处置等。应定期进行系统脆弱性评估，分析系统存在的安全隐患，并提出改进建议。应实时监测系统安全威胁，对于发现的安全威胁可根据预设工作流程进行通知、通告和处置。

应及时对安全事件进行处置，处置的原则是先阻断后处理。

（7）分析总结。

运行维护服务机构应定期进行分析总结，包括信息系统运行状况的分析总结、运行维护工作的分析总结和安全状况分析总结，提出优化完善建议，并优化改进运行维护工作。

（8）其他。

根据运行维护管理机构的委托，运行维护服务机构应提供视频会议的音视频系统操作服务、新闻采编服务、数据加工整理服务等。运行维护服务机构应在汛期、重要会议等关键时期对关键系统提供重点保障服务，从驻场人员、备品备件、备用措施等方面予以重点保障，提升系统运行的可靠性。应做好系统技术文档的收集、整理及保管，应明确文档的使用范围并严格控制。应做好运行维护工作过程的记录。应制定运行维护操作规程，规范各项维护工作。应定期对运行维护对象、备品备件进行盘点。

2. 维护工作内容

对基础设施的维护工作内容如下。

(1) 物理环境。

物理环境维护服务应做到：定期对机房进行巡检，查看并记录照明、空调、UPS、换气系统、除湿/加湿设备、消防、门禁等机房辅助设施的运行状况、参数变化及告警信息，空调、UPS 等关键设施宜定期进行全面检查，保证其正常运行。实时监测机房超温、超湿、漏水、火情、非法入侵等异常情况。定期对空调、UPS 等机房辅助设施进行保养。根据服务级别要求按时修复故障设施。制定应急预案，应急预案可纳入整体应急预案中；应定期进行预案演练。做好机房出入管理，人员进出应审批并登记，门禁记录宜每月检查并留存。定期进行总结评估，对物理环境运行状况及运行维护工作情况进行分析，提出改进意见。做好物理环境技术资料的收集、整理，定期提交物理环境设备清单，定期绘制、更新机房机柜布置图；做好运行维护工作过程文档的收集、存档。

(2) 信息采集设施。

信息采集设施维护服务应遵循《水文基础设施及技术装备管理规范》(SL415) 等相关规范要求。

(3) 通信系统。

水利部门自建的专用通信系统维护服务应遵循《水利系统通信运行规程》(SL306) 要求，租用公用电信服务应遵循《电信服务规范》(信息产业部令第 36 号) 要求。

(4) 计算机网络。

计算机网络维护服务应做到：定期对计算机网络设备进行巡检，查看并记录设备运行状况及告警信息。实时或定期监控计算机网络运行状况，监控内容至少包括网络设备运行状态，网络设备 CPU、内存占用率情况，网络设备日志检查分析，主要网络节点之间的丢包、延迟等情况，网络链路通断情况，网络链路带宽占用情况，网络流量情况。

定期对计算机网络设备进行例行维护，维护内容至少包括：网络设备健康检查，主要设备应定期进行包括性能分析、安全审计的全面健康检查；设备登录口令定期修改；网络设备固件升级；网络设备配置文件应定期备份，设备配置变化后应及时备份。

根据需要对计算机网络进行响应式维护，维护内容至少包括：网络规划调整；网络资源分配；网络设备配置变更。根据服务级别要求按时修复网络故障。制定应急预案，应急预案可纳入整体应急预案中；应定期进行预案演练。定期进行总结评估，对计算机网络运行状况及运行维护工作情况进行分析，提出改进意见。做好计算机网络技术资料的收集、整理，应定期提交计算机网络设备及线路清单，定期绘制、更新详细网络拓扑图，定期提交网络资源分配情况表；做好运行维护工作过程文档的收集、存档。

（5）主机。

服务器维护服务应做到：定期对各类服务器进行巡检，查看并记录设备运行状况及告警信息。实时或定期监控服务器运行状况，监控内容至少包括：服务器运行状态；服务器 CPU、内存占用率情况；服务器日志检查分析；服务器磁盘利用率。

定期对服务器进行例行维护，维护内容至少包括：服务器健康检查，主要设备应定期进行包括性能分析、安全审计的全面健康检查；服务器登录口令定期修改；服务器固件及系统软件升级；备份策略审核。

根据需要对服务器进行响应式维护，维护内容至少包括：服务器配置变更；服务器备份策略调整。根据服务级别要求按时修复故障服务器。制定应急预案，应急预案可纳入整体应急预案中；应定期进行预案演练。定期进行总结评估，对服务器运行状况及运行维护工作情况进行分析，提出改进意见。做好服务器技术资料的收集、整理，应定期提交服务器设备清单，定期绘制服务器连接图；做好运行维护工作过程文档的收集、存档。

终端维护服务应做到：定期对终端设备进行清查，清查内容至少包括终端基本信息、硬件信息、网络信息等，终端安全隐患状况。实时或定期监控终端安全状况，监控内容至少包括终端感染病毒、木马以及未完成的漏洞修补等信息，分析终端安全日志。

定期对终端进行全面检查，检查内容至少包括终端防病毒软件的有效性，终端安全管理软件的有效性，终端信息（使用人、IP 地址等）的一致性。

根据需要对终端进行响应式维护，维护内容至少包括终端入网、离网和变更，终端操作系统、办公软件等软件安装、配置、问题解答，终端病毒查杀，打印机等外联设备的安装、配置。

根据服务级别要求按时修复终端系统故障。做好终端信息的收集、整理；做好运行维护工作过程文档的收集、存档。信息系统所属终端服务级别应与该信息系统一致，其余终端的服务级别由各单位确定，省级及以上单位应不低于三级，地市及以下单位应不高于二级。

（6）存储备份。

存储维护服务应做到：定期对各类存储系统进行巡检，查看并记录设备运行状况及告警信息。实时或定期监控存储系统运行状况，监控内容至少包括：存储系统运行状态；存储系统 CPU、内存占用率情况；存储系统日志检查分析；存储空间利用率。定期对存储系统进行例行维护，维护内容至少包括：存储系统健康检查，主要设备应定期进行包括容量分析、性能分析的全面健康检查；存储系统登录口令定期修改；存储系统固件及系统软件升级。根据需要对存储系统进行响应式维护，维护内容至少包括存储空间划分、调整等配置变更；存储系统数据迁移、同步、复制等。根据服务级别要求按时修复发生的存储系统故障。制定应急预案，应急预案可纳入整体应急预案中；定期进行预案演练。定期进行总结评估，对存储系统运行状况及运行维护工作情况进行分析，提出改进意见。做好存储系统技术资料的收集、整理，应定期提交存储资源分配使用清单，定期绘制存储系统连接图；做好运行维护工作过程文档的收集、存档。

备份维护服务应做到：定期对各类备份系统进行巡检，查看并记录设备运行状况及告警信息。实时或定期对备份系统运行状况进行监控，监控内容至少包括：备份系统运行状态、备份作业情况、备份系统日志检查分析、备份空间利用率。定期对备份系统进行例行维护，维护内容至少包括备份系统健康检查，主要设备应定期进行全面健康检查，包括容量分析；备份系统登录口令定期检查、修改；备份系统固件及系统软件升级；备份系统的数据资源定期进行恢复测试。根据需要对备份系统进行响应式维护，维护内容至少包括：备份策略调整等配置变更；备份客户端的安装、卸载等。根据服务级别要求按时修复备份系统故障。应制定应急恢复预案，并纳入整体应急预案中；应定期进行本地、异地备份恢复测试。定期进行总结评估，对备份系统运行状况及运行维护工作情况进行分析，提出改进意见。做好备份系统技术资料的收集、整理，应定期提交备份资源分配使用清单，定期整理备份策略；做好运行维护工作过程文档的收集、存档。

（7）基础软件。

数据库管理系统维护服务应做到：实时或定期监控数据库系统运行状况。监控内容至少包括：数据库运行状态；数据库表空间占用率；分析数据库系统日志。定期对数据库系统进行例行维护，维护内容至少包括数据库健康检查，关键数据库应定期进行包括性能分析、安全审计的全面健康检查；数据库系统登录口令定期修改；数据库系统软件补丁升级。根据需要对数据库系统进行响应式维护，维护内容至少包括：数据库用户权限管理；数据库表空间分配等资源规划及分配；数据迁移等；配合业务应用进行数据库性能监控和优化等。根据服务级别要求按时修复发生的数据库系统故障。做好数据库系统技术资料的收集、整理，应定期提交数据库资源分配使用清单；做好运行维护工作过程文档的收集、存档。数据库管理系统运行维护的服务等级对应的维护服务周期执行标准同存储系统。

中间件及其他基础软件维护服务应做到：实时或定期监控中间件及其他基础软件运行状况。监控内容至少包括中间件及其他基础软件运行状态；分析中间件及其他基础软件日志。定期对中间件及其他基础软件进行例行维护，维护内容至少包括：中间件及其他基础软件健康检查，关键系统应定期进行全面健康检查；中间件及其他基础软件登录口令定期修改；中间件及其他基础软件补丁升级。根据需要对中间件及其他基础软件进行响应式维护，维护内容至少包括：配合业务应用进行中间件及其他基础软件配置变更；配合业务应用进行中间件及其他基础软件性能监控和优化等。根据服务级别要求按时修复发生的中间件及其他基础软件故障。

（8）安全设施。

安全设施维护服务应做到：定期对各类安全设备进行巡检，查看并记录设备运行状况及告警信息。实时或定期对安全设施运行状况进行监控，监控内容至少包括安全设施运行状态；安全设施系统日志分析。定期对安全设施进行例行维护，维护内容至少包括：安全设施健康检查，主要设备应定期进行全面健康检查；安全设施登录口令定期修改；安全设施配置文件备份；安全设施固件及系统软件升级；安全策略审核。根据需要对安全设施进行响应式维护，维护内容至少包括安全策略调整等配置变更；配合完成信息系统安全等级保护测评相关工作；安全预警信息发布。

3. 运行维护过程管理

（1）一般要求：运行维护服务机构宜根据 GB/T 24405.1 的相关规定加强运行维护服务过程管理，过程管理至少应包括事件管理、服务请求管理、变更管理和应急管理。

（2）事件管理：负责对事件处理过程进行监控，并根据事件影响程度决定服务等级或应急响应等级的升降。事件管理涉及控制的范围应包括故障处置、应急响应等运行维护活动。

事件管理过程应包括事件受理、初步诊断和分类、解决、进展监控与跟踪、关闭等关键过程节点。实际应用中可根据自身实际情况，在关键节点基础上调整相应管理节点。

事件过程管理应包括以下内容：

①建立事件分类分级机制，根据事件故障影响程度确定事件等级，并启动相应处理流程；

②在事件处理完毕后，应与事件影响的用户确认事件处理完成情况，并加以记录；

③在事件处理过程中，若需要修改系统相关配置，应适时启用变更管理流程，保证相关记录与信息系统运行配置相一致；

④应建立事件评估机制，包括事件分类、事件解决情况统计、事件解决时间统计、事件影响程度分析等，为提升运行维护服务质量提供依据；

⑤事件处理过程中产生的文档、记录等应及时归档。

（3）服务请求管理：是对服务请求过程进行监控，其涉及控制的范围应包括响应式维护活动。

服务请求管理过程应包括服务请求受理、初步诊断和分类、解决、进展监控与跟踪、修改配置信息、关闭等关键过程节点，实际应用中可根据自身实际情况，在关键节点基础上调整相应管理节点。

服务请求过程管理应包括以下要求：建立服务请求管理分类分级机制，根据潜在影响程度，建立回溯机制；服务请求管理过程中，有信息系统服务中断或服务质量下降的可能性时，应进入事件管理；服务请求管理过程应归档记录，在服务请求关闭时，应启用变更管理流程，保证相关记录与信息系统运行配置相一致。

（4）变更管理：是对变更过程进行监控。变更管理涉及控制的范围应包括在例行维护、响应式维护、故障处置、应急响应、安全管理等活动中。

变更管理过程应包括变更请求、评估、审核、实施、确认和审计等关键过程节点。在实际应用中可根据自身实际情况，在关键节点基础上调整相应管理节点。

变更过程管理应包括以下要求：应根据变更类型和变更的范围进行变更评估；应从紧急程度、业务影响度等方面将变更分成常规变更、重大变更、紧急变更三种类型。常规变更指的是频繁发生、影响范围较小、紧急程度较低、实施风险较小、已经制定了标准实施流程的变更；重大变更指的是实施工作复杂、影响范围广、存在风险、需要制定详细方案、在系统与业务功能方面有重大调整的变更；紧急变更指的是如果不进行变更，会立即或正在严重而大范围地影响业务运行、服务等级或者带来重大影响的变更。变更方案应包括回溯机制；变更管理要保证相关记录与信息系统运行配置相一致，目的是确定所需要的变更，并使这些变更在最小的范围内得到实施；配置项主要包括信息系统的硬件、网络、软件、应用、环境、系统及相关文档的配置情况。

（5）应急管理：是指对突发事件进行控制管理。应急管理涉及控制的范围应包括应急响应活动。

第 2 章　运行环境

2.1　供配电系统

2.1.1　供电系统

2.1.1.1　UPS 系统简介

UPS（uninterruptible power system）即不间断电源，是一种含有储能装置、以逆变器为主要组成部分的恒压恒频的不间断供电设备。主要用于给单台计算机、计算机网络系统或其他电子设备提供不间断的电力供应。当市电输入正常时，UPS 将市电稳压后供应给负载使用，此时的 UPS 就是一台交流市电稳压器，同时它还向电池充电；当市电中断（一般为停电检修或事故停电）时，UPS 立即将机内电池的电能，通过逆变转换的方法向负载继续供应 220V 交流电，使负载维持正常工作，并保护负载软件、硬件不损坏。UPS 设备在电压过大和电压太低时都对负载提供保护。

随着计算机信息系统的广泛普及，对供电质量的要求也就越来越高，由此在机房中安装 UPS 供电系统变得越来越普遍，对于信息系统来说更是必不可少。一个设计良好的 UPS 供电系统能给负载提供优质电源，对保障机房的安全性、可靠性和可管理性起了很大作用。

2.1.1.2　UPS 系统运行维护

1. UPS 主机维护内容

（1）每三个月对 UPS 主机进行一次保养维护检查，内容如下：

①外观检查：面板显示、按键、指示灯、风扇运行是否正常；

②设备内部电感、电解电容等的外观检查；

③设备内部各功率部件及电路板信号线的物理连接检查；

④检查模块、电路板、连接端子是否出现氧化；

⑤检查设备清洁程度，特别是设备内部的积尘及其他物质；

⑥设备绝缘检查；

⑦设备运行环境检查：环境温度、运行环境通风散热是否良好及有无水患可能；

⑧UPS 运行参数检查：整流器、逆变器、静态旁路、负载运行参数是否正常，检测值与实际测量值是否有偏差（不超过 5%）；

⑨检查所有电源保险丝、隔离开关的完好程度及是否安装牢固；

⑩每季度定期检测 UPS 输入线电压、输入频率、输入电流谐波成分、输入功率因数、效率、输出相电压、输出频率、输出火线-零线波形、蓄电池充电电流等参数，应符合相关国家要求。

（2）对每台 UPS 电池组进行不低于电池容量 50% 的放电测试，并对每台 UPS 电池组的电池内阻进行检测，查看直流熔断器和蓄电池连接条的压降或温升是否有异常变化。

（3）每年定期用真空吸尘器清扫 UPS 主机内的各部件或用提供低压空气流吹风机清除外来的残渣和灰尘。

（4）对 UPS 主机风扇定期进行逐步更换，每年更换量不少于总量的 20%。运行 5 年以后逐步更换滤波电容。定期巡检尽量以观察、测量为主，减少停机。

2. 蓄电池维护内容

（1）电池目检应包括以下内容：

①电池外观检查：外观是否变形、渗漏，安全阀周围有无液体。

②电池端柱是否有腐蚀、爬酸现象或有过热痕迹；电池槽和盖是否损坏。

③电池绝缘检查，当电池达到使用年限时，提前通知用户。

④电池电压测量：检查充电电压是否和电池数量相匹配。

⑤电池端子连接是否稳固，视情况进行电池表面灰尘处理。

（2）仪器测量应包括以下内容：

测量和记录电池系统的直流浮充电压，此时也可选择测量和记录交流皱波电压。

测量每一个电池端柱与接地间的直流电压，以发现不正常的接地，测量和记录取样电池的温度、每个电池的浮充电压以及系统均衡充电电压。

（3）UPS 主机内部进行电池自检。UPS 主机满足以下条件时方可进行电池自检：

①电池接触器闭合。

②电池处于浮充状态；整流、逆变通信正常。

③电池状态正常；整流器工作正常。

④市电电压正常。

⑤逆变器正常供电。

⑥负载功率大于指定的电池曲线设定的电池自检功率。

⑦UPS 不处于联合供电状态。

如果在自检过程中，出现上述条件任意一条不满足，系统将退出自检，转入均充状态。

3. 巡检

（1）季度维护（主要进行放电测试）：

①除进行月维护的项目外，还应对 UPS 的电池进行放电。

②电池组应放电至额定容量的60%~70%，并记录放电后再次充满时的后备时间。

③不可同时对相同负荷的两路 UPS 进行放电，且放电测试间隔应大于48 小时。

④对 UPS 设备进行整体除尘。

⑤巡检工程师填写“UPS 系统维护记录”。

（2）年检维护（主要进行电气部件紧固操作）：

①除进行 UPS 季度检的项目之外，还应对整体 UPS 设备进行紧固操作。

②联系 UPS 厂家对 UPS 的内部参数进行校对，对内部器件进行检查测试。

③年检操作必须关机进行，关机后应对 UPS 内部进行放电操作。

④由于旁路仍有部分带电，应对带电部分作出明显标记，以警示维护人员。

⑤巡检负责人填写“UPS 系统维护记录”。

2.1.2 配电系统

2.1.2.1 系统简介

配电系统主要对设备进行供电，包含 UPS 配电柜、各机房内的机柜列头柜、机柜 PDU 供电系统、配电箱等，是机房的重要组成部分。

2.1.2.2 系统运行维护

1. 机房的 UPS 配电柜、各机房内的机柜列头柜维护

(1) 运维服务应包括以下内容：

①配电柜带电清洗维护。

②检查部分触点、接线柱等有无氧化锈蚀。

③用手触摸设备外壳，感觉温度是否异常。

④检查设备内部有无异常声音。

⑤清理绝缘子表面沉积物质等。

⑥接线柱加固，标签更换。

⑦测试输入输出频率、电流电压等。

(2) 巡检应包括以下内容：

①检查各柜内是否有虫鼠活动的痕迹，如有则需要对虫鼠进行诱杀。

②检查各配电柜指示灯标志是否清晰，灯具是否正常工作。

③检查各配电柜显示屏显示是否正常。

④如发现故障或隐患，现场能够处理就现场解决，否则将故障隐患上报。

⑤每月一次巡检各配电柜显示屏、每根电缆的接头是否连接牢固，是否存在锈蚀现象；用红外感温仪检查每根电缆接头是否存在过热现象。

⑥每月一次巡检电缆外皮是否存在破损情况。

2. 机柜 PDU 供电系统维护

(1) 运维服务应包括以下内容：

①检查电缆接头有无发热变色，接地线有无锈蚀（焊接点是否正常）。

②检查电源的主回路电压是否正常。

③检查端子排是否损伤，导体是否歪斜，导线外层是否破损。

(2) 巡检应包括以下内容：

①每月两次现场巡检，主要检查各机柜承重架是否存在变形现象，机柜安装是否牢固，是否存在摇晃现象；检查各机柜安装承板是否安装牢固，如不牢固应及时进行加固。

②每月两次现场带电检查 PDU，主要检查接线柱线缆接口是否连接牢固，是否存在锈蚀现象，并检测每个机柜 PDU 的电压、电流等数据，防止 PDU 过载工作，并用手触摸 PDU 外壳，检查是否存在过热现象；如发现故障或隐患，现场能够处理就现场解决，否则将故障隐患上报。

③每年四次设备外壳除尘。

3. 配电箱维护

（1）运维服务应包括以下内容：

①配电柜带电清洗维护。

②检查部分触点、接线柱等有无氧化锈蚀。

③用手触摸设备外壳，感觉温度是否异常。

④设备内部有无异常声音。

⑤清理绝缘子表面沉积物质等。

⑥接线柱加固，标签更换。

⑦测试输入输出频率、电流电压等。

（2）巡检应包括以下内容：

①配电箱内是否有虫鼠活动的痕迹，如有则需要对虫鼠进行诱杀。

②检查是否存在故障隐患，如发现故障或隐患，现场能够处理就现场解决，否则将故障隐患上报。

③每月一次巡检各配电箱每根电缆的接头是否连接牢固，是否存在锈蚀现象，用红外感温仪检查每根电缆接头是否存在过热现象。

④每月一次巡检电缆外皮是否存在破损情况。

⑤每季度一次模拟断电演练，检查配电箱是否正常报警，演练结束后是否能自动结束报警。

2.2　空调新风系统

2.2.1　系统简介

机房空调系统主要包括恒温恒湿空调系统、新排风系统和防尘系统。

为了确保设备的可靠运行，要求机房保持一定的温度和湿度，同时机房需要补充新风，形成外部循环。此外，还必须控制整个机房里洁净度，使之达到一定的净化要求。

2.2.2 系统运行维护

1. 维护内容

需维护保养的设备元件包括过滤网、皮带、风机、压缩机、电路板、室外电机、室外调速器、氟利昂等。

(1) 制冷系统维护应包括以下内容：

①检查压缩机工作声音是否正常、油镜油位是否正常、吸气排气压力是否正常。

②检查制冷管路阀门（液管、气管、压缩机吸入及排出口阀门）是否打开。

③检查热力膨胀阀开启是否正常。

④检查压缩机转向及供电相序是否反相。

⑤检查吸气管路、排气管路、回液管路和压缩机机体温度是否正常。

⑥检查干燥过滤器前后端有无温差。

⑦检查管路（含储液罐）是否有漏油痕迹、视液镜水分指示是否正常、蒸发器盘管是否脏污。

⑧检查冷凝器翅片是否脏污，冷凝器风机工作是否正常。

⑨检查冷凝器压力开关/风机调速设置是否正确。

(2) 送风系统维护应包括以下内容：

①检查风机皮带轮和电机皮带轮的平面度。

②检查室内风机皮带张紧度。

③检查室内风机轴承工作是否正常、声音有无异常。

④检查室内风机叶轮转动是否正常。

⑤检查室内风压开关、过滤网压差开关设定值是否正确，清洁风机，检查空气过滤网是否脏污，检查所有门板是否可靠。

2. 巡检

(1) 日检应包括以下内容：

①查看设备机房内的回风温度、湿度。

②查看空调室内、室外机有无异响。

（2）月检应包括以下内容：

①进行日常维护的所有维护项目。

②擦拭机组外壳（不要用强腐蚀物或强化学物质，可用干净的纱布蘸上中性洗涤剂擦拭）。

③检查室外风机有无抱死、破损，运转情况是否正常，并清除积灰(夏季每月清除一次，每周检查)。

④清洗空气过滤网（空气过滤网不要等到报警后再更换，应根据机房中空气质量状况定期进行更换)。

⑤对制冷管路上各接口进行检查，观察是否有油迹，螺纹接口如果有油迹可用扳手对接口处螺母进行紧固。

⑥检查压缩机高低压参数，根据检查情况补充或释放制冷剂。

⑦当有备用电源时，在使用前要检查电源相序是否与市电一致。

⑧由设备专业工程师进行空调全面健康检查，并提交检查报告。

⑨巡检工程师按规定填写“空调维护记录表”。

（3）年检应包括以下内容：

①进行季度维护的所有维护项目。

②对所有电器接线端子进行检查，查看是否有松动。

③检查高压控制器、高压压力开关的动作是否良好。

④由巡检工程师按规定填写“空调维护记录表”。

2.3　安全防范系统

机房安全防范系统主要是监控机房整体运行环境，实时监控机房状态，保障机房运行环境的安全，主要包含视频监控系统、门禁系统、红外防盗系统。

2.3.1　系统简介

1. 视频监控系统

视频监控系统主要实现对机房内视频监控的统一管理。视频监控系统由摄像头、硬盘录像机、交换机组成。

机房视频监控的实现方式为：在机房出入口等重要区域安装网络摄像

头，经交换机通过 IP 网络传输图像数据至监控中心统一管理，再通过 IP 网络传输到监控中心进行统一管理。

2. 门禁及系统

门禁系统主要实现对机房内重要的门的有效监视，管理门的开启与关闭，保证授权人员自由出入，限制未授权人员的进入。对暴力强行侵入的行为及其他异常情况予以报警；同时对进入人员代码、出入时间、出入门号码进行登记存储与管理，以实现对出入事件或人员的有效检索，最终目的是保证防护区域内的安全，实现智能化管理。

门禁系统由读卡器（指纹机）、控制器、磁力锁、感应卡等几部分组成。

门禁系统具体实现方式为：通过将外接在门上的电锁、门磁以及墙上的出门按钮、读卡器分别接入网络 IC 卡控制器的对应接口，再由网络 IC 卡控制器采用 TCP/IP 协议与监控中心进行通信。

网络 IC 卡控制器接受读卡器由现场总线发送过来的刷卡数据，网络连通时采用 TCP/IP 协议发送至监控中心，认证持卡人身份、可通行区域以及时间后，将是否开门的信号回传给监控主机，最后控制电锁开闭。网络中断时，也可由监控主机内部储存的卡资料来判断持卡人是否能够在网络中断时进入机房。实时完成刷卡、认证、控制开门等一系列动作，完成机房维护人员的分片分区分时段管理，并能完成机房巡检时间查询、综合管理门禁安全。外接的门磁还能判断是否为未刷卡开门行为（非法入侵），可对任何非法进入机房的行为第一时间通过控制器发送到监控中心并发出声音报警、短信报警或 E-mail 报警等。

3. 红外防盗系统

红外防盗监测主要实现对进出机房人员情况的监测。红外防盗监测由通用输入模块、嵌入式监控主机、红外传感器、布撤防键盘组成。

红外防盗系统由通用输入模块、红外传感器、布撤防键盘和监控主机组成。

红外防盗系统具体实现方式为：在机房门窗合适位置（如门的斜对面）安装红外传感器，并接入监控主机开关量输入接口，或者接入通用输入模块后经 RS485 总线和监控主机连接。当红外监测到有人移动，系统马上告警，并通过图形、电话语音、短信和声光报警方式通知用户。

另外，也可以通过配置布撤防键盘设置防区，通过监控中心管理红外防盗，在工作人员进入时，输入密码撤防。所有工作人员撤出时防区布防，避免不必要的报警。若非法人员闯入，系统马上产生告警，并通过图形、电话语音、短信和声光报警方式通知用户。

2.3.2　系统运行维护

1. 定期巡检

定期巡检主要是对视频监控系统、门禁系统、红外防盗系统等安防系统管理软件前端设备的在线情况进行巡检记录。包括以下内容：

（1）每日登录安防系统对前端设备进行巡检，如发现故障或隐患，现场能够处理就现场解决，否则将故障隐患上报。

（2）每月一次对安防系统的数据、配置进行备份。

（3）每月两次现场设备巡检，主要检查前端设备是否安装牢固，并对线缆进行连通性检查，如发现故障或隐患，现场能够处理就现场解决，否则将故障隐患上报。

（4）每季度两次对前端设备进行功能性测试，并出具检测报告。

（5）对主要核心设备，如监控视频存储情况定期进行录像查询、回放等功能测试，保障视频录像质量；定期对服务器相关数据进行备份。

（6）每季度进行一次设备除尘、清理工作，例如，扫净监控设备上的尘土，清洁视频监控存储阵列的灰尘，清洁核心设备服务器和存储阵列散热风扇的尘土，确保机器能够正常运行。

（7）对视频监控系统设备的运行情况进行监控，分析运行情况，及时发现并排除故障，将系统运行情况、故障处理结果做好记录存档。

（8）对现有安防系统经常出现的故障或者故障隐患及时提出日常维护使用建议。

2. 例行维护

例行维护应包括以下内容：

（1）每季度进行一次设备除尘、清理工作。例如，扫净监控设备上的尘土，清洁视频监控存储阵列的灰尘，清洁核心设备服务器和存储阵列散热风扇的尘土，确保机器能够正常运行；前端摄像机采用自清洁雨刮方式对镜头进行简易清洁。

（2）定期对门禁读卡器进行巡检，发现故障问题立即处理。

（3）对易吸尘设备每季度定期清理一次。例如，监视器暴露在空气中，由于屏幕的静电作用，会有许多灰尘被吸附在监视器表面，影响画面的清晰度，要定期擦拭监视器，校对监视器的颜色及亮度。

2.4 消防系统

2.4.1 系统简介

机房消防系统是整个机房安全运行的盾牌。从对火警的探测系统来看，它应具有温感、烟感探测器；对于灭火系统来说，大型机房采用的是管网式气体灭火系统，这就要求在机房的整体设计和施工中，必须规划钢瓶空间和管道，从而实现全方位报警和分区灭火，最大限度地提高对抗火灾的防范能力。

机房灭火系统禁止采用水、泡沫及粉末灭火剂，适宜采用气体灭火系统，目前采用最多的是七氟丙烷灭火系统，可分为管网式与预制式。

管网式七氟丙烷灭火系统主要部件包括储存灭火剂容器、储存启动气体容器、容器阀、单向阀连接管、安全泄压阀、选择阀、信号反馈装置、集流管、电磁阀、压力显示器、管路和喷嘴。

2.4.2 系统运行维护

1. 管网系统的检查和保养

每月对气体管网进行巡检，查看管网表面油漆有无脱落、锈蚀，支架是否松动，喷嘴处有无杂物堵塞，周围是否有遮挡物挡住喷嘴。

2. 控制系统的检查和保养

控制系统的检查和保养应包括以下内容：

（1）每月巡检查探测器、手动报警按钮和警铃的外观以及其工作状况。

（2）每月巡检查火灾自动报警控制器、显示器的功能。

（3）每月对报警控制器、各消防控制线路接线箱进行清洁保养。

（4）每半年对报警控制器、各消防控制线路接线箱内的电气元件进行清洁保养，清洁有关继电器的触点并清除氧化物。

（5）每半年对备用电源进行1~2次充放电试验，以及主、备电源切换试验，检查内容包括消防报警主机等。

（6）每月对部分探测器进行清洗，并对各回路探测器选取一部分进行驱动检测（联动功能、报警功能与信号反馈功能）。

（7）每月选取部分探测器进行模拟烟雾试验，检查其联动功能。

3. 储存装置的检查和保养

储存装置的检查和保养包括以下内容：

（1）对选择阀、气流单向阀、高压软管、电磁阀驱动装置等全部组件进行外观检查，观察有无碰撞或损坏变形，表面是否锈蚀。

（2）对气瓶间进行清扫，对瓶组进行清洁保养，检查照明灯，确认应急照明是否正常工作。

（3）每日检查灭火剂储瓶压力是否在正常区域、有无泄漏现象。

（4）每月检查启动钢瓶电磁装置是否正常，检查驱动瓶压力是否正常、有无泄漏现象。

（5）检查驱动管路有无脱落，对发生的故障及时处理。

（6）每月对系统的检查记录和调试记录进行整理存档。

2.5 动力环境监控系统

2.5.1 系统简介

机房动力环境监控系统主要是对机房所有设备和环境进行集中监控和管理，其监控对象包括机房的各个子系统：动力系统、环境系统、消防系统、安防系统、网络系统等。机房监控系统基于网络综合布线系统，采用集散监控，在机房监视室放置监控主机，运行监控软件，以统一的界面对各个子系统进行集中监控。机房监控系统实时监视各系统设备的运行状态及工作参数，发现部件故障或参数异常，即时采取多媒体动画、语音、电话、短消息等多种报警方式，并记录历史数据和报警事件，提供诊断建议和远程监控管理以及 Web 浏览等功能。

2.5.2 系统架构

机房动力环境监控系统由监控中心平台、中心机房动力环境监控和模块化机房微环境监控三大部分组成。

1. 监控中心平台

监控中心平台主要由监控管理系统软件和监控管理服务器组成，监控管理系统软件分成几个功能模块，包括监控中心管理软件、门禁管理系统模块、视频管理系统模块、组态图编辑模块、电话语音报警模块、短信报警模块等。监控管理系统软件将采集到的所有实时数据进行集中管理并实时报警，对各类报警内容统一作出响应。

监控中心管理软件与各模块组内监控主机之间通过网络连接，采用主从方式通过 TCP/IP 通信协议相互通信，从而取得各设备的实时数据。为保障系统实时性，系统采用多线程方式，同时与各端口的设备通信，便于对事件作出即时响应。

监控中心管理软件采用完全图形化的用户界面，可以有组织地管理模块组内各种设备。监控中心机房还可采用主备监控服务器的方式，监控主机可以将报警信息、参数、实时监测数据分布存储于主备服务器中。

2. 前端动环监控系统

前端动环监控系统由安装于中心机房和各个模块化机房的监控主机及各类采集模块组成，以满足各机房不同监控功能的要求。监控主机采用新型现场监控单元网络监控主机和智能设备监控器。这些设备采用嵌入式系统，能够将采集的信息处理后通过标准接口上行传送到监控中心，并且能够提供各种数字量的输入、输出，以及模拟量的输入，同时具有很大的扩展潜力。

系统通过网络监控主机连接各环境量的采集器，如温湿度变送器、通用输入模块等采集到的各类环境温湿度数据、各类电压、电流数据，以及各类开关状态数据等；通过通用输入模块接入各漏水、烟感、门磁等采集探测器，可实现对漏水系统和消防烟雾报警的监测；通过智能设备监控器可完成对 UPS 电源、空调等智能设备各类监控量数据的采集，并把这些监测数据上行传送给监控中心。

通过门禁控制器监视并管理门的开启与关闭，保证授权人员自由出入，限制未授权人员的进入。对暴力强行侵入的行为及其他异常情况予以报警。

通过安装在重要出入口或重要位置的前端高质量的网络摄像机采集前端视频信号，并直接通过网络传输到监控中心 PC 服务器上，实现监视和控制录像存储功能。

2.5.3　系统运行维护

1. 日常巡检

应包括以下内容：

（1）每日登录环境监控系统进行系统巡检，如发现故障或隐患，现场能够处理就现场解决，否则将故障隐患上报。

（2）每月两次现场设备巡检。

①主要检查各传输模块接线端子是否稳固，检测各模块箱数据采集是否及时流畅（例如，断开模块再接入时，查看数据传输是否及时）。

②主要检查传感器是否安装牢固，接头是否牢固，是否存在锈蚀现象，检测数据采集是否及时流畅（例如，断开接头再接入时，查看数据传输是否及时）。

③主要检查接线端子是否稳固，装箱是否牢固，电源模块是否过热，检测各模块箱数据采集是否及时流畅（例如，断开模块箱再接入时，查看数据传输是否及时）。

④每季度两次对传输模块、前端探测器、传感器、控制模块进行功能性测试。

2. 定期巡检

主要包括以下内容：

（1）定期检查环境监测系统软件运行状况。

（2）定期测试环境监测系统硬件与线路运行是否正常。

（3）定期测试前端感应器功能情况，通过模拟漏水、高温、高湿等情况测试设备功能是否正常。

2.6　综合布线系统

2.6.1　系统简介

综合布线系统是为了顺应现代化机房发展需求而特别设计的一套布线系统。现代化机房采用一系列高质量的标准材料，以模块化的组合方式，把语音、数据、图像和部分控制信号系统用统一的传输媒介进行综合，并经过统一的规划设计，综合在一套标准的布线系统中。

2.6.2 系统运行维护

综合布线系统运行维护应包括以下内容：

（1）每年四次清除机柜内外综合布线系统上的灰尘。

（2）每月两次检查综合布线桥架的平整度，如果发生变形、支架螺丝脱落等与安装图纸不相符合的情况，应立即修复；检查各配线架耦合器是否安装牢固、配线架线缆接口是否有杂物、主干光缆在可视范围内是否存在破损情况、线缆模块是否插入牢固；检查光纤跳线是否存在弯曲半径过大的情况，如弯曲半径过大，则可能发生光纤纤芯断裂的情况。如发现故障或隐患，现场能够处理就现场解决，否则将故障隐患上报。

（3）每月两次整理布线，发现线路凌乱、标签不明的情况应及时进行整改。检查机房内双绞线上、面板上、配线架、跳线上的标签，将脱落的标签补全，将粘连不牢的标签固定好，更换损伤的标签。

（4）每季度两次使用性能测仪对未使用的信道进行抽检，测试方法为永久链路测试和所用跳线的性能测试，并出具测试报告。

（5）随时根据要求进行线缆调整。

第 3 章　通信与网络

3.1　光纤通信

3.1.1　光纤通信概述

光纤通信是以光波作为信息载体、以光纤作为传输媒介的一种通信方式。光纤通信所用光波的波谱在 $1.67\times10^{14}\sim3.75\times10^{14}$Hz 之间，波长范围为 0.8~1.8μm，属于电磁波谱中的红外波段。光纤通信为有线通信。

光纤通信以其传输容量大、抗干扰性高和信号衰减小等优点，而远优于微波通信和卫星通信的传输，已成为世界通信中最主要的信息传输方式。

光纤通信在水利专用传输网中起着重要的作用。水利骨干网基本均为租用电信部门的光纤通信电路。

3.1.1.1　光纤通信系统组成

光纤通信系统一般由光发送机、光中继器、光接收机、光纤线路组成。光发送机和光接收机合在一起时统一称为光端机。

目前光纤上传送的信号以数字信号为主，下面主要介绍数字光纤通信系统的各组成部分功能。

光发送机位于光纤通信系统的起始端，其作用是将电发送机发送过来的电信号转换成光信号码流，具体做法是先将电信号数字化，然后对光源发出的光波进行调制，成为已调光信号，将其耦合到光纤中进行传输。

光发送机发出的光信号在光纤中传输时，不仅幅度被损耗，脉冲波形被展宽，还夹杂着许多噪声。为了进行长距离的传输，需要每隔一定距离设置一个光中继器。光中继器的作用是补偿光信号的幅度损耗，对畸变失真的信号波形进行整形，恢复光信号的形状。

光接收机位于光纤通信系统的末端，其作用是将从光纤传输过来的微弱光信号经光电检测器，将其转换成电信号，并对电信号进行足够的放大，输出一个适合于定时判决的脉冲信号到判决电路，使之能够正确地恢复出原始电信号，送给电接收机。

为了使光纤通信系统正常运行，还需要自动倒换系统、告警处理系统、电源系统等备用或辅助系统。

3.1.1.2 光纤通信特点

与无线通信相比，光纤通信自然具有很多的优点，但也存在一定的缺点。

1. 光纤通信优点

光纤通信之所以迅速发展并被广泛应用，在于它具有以下突出的优点。

（1）频带宽，通信容量大。

光纤通信使用的光波频率高，传输频带宽。理论上，光纤的传输频带为无穷大。通信容量与载波频率呈正比，载波频率越高，所能携带的信息量就越大。光波的频率比电通信和无线通信频率高很多，通信容量也大很多。

（2）损耗低，中继距离长。

通信系统的中继距离与传输线路的损耗成反比，线路的传输损耗越小，中继距离越长。电缆的损耗特性与结构尺寸及所传输信号的频率有关，频率越高，损耗越大。由于这个特性，电缆的中继距离不超过 500m。而光纤的损耗特性仅与材料的纯度有关，在相当宽的频带内，损耗几乎不随频率的增加而变化。目前通信用单模光纤的最低损耗在 0.2dB/km 以下。光纤的损耗低，意味着光纤的中继距离长，目前常用的单模光纤最大中继距离可达 200km。

（3）抗电磁干扰能力强。

光纤是电绝缘体材料，不受输电线、电气化铁路及高压设备等电磁干扰，可以与高压电线平行架设，通信也不会受到干扰。由于光纤抗电磁干扰能力强，光纤还可以与电缆一起制成复合光缆。

（4）光泄漏小，保密性好。

光信号只在光纤的纤芯中传输，对外光泄漏很小。没有专业的工具，光纤无法分接，光纤中传输的信息非常安全。即使在光纤弯曲处，也极少向外辐射，无法被窃听，保密性能好。

（5）重量轻，体积小。

光纤直径非常细，只有几百微米。制造成光缆后，相对于容量相同的电缆，光缆的重量要小几十倍甚至上百倍，便于施工与维护。

（6）原材料资源丰富，节约有色金属。

制造石英光纤的主要原料是二氧化硅（SiO_2），在自然界中资源丰富，可以节约电缆所用的铜、铝等有色金属。塑料光纤的主要原料为透光的聚合物，原材料来源丰富，价格低廉。

2. 光纤通信缺点

除了以上优点以外，光纤通信也存在以下缺点：

（1）质地脆，不可弯曲太大，机械强度低。

光纤弯曲半径不宜过小，否则会增加传输损耗，严重时会造成光纤断裂。

（2）光纤接续需要专业的工具、设备和技术。

要使光纤连接损耗小，接续时要求两根光纤的纤芯严格对准，需要使用光纤熔接机或U型连接器来完成，比电缆接续复杂。

（3）分路、耦合不灵活。

光纤分路和耦合需要使用专门的耦合器来完成。

随着科学技术的发展，光纤通信的缺点正在逐渐被克服。

3.1.2　光纤

光纤线路把来自光发送机的光信号，以尽可能小的畸变和损耗传输到光接收机。在工程实际应用中，光纤线路包括光纤跳线、光缆、光纤熔接接头、光纤连接器、光耦合器、光放大器或损耗器等。光纤跳线、光缆中最重要的组成都是光纤。

3.1.2.1　光纤结构

光纤（OF）是光导纤维的简称，它的典型结构是多层同轴圆柱体，从里到外依次为纤芯、包层、涂覆层。

纤芯位于光纤的轴心位置，用于传输光信号。

包层位于纤芯周围。

涂覆层保护光纤不受水汽的侵蚀和机械的擦伤，同时又增加光纤的柔韧性，并起着延长光纤寿命的作用。涂覆层常按照标准色谱着不同的颜色，以区分光纤。涂覆层有一次涂覆、缓冲层和二次涂覆。一次涂覆层一般采用丙烯酸酯、有机硅或硅橡胶材料，缓冲层为性能良好的填充油膏，二次涂覆层多用聚丙烯或尼龙等高聚物。

3.1.2.2 光纤分类

1. 按传输波长分类

按传输波长的不同，光纤可分为短波长光纤和长波长光纤。

短波长光纤的中心波长为850nm，波长范围为800~900nm，主要应用于短距离通信。

长波长光纤的中心波长有1310nm和1550nm两种，波长范围分别为1260~1360nm和1510~1610nm，主要应用于长距离通信或干线传输。

2. 按传输模式分类

光纤传输模式是指光在光纤中传播时的电磁场稳态分布（即满足边界条件的电磁场波动方程的解），每一种电磁场稳态分布对应一种模式。

光纤中传播模式的数量与光的工作波长、光纤的结构特性、纤芯的折射率和包层的折射率分布有关。

根据光纤中传输模式的数量不同，光纤可分为单模光纤和多模光纤。

单模光纤只传输一种模式（即基模），避免了模式色散，但其对制作工艺要求高。单模光纤以其色散小、损耗低、传输容量大等特点，适用于长距离传输。

多模光纤能传播两种或者两种以上的模式，对制造工艺要求较简单。多模光纤耦合和连接比单模光纤容易，使用较方便。但多模光纤会产生模式色散，导致带宽变窄，降低光纤的传输容量，因此只适用于短距离传输。

单模光纤和多模光纤的比较见表3-1。

表 3-1 单模光纤和多模光纤的比较

名称	性能	
	单模光纤	多模光纤
纤芯直径	较细（8~10μm）	较粗（50~100μm）
与光源的耦合	较难	简单
光纤间连接	较难	较容易
传输带宽	极宽（几百 GHz）	较窄（吉赫兹）
微弯曲影响	小	较大
损耗	小	较大
色散	小	较大
适用场合	长距离、大容量	短距离、小容量

3. 按折射率分类

根据光纤中纤芯和包层的折射率分布不同，光纤可分为阶跃型光纤和渐变型光纤。

4. 按套塑结构分类

光纤按套塑结构分为紧套光纤和松套光纤。

紧套光纤为二次涂覆光纤，在一次涂覆的光纤上再紧紧地套上一层尼龙或聚乙烯等塑料涂覆层，光纤在套管内不能自由活动。紧套光纤结构相对简单，无论是测量还是使用都比较方便。

松套光纤在光纤涂覆层外面再套上一层塑料套管，光纤可以在套管中活动，套管中充有油膏，可防止水分进入。松套光纤机械及防水性能好，有利于提高光纤的稳定可靠性，便于成缆。松套光纤一般制作成一管多芯结构。

5. 按材料分类

光纤按材料分为以 SiO_2 为主要成分的石英光纤，以多种成分组成的多组分玻璃光纤，纤芯为 SiO_2、包层为塑料的石英芯塑料包层光纤，以塑料为材料的塑料光纤等。

3.1.2.3 光纤的特性

光纤的特性包括机械特性、几何特性、温度特性和传输特性等。

1. 机械特性

光纤的机械特性主要包括耐侧压力、抗拉强度、弯曲以及扭绞性能等，工程上最关心的是抗拉强度。光纤的抗拉强度主要与光纤的制造材料、工艺有关。光纤在成缆以及安装使用中存在过大的残余应力，也会影响光纤的抗拉强度。

光纤的寿命习惯上称为使用寿命。当光纤损耗加大以致系统开通困难时，称其已达到了使用寿命。从机械性能的角度讲，光纤的寿命指断裂寿命。在光纤、光缆制造以及工程建设中，一般是按20年的使用寿命设计的，实际可能使用30~40年。

2. 几何特性

光纤的几何特性包括纤芯直径、包层直径、纤芯不圆度、包层不圆度、纤芯与包层同心度等。光纤的几何尺寸、光学参数除对光纤的传输性能和机械性能有影响外，对光纤的接续损耗也产生较大的影响。ITU-T规定多模光纤的芯直径为（50±3）μm或（62.5±3）μm，多模及单模光纤的包层直径均要求为（125±3）μm，纤芯/包层同心度误差≤6%，芯径不圆度≤6%，芯径不圆度≤2%。

3. 温度特性

光纤的温度特性是指温度对光纤损耗的影响。由于光纤涂覆层、套塑层和石英的膨胀系数不同，有机树脂和塑料的热膨胀系数比石英大得多。在正常使用温度下（-10~40℃），光纤的特性基本上不受影响。当温度降低时，由于涂覆层的收缩量比石英纤芯大，所以会使光纤受到很大的轴向压力而产生微弯，使光纤的损耗增大。随着温度的不断降低，光纤损耗就不断增大，当温度降至-55℃左右时，损耗急剧增加，使系统无法正常运行。

4. 传输特性

光纤的传输特性是指光信号在光纤中传输所表现出来的特性，主要包括损耗特性和色散特性。

（1）光纤的损耗特性：光纤传播的光能有一部分在光纤内部被吸收，有一部分可能辐射到光纤外部，使得光能减少。光波在光纤中传输时，随着传输距离的增加，光波的光功率强度逐渐减弱，光纤对光功率产生损耗作用，称为光纤的损耗（也称衰减）。

光纤每千米的平均损耗一般用损耗系数（也称衰减系数）表示。它是指光在单位长度光纤中传输时的损耗量，单位一般用 dB/km 表示。损耗系数是光纤的重要特征参数之一，它在很大程度上决定了光纤通信中继站的间隔距离或传输距离。

光纤的损耗与光纤中传输光的波长有关，不同工作波长的光纤损耗不同。光纤有三个低损耗传输窗口，分别位于 850nm、1310nm 和 1550nm 波段，这三个窗口称为光纤通信的工作窗口。

同一根光纤，工作波长为 l550nm 时的损耗最低，工作波长为 1310nm 时的损耗其次，工作波长为 1310nm 时的损耗最高。可见，光纤的损耗与波长的关系还关系到工作波长的选择。目前近距离通信选用 850nm 窗口，长距离单波长传输系统广泛采用 1310nm 窗口，波分复用系统主要采用 1550nm 波段。

光纤作为光纤通信系统的主要传输媒质，其损耗的大小直接影响传输距离或中继站间隔距离的远近。光纤损耗越小，通信距离就越长；反之，光纤损耗越大，通信距离就越短。实现光纤通信，一个重要的问题是如何降低光纤传输损耗。

光纤的损耗产生的原因有很多，主要可从光纤的材料、结构和成纤后的使用性能几个方面考虑。

光纤本身的损耗主要有吸收损耗和散射损耗。吸收损耗与光纤的材料有关，散射损耗与光纤材料及光波导中结构缺陷、非线性效应有关，这两项损耗是光纤材料固有的，在不同的工作波长下引起的固有损耗也不同。

成纤后的损耗有辐射损耗和连接损耗。辐射损耗与光纤几何形状的扰动有关，连接损耗是进行光纤连接时端面不平整或光纤位置未对准等原因造成接头处的损耗。辐射损耗和连接损耗可以通过改善光纤的使用条件来减少。

（2）光纤的色散特性是指集中的光脉冲经过光纤传输后在输出端发生能量分散，导致传输信号畸变的一种现象。光信号在光纤中是由不同频率成分和不同模式成分携带的，这些不同的频率成分和不同的模式成分有不同的传播速度，它们到达光纤末端时有先有后，造成光脉冲发生展宽。

光纤的色散主要包括模式色散、色度色散（包括材料色散和波导色散）和偏振模色散等。模式色散是由不同传播模式间的相位常数差异引起的色散，与光源的谱宽无关。色度色散是由于光源中不同波长的光传输的时间延迟不同引起的。偏振模色散是由于单模光纤中的基模存在两个相互正交的偏振模式具有不同的传输速度，产生延时引起的。

多模光纤色散主要有模式色散、材料色散和波导色散。单模光纤由于只传输一个模式，故单模光纤色散不存在模式色散，主要有材料色散、波导色射和偏振模色散。

光脉冲在时域的展宽会带来信号畸变，失去原来的形状，同时造成前后发出的脉冲相互叠加，在接收端造成判决错误，导致通信系统的误码增加，限制了系统的传输速率、中继距离和误码性能。尤其是对码速较高的数字传输有严重影响，它将引起脉冲展宽，从而产生码间干扰。为保证通信质量，必须增大码元间隔，即降低信号的传输速率，这就限制了系统的通信容量和通信距离。

色散是可逆的，可以通过一定的措施来设法降低或补偿。目前实用的色散补偿技术主要有色散补偿光纤（DCF）和色散补偿器（如光纤光栅）。

在以上的几种特性中，光纤的传输特性对光纤通信的影响最大，光纤损耗的大小影响光纤中继距离的长短；光纤色散不仅影响光纤中继距离，还限制了光纤通信容量。

3.1.2.4　ITU-T 规范的光纤及应用

ITU-T 规范了 G.651、G.652、G.653、G.654、G.655、G.656、G.657 等多种通信光纤。

1. G.651 光纤

G.651 光纤为渐变型多模光纤，ITU-T 对其主要参数（如纤芯、包层直径、同心度误差等）做了严格的规定。G.651 光纤在光纤通信发展初期广泛应用于中小容量、中短距离的通信系统中。

2. G.652 光纤

G.652 光纤为常规单模光纤（SMF），是目前应用最为普遍的一种光纤，主要应用 1310nm 和 1550nm 两个工作窗口。G.652 光纤工作波长在 1310nm 时色散很小，约为 3.5ps/(nm·km)，系统的传输距离只受光纤损耗所限制。但是工作波长在 1310nm 时损耗较大，典型损耗值为 0.35dB/km。G.652 光纤工作波长在 1550nm 时损耗最低，典型损耗值为 0.20dB/km，但色散较高，约为 20ps/(nm·km)。

对于短距离单波长的 SDH/MSTP 系统，一般使用 G.652 光纤的 1310nm 波长。而在长距离无中继环境传输下通常使用 1550nm 波长。无源光网络系统常使用 G.652 光纤的 1310nm 和 1490nm 两个波长。适当运用色散补偿技术后，G.652 光纤还可用于波分复用系统中。

3. G.653 光纤

G.653 光纤又称色散位移光纤（DSF），它的零色散波长在 1550nm 附近，使得光纤的最低损耗窗口与零色散窗口重合，非常适合于点对点的长距离、高速率的单通道系统。但是由于 G.653 光纤在 1550nm 色散为零，不利于多信道的波分复用系统传输。当使用的信道数较多时，信道间距较小，这时就会发生四波混频导致信道间发生串扰，不适应波分复用系统的需要。

4. G.654 光纤

G.654 光纤是截止波长位移光纤，截止波长移至 1530nm 处。其特点是在 1310nm 处色散很小，在 1550nm 波长处色散较大，但在 1550nm 波长处的损耗比 G.652 光纤更低。G.654 光纤价格较高，主要用于传输距离很长且不能插入有源器件、对损耗要求特别高的无中继海底光缆通信系统。

5. G.655 光纤

G.655 光纤又称非零色散位移光纤（NZDSF），它是在 G.653 光纤的基础上开发出来的。G.655 光纤的零色散波长不在 1550nm，而是在 1525nm 或 1585nm 处。它在 1550nm 窗口保留了一定的色散，使得光纤同时有了较小的色散和最小的损耗，综合了标准光纤和色散位移光纤最好的传输特性。G.655 光纤在 1530~1565nm 之间的光纤典型损耗<0.25dB/km，色散系数在 1~6ps/(nm·km）之间。由于 G.655 光纤的非零色散特性，避免了四波混频的影响，适用于高速、大容量的波分复用系统。

6. G.656 光纤

G.656 光纤是宽带光传输用非零色散位移光纤。与 G.652 光纤比较，G.656 能支持更小的色散系数。与 G.655 光纤比较，G.656 光纤能支持更宽的工作波长。G.655 光纤的工作带宽是 1530~1625nm（C+L 波段），而 G.656 光纤的工作带宽则是 1460~1625nm（S+C+L 波段）。色散斜率更小，能够显著地降低 DWDM 系统的色散补偿成本。

7. G. 657 光纤

G. 657 光纤是对弯曲不敏感单模光纤，它比常规 G. 652 光纤具有更好的弯曲性能，即弯曲损耗比较小，使其适用于光纤接入网，包括位于光纤接入网终端的建筑物内的各种布线。G. 657 光纤较 G. 652 光纤制造成本更高，价格也更贵。

3. 1. 3　光纤器件

3. 1. 3. 1　光纤连接

1. 光纤的连接

将两根光纤进行连接时，必须达到相当高的对准精度，才能使光信号以较小的损耗从一根光纤传播到另外一根光纤中。光纤连接方式通常情况下分为固定连接、活动连接和临时连接三类。

（1）光纤的固定连接：也称永久性连接，特点是光纤一次性连接完成后不能拆卸，工程上常将这种连接称为光纤接续，一般用于光缆线路中的光纤与光纤之间的连接。尾纤上没有光纤连接器的一端就是通过固定连接与光缆中的光纤连接的，光缆线路中由于光缆断裂或光缆距离不够长时均使用固定连接方式连接光纤。

光纤的固定连接分为熔接法和非熔接法。长途干线或中继线路以采用熔接法为主。光纤接入网目前流行的冷接续法就属于非熔接方式。冷接续法是通过冷接续子进行光纤机械接续，不需要用光纤熔接机。

（2）光纤的活动连接：是可以拆卸的连接，通过活动连接器和适配器将两根光纤对准。光纤的活动连接不像固定连接那样能将两根光纤完全对接在一起，连接的两根光纤间必然存在缝隙。光纤的活动连接一般用于光传输设备之间、光仪表耦合等方面的连接。

（3）光纤的临时连接：一般采用 V 形槽对准、弹性毛细管连接、临时熔接等方法。光纤的临时连接常用于光缆抢修时处理光缆线路故障。

2. 光纤活动连接器

光纤活动连接器是把两个光纤端面精密结合在一起，以实现光纤与光纤之间可拆卸连接的器件，俗称活接头。光纤活动连接器已经广泛应用在光纤配线架（ODF 架）、光端机、光纤测试仪器和仪表中，是目前使用数量最多的光无源器件。

（1）光纤连接器的结构：由光纤、陶瓷插芯、陶瓷支撑套管、组成散件和外壳组成。

光纤连接器常与适配器配合使用，两个光纤连接器插针中装进两根光纤，采用机械和光学结构，通过适配器将光纤的两个端面精密对接起来，实现光纤端面物理接触，以使一根光纤上传输的光能量最大限度地耦合到另一根光纤中。

（2）光纤连接器的端面类型：有平面接触型（FC 型）、物理接触型（PC 型）、超级物理端面接触型（UPC 型）、斜面接触型（APC）等类型。

（3）光纤连接器的性能指标：主要有插入损耗、回波损耗、互换性、重复性和稳定性等。

①插入损耗：即连接损耗，是指由于连接器的介入而引起传输线路有效功率的损耗，该值越小越好，一般要求不高于 0. 5dB。

②回波损耗：又称后向反射损耗，是指光纤连接器处后向反射光功率与输入光功率之比的分贝数，该值越大越好。回波损耗反映了光纤连接器对链路光功率反射的抑制能力。实际应用的光纤连接器插针表面经过了专门的抛光处理，回波损耗很大，一般不低于 45dB。

③互换性：是指光纤连接器各部件互换时插入损耗的变化。每次互换后，其插入损耗变化量越小越好。

④重复性：是指光纤连接器多次插拔后插入损耗的变化。每次插拔后插入损耗变化量越小越好。

⑤稳定性：是指连接器连接后，插入损耗随时间、环境温度的变化，比值越小越好。

⑥插拔寿命：用最大可插拔次数来表示，一般由元件的机械磨损情况决定。目前，光纤连接器的插拔寿命一般大于 1000 次。

（4）光纤连接器的种类：光纤连接器的种类很多，目前我国应用最广泛的是 FC 型、SC 型、ST 型和 LC 型连接器。每种光纤连接器都有其对应的光纤适配器来实现与光纤的连接。

①FC 型光纤连接器：采用金属螺纹连接结构，外壳为圆形，紧固方式为螺丝扣，插针采用外径为 2. 5mm 的精密陶瓷插针，插针端面多采用球面接触 PC 和斜球面接触 APC 两种方式。FC 型光纤连接器的特点是结构简单，

操作方便，制作容易。FC 型光纤连接器是目前使用最多的类型，占用空间大，大量用于光缆干线 ODF 架上。

②SC 型光纤连接器：采用插拔式结构，外壳为矩形，采用工程塑料制造，紧固方式为插拔销闩式，不需要旋转。SC 型光纤连接器所采用的插针与耦合套筒的结构尺寸与 FC 型完全相同，插针端面多采用 PC 或 APC 方式。SC 型光纤连接器的主要特点是价格低廉，插入损耗波动小，抗压强度高，插拔操作方便，操作空间小，安装密度高，广泛用于光纤接入网中。

③ST 型光纤连接器：采用带键的卡口式锁紧结构，外壳呈圆形，所采用的插针与耦合套筒的结构尺寸与 FC 型完全相同，插针端面多采用 PC 或 APC 方式。ST 连接器的纤芯外露较长，具有很好的互换性，大量用于光纤接入网和 CATV 中。

④LC 型连接器：采用插拔式锁紧结构，外壳为矩形，用工程塑料制成，带有按压键。由于它的陶瓷插针外径仅为 1.25mm，其外形尺寸也相应减少，大大提高了连接器在光配线架中的密度。通常情况下，LC 连接器是以双芯连接器的形式使用，但需要时也可分开为两个单芯连接器。

除了 FC 型、SC 型、ST 型和 LC 型连接器以外，还有 MU 型和 MT-RJ 型连接器。

3. 光纤跳线与尾纤

光纤跳线与尾纤是光通信中应用最为广泛的基础元件之一，每根光纤跳线或尾纤里面都只有一根光纤。

光纤跳线两端都有光纤连接器，用来实现光纤的活动连接；光纤跳线两端光模块的收发波长必须一致，常用于 ODF 架或光纤终端盒与光设备相连，以及测试时与测试仪表相连。尾纤只有一端有光纤连接器，另一端是一根光纤的断头，通过熔接与其他光缆中的光纤相连，常出现在 ODF 架或光纤终端盒内，用于光缆成端。

多模光纤跳线/尾纤常为橙色，波长为 850nm，传输距离约为 500m。单模光纤跳线/尾纤常为黄色，目前接入网中单模光纤也有蓝色，波长有 1310nm 和 1550nm 两种，传输距离约为 60km。

3.1.3.2　无源光纤器件

在光纤通信系统中，常用到许多光纤通信器件。根据是否需要进行光电能量转换分类，光纤通信器件分为有源光器件和无源光器件。无源光器件工作时不需要外加电源，通常指光衰减器、光耦合器、波分复用器、波长转换器、光开关、光滤波器等功能性无源器件。

1. 光衰减器

光衰减器是用来稳定、准确地减少光信号功率的无源光器件，主要用于调节光缆线路的损耗、测量光端机的灵敏度、校准光功率计等场合。当光纤传输线路上的光信号过强时，会对光接收机造成损坏，这时需要使用光衰减器对光功率进行一定程度的损耗。

根据损耗器的损耗量是否可调，可将光衰减器分为固定光衰减器和可调光衰减器两种。

（1）固定光衰减器：造成的光功率损耗值是固定不变的，具体规格有3dB、5dB、10dB、15dB、20dB、30dB、40dB等标准的损耗量。

（2）可调光衰减器：其光功率损耗值在一定范围内可调节。可调光衰减器又可分为分级可调式和连续可调式两种。

对光衰减器性能的要求是：插入损耗低，回波损耗高，分辨率线性度和重复性好，损耗量可调范围大，损耗精度高，器件体积小，重量轻，环境稳定性能好。其中，分辨率线性度取决于损耗元件的特性和所采用的读数显示方式及机械调整结构；重复性也取决于所采用的读数显示方式及机械调整结构。

2. 光耦合器

光耦合是对光信号进行分路、合路或分配的无源光器件，它依靠光波导间电磁场的相互耦合来工作。光耦合器可以把一路光信号分配成多路，即分路器，也称分光器。反过来，它也可以把多路光信号合成一路光信号，即合路器，也称合光器。

光耦合器的主要性能指标为插入损耗和隔离度。插入损耗为指定输出端口的光功率相对全部输入光功率的减小值，该值越小越好。隔离度指光耦合器的某一光路输出端口所测到的其他光路信号（不想要）的光功率与注入光功率的比值，该值越小隔离度越好，说明各输出口之间的“串话”越小。

3. 波分复用器

波分复用（WDM）技术是将一系列载有信息但波长不同的光信号合成一束，沿着单根光纤传输；在接收端再将各个不同波长的光信号分开的通信技术。这种技术可以同时在一根光纤上传输多路信号，每一路信号都由某种特定波长的光来传送。

波分复用系统最核心的器件是波分复用器，即合波器（也称光复用器）和分波器（也称光解复用器）。

合波器和分波器分别置于光纤两端，实现不同光波的耦合与分离。合波器在波分复用系统的发送端，将多个不同波长的光信号组合在一起，并注入一根光纤中传输。分波器在波分复用系统的接收端，将一根光纤上组合在一起的光信号分离，送入不同的接收终端。合波器和分波器在原理上是相同的，只需改变输入、输出的方向。

波分复用器的主要性能指标除了插入损耗和隔离度以外，还有中心波长、中心波长工作范围等。

4. 光波长转换器

光波长转换器的功能是使光信号从一个波长转换到另一个波长的器件。根据波长的转换机理，光波长转换器分为光电型光波长转换器和全光型光波长转换器。光波长转换器在光交叉互连、光网络管理等领域得到了广泛的应用。

5. 光隔离器和光环行器

（1）光隔离器：作用是保证光波只能正向传输，避免光缆线路中由于各种因素而产生的反射光返回进入激光器而影响激光器的工作稳定性。光信号从光隔离器的输入端进入时，可以畅通无阻地通过，进而从隔离器的输出端输出，损耗很小；而光信号从相反方向进入隔离器，损耗非常大，光信号被损耗，在光纤输入端没有光信号输出。光隔离器主要用在激光器的后面和光放大器两端。

（2）光环形器：有多个端口，其工作原理与隔离器类似，主要用于光分插复用器中。典型的环行器一般有三个或四个端口。

6. 光开关

光开关是控制光纤传输通道中光信号的通、断或进行光路切换的无源器件，在系统保护、系统监测及光交换技术中广泛应用。

7. 光纤光栅

光纤光栅是在光纤的纤芯部分因折射率周期性发生变化而形成的。光纤光栅利用向光纤纤芯照射紫外线时折射率上升的现象制作而成。向光纤光栅内射入光时，只有符合折射率周期变化的波长的光会受到影响（透射或反射）。因此，光纤光纤具有滤波功能。

光纤光栅是具有高波长选择性能、易与光纤耦合、插入损耗低、结构简单、体积小等优点，日益受到人们的关注，其应用范围不断扩展到诸如光纤激光器、WDM 合/分波器、超高速系统中的色散补偿器、EDFA（掺铒光纤放大器）增益均衡器等光纤通信及温度、应变传感等领域中。

3.1.3.3 有源光纤器件

有源光器件需要外加电源才能工作，主要包括光源、光电检测器、光放大器。

1. 光源

光源是光发送机的核心器件，作用是把电信号转变成光信号，以便在光纤中传输。光源性能的好坏是保证光纤通信系统稳定可靠工作的关键。光纤通信系统对光源有以下要求：

（1）发送光波的中心波长应在 850nm、1310nm 和 1550nm 附近，有足够的发送功率。光谱的谱线宽度要窄，以减小光纤色散对带宽的限制。

（2）电/光转换效率高，发送光束方向性好，以提高耦合效率。

（3）允许的调制速率要高或响应速度要快，以满足系统大的传输容量。

（4）器件的温度稳定性好，可靠性高，寿命长。

（5）器件体积小，重量轻，安装使用方便，价格便宜。

目前光纤通信系统中常用的光源有半导体发光二极管（LED）和半导体激光器（LD）。

2. 光电检测器

光电检测器的主要作用是将从光纤传输过来的光信号变换成电信号，其性能的好坏将对光接收机的灵敏度产生重要影响。由于从光纤传来的光信号很微弱，光纤通信系统对光电检测器的基本要求是：

（1）在系统的工作波长上具有足够高的响应度，即对一定的入射光功率，能够输出尽可能大的光电流。

（2）具有足够快的响应速度，能够适用于高速或宽带系统。

（3）具有尽可能低的噪声，以降低器件本身对信号的影响。

（4）具有良好的线性关系，以保证信号转换过程中的不失真。

（5）具有较小的体积、较长的工作寿命等。

3. 光放大器

光信号在光纤中传输时，不可避免会存在着一定的损耗和色散。损耗导致光信号能量的降低，色散使光信号脉冲展宽，从而限制了通信传输距离和码元速率的提高。因此，每隔一定距离就要设置一个中继站，以对光信号进行放大和再生。传统的中继器是采用光电光再生器，转换过程复杂，成本高。光放大器不需要经过任何光电、电光转换，而是直接对光信号进行放大。

光放大器有掺铒光纤放大器（EDFA）、半导体光放大器（SOA）、拉曼光纤放大器（RFA）等。目前应用最为广泛的是 EDFA 和 RFA。实际应用中，常将 EDFA 和 RFA 二者配合使用，可以有效降低系统总噪声，提高系统的信噪比，从而延长无中继传输距离及总传输距离。

3.1.4 光纤通信系统

3.1.4.1 传输线路码型

1. 常见的传输线路码型

常见的传输线路码型有单极性不归零码（NRZ）、单极性归零码（RZ）、双极性交替反转码（AMI）、高密度双极性码（HDB3）、信号反转码（CMI）、曼彻斯特码、分组码（mBnB）、加扰 NRZ 码等。

2. 数字光纤通信系统传输的线路码型

从信源或编码器输出的信号一般为 NRZ 码，在进行数字光纤通信传输时，要考虑传输信道的特点，将其转换成不同的与信道相匹配的线路码型。数字光纤通信系统的光发送机和光接收机接口有电接口和光接口两种。

（1）电接口码型：电接口与电发射机或电接收机相连，其接口码型应与电发射机或电接收机的码型一致。数字光纤通信系统常用的电接口有 PCM 电接口和以太网电接口。PCM 电发射机或电接收机码型常采用 PCM 接口码型，见表 3-2。以太网电接口常采用曼彻斯特码。

表 3-2　PCM 接口码型

PCM 各次群	接口码速率/（Mbit/s）	接口码型
基群（E1）	2.048	HDB3
二次群	8.448	HDB3
三次群	34.368	HDB3
四次群	139.264	CMI

（2）光接口码型：在光纤通信系统中，由于光电器件都有一定的非线性，适宜采用二进制码，用光脉冲的有无来表示二进制码的“0”和“1”。

光接口用于连接光端机和光缆线路，所使用的线路码型要适合光纤线路传输。数字光纤通信系统中对传输的线路码型要求如下：

①避免信号码流中出现长连“0”和长连“1”，以利于接收端时钟的提取。

②信息传号密度均匀，使信息变化不引起光功率输出的变化，相应地保持 LD 发热温度恒定，提高 LD 的使用寿命。

③能进行不中断业务的误码检测。

④尽可能地提高传输码型的传输效率。

⑤功率谱密度中无直流成分，且只有很小的低频成分可以改善发送端光功率检测电路的灵敏度，使输出光功率稳定。

在 PDH、以太网、波分光纤通信系统中，常使用的线路编码为 mBnB。在 SDH 光纤通信系统中，广泛使用的线路编码是加扰的 NRZ 码，它是利用一定规则对信号码流进行加扰。最有效的加扰方法是在发送端利用一个随机序列与原信号序列进行异或运算，使得加扰后信号也变成了随机信号，“0”和“1”出现的概率相同。在接收端，需要一个与发送端完全一致，并在时间上同步的随机序列来解扰。ITU-T 规范了 SDH 的加扰方式，采用标准的级扰码器。

3.1.4.2　光发送机

1. 光发送机工作原理

光发送机位于数字光纤通信系统的起始端，其作用是将电信号码流转换成光信号码流，具体做法是将数字化的电信号对光源发出的光波进行调制，成为已调光信号，然后将其耦合到光纤中进行传输。光发送机包括均衡放大、码型变换、复用、扰码、时钟提取、光源、光源的调制电路、自动温度控制电路（ATC）、自动功率控制电路（APC）、光源检测和保护电路等。

（1）均衡放大电路补偿由电端机发送过来由电缆传输所产生的损耗和畸变，保证电、光端机之间信号的幅度、阻抗匹配，以正确译码。

（2）码型变换：电端机送来的信号码元一般是双极性归零码，不适合在光纤通信系统中传输。光纤通信系统只能用有光或无光来分别对应“1”和“0”码元，只能传输单极性不归零码。光发送机需要使用码型变换电路来将电端机发送的码元变换为单极性不归零码（如 NRZ 码）。例如，PDH 电端机送来的信号码元是 HDB3 码或 CMI 码，经均衡放大后仍是 HDB3 码或 CMI 码。HDB3 码是双极性归零码，CMI 码是归零码，都不适合在 SDH 光纤通信系统中传输，故需要使用码型变换电路来将 HDB3 码或 CMI 码变换为 NRZ 码。

（3）复用：是用一个传输信道同时传送多个低容量的信号以及开销信息的过程。例如，将 63 个 PCM 一次群帧时分复用成 STM-1 帧。

（4）扰码：当信号码流中出现长连“0”或“1”时，会给接收端从信号码流中提取时钟信号带来困难。为了避免长连“0”或“1”现象的发生，数字光发送机中须添加扰码电路。扰码电路是利用一定规则对可能含有长连“0”或“1”信号码流进行扰码，使信号达到“0”“1”等概率出现，利于接收端提取时钟信号。经过扰码后的信号码流传输到接收端后，还要进行解扰码，来还原原始信号码流。

（5）时钟提取：码型变换、复用和扰码都是以时钟信号为依据。在均衡放大电路之后，发送机中的时钟提取电路提取 PCM 端机发送过来信号码流中的时钟信号，供给码型变换、复用和扰码等电路使用。

（6）光源调制电路也称光源驱动电路，将经过扰码后的电信号码流转换成光信号码流，它们所携带的信息不变。光信号的调制分为直接调制和间接调制。直接调制也称内调制，是直接用电信号调制光源，直接控制光源输出光信号的有无。这种方式简单、经济且容易实现，但是会引起输出光脉冲的相位抖动，即啁啾效应。啁啾效应使光纤的色散增加，限制了光纤通信系统容量的提高。间接调制也称外调制，是在光源的输出通路上外加调制器对光波进行调制，控制光信号的有无，可以减少啁啾效应，用于高速大容量的光通信系统中。常用的间接调制器有电折射调制器、马赫-曾德尔干涉仪（M-Z）型调制器、声光布拉格调制器、电吸收（EA）调制器等。

（7）光源产生作为光载波的光信号，是光发送机的核心器件，其作用是把电信号转变成光信号，以便在光纤中传输。光源性能的好坏是保证光纤通信系统稳定可靠工作的关键。目前光纤通信系统使用的光源有 LED 和 LD。

（8）自动温度控制（ATC）和自动功率控制（APC）：LD 对温度很敏感，随着温度的升高，它输出的光功率和光谱的中心波长都会发生变化。自动温度控制和自动功率控制电路就是用来稳定 LD 工作温度和输出平均光功率的。

（9）其他保护、监测电路：除了上述电路以外，光发送机还有一些保护、监测电路，如光源过流保护电路、无光告警电路、LD 寿命告警等。光源过流保护电路是防止光源二极管的反向冲击电流过大而损坏光源。当光发送机电流故障，或输入信号中断，或激光器失效时，都将使激光器“长时间”不发光，这时无光告警电路发出告警指示。当激光器的工作偏流大于原始值的 3~4 倍时，LD 寿命告警电路发出告警信号。

2. 光发送机性能指标

光发送机主要指标有平均发送光功率、消光比和调制特性。光纤通信系统对光发送机的要求是：有合适的输出光功率、较好的消光比、较好的调制特性。

（1）平均发送光功率。

光发送机的平均发送光功率是光发送机的一个重要参数，其大小决定了允许的光纤线路损耗，从而决定了通信距离。平均发送光功率指在发送“0”“1”码等概率的情况下，光发送机输出的平均光功率，记为 Pt，工程上用 dBm 为单位。

平均发送光功率越大，光纤通信的中继距离就越长。但是发送光功率太大，光纤通信系统会处于非线性状态，将对通信产生不良影响。故光发送机要有合适的输出光功率。

（2）消光比。

消光比定义为光发送机发送全“1”码的光功率与发送全“0”码的光

功率之比。

由于伪随机码中“0”和“1”码等概率，因而，发送全“1”码时的光功率为伪随机码时光功率 Pt 的 2 倍。

理想情况下，光源“0”码调制时应没有光功率输出。但实际上由于光发送机自身的缺陷，在“0”码时会有很小的光功率输出，这将给光纤通信系统引入噪声，造成光接收机的灵敏度降低。为了保证接收机有足够的灵敏度，光发送机要有较好的消光比，一般要求大于 10dB。

(3) 调制特性。

光发送机的调制特性好是指光源的 P-1 曲线在使用范围内有好的线性特性。否则，将产生非线性失真。

3.1.4.3 光接收机

1. 光接收机工作原理

光发送机发出的光信号在光纤中传输一段距离后，不仅幅度被损耗，脉冲波形被展宽，还夹杂着许多噪声。光接收机的作用是将从光纤传输过来的微弱光信号经光电检测器转换成电信号，并对电信号进行足够的放大，输出一个适合于定时判决的脉冲信号送到判决电路，使之能够正确地恢复出原始数字电信号。

光接收机由光电检测器、前置放大器、主放大器、均衡器、再生判决电路和自动增益控制电路（AGC）等电路组成。光发送机有扰码、复用和码型变换电路，为了实现信号的透明传输，光接收机还须有解扰码、解复用和码型反变换电路，还原与电发送端发出相同的数字电信号，送到电接收机。

(1) 光电检测器：其功能是把光信号变为电信号，便于其后的电路进行放大。实际应用中，常用的光电检测器有 PIN 和 APD 两种，它们都是工作在反向偏压下。PIN 使用简单，只需 10~20V 偏压即可工作，不需要专门的偏压控制电路，但 PIN 没有增益。APD 具有 10~200 倍的增益，使信噪比得到有效的改善，但使用比较复杂，需要专门的偏压控制电路，以提供 200V 左右的偏压，还要采取温度控制措施使 APD 的倍增系数不受温度影响。

(2) 放大器：光电检测器输出的光电流十分微弱，需要将这种微弱的电信号通过多级放大器进行放大，才能保证通信的质量。光接收机的放大器分为前置放大器和主放大器两部分。前置放大器着重于优良的信噪比，把来自光电检测器的微弱电流放大到毫伏量级。主放大器主要用来提供高的增益，把来自前置放大器的信号放大到适合判决电路所需的电平，它的输出一般为1~3V。

（3）均衡器：其作用是对主放大器输出的有失真的数字脉冲信号进行整形，使之成为最有利于判决且码间干扰最小的正弦波形。主放大器输出的信号存在脉冲拖尾现象，在邻码判决时刻对邻码存在干扰。经过均衡器均衡后的波形瞬时值在本码判决时刻最大，波形的拖尾在邻码判决时刻的瞬时值为零，从而减少了对邻码的干扰。

均衡器输出信号的各种可能状态和状态之间的变化，经过高速示波器反复扫描、叠加后看到的波形很像睁开的眼睛，称为眼图。“眼”在垂直方向和水平方向的张开度，直接显示了接收机的传输特性，“眼”张开得大表示系统性能优良。

（4）自动增益控制（AGC）电路：是为了适应光功率的变化而设的。光源随时间变化渐渐老化导致光功率变小、环境温度的变化导致光纤损耗改变、通信距离不同或选用的光纤不同都会使进入接收机的光功率不同。这样就要求接收机有一定范围的自动增益控制能力，使得主放大器输出的信号变化不大。

（5）再生判决电路：由判决器和时钟恢复电路组成，它是对均衡器输出的正弦波形在最佳时刻进行取样，将取样幅度与判决阈值进行比较，判决出码元是“0”还是“1”，从而恢复成电发送端发出的数字信号。

2. 光接收机性能指标

光接收机性能指标有灵敏度和动态范围两种。光纤通信系统对光接收机的要求是：有较高的灵敏度和较大的动态范围。

（1）灵敏度：是与误码率联系在一起的。在数字光纤通信系统中，接收的光信号经检测、放大、均衡后进行判决再生。由于光接收电路中噪声的存在，接收信号就有被误判的可能。误码率是指接收码元被错误判决的概率。

误码率越大，说明发生误码的机会越多，信号失真程度也越大。一旦误码率超过一定值，通信将不能正常进行，因此系统对误码率有一个指标要求。不同的系统对误码率的要求不同。

灵敏度是指系统在满足一定误码率门限条件下，光接收机允许的最低接收光功率，表示为 Sr，工程上常用 dBm 为单位。

在市话光纤通信系统中，光接收机灵敏度是指满足误码率 BER≤1×10^{-10} 条件下允许接收的最小光功率。在长途干线光纤通信系统中，光接收机灵敏度是指满足误码率 BER≤1×10^{-11} 条件下允许接收的最小光功率。

光接收机接收灵敏度反映光接收机接收微弱光信号的能力。Sr 值越小，灵敏度越高，光接收机的质量越好，系统的中继距离就越长。

（2）动态范围：是指光接收机保证接收电路正常工作的前提下所允许的接收光功率的变化范围，即所允许的最大接收光功率（过载光功率）与最小接收光功率（灵敏度）之差，表示为 D，工程上常用 dB 为单位。

当接收机接收的光功率开始大于灵敏度时，信噪比的改善会使误码率变小。但是若光功率继续增加到一定程度，接收机前置放大器将进入非线性区域，继而发生饱和或过载，使信号脉冲波形产生畸变，导致码间干扰迅速增加，误码率开始变大。当误码率刚好为系统的规定值时，其接收机的接收光功率为光接收机的过载光功率。这时如果接收光功率仍在继续增加，接收光功率将大于过载光功率，系统误码率将继续恶化，严重时会导致系统损坏。故在光纤通信系统调测和维护时，最好在光纤线路上增加一个光衰减器，防止接收机的光功率超过过载光功率而损坏器件。光接收机的过载光功率实际上是表示它接收强信号的能力。

当接收光功率介于接收灵敏度和过载光功率之间时，系统误码率会在系统规定的误码率以下，这个范围称为光接收机的动态范围，即接收机的正常工作范围。

随着时间的增长，光源的输出光功率也将有所变化。当光缆路由变化时或环境温度变化时，光缆线路上的损耗将发生变化。因而，保证光接收机有一定的动态范围才能适应不同的光缆路由和环境条件，才能满足设备性能下降和光线路维护（如增加接头点）中光损耗变化的需要。一台质量好的光接收机应有较宽的动态范围。

3.1.4.4 光中继器

由于光纤本身具有损耗特性和色散特性，经过一段距离的传输后，使得光信号的幅度会下降和波形畸变。对于长距离的传输，需要每隔一定距离设置一个光中继器。光中继器的作用是补偿光信号的幅度损耗，对畸变失真的信号波形进行整形，恢复光信号的形状。

光中继器分为光电型中继器和全光型中继器。

1. 光电型中继器

光电型中继器是先用光电检测器将光纤送来的微弱的光信号转换成电信号，经过放大、整形和再生，恢复出原来的数字电信号，然后再对光源进行调制，产生光信号向下一段光纤传输。光电型中继器并不是直接将光接收机和光发送机结合在一起，它只是光接收电路和光发送电路的组合，不包括光接收机的译码电路部分和光发送机的编码电路部分。

2. 全光型中继器

全光型中继器是利用光发大器直接在光域对微弱的光信号进行幅度放大。

全光型中继器主要是利用掺铒光纤放大器（EDFA）实现对光信号的放大。掺铒光纤放大器的波长为1550nm。实际使用时，将掺铒光纤放大器安放在光纤线路中，两端与传输光纤直接对接，将1550nm波长的光信号直接放大，实现光信号的中继。

全光型中继器设备简单，没有光一电一光的转换过程，工作频带宽。但全光型中继器使用光放大器作中继器时对波形的整形不起作用。

3.1.4.5 光纤通信系统设计

光纤通信系统就其拓扑而言是多种多样的，有星形结构、环形结构、总线结构和树形结构等。其中最简单的是点到点传输结构，其他结构的光纤通信系统都是由点到点传输结构构成的。不同的应用环境和传输体系，对光纤通信系统设计的要求是不一样的，本节内容只研究点到点传输的光纤通信系统。

点到点数字传输系统的描述和指标有比特率、传输距离、码型和误码率等，其中误码率是保证传输质量的基本指标，它受多种因素制约，与光探测器性能、前置放大器性能、码速、光波形、消光比以及线路码型有关。数字传输系统设计的任务就是要通过适当选择器件以减小系统噪声的影响，确保系统达到要求的性能。

光纤通信系统设计的主要步骤如下：

1. 确定传输容量

首先根据通信系统的业务要求确定光纤通信系统的传输容量。光纤通信系统的传输带宽越大，传输容量就越大。系统的传输带宽除了与光纤的色散特性有关外，还与光发射机和光接收机等设备有关。工程上常用系统上升时间来表示系统的传输带宽。系统的上升时间定义为：在阶跃脉冲作用下，系统响应从幅值的10%上升到90%所需要的时间。系统带宽与上升时间成反比，脉冲上升时间越短，调制的带宽就越大，系统容量越大。

光纤通信系统的传输容量还与通道数量及单通道速率有关，如10Gbit/s的单通道系统、4×100Gbit/s的四通道系统。

2. 确定工作波长

在系统的传输容量确定后，就应确定系统的工作波长，然后选择工作在这一区域内的光器件。如果系统传输距离不太远，工作波长可以选择在850nm窗口；如果传输距离较远，应选择1310nm或1550nm窗口。远距离单波长系统常采用1310nm和1550nm窗口。由于1550nm附近的工作频带比1310nm大，波分复用系统一般选择1550nm窗口。光纤接入网的以太网无源光网络（EPON）和吉比特无源光网络（GPON）也采用了波分技术，上行采用1310nm波长，下行采用1490nm波长。

3. 选择光纤类型

光纤类型的选择应该根据通信容量的大小和工作波长来决定。多模光纤和单模光纤除了工作模式上的差别外，在带宽、损耗常数、尺寸和价格等方面存在较大差异。

多模光纤的带宽比单模光纤带宽小得多，损耗比单模光纤大得多，但芯径较大，数值孔径也较大，有利于光源光功率耦合到光纤中，且对于光纤连接器和适配器的要求都不高，比较适用于低速、短距离的系统和网络，典型的应用有计算机局域网、光纤用户接入网等。

单模光纤的带宽较宽，损耗较低，比较适合高速、长距离的系统，典型的应用有SDH、DWDM、OTN系统等。单波长系统或粗波分系统常采用G.652单模光纤，波分复用系统一般选用G.655或G.656单模光纤或G.652单模光纤加色散补偿光纤，光纤接入网中采用G.652或G.657单模光纤。

选定光纤类型以后，还要确定光纤的损耗系数Af、色散系数Dm、光纤的平均接头损耗 As，光通道功率代价 Po、光缆富余度 Mc，以及光缆成端时的光纤适配器与尾纤熔接损耗 Ac。

4. 光电检测器选取

光电检测器的选取通常放在光源之前。接收灵敏度和过载光功率是选择光电检测器主要考虑的参数，此外还应综合考虑成本和复杂程度。PIN 与 APD 相比，结构简单，成本较低，但灵敏度没有 APD 高，目前它们经常与前置放大器组合成组件使用。光电检测器确定后，就选择光接收机。随着光接收机的选定，光接收机的接收灵敏度和动态范围就确定下来了。

5. 光源选取

光源的选择要考虑系统的色散、数据速率、传输距离和成本等参数。LD 的谱线宽度比 LED 的要窄得多。在波长 800nm 到 900nm 的区域里，LED 的谱线宽度与石英光纤色散特性的共同作用将带宽距离积限制在 150Mbit/(s·km) 以内，要达到更高的数值，在此波长区域内就要用 LD 激光器。当波长在 1300nm 附近时，光纤的色散很小，此时使用 LED 可以达到 150Mbit/(s·km) 的带宽距离积。若采用 InGaAsP 激光器，则 1300nm 波长区域上的带宽距离积可以超过 25Gbit/(s·km)。而在 1550nm 波长区域内，单模光纤的极限带宽距离积可以达到 500Mbit/(s·km)。

一般而言，LD 耦合进光纤的功率比 LED 要高出 10～15dB，因此采用 LD 可以获得更大的无中继传输距离，但是价格要昂贵许多，所以要综合考虑加以选择。光源确定后，需要选择光发送机。随着发送机的选定，光发送机的平均发送光功率和消光比就确定下来了。

6. 中继距离预算

当两个站点之间的传输距离确定后，需要预算出中继距离（中继器距发送机之间的距离）。若中继距离小于两个站点之间的传输距离，则需要在站点中间增加光中继器。

当光源和光电检测器选定以后，色散和损耗是限制光纤通信系统中继距离的最终决定因素。中继距离的预算分为损耗受限系统和色散受限系统两种情况。

(1) 损耗受限系统中继距离预算。

光纤通信系统的传输带宽（包括光纤、光源和光检波器的带宽）与系统码速率相比足够大时，系统带宽对光接收机灵敏度的影响可以忽略，中继距离由光信号发送端和光信号接收端之间的光通道损耗决定，这种系统称为损耗限制系统。

数字光纤通信系统设计的基本方法是最坏值设计法。所谓最坏值设计法，就是在设计中继距离时，将所有参数值都按最坏值选取，而不管其具体分布如何。在用最坏值法设计数字光纤通信系统时，对光纤设备和光缆线路都预先设定富余度。通常发送机富余度取1dB左右，而接收机富余度取2~4dB，设备总富余度为3~5dB。设备富余度是一个估计值，用于补偿器件老化、温度波动以及将来可能加入的链路器件引起的损耗。

光发射机发送的光功率减去光纤链路的损耗和系统富余度，即为光接收机的接收光功率。光纤链路的损耗包括光纤损耗、连接器损耗、接头损耗、分路器和损耗器等元件设备的插入损耗。

（2）色散受限系统中继距离预算。

当光纤的损耗很小而系统的传输速率又足够高时，再生中继段距离由光信号发送端和光信号接收端之间光通道总色散所限定，这种系统称为色散限制系统。可以根据色散来估算中继距离。

在光纤通信系统中，使用不同类型的光源，光纤色散对系统的影响各不相同。

3.1.5 SDH传输系统

SDH传输系统使用的传输介质有光纤和微波。

3.1.5.1 传输技术

1. 传输网

传输网位于交换设备之间，是通信网的重要组成部分，是各通信网元间连接的纽带，为各种专业网及各种业务平台提供透明的传输通道。

传输网采用的传输技术主要有准同步数字体系（PDH）、同步数字体系（SDH）、密集波分复用（DWDM）、分组传送网（PTN）和光传送网（OTN）等。对于大型的SDH和OTN网络可融合智能光交换网络（ASON）等新型技术。我国公共通信网骨干层以采用OTN或DWDM技术为主，中继层主要采用OTN或DWDM技术，接入层较多采用SDH/MSTP技术、PTN技术或基于IP的无线接入网（IPRAN）技术。

2. PDH 技术

PDH 是最早出现的数字通信体系，时分复用方式从此开始使用，一条线路上传输多路信号时（复用），各个支路信号在时间上分开（时分），每个支路占用一个时隙。

ITU-T 对 PDH 提出了两个建议，即 E 体系和 T 体系。北美和日本采用了 1.544Mbit/s（即 PCM24 路）作为基群的 T 体系数字速率系列；欧洲和我国则采用了 2.048Mbit/s（即 PCM30/32 路）作为基群的 E 体系数字速率系列。

由于 PDH 没有实现标准的全球统一，无法实现横向兼容，且网络结构缺乏灵活性，组网能力差，已被 SDH 取代。

3. SDH 技术

20 世纪 80 年代出现的 G.707 标准下的同步数字体系（SDH），统一了速率标准、光接口和信号帧结构，让不同厂家设备互连。复用方式设计为同步的字节间插复用，从低阶到高阶，速率都是倍数关系，大大简化了复接过程，可以从 STM-N 信号中直接分/插出低速支路信号。SDH 还第一次在通信设备中引入了智能管理，仿照计算机网络中数据包的做法，把 PDH 传输时的信号加了帧开销，利用计算机和网络技术形成了强大的电信网监测、管理能力。

互联网日新月异的发展带来了多种业务、多种可变信号速率的用户要求，而 PDH、SDH 传送网都是针对话音业务设计的，虽然也可用来传送数据和图像业务，但传送效率不高。多业务平台（MSTP）技术可以看成是顺应用户要求变化而对 SDH 设备所进行的改造，它保留了 SDH 的核心内容，仅仅对接口做了补充，还为增加的以太网接口开发出了通用成帧规程（GFP）之类的协议。

4. DWDM 技术

光纤中传输的光具有极宽的波长范围。随着话音业务的快速增长和各种新业务的不断涌现，特别是 IP 技术的广泛应用，SDH 已经不能提供更高的传输带宽，光纤的巨大带宽资源尚未充分利用，于是波分复用（WDM）技术应运而生。

WDM 技术是在一根光纤内同时传送两个或多个不同的光载波信号，使得光纤通信系统容量得以倍增的一种技术。这样，在给定的信息传输容量下，就可以减少所需要的光纤的总数量。其优点是在不增加线路的情况下，大大增加了系统的通信容量。除了解决容量问题，WDM 系统按光波长复用和解复用的特点，使得它对数据率和业务“透明”，多种速率、多种业务都可以在一根光纤上同时传输。

当需要超大容量时，就采用密集波分复用（DWDM），其中复用的波长间隔小至几个纳米。一根光纤中有多少波长，就可以将单波长传送的信号速率提高多少倍，在有效的频带内传输更多路光信号。例如，40 波的 10Gbit/s 系统，传输容量就将从单波 10Gbit/s 提高到 400Gbit/s。

为了实现高速率的传输，SDH/MSTP 常与 DWDM 设备结合起来使用组成 SDH/MSTP+WDM 网络，由 MSTP 设备将各种用户的各种信号纳入 SDH 体系之中，复用成高速率的 SDH 信号后，再用 DWDM 传送。SDH/MSTP+WDM 网络层次多，容量小，多业务适应性差，光层管理缺失，不适应大容量的 IP 分组业务传送。

5. OTN 技术

DWDM 不足之处表现在两个方面：一是一个波长固定传一路业务，传输不够灵活；二是很难监控到每个光通道的具体情况。为此，人们借鉴了 SDH 的经验，提出了光传送网（OTN）技术。

OTN 技术出现于 1999 年，起初是为解决 TDM 信号的大容量传送问题而提出的。OTN 的主要技术与 SDH 一脉相承，但进行了系统性改造，从 SDH 业务承载转向全业务承载。针对传送大容量 IP 信号的需求，一是增加容量，单波长下时分复用的速率等级最低就是 2.5Gbit/s，最高到 100Gbit/s；二是增加业务类型，从设计上就支持话音、数据和图像业务，具备强大的 IP、ATM、TDM 综合传送能力；三是增加智能，不但用计算机进行设备的自动监测和管理，还使整个光传送网有了自动选路之类的智能，意为简化网络层次，取代 SDH+WDM 网络。

OTN 技术把物理层上的多波长也管了起来，形成所谓“将 SONET/SDH 技术优势与 DWDM 提供的大带宽相结合，在 DWDM 网络中进一步增强对 SONET/SDH 操作、管理、维护和供应（OAM&P）功能的支持”。

SDH、WDM、OTN 技术的对比见表 3-3。

表 3-3　SDH、WDM、OTN 技术对比

	SDH 技术	WDM 技术	OTN 技术
调度功能	支持 VCL2/VC4 等颗粒的电层调度	支持波长级别的光层调度	统一的光电交叉平台，支持 ODUk 颗粒的电层调度和波长级别的光层调度
系统容量	容量受限	超大容量	超大容量
传输性能	距离受限，需要全网同步	长距离传输，有一定的前向纠错（FEC）能力，不需要全网同步	长距离传输，更强的 FEC 能力，不需要全网同步
监控能力	网络操作管理维护（OAM）功能强大，不同层次的通道实现分离监控	只能进行波长级别监控或简单的字节检测	通过光电层开销，可实现对各层级网络的监控；6 级串行连接管理，适用于多设备商/多运营商网络的监控管理
保护功能	电层通道保护，SDH 复用段保护	光层通道保护、线路侧保护	丰富的光层和电层通道保护、共享保护
智能特性	支持电层智能调度	对智能兼容性差	支持波长级别光层和 ODUk 电层的智能调度

3.1.5.2　SDH 帧结构

1. SDH 技术特点

SDH 是一套可进行同步信息传输、复用、分插和交叉连接的标准化数字信号的结构等级。SDH 网络是由一些基本网络单元（中文简称为“网元”，英文简称为“NE”）组成的，在传输媒质上进行同步信息传输、复用、分插和交叉连接的传送网络。

SDH 技术与 PDH 技术相比，有下面明显的优点：

（1）统一的比特率和标准的光接口：在 PDH 中，世界上存在着欧洲、北美及日本三种体系的速率等级。而 SDH 中实现了统一的比特率，此外还规定了统一的光接口标准，因此为不同厂家设备间互联提供了可能。

（2）极强的网管能力：在 SDH 帧结构中规定了丰富的网管字节，使得网络管理能力大大加强。通过软件加载的方式，可实现对各网络单元的分布式管理，可提供满足各种要求的能力。

（3）强大的自愈功能：SDH 设备可组成带有自愈保护能力的环网形式，

这样可有效地防止传输媒介被切断，通信业务全部终止的情况。

（4）采用同步复用，分插灵活：在SDH中，各种不同等级的码流在帧结构净负荷内的排列是有规律的，而净负荷与网络是同步的，因而只须利用软件即可使高速信号一次直接分出低速支路信号，避免了PDH对全部高速信号进行逐级分解后再重新复用的过程，网络结构和设备都大大简化，而且数字交叉连接的实现也比较容易。

2. SDH帧结构

SDH具有规范的光接口，能适应各种网络组织形式，并有很强的保护恢复能力和强大的网管功能，成为目前最广泛使用的光传输技术之一。SDH具有统一规范的速率，信号以同步传送模块（STM）的形式传输。SDH有4个速率等级，见表3-4。基本模块是STM-1，高等级速率STM-N（N=1、4、16、64）信号是将N个STM-1信号按字节间插同步复用得到的。

表3-4　SDH速率等级

SDH速率等级	标称速率/（Mbit/s）	简称
STM-1	155.520	155M
STM-4	622.080	622M
STM-16	2488.320	2.5G
STM-64	9953.280	10G

SDH的帧结构必须适应同步数字复用、交叉连接和交换的功能，同时为了便于实现支路信号的插入和取出，希望支路信号在一帧内的分布是有规律的、均匀的。为此ITU-T规定了SDH是以字节为单位的矩形块状帧结构。

SDH整个帧结构分为段开销、信息净负荷和管理单元指针三个区域。

（1）段开销（SOH）区域：是指STM帧结构中为了保证信息灵活传送所附加的字节，这些附加字节主要用来供网络运行、管理和维护（OAM）使用的。

（2）信息净负荷区域：是帧结构中存放各种用户信息的地方。

（3）管理单元指针（AU-PTR）区域：用来指示信息净负荷的第一个字节在STM-N帧中的准确位置，以便在接收端能正确地分解信号帧。指针就是一组码，其数值大小表示信息在净负荷区域中所处的位置，通过调整指针可以调整净负荷包封和STM-N帧之间的频率和相位，以便在接收端正确地分解出支路信号。SDH采用指针技术，消除了常规准同步系统中滑动缓存器引起的延时和性能损伤。

3.1.5.3　SDH光接口

SDH系统是一个开放式的系统，任何厂家的任何网络单元都能在光路上互通，即具备横向兼容性。为此，必须实现光接口的标准化。

全世界有统一SDH光接口标准。光接口是SDH系统最具特色的部分，由于它实现了标准化，使得不同网元可以经光路直接相连，节约了不必要的光/电转换，避免了信号因此而带来的损伤（如脉冲变形等），节约了网络运行成本。SDH的物理接口由ITU-T G.957和G.691建议加以规范。ITU-T对SDH的四个速率等级所使用的工作波长范围、光纤通道特性、光发射机和接收机的特性都做了规定并对其应用给出了分类代码。在SDH中除了对STM-1定义了光接口和电接口以外，其他速率等级的接口均为光接口。

3.1.5.4　SDH网元

SDH传输网中的节点称为网络单元，简称网元，也可称为网络站点。SDH传输网是由网元和连接网元的传输介质组成的。。SDH网元主要有终端复用器（TM）、分插复用器（ADM）、数字交叉连接设备（DXC）和再生中继器（REG）四种。

1. 终端复用器

TM位于SDH传输网的末端节点（即终端），为双端口器件，一端为支路接口，另一端为西向（W）或东向（E）线路接口。TM负责将PDH信号或低于线路STM-N速率的STM-M（M<N）低速支路信号复用到高速线路信号STM-N中口。反过来，它还可以从高速线路上传输来的STM-N信号中解复用出PDH信号或低速的STM-M支路信号。

例如，终端复用器可以将支路中1个或多个2Mbit/s的业务信号复用到1个线路上STM-1中的任意位置，也可以从1个线路上STM-1信号中分解出支路2Mbit/s业务信号。

2. 分插复用器

分插复用器（ADM）是SDH网络中应用最多的设备，它设在SDH传输网的中间转接站，为三端口器件，一端为支路接口，另两端为线路光接口

(默认左侧为西向，右侧为东向)。与 TM 不同的是，ADM 有两个方向的线路光接口。

ADM 将同步复用和数字交叉连接功能综合于一体，利用内部的交叉连接矩阵，不仅实现了低速率的支路信号可灵活插入/分接到高速的 STM-N 中的任何位置，还可以在东向（E）和西向（W）两个方向的线路接口之间灵活地对通道进行交叉连接（俗称穿透）。

3. 数字交叉连接设备（DXC）

DXC 常用于网状网中心节点，为多端口器件，一端为支路接口，另外有两个以上线路接口。DXC 可对多路 STM-N 线路信号进行交叉连接，还可以上/下低速业务。

DXC 的核心部件是高性能的交叉连接矩阵，为 SDH 传输网完成信息的交叉连接、交换与调度，以及路由的保护切换、分配更改、网络的扩展带来了方便，它具有强大的数字交叉连接功能，同时兼有同步复用、光电转换等功能，业务处理能力极强。功能强的 DXC 能完成高速（如 STM-16）信号在交叉矩阵内的低级别交叉。DXC 接口较多，其容量比 ADM 大，具有一定的智能恢复功能。

通常用 DXCm/n 来表示一个 DXC 的类型和性能（m≥n），m 表示可接入 DXC 的最高速率等级，n 表示在交叉矩阵中能够进行交叉连接的最低速率级别。m 越大表示 DXC 的承载容量越大，n 越小表示 DXC 的交叉灵活性越大。数字 0 表示 64kbit/s 电路速率，数字 1、2、3、4 分别表示 PDH 体制中的 1~4 次群速率，其中 4 也代表 SDH 体制中的 STM-1 等级，数字 5 和 6 分别代表 SDH 体制中的 STM-4 和 STM-16 等级。例如，DXCl/0 表示接入端口的最高速率为 PDH 一次群信号，而交叉连接的最低速率为 64kbt/s；DXC4/1 表示接入端口的最高速率为 STM-1，而交叉连接的最低速率为 PDH 一次群信号。m、n 群次与速率对应见表 3-5。

表 3-5　m、n 群次与速率对应表

m 或 n	0	1	2	3	4	5	6
速率/（bit/s）	64k	2M	8M	34M	144M 155M	622M	2.5G

在实际应用中，许多厂家将 ADM 和 DXC 集成在一起，既可以作为 ADM 使用，还可以作为 TM 或 REG 使用，甚至可以作为 DXC 使用，用户可以配置不同的单板来使其充当不同类型的网元。

4. 再生中继器（REG）

REG 设在传输网的中间部位，为两端口器件。SDH 传输网的再生中继器（REG）有两种，一种是全光再生中继器，另一种是光电型的再生中继器。REG 的作用是完成信号的再生整形，使线路噪声不积累，延长光纤的传输距离。REG 可以将东西向的线路信号进行放大处理，但没有交叉连接和复用/解复用功能，不能对东西向线路信号进行交叉连接，也不能将它们分插/复用变为低速支路信号。

3.1.5.6　SDH 传输系统拓扑

SDH 传输系统是由网元和连接网元的传输介质构成的。根据网元之间的连接关系，SDH 传输网的物理拓扑结构有链形、星形、树形、环形和网孔形。

1. 链形

链形网络也称线形网络，是将网中的所有网元节点一一串联，而首尾两端开放。这种拓扑的特点是较经济，在 SDH 网的早期用得较多。

2. 星形

星形网络的特点是可通过特殊网元节点来统一管理其他网元节点，利于分配带宽节约成本，但星形网络存在特殊网元节点的安全保障和处理能力的潜在瓶颈问题。

3. 树形

树形网络可看成是链形拓扑和星形拓扑的结合。与星形网络相同，树形网络也存在特殊网元节点的安全保障和处理能力的潜在瓶颈问题

4. 环形

环形网络实际上是指将链形网络首尾相连，从而使网上任何一个网元节点都不对外开放的网络拓扑形式。环形网络是当前传输网使用最多的网络拓扑形式，主要是因为它具有很强的生存性即自愈功能较强，公共电信网中常用于本地接入网和局间中继网。

5. 网孔形

网孔形网络将所有网元节点两两相连就形成了网孔形网络拓扑，这种

网络拓扑为两网元节点间提供多个传输路由，使网络的可靠性更强，不存在瓶颈问题和失效问题，但是于系统的冗余度高会使系统结构复杂，且建设成本高。公共电信网中网孔形网主要用于本地骨干网和长途干线网中，以提供网络的高可靠性。

实际的 SDH 网络拓扑结构通常是多种结构的结合，如链型网和环型网的结合，构成一些较复杂的网络拓扑结构。

3.1.5.7 SDH 网络保护

1. 传输系统保护分类

传输系统保护分为设备级保护和网络级保护。

（1）设备级保护：是指在硬件上采用冗余设计，大大提高了系统的可靠性和稳定性。一般情况下，传输设备采用两块电源板、主控板、交叉时钟板，一块作为主用单板，另一块作为备用单板，实现 1+1 设备级保护。

（2）网络级保护：传输系统一旦出现故障，将导致局部甚至整个网络瘫痪，为了提高网络的可靠性和安全性，要求传输网络有较高的自愈功能。网络级保护是指传输网络发生故障（如光纤断）时，无须人为干预，网络自动地在极短的时间（ITU-T 规定为 50ms）内，使业务自动从故障中恢复传输，用户几乎感觉不到网络出了故障。具备这种自愈能力的网络称为自愈网。

自愈是传输网络具有自愈功能的先决条件，是有冗余的备用信道，节点交叉连接能力强大。自愈仅是通过备用信道将失效的业务恢复，而不涉及具体故障部件和线路的修复或更换，所以故障点的修复仍需人工干预才能完成，例如光缆断了还需人工接续等。

当网络发生自愈保护时，业务切换到保护通道的方式有恢复方式和不恢复方式两种。恢复方式是当工作路由故障被恢复后，工作路由从保护路由倒回工作路由，不恢复方式是即使工作路由故障恢复后倒换仍保持，不恢复到工作路由。

2. SDH 网络保护机制

根据网络拓扑结构分类，SDH 网络中的自愈保护可以分为链形网络保护、环形网络保护和子网连接保护三类。

（1）链形网络保护：链形网络多使用四纤线性保护方式，以复用段或通道为基础，采用分段保护。当出现故障时，由工作通道倒换到保护通道，使业务得以继续传送。线性保护有1+1线性保护和1：N线性保护两种方式。

①1+1线性保护：1+1方式采用双发选收的保护机制。正常情况下，工作路由和保护路由同时传送主业务信号，但接收端仅从工作路由接收主业务信号。当工作路由故障时，接收端切换到保护路由接收业务信号。当采用1+1线性复用段保护时，工作路由和保护路由是永久性桥接的，因而1+1方式不可能提供无保护的额外业务。

②1：N线性保护：1：N方式是N（N=1~14）个工作路由共用1个保护路由。正常情况下，工作路由传送优先级高的主业务信号，保护路由传送优先级低的额外业务信号。当其中任意一个工作路由出现故障时，保护路由丢弃额外业务信号，根据自动保护倒换（APS）协议，将故障路由上的主业务信号切换到保护路由上传送。

（2）环形网络保护。

目前传输系统使用最多的拓扑结构是环形网，其自愈能力比链形网更强。

自愈环可以分为单向环和双向环。正常情况下，单向环中所有业务信号按同一方向在环中传输。双向环中，进入环的支路信号按同一个方向传输，而由该支路信号分路节点返回的支路信号按相反的方向传输。

按照一对节点间所用光纤的最小数量来区分，可以分为二纤环和四纤环。

按照保护的业务级别可将自愈环划分为通道保护环、复用段保护环。

（3）子网连接保护（SNCP）是指对某一子网连接预先安排专用的保护路由，一旦子网发生故障，专用保护路由便取代子网承担在整个网络中的传送任务，适用于所有拓扑结构。SNCP的子网是广义上的子网，即一条链或一个环都是一个子网。

3.1.5.8　SDH网络管理系统

SDH的一个显著特点是在帧结构中安排了丰富的开销，从而使其网络的监控和管理能力大大加强。SDH网管系统通常包括以下功能。

1. 性能管理

性能管理主要是收集网元和网络状况的各种数据，进行监视和控制，包括网络性能数据收集、性能监视历史、门限设置以及统计性能数据报告等内容。

2. 故障管理

故障管理是对不正常的网络运行状况或环境条件进行检测、隔离和校正。该功能从网元接收故障和告警数据，并将其转换为网络性能报告，主要包括告警监视、告警历史管理以及测试管理等内容。告警历史数据通常存在SDH网元的寄存器内，每个寄存器包含有告警消息的所有参数，并应能周期地读出或按请求读出。

3. 配置管理

配置管理主要实施对网元的控制、识别和数据交换，实现对传送网进行增加或撤消网元、通道、电路等调度功能，以及对SDH网元进行配置、检查和测试等功能。配置管理分为网络初次运行的初始配置管理和网络正常运行维护时的工作配置管理两个阶段。

4. 安全管理

安全管理主要包括用户、口令、操作权限、操作日志的管理等。

5. 计费管理

计费管理主要是收集和提供计费管理的基础信息等内容。

3.1.6 MSTP技术

1. MSTP概念

传统的SDH技术主要是针对语音业务的多路复用传输，随着互联网技术的发展和应用的普及，数据业务量已经大大超过了语音业务量，因此要求在SDH传输技术上增加多种业务传送的功能。于是，基于SDH技术的多业务传送平台（MSTP）得到了较为广泛的应用。MSTP技术很好地兼容了原有SDH技术，同时也满足了数据业务的传送功能。

所谓多业务传送的含义是同时支持时分复用和分组交换两种技术，也就是说多业务传送平台不仅能提供基于时分复用的专用通道，而且能直接提供以太网接口，甚至具有以太网二层交换的能力。MSTP可以将传统的SDH复用器、数字交叉链接器（DXC）、WDM终端、网络二层交换机和IP边缘路由器等多个独立的设备集成为一个网络设备，进行统一控制和管理。基于SDH的MSTP最适合作为网络边缘的融合节点支持混合型业务，特别是以 TDM 业务为主的混合业务。

2. MSTP 技术发展

MSTP 技术的发展主要体现在对以太网业务的支持上，以太网新业务的 QoS 要求推动着 MSTP 的发展。一般认为 MSTP 技术发展可以划分为四个阶段，每个阶段的 MSTP 特点如下。

(1) 第一阶段：MSTP 在原有 SDH 设备上增加支持以太网业务处理板卡，提供了 ATM 和 Ethernet 接口，仅解决了数据业务在 MSTP 中“传起来”问题。这一阶段只是实现了点对点的数据传输，没有数据带宽共享和统计复用，所以分组数据业务的传送效率低，导致资源浪费；不支持以太环网，数据的保护倒换时间长。

(2) 第二阶段：在第一阶段 MSTP 的基础上提供了强大的交换能力，该交换能力并不仅仅指 SDH 的交叉连接能力，更重要的是提供了以太网的二层交换能力和 ATM 的交换功能。通过划分 VLAN，有效而安全地完成用户隔离。同时，还可组建 ATM 的 VP-Ring 和利用以太网的 STP 保护。

(3) 第三阶段：这一时期的 MSTP 最大的特点就是引进了 GFP 封装机制、LCAS 链路容量调整方案和虚级联技术，使得 MSTP 对数据业务的支持能力进一步加强。同时，在以太网和 SDH 中引入智能的中间适配层如弹性分组环（RPR)、多协议标记交换（MPLS）技术，并结合多种先进技术提高设备的数据处理与 QoS 支持能力，克服了第二阶段 MSTP 所存在的缺陷。

(4) 第四阶段：第四阶段 MSTP 增加了网络拓扑自动发现、带宽动态申请和释放等智能特性。

3. MSTP 功能

MSTP 是在基于 TDM 传送的 SDH 功能之上，增加了 EoS（Ethernet over SDH）和 AoS（ATM over SDH）两大关键功能，实现同一平台的技术融合，使单一设备能适应 TDM、ATM、以太网等多种业务的需要。在 MSTP 平台中，TDM 业务、ATM 业务、IP 业务都可高效接入和高效传输，它既能满足日益增长的数据业务的需求，又能兼容目前大量应用的 TDM 业务。

MSTP 的接口主要类型有 PDH 接口（El/Tl、E3/T3）、SDH 接口（STM-N）、以太网接口（FE、GE）和 ATM 接口（155M）等。

3.1.7 波分复用技术

3.1.7.1 波分复用概念

波分复用（WDM）技术是利用一根光纤可以同时传输多个不同波长的光载波特点，把光纤可能应用的波长范围划分为若干个波段，每个波段用作一个独立的通道传输一种预定波长的光信号技术。WDM 技术在发送端采用合波器（也称光复用器）将不同波长的光载波信号合并起来送入一根光纤进行传输，在接收端再由分波器（也称光解复用器）将这些不同波长承载不同信号的光载波分开。由于不同波长的光载波信号可以看成是互相独立的（不考虑光纤非线性时），从而在一根光纤中可实现多路光信号的复用传输。

由于不同波长的载波是相互独立的，所以双向传输问题迎刃而解。根据不同的波分复用器/分用器可以复用/分用不同数量的波长。

3.1.7.2 波分复用技术特点

1. 超大容量传输

由于 WDM 系统的复用光通路速率可以为 2.5Gbit/s、10Gbit/s 等，而复用光通路的数量可以是 4、8、16、32、40、80、160，甚至更多，因此系统的传输容量可以达到 1600Gbit/s，甚至更大。

2. 节约光纤资源

对于单波长系统而言，1 个 SDH 系统就需要一对光纤；而对于 WDM 系统来讲，不管有多少个 SDH 分系统，整个复用系统只需要一对光纤。例如，对于 16 个 2.5Gbit/s 系统来说，单波长系统需要 32 根光纤，而 WDM 系统仅需要两根光纤。WDM 技术不仅大幅度地增加了网络的容量，而且还充分利用了光纤的宽带资源，减少了网络资源的浪费。

3. 各信道透明传输，平滑升级、扩容

只要增加复用信道数量和设备就可以增加系统的传输容量以实现扩容，WDM 系统的各复用信道是彼此相互独立的，所以各信道可以分别透明地传送不同的业务信号，如语音、数据和图像等，彼此互不干扰，这给使用者带来了极大的便利。

4. 利用 EDFA 实现超长距离传输

EDFA 具有高增益、宽带宽、低噪声等优点，且其光放大范围为 1530~

1565nm，但其增益曲线比较平坦的部分是1540~1560nm。EDFA几乎可以覆盖整个WDM系统1550nm工作波长范围。所以用一个带宽很宽的EDFA就可以对WDM系统的各复用光通路信号同时进行放大，以实现系统的超长距离传输，并避免了每个光传输系统都需要一个光放大器的情况。WDM系统的超长传输距离可达数百公里，同时节省大量中继设备，降低成本。

5. 提高系统的可靠性

由于WDM系统大多数是光电器件，而光电器件的可靠性很高，因此系统的可靠性也得以保证。

6. 可组成全光网络

全光网络是未来光纤传送网的发展方向。在全光网络中，各种业务的上/下、交叉连接等都是在光路上通过对光信号进行调度来实现的，从而消除了电/光转换中电子器件的瓶颈。WDM系统可以与光插复用器（OADM）、光交叉连接器（OXC）混合使用，以组成具有高度灵活性、高可靠性、高生存性的全光网络，以适应宽带传送网的发展需要。

WDM系统可以将来自不同光方向的各类信号复用在一根光缆中进行传输，从而节省了光纤资源，提高了传送的容量。大容量、长距离传输是WDM区别于SDH的最大特点。但是WDM系统也存在着一些瓶颈，如组网能力弱、保护机制简单、业务调度能力差、监控能力较差等。

3.1.7.3 WDM系统的传输方式

WDM系统的传输方式包括双纤单向传输方式和单纤双向传输方式。

1. 双纤单向传输

双纤单向传输是WDM系统最常使用的一种传输方式，它采用两根光纤，一根光纤只完成一个方向光信号的传输，反向光信号的传输由另一根光纤来完成。

双纤单向传输的WDM系统可以充分利用光纤的巨大带宽资源、使一根光纤的传输容量扩大几倍至几十倍。在长途网中，可以根据实际业务量的需要逐步增加波长来实现扩容，十分灵活。双纤单向传输是目前波分复用系统最常用的传输方式。

2. 单纤双向传输

单纤双向传输的WDM系统只用一根光纤，在一根光纤中实现两个方向光信号的同时传输，两个方向光信号应安排在不同波长上。

单纤双向传输方式允许单根光纤携带全双工通路，通常可以比单向传输节约一半的光纤器件，由于两个方向传输的信号不会因交互而产生四波混频现象，因此其总的四波混频比双纤单向传输少很多，但缺点是该系统需要采用特殊的措施来对付光反射，以防多径干扰；当需要将光信号放大以延长传输距离时，必须采用双向光纤放大器以及光环形器等元件，但其噪声系数稍差。

3.1.7.4　WDM 分类

由于目前一些光器件（如带宽很窄的滤光器、相干光源等）还不很成熟，因此，要实现光信道非常密集的光频分复用是很困难的，但基于目前的器件水平，已可以实现相隔光信道的频分复用。人们通常把光波长间隔较大（甚至在光纤不同窗口上）的 WDM 称为稀疏波分复用（CWDM），把在同一窗口中波长间隔较小的 WDM 称为密集波分复用（DWDM）。

CWDM 在单根光纤上支持的复用波长个数较少，日后扩容成本较高，适合于短距离、高带宽、接入点密集的通信场合，如大楼内或大楼之间的网络通信。DWDM 在单根光纤上支持的复用波长个数较多，广泛应用于长途干线网、本地骨干网和中继网中。

3.1.8　光传送网技术

3.1.8.1　光传送网概念

光传送网（OTN）是以波分复用技术为基础、在光层组织网络的传送网，在我国主要用于长途干线。OTN 是由一组通过光纤链路连接在一起的光网元组成的网络，能够提供基于光通道的客户信号的传送、复用、路由、管理、监控以及保护。OTN 通过多年演进，具备灵活、高效、可靠的多业务承载能力，在通信与互联网的融合和发展中起着关键作用。

3.1.8.2　光传送网技术特点

OTN 技术是在 SDH 技术和 WDM 技术的基础上发展起来的，是对 SDH 技术和 WDM 技术的扬长避短。与 SDH 技术和 WDM 技术相比 OTN 具有以下三大亮点。

1. 超大容量的光传送系统

信号的传送有了新的速率等级。OTN 提供 2.7Gbit/s、10.7Gbit/s、43Gbit/s 乃至 111Gbit/s 的高速接口，使信号传送有了更大的通道，解决了 SDH 带宽不够的问题，再加上波分复用的超强带宽能力，每光纤可达到 Tbit/s，满足了数据带宽爆炸性的增长需求。

提升了交叉连接的容量，可进行 Tbit/s 以上的大容量调度。OTN 单路数字信号速率已达 40Gbit/s，若将 4 个 SDH 的 10Gbit/s 支路信号复用成 1 路 40Gbit/s 线路信号，即使用 VC-4 来实现交叉连接，也需要对 256 个 VC-4 进行处理，这么小“颗粒”的复用方案不仅硬件复杂，调度、管理和操作也是很大的负担。换成 OTN 就简单得多，按它的速率等级，4 个 10Gbit/s 信号可以很方便地复接成 40Gbit/s 传输。

2. 全业务传送

有了强大的分组数据的传送能力，能面向更小“颗粒”（指速率等级）进行 IP 信号的处理。在客户层支持多协议，物理层支持多波长，能方便有效地进行各种信号的综合传输。

OTN 可以满足运营商的多种需求，用尽量少的基础设施来提供尽量多的业务类型，把宽带接入、视频信号、下一代网络（NGN）、第四代/第五代移动通信技术等兼有网络和通信特点的业务统一到同一个传送平台上。它能透明传送各种客户数据，如 N×64K、2M、STM-N、10M/FE/GE 以太网、ATM、MPLS（多协议标签交换）、甚至 OTN 信号自身以及自定义速率数据流，具备强大的 IP、ATM、TDM 综合传送能力。OTN 是目前唯一能在 IP/以太网交换机和路由器间全速传送 10G 以太网业务的传送平台。另外 OTN 还有与 SDH 类似的虚级联功能，支持链路容量自动调整（LCAS）。

3. 智能化

相对 SDH 增加了控制平面，使超大带宽的光信号能够自动交换，自动选路，对光、电通信路径统一进行标记，从而能够对多种传送“颗粒”进行控制，达到传送网智能化的目标。

3.1.9 光纤通信系统的维护与管理

通信系统维护主要是通信设备的维护。

通信系统维护一般以数字配线架（DDF 架）为界，包括传输设备 DDF

架、光纤及微波通信设备等。

3.1.9.1 传输设备维护任务

为了确保传输网的正常运行，需要专业维护人员对传输设备和网管系统进行维护，传输设备维护和管理的基本任务是：

（1）保证传输网的高效和可靠运行，保证设备性能符合维护指标要求；

（2）迅速准确地排除故障，尽量减少故障引起的损失；

（3）确保机房环境符合要求，保持设备完整、安全、清洁和良好；

（4）在保证通信质量的前提下，提高维护效率，合理使用费用，提高经济效益。

3.1.9.2 传输设备维护内容

以传输设备（通信设备）机房的DDF为界，DDF及DDF以内属于传输系统维护范围。按照维护周期的长短，将传输系统维护分为突发性维护（应急维护）、日常例行维护和周期性例行维护。

1. 突发性维护

突发性维护（应急维护）是指因为设备故障、网络调整等带来的维护任务。例如，用户申告故障、设备损坏、线路故障时须进行的维护。

2. 日常例行维护

日常例行维护是指每天必须进行的维护项目。

日常例行维护的主要内容一般为：设备声音告警检查、机柜指示灯观察、电路板指示灯观察、设备机房温度、湿度检查等。

日常例行维护可以帮助维护人员随时了解设备运行情况，及时发现问题。在日常维护中，须详细记录故障发生的具体物理位置、故障现象和过程，以便及时维护和排除隐患。

3. 周期性例行维护

周期性例行维护是指定期进行的维护。通过周期性维护，维护人员可以了解设备的长期工作情况。设备周期性例行维护分为月检、季度维护和年度维护。

3.1.9.3 维护资料

传输设备维护技术档案、资料包括以下内容：

（1）传输网络图、设备使用说明书、维护手册、接线图等；

（2）工程设计、竣工资料、验收记录；

（3）机房布线系统图，机房平面布置图，包括通信线缆、信号电源、电力及照明等；

（4）各种维护规章制度，包括维护规程、维护指标体系、责任制度、工作细则、操作方法等，以及关于上述规章制度修改补充文件；

（5）主要仪器、仪表的说明书和使用手册；

（6）其他技术文件。

3.1.9.4　日常巡检案例

本案例为传输设备日常巡检，识别传输设备各指示灯，判断是否有设备告警。

1. 查看机柜指示灯

一般设备的告警信号是由主控板通过电源告警线送至柜顶。设备维护人员主要通过告警指示灯来获得告警信息，因此在日常维护中，要时刻关注告警灯的闪烁情况，据此来初步判断设备是否正常工作。

首先从整体上观察设备是否有高级别（紧急和主要）告警，可观察机柜顶部的告警指示灯来获得。一般设备在机柜顶上有红、黄、绿三个不同颜色的指示灯，不同颜色的指示灯代表设备不同的运行状态，绿灯亮代表设备运行正常，红灯亮代表设备有主要告警，黄灯亮代表设备有次要告警。值班人员每天应查看机柜指示灯的状态，发现有红、黄灯亮，应及时通知维护人员。

2. 查看单板指示灯

机柜指示灯的告警状态可以预示本端传输设备的故障隐患或者对端传输设备存在故障。只观察机柜顶部的告警指示灯，可能会漏过设备的次要告警（因为发生次要告警时机柜顶部指示灯不亮），而次要告警往往预示着本端设备的故障隐患，或对端设备存在故障，不可轻视。因此在查看传输设备机柜顶部的指示灯状态之后，还要查看传输设备各单板指示灯的状态，进一步了解设备的运行状态。

观察传输设备各单板的指示灯状态，判别传输设备是否有告警产生以及告警的级别。

3. 设备温度检查

伸手放于架子通风口上面，检查风量，同时检查设备温度。如果温度高且风量小，应检查子架的隔板上是否放置了影响设备通风的杂物，或风机盒的防尘网上是否脏物过多。若是存在以上情况，须清理防尘网；若为风扇本身发生问题，必要时更换风扇。此外还可以用手接触电路板前面的拉手条，探测电路板的温度。

4. 风扇检查和定期清理

良好的散热是保证设备长期正常运行的关键，在机房的环境不能满足清洁度要求时，风扇下部的防尘网很容易堵塞，造成通风不良，严重时可能损坏设备。因此需要定期检查风扇的运行情况和通风情况，清理风扇的防尘网，保证风扇时刻处于正常运行状态（风机盒的绿色指示灯长亮，红色指示灯长灭）。

5. 公务电话检查

公务电话对于系统的维护有着特殊的作用，特别是当线路出现严重故障时，公务电话就成为维护人员定位、处理故障的重要通信工具。因此在平时的日常维护中，维护人员需要经常对公务电话做一些例行检查，以保证公务电话的畅通。

6. 线缆检查

光纤、2M线缆和网线长时间运行后，容易出现松动现象，因此需要定期检查线缆。

3.2 微波通信

3.2.1 微波通信概述

3.2.1.1 微波通信的概念

微波是指频率为300M~300GHz的电磁波，是无线电波中一个有限频带的简称，即波长为1mm至1m的电磁波，是分米波、厘米波、毫米波和亚毫米波的统称。

微波具有穿透、反射、吸收三个特性。

微波通信是指利用微波作为载体携带信息，通过无线电波在空间进行传输的一种通信方式。微波通信包括地面微波接力（中继）通信、对流层散射通信、卫星通信、空间通信及工作于微波频段的移动通信。其中地面微波中继通信包括模拟微波中继通信和数字微波中继通信两种制式，本书所述微波通信指地面微波中继通信。

微波在自由空间中只能沿直线传播，其绕射能力很弱，且在传播中遇到不均匀的介质时，将产生折射和反射现象。因此，在一定天线高度的情况下，为了克服地球的凸起而实现远距离通信就必须采用中继接力的方式。微波采用中继方式的另一个原因是，电磁波在空间传播过程中因受到散射、反射、大气吸收等诸多因素的影响，而使能量受到损耗，且频率越高，站距越长，微波能量损耗就越大。因此，微波每经过一定距离的传播后就要进行能量补充，这样才能将信号传向远方。由此可见，一条微波通信线路是由若干个微波站连接而成，信息通过这些微波站逐站由一端传向另一端。

微波通信可细分为准同步数字系列（PDH）数字微波通信系统和同步数字系列（SDH）数字微波通信系统。

3.2.1.2 常用微波通信频段

常用微波通信频段为1~30GHz，其中地面微波中继通信的常用频段为1.5~8GHz。1.5GHz和2GHz频段的波道带宽较窄，适用于中、小容量的如PDH数字微波传输；4~8GHz频段的电波传播条件较好，且可用于大容量SDH高速率信号传输。国家无线电办公室规定4~6GHz频段为公网使用，7~8GHz频段为专网使用。

3.2.1.3 微波通信的特点

“微波、多路、接力”是微波通信最基本的特点。

“微波”是指微波工作频段，可容纳较其他频段更多的话路。微波频率高，波长短，易制成高增益天线。此外，由于微波频段基本不受天电干扰、工业干扰和太阳黑子变化的影响，微波通信的可靠性和稳定性较高。

“多路”是指微波通信的通信容量大，即微波通信设备的频带较宽。

“接力”是目前广泛用于视距微波的通信方式。由于地球是圆的，加之地面上的地貌（山地、丘陵及高的建筑物）所限，使得地球上两点（两个微波站）间不被阻挡的距离有限。为了可靠通信，一条长的微波通信线路需要在线路中间设若干个中继站，采用接力的方式传输发端的信息。

近年来，由于通信技术的发展以及通信设备的数字化，数字微波占据了绝对的比重。数字微波除了具有上述微波通信的普遍特点外，还具有数字通信的以下优点：

（1）抗干扰性强、整个线路噪声不累积；

（2）便于加密，保密性强；

（3）器件便于微型化、固态化和集成化，设备体积小、耗电低；

（4）便于采用多址接入方式，增加系统用户容量；

和模拟微波通信相比，数字微波的主要缺点是：

（1）要求传输信道带宽较宽，因而会产生频率选择性衰落；

（2）抗衰落技术复杂。

由于微波通信能够实现大容量通信，且建设速度较快、通信质量较高、通信过程稳定、维护便捷等优点，因此是国家通信网的一种重要通信手段，也普遍应用于电力、水利等各种专用通信网中。

3.2.1.4 微波通信的发展

数字微波接力通信与光纤通信、卫星通信一起被称为现代通信传输的三大主要手段。它具有传输容量大、长途传输质量稳定、投资少、建设周期短、维护方便等特点，因此受到各国的普遍重视。

1. 数字微波通信发展历程

我国的数字微波通信始于20世纪60年代。在20世纪60年代至70年代初的起步阶段，研制出了中、小容量数字微波通信系统。随后，第一代中、小容量数字微波通信系统很快投入了应用，调制方式以QPSK为主，并有少量设备使用了8PSK调制。20世纪80年代是我国数字微波通信发展的第二阶段，单波道传输速率上升到140Mbit/s，调制方式一般采用16QAM。自适应均衡、中频合成和空间分集接收等高新技术开始出现。20世纪80年代后期至今，随着同步数字系列（SDH）在传输系统中的推广应用，数字微波通信进入了第三个重要发展期。

为适应SDH传输速率的要求，数字微波接力通信系统的单波道传输速率必须进一步提高。目前，单波道传输速率可达600Mbit/s以上，这就要求使用的调制方法具有更高的频谱利用率。在开始时使用64QAM、128QAM以及512QAM调制技术，这些技术的使用对波形成形技术要求更为严格，结果使系统误码率上升。为此引入了纠错编码技术，以降低系统的误码率。当纠错编码和克服载波恢复相位模糊的差分编码结合使用的时候，差分编码的误码扩散作用会对纠错编码的纠错能力提出很高的要求，使得系统的频谱和功率利用率降低，通常可以利用对相位透明的多进制 LEE 氏纠错编码克服这种影响。为进一步提高纠错编码的效率，在 SDH 微波传输中还采用了多级编码调制和网格编码调制等将纠错编码和调制结合在一起进行设计的新技术。

为进一步提高数字微波系统的频谱利用率，还推出了同波道交叉极化传输的方法，同时引入交叉极化干扰抵消器以消除交叉极化干扰，采用高速二维时域均衡器以消除正交码间干扰及多径衰落的影响，以及使用线性度极高的输出功放、多重空间分集接收、无损伤切换等技术。此外，在 SDH 微波传输系统的运行、管理、维护和系统参数配置方面大量使用微处理器、计算机控制终端和一些实用软件，对上述功能的实现提供了很大的灵活性和实用性。这些新技术的使用推动了 SDH 微波传输系统的发展。

2. 数字微波通信发展趋势

数字微波通信具有以下几方面的趋势：

（1）采用 PDH 微波和 SDH 微波，可作为干线光纤传输的备份和补充；

（2）采用点对点微波或点对多点（一点多址）系统可用于海岛、农村等边远地区为用户提供基本业务的场合；

（3）用于城市的短距离支线连接，比如移动通信基站之间、局域网之间等。

3.2.2 SDH 微波通信系统

3.2.2.1 SDH 速率等级

SDH 有 4 个速率等级，见表 3-6。基本模块是 STM-1，高等级速率 STM-N（N=1、4、16、64）信号是将 N 个 STM-1 信号按字节间插同步复用得到的。

表 3-6 SDH 速率等级

SDH 速率等级	标称速率/（Mbit/s）	简称
STM-1	155.520	155M
STM-4	622.080	622M

续表

SDH 速率等级	标称速率/（Mbit/s）	简称
STM-16	2488.320	2.5G
STM-64	9953.280	10G

3.2.2.2 SDH 技术的特点

SDH 技术在应用中呈现出如下特点。

1. 传输容量大

目前，数字微波中继通信系统的单波道传输速率可达 300Mbit/s 以上，但是为了能够适应 SDH 传输速率的要求，可通过采用适当的调制方法来提高频率的利用率。现在多数情况下是采用多级调制的方法来达到此目的。但多级调制方法对波形形成技术的要求很高，按照目前的技术手段，系统的误码率会增加。为保证系统的误码性能能够满足技术指标的要求，需要在系统中采用差错编码技术，以降低系统的误码，从而满足 SDH 传输速率的要求，提高系统传输容量。

2. 通信性能稳定

由于采用了自适应均衡中频合成和空间分集接收以及交叉极化消除等技术，SDH 可进一步消除正交码间干扰及多径衰落的影响，从而达到完善系统性能的目的。

3. 投资小、建设周期短

在微波通信中，由于采用的是无线通信方式，又因为地球曲率的影响，故要求每隔 50km 左右建立一个微波接力站。而光纤通信则是典型的有线通信方式，铺设光缆的投资成本大，所需人力多，建设周期长。与之相比，微波通信具有投资少、建设周期短等优点。

4. 便于进行运行、维护、管理操作

在 SDH 帧结构中，为运行、维护管理提供了大量的开销，因而，当 SDH 技术应用于微波通信时，还要加入专用的微波开销字节。当然，可利用这些开销进行运行、维护和管理操作及开展微波公务等。

3.2.2.3 SDH 微波通信系统的组成

下面以 STM-4 为例介绍 SDH 微波通信系统的组成。

一个 SDH 微波中继通信系统可由终端站、枢纽站、分路站及若干中继站组成。一个微波通信系统一般要开通多对收、发信波道。因此系统的传输速率一般为基本传输速率的数倍。这里基本传输速率指复用设备的输出速率。

数字微波传输线路的组成形式可以是一条主干线，中间有若干分支，也可以是一个枢纽站，但不论哪种形式，根据各站所处位置和功能不同，数字微波传输线路总是由终端站、枢纽站、分路站及若干中继站组成。下面分别介绍它们的作用及设备配置。

1. 终端站

处于线路两端或分支线路终点的站称为终端站。向若干方向辐射的枢纽站，就其每一个方向来说也是一个终端站。这种站可上、下全部支路信号即低次群路，配备 SDH 数字微波传输设备和 SDH 复用设备。可作为监控系统的集中监视站或主站。

2. 分路站

处在线路中间，除了可以在本站上、下某收/发信波道的部分支路外，还可以沟通干线上两个方向之间通信的站称为分路站。在此类站上，亦可能有部分波道的信号须再生后继续传输。因此这种站上应配有 SDH 微波传输设备和 SDH 分插复用设备（ADM）。视要求也可安装多套微波传输再生站型设备。可以作为监控系统的主站也可用作受控站。

3. 枢纽站

枢纽站一般处在干线上，须完成数个方向的通信任务。在系统多波道工作的情况下，此类站要完成某些波道 STM-4 信号或部分支路的转接和话路的上下，某些波道 STM-4 信号的复接与分接。也有某些波道的信号可能需要再生后继续传输。因此，这一类站上的设备门类繁多，可以包括各种站型的设备。一般可作为监控系统的主站。

4. 中继站

处在线路中间非上、下话路的站称为中继站。可分为再生中继站、中频转接站，射频有源转接站和无源转接站。由于 SDH 数字微波传输容量大，一般只采用再生中继站。再生中继站对收到的已调信号解调、判决、再生，转发至下一方向的调制器。经过它可以去掉传输中引入的噪声、干扰和失真，这体现出数字通信的优越性。这种站上不需配置倒换设备，应有站间公务联络和无人值守功能。

3.2.2.4 SDH 微波站设备配置

下面以 STM-4 为例介绍 SDH 微波通信设备配置。

1. 端站型设备配置

就 STM-4 信号传输来说，端站的一般概念是以 STM-4 信号速率为终结的站，即站上一般带有 STM-4 信号速率的电接口。端站又可分为终端站、中间站、可上下话路的中间站（即分路站）三种类型。下面将分别介绍它们的定义及设备配置。

（1）终端站型设备配置。

终端站为带有 SDH 复用设备的站，可上下全部低次群信号（即支路信号）。一般处于线路两端或分支线路的终点。向若干方向辐射的枢纽站就其每一个方向来说也是一个终端站。此类站一般配有多套 SDH 复用设备和 SDH 数字微波传输设备。

（2）中间站型设备配置。

中间站型设备只配有 SDH 微波传输设备和 STM-4 电接口，无复用设备。该站型设备可放在枢纽站上，用作某方向的信号转接。

（3）分路站型设备配置。

分路站的设备配有 SDH 分插复用设备（ADM），具有传输速率为 STM-4 的接口和有限个支路接口，此处为部分 2Mbit/s 接口或 STM-1 接口。STM-4 接口用于沟通干线上两个方向的通信。2Mbit/s 接口用于本地上下部分话路。分路站型设备可以安放在枢纽站和分路站上，用于部分话路的转接和上下。

2. 再生站型设备配置

再生站型设备主要用于接收、再生和发送由微波波道所传输的数据信号。一对收、发信波道信号的再生一般由 2 套分别用于两个发信方向的再生站型设备完成。例如，一套设备用于东西方向的接收和发送，另一套则用于相反方向。

再生站型设备可安装在中继站、分路站和枢纽站。因为在后两种站中，也可能有部分波道的信号需再生后继续传输。对于多波道传输来说，需要安装多套再生站型设备。

3.2.3 PDH 微波通信系统

3.2.3.1 PDH 数字微波通信概述

我国在 20 世纪 90 年代中期以前，电信公网及电力、水利等部门的专网一般均采用准同步数字序列（PDH）复用方式的数字微波，之后随着光纤通信网的大量使用开始引入同步数字系列（SDH）的复用方式，微波通信也由原 SDH 微波逐渐取代原 PDH 微波。

PDH 微波通信是窄带传输时代的一类传输系统。之所以命名为准同步是因为它复用的各支路信号不是来自于同一个时钟源。尽管各支路的速率标称值相同，但实际上却存在一定的容差，因此在复用之前必须对各支路信号进行码速调整，即在各支路中人为地插入一些必要的脉冲，通过控制插入脉冲的多少使各支路的速率达到一致，从而实现码速统一。

3.2.3.2 PDH 速率等级

PDH 存在三种速率等级体系，分别是北美体系、日本体系和西欧体系，见表 3-7。我国采用西欧体系。

实际上由于设备制造上存在困难，四次群以上较少采用。

表 3-7 PDH 速率等级 单位：Mbit/s

PDH 速率等级	北美体系	日本体系	西欧体系
基群	1.544	1.544	2.048
二次群	6.312	6.312	8.448
三次群	44.736	32.064	34.368
四次群	274.176	97.728	139.264
五次群		392.200	564.992

3.2.3.3 PDH 的缺陷

1. 传输速率受到限制

由于技术及成本上的原因，PDH 设备速率不可能做得很高，大容量数字微波不宜采用 PDH 技术。

2. 标准不统一

北美、日本和西欧采用的三种数字系列互不兼容，没有世界统一的标准接口，使得电信网的建立及网络的营运、管理和维护变得十分复杂和困难。

3. 无法适应新业务发展的需要

由于 PDH 复用结构缺乏灵活性，无法提供灵活的路由选择，很难提供新业务。

4. 组网能力差

PDH 的网络一般是背靠背的形式，拓扑结构单一，无法形成保护能力强的环状结构。

5. 网络管理能力差

网络越庞大，网络自身的管理能力越重要。由于 PDH 帧结构中安排的管理字节少，使得网络管理能力不能满足不断更新的要求。

6. 上下支路不便

由于低速率信号插入到高速率信号或从高速率信号分出都必须逐级进行，不能直接分插，因而复接/分接设备结构复杂。

3.2.3.4 PDH 数字复接原理及复接设备

数字通信中，为了扩大传输容量和提高传输效率，常常需要将若干个低次群低速数字信号以数字复用的方式合成某一高次群高速数字信号，然后再通过高速信道传输。实现两个或两个以上分支数字信号按时分复用方式汇接成为单一的复合数字信号的过程称为数字复接，完成此功能的设备称为数字复接器。在传输线路收端把复合数字信号分离成各分支信号的过程称为分接，完成此功能的设备称为数字分接器。完成数字复接、分接的全过程就是数字复用。数字复接器和数字分接器合在一起就是复接设备。

数字复接按数字复接等级可分为逐级复接和隔级复接。IUT-T 建议中大多数建议都是逐级复接，即采用 n～（n+1）方式复接，如 4×2Mbit/s 复接成 8Mbit/s，4×8Mbit/s 复接成 34Mbit/s 等，它是逐级向上复接。所谓隔级复接就是指跳群，它是采用 n～（n+2）方式复接，如 16×8Mbi/s 复接成 140Mbit/s 等。我国统一使用以 2Mbit/s 为基群的准同步数字系列，并采用 n～（n+1）方式与 n～（n+2）方式并存的数字复接等级。

3.2.4 微波传播通道

3.2.4.1 自由空间的微波传播

自由空间又称为理想介质空间，即相当于真空状态的理想空间。在自由空间传播的电磁波不产生反射、折射、吸收和散射等现象，也就是说，总能量并没有被损耗掉。

微波在自由空间传播时，其能量会因向空间扩散而衰耗。这种微波扩散衰耗就称为自由空间传播损耗。自由空间传播损耗是微波电路设计时的重要参数，其数值大小与微波站天线间的距离和微波设备发信频率有关。站距越长，频率越高，自由空间损耗越大。

3.2.4.2 微波传播的影响因素

微波传播的影响因素主要包括地面反射对微波传播的影响及大气对微波传播的影响。微波电路设计时引入了等效地球半径、余隙、第一菲涅尔区半径等概念，在此不再赘述。

3.2.4.3 微波传播中的衰落特性

实际中，微波传播路径的大气不可能总是混合得非常均匀，存在对流、平流、湍流及雨雾等大气现象，它们都是由对流层中一些特殊的大气环境造成的，并且呈现随机性。加上地面反射对电波传播的影响，就使发信端到接收端之间的电波被散射、折射、吸收，或被地面反射。在同一瞬间，可能只有一种现象发生（影响较明显），也可能几种现象同时发生，其发生的次数及影响程度都带有随机性。这些影响会使收信点场强（或电平）随时间而变化，这种收信电平随时间起伏变化的现象，称为微波传播的衰落现象。

衰落的持续时间有长有短。持续时间短的为几毫秒至几秒，称为快衰落；持续时间长的从几分钟至几小时，称为慢衰落。当衰落发生时，接收电平低于自由空间电平时称为下衰落；高于自由空间电平时称为上衰落。由于信号的衰落情况是随机的，因而无法预知某一信号随时间变化的具体规律，只能掌握信号随时间变化的统计规律。信号的衰落现象严重地影响微波传播的稳定性和系统可靠性。

研究表明，视距传播衰落的主要原因是大气与地面效应。就发生衰落的物理原因而言，可以分为六类，分别为大气吸收衰落、雨雾引起的散射衰落、K 型衰落（也称多径衰落）、波导型衰落、闪烁衰落和频率选择性衰落。

大气吸收产生的衰落相对于自由空间产生的衰减微不足道，可以忽略不计。

雨雾引起的散射衰落在 10GHz 以下频段并不太严重，通常 50km 的两站之间只有几分贝。

K 型衰落是一种由多径传输引起的干涉型衰落，这种衰落尤其在传输线路经过水面、湖泊或平滑地面时特别严重，因气象条件的突然变化，可能还会造成通信中断，微波电路设计时应考虑其影响。

波导型衰落是由于各种气象条件的影响形成严重的干涉型衰落，可能造成通信中断。

闪烁衰落由于持续时间短，电平变化小，一般不会造成通信中断。

频率选择性衰落的波形失真会形成码间串扰，使误码率增加，数字微波对这种衰落反应敏感，所以对数字微波电路设计来讲，克服频率选择性衰落是一个重要课题。解决频率选择性衰落最好的办法是采用分集接收和自适应均衡技术。

3.2.4.4 抗衰落技术

微波传播中的衰落现象给微波传输带来了不利的影响，所以人们在研究电波传播统计规律的基础上提出了各种对抗微波衰落的技术措施，即抗衰落技术。

对于平坦衰落，常采用收信机中频放大器的自动增益控制（AGC）电路和采用备用波道倒换的办法；而对于频率选择性衰落应采用分集技术和自适应均衡技术。

分集技术包括分集发送技术和分集接收技术。从分集的类型看，使用较多的是空间分集和频率分集，这里以分集接收来了解这些技术。

1. 空间分集接收

分集接收就是采用两种或两种以上不同的方法接收同一信号，以减少衰减带来的影响，是一种有效的抗衰落措施。

空间分集接收是指在不同空间的垂直高度上设置几副天线，同时接收一个发射天线的微波信号，然后合成或选择其中一个强信号，这种方式称为空间分集接收。有几副天线就称为几重分集，若架设的铁塔上有两副天线作接收，就称为二重空间分集接收。

空间分集技术可以有效对抗平滑地面反射引起的衰落。

2. 频率分集接收

采用两个或两个以上具有一定频率间隔的微波频率同时发送和接收同一信息，然后进行合成或选择，以减轻衰落影响，这种工作方式称为频率分集。当采用两个微波频率时，称为二重频率分集。

与空间分集系统一样，在频率分集系统中也要求两个分集接收信号相关性较小（即频率相关性较小），只有这样，才不会使两个微波频率在给定的路由上同时发生深度衰落，并取得较好的频率分集改善效果。在一定的范围内两个微波频率相差越大，即频率间隔越大，两个不同频率信号之间衰落的相关性越小。

频率分集分为同频段分集和跨频段分集。同频段分集是指发送和接收的两个微波信号频率位于同一微波频段之中；跨频段分集是指发送和接收的两个微波信号频率分别位于不同的微波频段。

频率分集抗频率选择性衰落特别有效，但付出的代价是成倍地增加了收发信机，且须成倍地占用频带，降低了频谱利用率。

3. 自适应均衡技术

均衡就是通过均衡器消除时间和信道的选择性。均衡技术可分为频域均衡和时域均衡两种。频域均衡指的是总的传输函数满足无失真传输的条件，即校正幅度特性和群时延特性。时域均衡是使总冲击响应满足无码间干扰的条件。数字通信多采用时域均衡，而模拟通信则多采用频域均衡。

3.2.5　数字微波通信工程设计

3.2.5.1　数字微波通信工程设计的基本步骤

数字微波通信工程设计的基本步骤如下：

（1）路由及站址选择；

（2）工作频段的选择；

（3）天线挂高的确定；

（4）路由踏勘及对有必要的接力段进行电测；

（5）设备技术参数确定；

（6）路径计算及电路质量计算；

（7）初步设计文件编制。

3.2.5.2 路由及站址选择

在微波通信工程设计中路由及站址选择极为重要，它直接关系到电路的质量和投资。路由及站址选择一般按两个步骤进行，首先确定电路的大体走向，然后逐步选择微波站的站址；经过现场踏勘和必要的电路计算，完成最后的线路选择。

1. 图上作业（室内选线）

（1）首先在 1∶50000 的地图上确定电路的大体走向，然后用直接在图上画出几条可供比选的路由大体走向，再根据地形特点、传播条件选择出较好的一条。在选线时应考虑以下 5 点：

①为了节省建设投资和建成后使用及运行维护管理的方便，微波站应尽量选在直属单位院内或地方水利管理单位。

②电路走向应避开不利于传播的地区。

③电路的路由应避免穿越或深入偏僻的山区。

④电路的路由应避免穿越或进入湖面、水网地区。

⑤电路的路由应尽量沿着公路的走向选择。

（2）在全电路的大体路由方案确定后，即可进行逐个微波站站址的这择。通常是在 1∶50000 的地图上，以终端站为起点依次确定各个中间站的站址，最后与另一个终端站相连接得到整个路由。

（3）根据各个中继段的基本数据，绘出地形剖面图，并计算各站的天线高度和所需的塔高。

（4）站址选择中应注意的几个问题：

①在 1∶50000 的地图上，每相邻两站的连线即微波射线所经过之各点，由起始点开始，记下沿线的距离和相对应的地面标高，应以准确无误地反映路径的地貌为准。

②在站址选择过程中应记录每一选定站址的坐标、经纬度、海拔高度、该点所在地图的图号及磁偏角、标偏角等基本数据。

③若微站设在新建的综合楼或其他新建建筑物内时，应根据该站天线高度提出对建筑物的结构要求；若利用现有建筑物，要根据天线挂高的要求确定有无在屋顶设天线及设塔的可能。

④为避免在通信射线方向上出现高大建筑物而影响电波的传播，城市微波站的天线高度或天线塔的高度应留有一定的余量，同时应了解在通信方向上近期、远期的发展规划。

⑤在有可能造成阻挡和反射的地区，应注意其地貌情况，如建筑物、树木、水面等，并计入建筑物和树木的高度。

2. 站距的确定

根据ITU-T的建议，接力段的最佳长度，在10GHz以下频段，一般为40~50km。实际线路的站距，应根据设备的各项参数，结合具体的地形、气候、天线高低、电波传播条件及实际需要来选择。最长站距的限制主要取决于路径的瑞利衰落概率和衰落深度预测值。

3. 剖面图的制作

路径剖面图就是把地图上相邻两点的连线所经过的各点标高画在剖面坐标纸上而得到的图。对于不同的等效地球半径系数K，路径的剖面是不一样的，通常是采用在K=4/3的特定情况下的剖面图进行传播分近，并用K=2/3传播条件进行核算。

4. 现场踏勘及资料搜集

在室内选线的基础上，经过比较从几条路由中选出较好的路由方案（一条或几条）进行实地踏勘。这是因为地图的出版时间不同，图上仅反映出当时的地貌情况。随着时间的推移，地貌变化也往往较大，踏勘时要进行认真核对。同时收集各类资料，了解建站条件。调查及收集资料的内容如下：

（1）站址资料：应了解所选站址及其周围的环境情况。调查周围的各类设施、有关单位的位置及站址的地质资料（是否有断层、滑坡，地震史等）。

（2）供电及交通情况：应了解变电站的位置、电压等级，二次输出电压等级，属何电网以及就近处电源落点，并了解架设专用输电线的可能，大致的路由及长度；站址距公路的距离；确定自建公路的大约长度等。

（3）水源：应了解站址周围有无水源及水源的种类和水质情况。

（4）气象资料：应了解当地气温及湿度情况、最大风速、最低及最高气温、冰凌、雷暴雨季时间等。

（5）其他资料：应了解站址附近有无各类电台、卫星地面站、微波站、电视转播站等，对于可能引起干扰的其他站，确定其方位和距离，以及站址所属县、区及附近居民点的情况。

3.2.5.3 电路参数计算

电路参数计算包括通信方位角的计算、路径垂直角计算、站距计算、路径余隙计算、路径反射点计算、天线挂高计算等。

电路参数计算内容较多较长，由于篇幅有限，此处不再一一介绍，请参阅有关资料。

3.2.5.4 频率选择和波道配置

无线电频率为空间资源，我国无线电频率的分配、管理由工业和信息化部无线电管理局（国家无线电办公室）、地方无线电管理机构负责。

1. 频率选择原则

微波接力通信线路设计中的一个重要问题是正确选择微波设备的收、发信频率，尽可能消除各种可能的干扰。

频率配置包括各波道收发信频率的确定。在选择频率配置方案时，应遵循以下基本原则：

（1）在一个中间站，一个单向波道的收信和发信必须使用不同频率，而且有足够大的间隔，以避免电平很高的发送信号被本站的收信机收到，使正常的电平极低的接收信号受到干扰。

（2）多波道同时工作，相邻波道频率之间必须有足够的间隔，以免发生邻波道干扰。

（3）整个频谱安排必须紧凑合理，使给定的通信频段能得到经济的利用，并能传输较高的信号速率。

（4）因微波天线塔的建设费用很高，多波道系统要设法共用天线。所以选用的频率配置方案应有利于天线共用，达到既能降低天线建设总投资，又能满足技术指标的目的。

（5）不应产生镜像干扰，即不允许某一波道的发信频率等于其他波道收信机的镜像频率。

根据上述频率配置原则，当一个站上有多个波道工作时，为了提高频带利用率，对一个波道而言宜采用二频制，即两个方向的发信使用一个射频频率，两个方向的收信使用另外一个射频频率。

2. 频率配置方式

ITU-R 关于波道频率配置的建议规定了各频段的波道配置方法。在 ITU-R 建议的基础上国家无线电委员会也公布了一系列的频率配置方案。本节介绍国家无线电委员会建议的三种频率配置方案。

(1) 集体排列方案。

集体排列即收、发信频率是分开排列的。其优点是收、发信频段中相邻频点的工作电平基本相同，相互影响较小。在集体排列方案中相邻收信频率（或发信频率）间隔可以小一些，而收、发频率间隔却可以选得大一些。这样安排，多个波道所占的频带仍较节省。更重要的是，集体排列方案在共用天线问题上有显著优点。当波道数小于3时（3波道工作时可采用1、3、5波道或2、4、6波道），同一方向收信和发信可以共用一副天线。

(2) 交替波道配置方案。

为了使更多的波道能够共用天线并减小系统内的干扰，现在微波天线大多采用双极化。对于双极化的天线和圆馈线，通常使用两种互相垂直的极化波，即水平极化波和垂直极化波。由于这两种极化波互相垂直，它们相互间的影响很小。交替波道配置方案的奇数和偶数波道分别使用不同的极化方法，这种方案可以减少邻道干扰。

(3) 同波道交叉极化方案。

为了提高频谱利用率，可以使用同波道交叉极化方案。为了更好地减少交叉极化干扰的影响，又提出了波道中心频率交替的同波道交叉极化频率复用方案。

3.2.5.5 微波传输参数与干扰的计算

对于每一条微波电路，在设计中都要对其传输质量进行判断。根据电路的不同作用和具体要求，提出本条电路所要达到的指标，判断电路的各项指标是否满足这些要求。同时，通过传输参数和干扰计算，选择能够满足电路设计要求的通信设备。一旦电路的路由、设备参数确定之后，即可利用计算结果预测电路的质量。如果计算结果不能满足电路的收计要求，则应对电路采取补救措施，因此传输参数与干扰的计算是微波通信工程设计工作中重要的一环。

微波电路传输的质量最终表征是接收机接收到的电平值和接收端的信噪比，微波传输计算的目的就是通过计算由发射端到收信端信号电平总的衰减量确定电路的正常接收电平，通过计算深衰落情况下接收端的信号电平确定是否满足接收机的门限电平。通过内部、外部干扰电平值的计算，确定收信端总的信噪比，判断能否满足设备、电路对信噪比的要求。以上便是微波传输参数和干扰计算的内容。其详细计算方法篇幅较长，请参阅有关资料。

3.2.5.6 微波站的防雷接地

接地通常分保护接地、工作接地和防雷接地。但对微波站来说三者很难分开，特别是防雷问题在微波站的设计中是很重要。

微波站遭受雷击的主要原因，是由于微波站的设施比周围的地形地物突出的缘故。因此，山区微波站，特别是设在山顶的微波站，最易遭受雷击。有些地区，由于地形和气象条件适于形成雷云，成为雷暴频繁的地区，加之山地土壤多为碎石、沙土之类，土质差，土壤电阻率高，防雷问题更为突出。

建在山上的微波站，在机房边缘应架设避雷带，并至少在两个方向上用引下线接至地网。当天线放置屋顶，还应架设避雷针。在设置铁塔的微波站，由于机房一般都在铁塔的保护范围内，机房本身不需要另设防雷设施，地线也可利用铁塔的地网。铁塔的接地体可根据土质、现场条件、站内布局等情况选择合适的形式。在经济合理的前提下，原则上应使得接地电阻越小越好。对于土壤电阻率较高的地区，可采用降阻剂等办法达到接地电阻符合要求的目的。

3.2.6 微波传输网络管理

因 PDH（plesiochronous digital hierarchy）微波传输网络管理系统较之 SDH（synchronous digital hierarchy）微波传输网络管理系统简单，本节重点讲述 SDH 微波传输网络管理系统。

SDH 微波传输网络管理通常包括 SDH 微波传输系统的运行、管理、维护和系统配置（OAMP）四大部分，这也是整个微波通信网的一个组成部分，SDH 微波传输网络管理应符合电信管理网络（TMN）SDH 网管的标准。

在 SDH 传输体制下，要使整个传输网正常、高效地运行，就必须具有更强的网络管理控制能力，不仅需要告警提示、故障定位等简单功能，还应能完成性能数据分析、统计，进行自动保护倒换和路由调整等，即能从控制中心监测、控制、重新安排网络。这些已不是过去以监测为主的监控系统所能完成的，因此，SDH 网管应运而生。

SDH 微波传输系统的网管结构包括 SDH 网管分层结构中的网元层和网元管理层，提供了一个完备的 OAMP 平台，完成对系统的远近端监控。

SDH 微波传输网管系统主要须管理具有两种不同功能的设备，一类是 SDH 微波收、发信设备，包括中频调制、解调部分等；另一类是 SDH 终端复用、上/下话路设备，即 TM/ADM，它主要完成 SDH 低阶支路信号的复接、分接，时隙调配等工作。目前，已有许多成熟的产品可供选用。对 TM/ADM 的管理与具体的设备有关，一般可在操作管理中心（operation and maintenance center，OMC）一级进行管理。

3.2.6.1 SDH 传输网管理系统的功能

SDH 传输网管理系统的功能包括故障管理、性能管理、配置管理和安全管理，分述如下。

1. 故障管理

（1）告警监视：涉及网络中发生的有关事件/条件的检出和报告。在网络中，除了设备内、输入信号中检出的事件和条件应该报告给网管系统外，很多设备外的事件也应该报告。操作系统应能规定什么样的事件和条件将产生自动告警报告，其余的按请求报告。

（2）告警历史管理：涉及告警记录。通常，告警历史数据都存在网元的寄存器内，每一寄存器包含有告警消息的所有参数。寄存器应能周期性地读出或按请求读出。所有寄存器都填满后，操作系统应能决定是停止记录还是删去最早的记录，或者将寄存器置零或停止记录。

2. 性能管理

（1）性能数据的采集。

性能数据采集指与 ITU-T 建议 G. 826 中所规定的误码性能参数有关的事件数。

（2）性能监视历史。

为了评估传输系统的近期性能必须要有性能历史数据。利用这些性能历史数据可以进行故障的区段定位和发现断续误码源的位置。通常，性能历史数据应存放于网元的寄存器中，所有寄存器都应有时间标记。每一传输方向和每一性能事件都配有两种寄存器，一种是 24 小时寄存器，一种是 15 分钟寄存器。前者积累 24 小时内的性能事件数据，后者积累 15 分钟内的性能事件数据。进而，每一种寄存器还分为“当前”寄存器和“近期”寄存器。其中，当前 15 分钟寄存器和当前 24 小时寄存器都只有 1 个；而近期寄存器却不同，通常，近期 24 小时寄存器至少需要有 1 个，而近期 15 分钟寄存器则至少需要 16 个以便保存有足够的 15 分钟间隔性能数据。

上述要求的 15 分钟和 24 小时寄存器是网络维护的需要，前者可以每隔 15 分钟就采集一次性能事件数据，迅速检测出潜在的故障，主要用于判断不可用性能；后者积累了较多的数据，可用于投入服务或劣化性能的评估。

（3）门限的使用。

SDH 需要设置两类门限，一类称为“门限设置”，另一类称为“门限突破通知”。

利用操作系统可以在网元中为各种性能事件设置门限值，具体门限值应能在给定的最小范围内任意设置，操作系统应能检索和改变这些门限设置。这样，门限没有突破时不必报告，可以减轻操作系统的工作负担。而一旦设定的某性能事件门限被突破，网元将自动产生门限突破通知并可报告给操作系统，在业务受影响前操作系统就能及时了解情况并可采取某些行动。

（4）性能数据报告。

操作系统可以将存放在网元中的性能数据收集起来进行分析，这对维护工作非常重要。只要操作系统需要，性能数据就能经 OS（操作系统）/NE 接口报告。数据收集可以周期性地进行，以便及时地进行性能趋势分析，预测将来可能发生的失效故障或劣化条件。某些特定端口的性能数据按 OS 的请求可以周期性地上报。一旦性能事件门限被突破，则性能数据将自动地经 NE/OS 接口报告给 OS。

3. 配置管理

按照 TMN 原理，配置管理主要实施对网元的控制、识别和数据交换，如应能支持通道的交叉连接和配置，支持线性系统保护倒换功能，可以对保护倒换参数设置、存储、检索和改变等。

4. 安全管理

安全管理涉及注册、口令和安全等级等，关键是要防止未经许可的与SDH网元的通信。例如，可以把安全管理分为三个等级：操作员（仅能看）；一般管理员（不仅能看，还能改变除了安全等级以外的所有设置）；系统管理员（不仅能看，还能改变所有设置）。

3.2.6.2 SDH微波传输管理网的结构等级

典型的SDH网络管理等级可以分为三层，从上至下为网络管理层（又称网络控制层，简称NCL）、网元管理层（EM）和网元层。

1. 网络管理层

网络管理层负责对所辖网络进行集中式或分布式控制管理，例如，对电路配置、网络监视和网络分析统计等功能可以实现集中控制。通常，网络管理层具备TMN所要求的主要应用管理功能，并有网络数据库存有全网主要数据（特别是配置数据）。该层只负责全网的主要故障告警、网络配置和恢复以及网络性能管理。

2. 网元管理层

网元管理层直接控制设备，其管理控制功能由网络管理层分配，诸如保护规划、告警过滤、协议转换等。主要目标是减少直接流进网络管理系统的信息流，防止过载，同时尽量减小网络响应时间。

尽管网元管理层功能可以包含在NE内，但更流行的做法是将其设计为某些操作系统和硬件平台上执行的软件包。平台的规模及其能力可随需要而变化。对于像复用器一类较简单的NE，可以设计比较简单的网元管理系统；对于像DXC这样复杂的NE，则需要设计复杂的网元管理系统来进行管理，常常由网络管理系统直接进行管理。

3. 网元层

网元本身一般也具有一些管理功能，特别是在分布式管理系统，网络管理系统可能将很多管理功能经软件下载给NE，使NE具有很强的管理功能。此时，网络对各种发生事件的反应十分迅速，特别是用于保护目的的通道恢复可以实时地完成，使传送业务不受影响。

目前，网络管理倾向于使网元具有较强的处理能力和较高的智能，管理功能可由网络管理系统下载给网元。在网元层上，SDH的开销为控制管理信息的传递提供了十分方便、快速的手段，而在更高层上，为了安全可靠，通常需要独立的数据通信网来传送控制管理信息。

3.2.6.3 SDH 微波传输网络管理软件

1. OMD 软件

OMD 的软件主要有以下 5 种。

（1）SDH 段开销字节位置软件：该软件用于重新安排段开销公务字节和数据通信信道字节在 SDH 段开销中的位置，以便同其他具有非标准帧结构安排的复用设备相连。

（2）设备和收发信波道配置软件：利用该软件可通过网元用户接口改变设备和收发信波道的配置参数，如改变收发信波道的中心频率等。

（3）信道保护软件：该软件具有控制收发信波道的 N∶1 无损伤切换的功能和 STM-4 传输接口的 1+1 保护切换的能力，这两类保护切换的控制过程相互独立。

（4）自适应发信功率控制（ATPC）软件：该软件可使每一个发信波道的输出功率自适应跟踪微波传输信道的衰落，延长发信功放的使用寿命并提高发射信号的质量。ATPC 的整个实现过程全部由软件完成，无需现场调试，用户可以设置发信功率的上、下限等配置参数。

（5）波道性能测试软件：该软件可以统计在微波帧结构中所插入的前向纠错编码的检错计数，由此推算出信道误码率，为其他软件的运行提供参考。

另外，OMD 中还提供中频自环测试、设备维护及信道衰落测试等软件。

2. OMNE 软件

OMNE 软件主要包括以下 6 种。

（1）本地告警和状态显示：监视本网元内设备的告警，并根据告警的严重性分级显示。

（2）网元间 OAMP 信息交换：该软件功能可使 OMNE 能够访问 OMC 控制区段内各 OMNE 的 OAMP 数据库，使子网范围内的 OAMP 数据共享，网元间的 OAMP 信息交换可通过段开销中的 DCC 字节进行。

（3）网元数据库备份：该软件为 NE 数据库及其备份提供非易失的存储外设，并可为 OMNE 重新恢复 NE 数据库，也可以定时自动地或通过网元用户接口进行人工备份，NE 数据库包含网元所有用户定义的配置参数以及系统定义的设备参数。

（4）网元用户接口（NEUI）软件：该软件提供用户整个 OMC 控制区段内所有 NE 的告警、保护配置和管理控制信息，另外提供通过 NEUI 直接访问 OMC 的通信端口。

（5）集中安全管理：该软件功能控制用户到网元用户接口的访问，将访问分成不同的等级，进入每种等级需要相应的密码。

（6）远程管理：该软件可以使外接终端通过 NEUI 在本地或远端管理通信设备和调用 OAMP 数据，如电路板槽位、名称、状态等，也可以提供对 OMC 控制区段内的 OMNE 和 OMC 的运行软件管理。

3. OMC 软件

OMC 是整个管理网络的最高级，其软件提供集中的数据管理（包括数据的采集存储和分析）、安全管理和软件管理，提供子网内各网元的 OAMP 信息。它包括以下 5 种。

（1）主/备 OMC：该软件特性使 SDH 微波传输子网中 1+1 配置的 OMC 在主用 OMC 发生软硬件故障时接管主用 OMC。备用 OMC 平时处于热备用状态，系统正常时并不分担主用侧的工作。

（2）文件传送软件：该软件控制主、备 OMC 间，OMNE 和 OMC 间软件数据的传送，使得软件升级和增加新软件变得方便。

（3）数据同步软件：该软件定期自动将重要的数据从主用 OMC 传至备用 OMC，保证主备用 OMC 的 OAMP 数据库的一致性。

（4）全网访问软件：微波 SDH 传输子网内的各 NE 是通过无线链路或 SDH 的 DCC 通道相连，全网访问的软件功能可以使用户从 OMC 或 OMNE 的用户接口取得 OMD 或网上任一个网元的 OAMP 信息，实现 OAMP 功能。

（5）OMC 安全性软件：考虑到 OMC 的安全性，可将系统划分成几个访问权限不同的安全等级，以控制用户对 OMC 的访问。

3.2.7 微波通信系统运维

微波通信系统运维包括微波站设备巡检及巡检结果表格的填写。微波站设备巡检步骤如下：

（1）巡检之前，需要做好相关的准备工作。携带巡检记录表格、笔、通信工具（手机，以备拍照及联系相关人员使用）、通信仪表（如测试仪、万用表等）、须巡检的机房门禁卡等相关物品。

（2）进入机房前，首先应检查机房的门禁卡是否完好无损，确认无异常后再进行微波站巡检工作。

（3）检查机架内各机框所有单板是否正常运行，机架内各机框之间通信是否正常，各单板指示灯运行状态是否正常。

（4）检查传输设备有无告警信息，并对所有线路线缆的布线情况逐一进行检查，对不符合布线工艺规范标准的予以整改，未粘贴标签的，应进行标记、粘贴。

（5）检查微波站天馈部分：天线是否倾斜、松动；是否已做好防雷接地措施；馈线进入机房前是否做好回水弯；馈线进入机房后，设备机柜侧是否已接好防雷器等防范措施；检查馈线是否有损坏等。

（6）进行铁塔安全检查、室外接地检查、馈线系统检查，目测抱杆垂直度、天线方位角和俯仰角等。

（7）检查机架电源电压是否正常，设备运行是否正常。

（8）检查空调运行状况、机房清洁等情况。

（9）根据维护计划的周期要求，以及维护操作要求实施维护巡检。

（10）巡检发现异常且无法现场处理解决的故障，则进入故障处理流程。

（11）巡检表单的填写（表3-8）。

表3-8　微波站巡检表

机房：		巡检人员：	巡检日期：
序号	巡检项目	巡检内容	备注
1	机房环境	1. 卫生清洁　正常□　异常□ 2. 门禁　正常□　异常□ 3. 照明　正常□　异常□ 4. 防雷接地　正常□　异常□	
2	空调运行情况	1. 空调运行　正常□　异常□ 2. 机房温湿度　正常□　异常□	

续表

机房：		巡检人员：	巡检日期：
序号	巡检项目	巡检内容	备注
3	设备运行情况	1. 各单板指示灯 正常□ 异常□ 2. 电源模块 正常□ 异常□ 3. 信道机 正常□ 异常□ 4. 复接设备 正常□ 异常□ 5. 天线 正常□ 异常□ 6. 馈线 正常□ 异常□ 7. 其他设备 正常□ 异常□	
存在问题			
处理结果			

3.3 卫星通信

3.3.1 卫星通信的基本概念

卫星通信是指利用人造地球卫星作中继，实现两个或多个地球站之间或其他卫星通信终端之间的无线通信。人造地球卫星的转发器可以是透明转发，也可以是处理转发，前者具有滤波、变频、放大等功能，后者除了具备滤波、变频、放大等功能外，还可以进行星上处理。

3.3.2 卫星通信的特点

卫星通信覆盖范围大，既可以独立组网，也可以作为地面通信系统的延伸和补充。卫星通信具有以下特点：

（1）覆盖面积大。如果是地球同步静止轨道（GEO）卫星，一颗卫星可以覆盖地球表面42%的面积，理论上，3 颗 GEO 卫星就能覆盖地球表面除两极以外的其他地区。只要在卫星覆盖的范围内，任何两点之间都可进行通信。

（2）传播时延长。由于卫星和地面终端之间的距离远，导致卫星通信的传播时延长。

（3）链路传播损耗大。由于卫星和地面站距离远，使得星地链路自由空间传播损耗大，加上星地链路要穿过大气层，会产生链路附加损耗。

（4）带宽宽。和地面移动通信系统相比，卫星通信系统工作频段更高，可用带宽更宽，频率资源更丰富。

（5）和地面通信网相比，更加独立，网络路由简洁。

（6）可靠性较高，不易受陆地自然灾害的影响，只要设置地球站即可建立通信链路。

（7）可同时在多处接收，能经济地实现广播、多址通信。

3.3.3 卫星通信的业务

卫星通信主要包括三种类型的业务，即固定卫星业务（FSS）、移动卫星业务（MSS）、广播卫星业务（BSS）。

固定卫星业务是指固定通信站之间进行的卫星通信业务，是目前绝大多数常规通信卫星提供的业务类型，特别是对地静止卫星广泛提供了 VSAT 通信、电视直播到户、电视节目传输、应急通信等卫星通信服务。卫星固定业务主要使用 C、Ku 频段资源。随着地面移动通信 IMT 系统对 C 频段的大量使用，Ku 频段已成为固定卫星业务拓展频谱资源的主要频段。然而，目前从全球范围来看，常规固定卫星业务在 Ku 频段的频率资源已经趋于饱和。

移动卫星业务是指地球表面上移动地球站或移动用户使用手持终端，便携终端，车（或船、飞机）载终端，通过由通信卫星、关口站、系统控制中心组成的卫星移动通信系统实现用户或移动体在陆地、海上、空中的通信业务。

广播卫星业务是利用卫星发送，为公众提供的广播业务。卫星广播有两方面的业务应用，分别是广播业务和供作节目传送用的业务。广播业务是指大众能够直接收听卫星广播节目的业务。一般用于个体接收，国际上多称为直接到户（direct to home，DTH）或直播卫星（direct broadcast satellite，DBS）。在这种业务中，因为卫星转发器功率较大，多在 100~200W，所以接收天线可用小型天线，如用口径较小的抛物面天线，就可收听高画质的多频道卫星电视广播。服务于节目传送用的业务多利用通信卫星传送电视节目内容，以供 CATV 台或地面电视台转播用。由于通信卫星转发器功率较小，多在十瓦至数十瓦之间，所以地面站的接收天线很大，多采用 2~5m 的抛物面天线。卫星广播中除了卫星电视广播之外，还有卫星数字音频广播。

卫星数字音频无线电业务（satellite digital audio radio service，SDARS）的一个典例应用是美国世广卫星集团（World Space）公司利用 3 颗卫星覆盖全球的数字无线电广播系统，美国的天狼星卫星广播公司（Sirius）和 XM 公司覆盖全美的卫星广播系统。

3.3.4　卫星通信的工作频段

卫星通信工作频段很宽，覆盖 UHF、L、S、C、Ku、Ka、EHF 等频段。

为了适应不断增加的带宽和数据速率需求，卫星通信系统需要从目前普遍使用的 C/Ku 频段（各有 500MHz 带宽）向 Ka（2.5GHz 带宽）甚至频率更高的频段扩展。

3.4　程控数字交换机

3.4.1　程控数字交换机的基本原理与构成

1. 程控数字交换机的基本原理

程控数字交换机的基本原理是一种电路交换原理，主要包括以下三个通信阶段：

（1）电路的建立阶段：通过呼叫信令完成逐个节点的接续，建立起一条端到端的通信电路。

（2）通信阶段：在已建立的端到端的直通电路上，透明地传送和交换数字化的话音信号信息。

（3）电路的拆除阶段：结束一次通信时，拆除电路连接，释放节点和信道资源。

2. 程控数字交换机的组成

一台程控数字交换机主要由三部分组成：交换网络、接口电路和控制系统。

（1）交换网络：可看成是一个有 M 条入线和 N 条出线的网络。其基本功能是根据需要使某一入线与某一出线连通，提供用户通信接口之间的连接。此连接可以是物理的，也可以是逻辑的。物理连接指通信过程中，不论用户有无信息传送，交换网络始终按预先分配方法保持其专用的接续通路；逻辑连接即虚连接，只有在用户有信息传送时才按需提供接续通路。

（2）接口电路：分为用户接口电路和中继接口电路，其作用是把来自用户线或中继线的消息转换成交换设备可以处理的信号。

（3）控制系统：是程控数字交换机工作的指挥中心，它由处理机、存储器、I/O 接口等部件组成。控制系统的功能通常分为三级：第一级为外围设备控制级，主要对靠近交换网络侧的端口电路及交换机的其他外围设备进行控制，跟踪监视终端用户、中继线的呼叫占用情况，向外围设备送出控制信息。第二级为呼叫处理控制级，主要对由第一级控制级送来的输入信息进行分析和处理，并控制交换机完成链路的建立或复原。第二级的控制部分有较强的智能性，所以这一级称为存储程序控制。第三级为维护测试控制级，用于系统的操作维护和测试，定期自动地对交换系统的各个部分进行状态检测或试验，诊断各种可能出现的故障，并及时报告（输出）异常情况等信息。

控制系统三级功能的划分可以是“虚拟”的内在分工，仅说明逻辑控制关系；也可以是“实际”的物理分工，即分别设置专用或通用的处理机来完成不同的功能。

3. 程控数字交换机的外围设备

程控数字交换机除上述三部分外，还有一些外围设备。

（1）信号设备：负责产生和接收程控数字交换机工作所需要的各种信令。信令处理过程须用规范化的一系列协议来实现。

（2）备份设备：指磁带机或磁盘机，用于存储和备份各类数据、话务统计以及计费信息等。

（3）维护终端设备：包括终端计算机及终端打印设备等，是对程控数字交换机进行日常维护和管理的设备。

（4）测试设备：包括局内测试设备、用户线路测试设备和局间中继线路测试设备等。

（5）时钟：是保证程控数字交换机和数字传输系统协调、同步工作必须配置的设备。

（6）录音通知设备：用于需要话音通知用户的业务，如气象预报、号码查询、空号或更改号码提示等业务。

（7）监视告警设备：用于系统工作状态的告警提示，一般为可视（灯光）信号和可闻（警铃、蜂音）信号。

4. 程控数字交换机的任务

程控数字交换机必须具备能够正确接收与分析从用户线和中继线发来的呼叫信号及地址信号、按目的地址正确地进行选路、控制交换网络连接的建立、按照所收到的释放信号拆除连接等功能，通过本局接续、出局接续、入局接续、转接接续可建立各种呼叫类型。

目前，程控数字交换机的基本任务包括以下内容：

（1）通过模拟用户线接口完成模拟电话用户间的拨号接续与信息交换。

（2）通过数字用户线接口完成数字话机或数据终端间的拨号接续及数据信息交换。

（3）通过模拟用户线接口和调制解调器（modem）完成数据终端间的数据通信。

（4）通过所配置的硬件和应用软件，提供诸多专门的应用功能。

（5）借助话务台等设备完成对用户（分机）的呼叫转接、号码查询、故障受理等服务业务。

（6）借助维护终端等设备完成对程控交换系统或网络的配置，以及对各类参数数据、话务统计、计费系统等的管理与维护。

5. 程控数字交换机的功能

程控数字交换机的功能分为交换机业务功能和用户（分机）功能两类。

（1）交换机业务功能。

程控数字交换机应提供的业务功能有以下八种：

①控制功能。控制设备应能检测是否存在空闲通路以及被叫用户的忙闲情况，以控制各种电路的建立。

②交换功能。交换网络应能实现网中任何用户之间的话音信号交换。

③接口功能。交换机应有连接不同种类和性质的终端的接口。

④信令功能。信令设备应能监视并随时发现呼叫的到来和呼叫的结束，应能向主、被叫发送各种用于控制接续的可闻信号，还应能接收并保存主叫发送的被叫号码。

⑤公共服务功能。交换机应能向用户提供诸如银行业务、股市业务、交通业务等各种公共信息服务。

⑥运行管理功能。交换机应具有对包括交换网络、处理机等设备的管理功能。

⑦维护、诊断功能。交换机应具有对交换机定期测试、故障报警、故障分析等功能。

⑧计费功能。交换机应具有计费数据收集、话费结算和话单输出等计费功能。

(2) 用户（分机）功能。

程控交换机为用户（分机）提供了诸如缩位拨号、热线服务、呼叫转移、禁止呼叫、追查恶意呼叫等20多种服务功能。这些服务功能的实现为办公室工作和日常生活提供了许多方便。

3.4.2 程控数字交换机的接口与外设

如果把数字交换网络看成是程控数字交换机的核心，那么交换网络连接用户线和各种中继线的电路就可以看成是交换网络的接口电路。通过接口电路可实现传输系统的传输信号与交换机内工作信号之间的变换和匹配。外设是维护人员用来管理和维护交换机的外部设备，维护人员可通过外部设备实现对交换机数据的修改、存储、打印等。

3.4.2.1 程控数字交换机的接口

由于存在传输信号与交换信号的匹配问题，因此用户线以及中继线的信号一般不能直接进入数字交换网络，它们必须经过相应的接口进行变换。根据程控数字交换机所连接的设备，其接口可分为用户线侧接口（简称用户接口）和中继线侧接口（简称中继接口）两大类，二者又有模拟和数字之分。

3.4.2.2 程控数字交换机的外设

程控数字交换机的外部设备包括外置存储器、维护与操作终端和计费系统等。

1. 外置存储器

外置存储器指磁盘或磁带机，主要用于加载和转存数据。

为节省内存空间，程控数字交换机的一些不常使用的程序（如脱机维护诊断程序、语言翻译程序、连接装配程序、系统生成程序以及交换局管理程序等）可存储在外置存储器中，仅在需要时读入内存。

2. 维护与操作终端

维护与操作终端简称维护台或维护终端，它与交换机的关系是“后台”

与“前台”的关系。“后台”指与维护操作系统相关的软件或设备，而“前台”则是与交换机相关的软件或设备。

维护与操作终端一般采用PC，通过RS-232接口与程控交换机的维护输入/输出（I/O）接口连接。程控交换机的维护输入/输出（I/O）接口提供了维护人员访问系统软件的入口。

维护与操作终端具有OAM（运行、管理、维护）和话务服务等功能。

OAM功能的主要目的是为维护人员提供一个有效的运行、管理和维护交换机系统的平台。维护人员通过这个平台对相关软件可进行增删或修改等日常维护。

3.4.3 控制系统的结构与程序

现代程控数字交换机的控制系统充分应用了计算机技术的最新成果，具有解读程序指令及数据，进行运算处理和编辑命令的功能。

3.4.3.1 控制系统的结构

程控数字交换机的控制系统主要由中央处理器（CPU）、内存储器（RAM）和各种输入/输出（I/O）设备组成。

1. 中央处理器

中央处理器（CPU）主要用于收集输入信息、分析数据和输出控制命令。

2. 内存储器

内存储器（RAM）分数据存储器和程序存储器两种。数据存储器又分为两类：一类用来存储永久性和半永久性的工作数据，如系统硬件配置、电话号码、路由设置等；另一类用于存储实时变化的动态数据，例如线路忙闲状态、呼叫进行情况等。

3. 输入/输出设备

输入/输出（I/O）设备类似于计算机的输入/输出设备，用以提供外围环境和交换机内部设备之间的接口。

3.4.3.2 程控数字交换机软件

程控数字交换机软件内容包括运行程序、支援程序和程控数字交换机数据。

1. 运行程序

运行程序是维持交换机系统正常运行所必需的程序。运行程序又叫联机程序。

（1）执行管理程序。执行管理程序是一个多任务、多处理机的实时操作系统，用以管理系统资源和控制程序的执行。该程序具有任务调度、输入/输出（I/O）设备管理和控制、处理机间通信控制和管理、系统进程管理、存储器管理、文件管理等功能。

（2）系统监视和故障处理程序。其任务是不间断地对交换机设备进行监视，当交换机中某部件发生故障时，及时识别并切除故障部件（如主/备倒换），重新组织系统，恢复系统正常运行并启动诊断程序和通知维护人员。

（3）故障诊断程序。该程序用于对发生故障的部件进行故障诊断，以确定故障部位（定位到插件板一级），然后由维护人员处理，如更换插件板。

（4）人机通信程序。该程序用于控制人机通信，对系统维护人员键入的控制命令进行编辑和执行。

（5）呼叫处理程序。该程序用于管理用户的各类呼叫接续，指导外设运行，主要有用户状态管理、交换路由管理、呼叫业务管理和话务负荷控制等。

（6）维护运行程序。该程序用于提供人机界面，由维护人员通过维护终端输入命令，完成修改局数据和用户数据、统计话务量、打印计费话单等维护任务，对用户线和中继线定期进行例行维护测试、业务质量检查、业务变更处理等。

2. 支援程序

支援程序是开发、开通、调试及维修交换机软件的工具。支援程序又叫脱机程序，它主要由以下几部分组成：

（1）语言翻译程序，包括汇编和编译程序，用于将源程序翻译为目标程序。

（2）连接装配程序，把分开生成的程序模块连接装配成一个完整的程序。

（3）系统生成程序，如局数据或用户数据生成程序。

(4) 交换局管理程序，包括交换机运行资料的收集、编辑和输出程序等。

3. 程控数字交换机数据

(1) 系统数据。系统数据是交换机系统共有的数据，它通用于所有交换局，不随交换局的安装环境而改变，如控制部件的结构方式、交换网络的控制方式、电源的供电方式等数据。

(2) 局数据。局数据是描述电话局的类型、容量、状态和具体配置的数据，它专用于某一个电话局，随交换局而定，如局号码、中继群号、中继电路数量、路由方向等数据。

(3) 用户数据。用户数据是反映用户属性的数据，它专用于某一个用户，如电话号码、用户类别、话机类型、接口安装位置或物理地址、服务功能等数据。

系统数据也叫通用数据，局数据和用户数据也叫专用数据。为了系统的安全，对于一般级别的维护人员，只有定义和修改局数据、用户数据的权力。系统数据是由研制交换机的厂家设计人员定义的。

3.4.4　呼叫接续与程序控制

程控数字交换机由于采用了存储程序控制（SPC）技术，因此系统只需变动或增减软件就能达到改变功能的目的，这样可大大提高呼叫接续的灵活性和可操作性。

3.4.4.1　呼叫处理过程

局内一个普通呼叫过程包括 5 个阶段。

1. 从主叫用户摘机到听到拨号音

(1) 处理机按一定的周期执行用户线扫描程序，对用户线进行扫描检测，如检测到摘机用户，便确定呼出用户的设备号（主叫物理端口号）。

(2) 处理机根据主叫用户设备号调用主叫的数据存储器，执行去话分析程序。

(3) 将拨号音源与该接口间的接续链路接通，送出拨号音。

2. 收号和号码分析

(1) 处理机执行号码识别程序，如果主叫用户使用的是 DTMF 收号器，则将一空闲的DTMF收号器连接至主叫。

（2）收号器收到第一位号码后停送拨号音。

（3）处理机对首位号进行分析，确定此次呼叫类别（本局、出局、长途、特服）。

（4）处理机对完整号码进行分析，然后根据号码-路由翻译表查得被叫设备号（被叫物理端口号）。

3. 来话分析至被叫振铃

（1）根据被叫设备号调用被叫数据块执行来话分析程序，并测试被叫忙闲状态。

（2）处理机查找一个空闲的交换网络内部时隙，建立交换网络的桥接链路，以便把主叫和被叫连接起来。

（3）若被叫空闲，则向被叫发送振铃消息，向主叫发送回铃音消息。

4. 被叫应答双方通

（1）由用户线扫描监视程序以检测被叫是否摘机，被叫摘机后停止振铃。

（2）建立主、被叫用户的双向通路。

（3）启动计费设备开始计费。

5. 话终释放

（1）由用户线扫描监视程序监视主、被叫用户是否话终挂机，任何一方挂机都表示向处理机发出终止通信命令，处理机拆除接续链路，停止计费。

（2）向未挂机一方送催挂音，直至收到其挂机信号后返回空闲状态，结束一次呼叫。

3.4.4.2　稳定状态与状态转移

从处理一次呼叫的流程可以看出，用户状态的随机变化和用户在呼叫建立过程中所处的不同阶段出现了6个稳定状态，即用户空闲状态、向主叫送拨号音（等待收号）状态、收号状态、送忙音状态、振铃状态和通话状态。

稳定状态时处理机不做处理工作，当由一个稳定状态向另一个稳定状态转移时，处理机才做处理工作。

任一输入信号（处理请求）的到来都可以引起稳定状态转移，即状态转移是一个“输入信号激励-处理机响应”的动态过程。呼叫过程就是在输入信号的不断触发下用户呼叫状态不断转移的过程。

状态转移的结果与初始状态、输入信号以及交换机设备的状态有关。在不同情况下，出现的输入请求及处理的方法各不相同，下面举例说明。

(1) 同样的输入激励，因操纵者不同，处理机会进行不同的处理，并转移至不同的稳定状态。

例如，输入激励均为摘机信号：

①主叫摘机→处理机连接拨号音源电路→转移至送拨号音状态。

②被叫摘机→处理机切断铃流源电路→转移至通话状态。

(2) 同样的输入激励，因交换机设备原因，处理结果将会不同。

例如，输入激励均为主叫拨号：

①收号器空闲→处理机连接收号器→转移至收号状态。

②收号器不空闲→处理机连接忙音源电路→转移至送忙音状态。

(3) 同一稳定状态，输入激励不同，处理结果也不同。

例如，均处于振铃状态：

①主叫挂机→处理机按中途挂机处理，向未挂机一方连接忙音源电路→转移至送忙音状态。

②被叫摘机→处理机切断铃流源电路→转移至通话状态。

(4) 不同稳定状态，输入激励虽相同，但处理结果不同，将转移至不同的稳定状态。例如：

①空闲状态→摘机→处理机连接拨号音源电路→转移至送拨号音状态。

②振铃状态→摘机→处理机切断铃流源电路→转移至通话状态。

3.4.4.3　任务处理的工作模式

在呼叫处理过程中，处理机要执行许多任务，而每一个任务的完成都遵循三个步骤，这三个步骤为输入处理、分析处理、任务执行和输出处理。

(1) 输入处理，这是数据采集部分。处理机在程序的引导下，从指定的输入存储器读出外设输入的处理请求数据。

(2) 分析处理，这是数据处理部分。处理机结合当前的过程状态、变量值等工作数据对任务进行分析处理，然后决定下一步任务。

(3) 任务执行和输出处理，这是输出命令部分。处理机根据上述分析，将结果写入输出存储器或改变当前的工作数据，发布控制命令，驱动外设工作。

1. 输入处理

（1）接收输入信号：处理机对输入信号的响应有两种方式：扫描方式和中断方式。

①扫描方式。

扫描方式是指处理机对接口的检测程序由操作系统周期地调用。

扫描方式的优点是可以在操作系统的控制下运行，因而管理较简单。它的缺点是响应有一定的延时。此外，无论输入信号是否发生变化，扫描驱动系统必须定期地运行检测程序，因而须占用较多的 CPU 时间，效率较低。

②中断方式。

中断方式是指处理机对接口的检测程序在接口的请求下强迫启动。

中断方式的优点是实时性较强，且仅在输入信号到达时启动程序，因而效率较高。它的缺点是中断的随机性很大，被中断程序的环境必须得到妥善保护，因此中断处理方式相对较复杂。

实际中采用哪种方式须视输入信号的实时性要求及处理器的负荷来决定。

（2）运行扫描程序：任务是对用户线、中继线等外界信号的变化进行监视、检测和识别，将所得到的数据存入相应的存储器，以供内部分析程序之用。

输入处理的扫描程序包括以下内容：

①摘/挂机监视扫描；

②中继线占用监视扫描；

③号码信号监视扫描；

④公共信道信号监视扫描；

⑤操作台信号监视扫描。

对用户线的监视扫描是通过收集用户线回路状态的变化，确定用户摘机、挂机还是拍叉簧的过程。

2. 分析处理

呼叫接续中会涉及两个呼叫数据块：一个是主叫数据块，另一个是被叫数据块。这两个数据块分别记录了主叫和被叫的详细特征，如它们的号码、物理端口号、呼叫状态、在 PCM 复用线上的时隙号和其他描述其特征的属性。

呼叫数据块是呼叫开始时由呼叫进程创建的。如果同时有多个呼叫存在，则呼叫进程就创建多对这样的数据块分别对应于不同的呼叫。当一个呼叫结束时，呼叫进程释放该呼叫的数据块。

分析处理也叫内部处理，它是指处理机对所采集到的各种输入信息进行分析，通过分析以决定下一步对外设进行怎样的驱动控制。分析处理的主要信息依据就是呼叫进程中的主、被叫数据块。

分析处理由分析程序负责执行，分析程序没有固定的执行周期，因此属于基本级程序。按照分析处理阶段的不同和分析的信息不同，分析程序可分为去话分析、号码分析、来话分析和状态分析四个方面的内容。

（1）去话分析。

去话分析就是分析从主叫用户摘机到送出拨号音这个阶段的信息。分析的数据来源是由主叫设备号得到的主叫数据块（主叫设备号是之前进行输入处理得到的）。

各类数据分别装在不同的数据单元中，各单元组成一个链形队列。去话分析程序采用逐次展开法，即根据前一个单元分析的结果进入下一个单元，从而逐一对有关数据进行分析，最后根据分析的结果确定要执行的任务，如允许主叫呼叫，则向其送拨号音，并接上相应的收号器，如不允许主叫呼叫，则向其送忙音。

需要说明的是，在内部处理中，往往将分析与任务执行分开，因此，空闲收号器的查找及空闲路由的查找应由任务执行程序去处理，最后由输出处理程序驱动设备动作。

（2）号码分析。

号码分析是分析从交换机收到的第 1 位号码到收全所有号码这个阶段的信息。分析的数据来源是主叫用户所拨的号码。分析的目的是确定接续路由和话费指数。

号码分析处理分为两个部分：预译分析处理和全部号码分析处理。

①预译分析处理

执行号码分析处理程序时，首先要判别号首，号首一般是 1~3 位。根据号首分析用户的呼叫要求。

②全部号码分析处理

处理机对经过预译处理且允许的呼叫，继续接收其他号码。全部号码接收完毕后，通过译码表完成全部号码分析。号码分析的数据同样形成多级表格，采用逐次展开法来实现。

（3）来话分析。

来话分析主要分析从交换机收完最后 1 位号码至向被叫振铃这个阶段的信息。分析的数据来源是被叫的数据块（被叫的数据块是根据之前的号码分析结果得到的）。分析的目的是进一步确定被叫的线路类别、忙闲状态数据和允许的用户业务（新功能服务）等。

被叫数据块包含以下内容：

①用户状态数据，包括等待呼叫、去话拒绝、来话拒绝、去话来话都拒绝等。

②用户设备号数据，包括模块号、机架号、板号和用户接 U 电路号。

③恶意呼叫跟踪数据，追查捣乱电话。

④用户忙闲状态数据，包括被叫用户空；被叫用户忙，正在作主叫通话；被叫用户忙，正在作被叫通话；被叫用户忙，正在呼叫接续；被叫用户处于锁定状态。

（4）状态分析。

对去话分析、号码分析和来话分析这三种情况之外的状态变化进行分析都叫状态分析，例如拨号过程中的主叫挂机、振铃过程中的被叫摘机、通话过程中的任一方挂机、拍叉簧等。

状态分析的数据来源是当前的稳定状态信息和外设的输入信息。状态分析的处理过程包括事件登记、查询队列和处理三个步骤，分述如下：

①事件登记：用户的处理要求通过输入处理程序传递给处理机，处理机将有关的处理要求以任务的形式编入不同的事件处理队列中。

②查询队列：执行管理程序询访队列，查询到有关的处理请求。

③处理：处理机首先查询用户当前的状态，即用户处于哪种稳定状态，然后决定要处理的任务。

3. 任务执行和输出处理

（1）任务执行：分以下三个步骤：动作准备→输出命令→后处理。

（2）输出处理：包括以下 4 个步骤。

①处理机发送路由控制信息，驱动交换网络通话路由的建立或复原；

②发送分配信号，如振铃控制信号、公共信道信号、计费脉冲信号、

处理机间的通信信号等；

③转发被叫号码；

④转发多频信号。

4. 接通话路和话终处理

（1）接通话路。

扫描监视程序检测到被叫摘机后停送铃流和回铃音。由于在来话分析之后已经为主、被叫选好了一对通话时隙，因此处理机只需根据状态分析结果把有关的控制信息写入交换网络中相应的控制存储器（CM）即可接通话路。

（2）话终处理。

程控数字交换机的话终处理方式有以下四种。

①主叫控制复原方式：主叫不挂机通信电路就不释放。

②被叫控制复原方式：被叫不挂机通信电路就不释放。

③互相控制复原方式：只要主、被叫任一方不挂机，通信电路就不会释放。

④互不控制复原方式：只要主、被叫任一方挂机，通信电路便会释放。

3.4.5 信令系统

3.4.5.1 信令系统的概念

在电信网上，除传送话音、数据等业务信息外，还须传送电路建立过程中所需要的各种控制命令，以指导终端、交换网络及传输系统协同运行，这些控制命令称为信令，即信令是指交换设备接续信号和维持其本身及整个网络正常运行所需要的所有命令。信令系统是用于指导通信设备接续话路和维持整个网络正常运行所需的信令集合。信令系统在电信网中有着极其重要的作用，我们常常把它看作通信网的神经系统。

我国电信网用的有中国 1 号信令（也称随路信令）和国际 No. 7 信令（也称公共信道信令）。

3.4.5.2 随路信令——中国 1 号信令

随路信令（CAS）是指信令和话音在同一条话路中传送的信令方式。

我国采用的局间随路信令叫中国 1 号信令，也是国内 PSTN 网最早普遍使用的信令。局间线路信令可用来表明中继线的使用状态，如中继线示闲、占用、应答、拆线等。

中国1号信令包括线路监测信令和记发器信令两部分。

3.4.5.3　公共信道信令——No.7信令

随着程控交换技术的发展，随路信令越来越不能满足通信的需要，产生了公共信道信令系统。在公共信道信令系统中，控制信号是由中速或高速的数据链路专门传送的，与语音信道分开，此数据链路可为数千个话路所共用。公共信道信令系统可以使程控交换机的接续速度更快、功能更多，更能适合各项通信业务的发展。

公共信道信令（No.7信令）系统是指将话路所需要的各种控制信令（局间信令）集中到一条与话音通路完全分开的公共链路上进行传送。

与随路信令系统相比，公共信道信令系统具有如下优点：

（1）系统是在软件的控制下采用高速数据信息来传送信令的，因而建立呼叫接续的时间比随路信令系统大大缩短，并且增、减信令或改变信令信息都十分方便；

（2）由于信令通道与各话路通道没有固定的对应关系，因而更具灵活性；

（3）系统不但可以传送与呼叫有关的电路接续信令，还可以传送与呼叫无关的管理、维护信令，而且任何时候（包括用户正在通信期间）都可传送信令；

（4）信令网与业务通信网分离，便于维护和管理。

公共信道信令系统的应用从根本上解决了随路信令系统信道利用率低、信令传送速度慢、在通话期间不能传送信令、信令编码容量受限等缺陷，是目前最先进、应用前景最广泛的一种国际标准化公共信道信令系统。

3.4.6　程控用户交换机的维护与管理

为确保交换机能够正常运行并为用户提供良好的服务，应对交换机进行有效的维护和管理。

维护是指故障的检测和定位，硬件的重新组合以及软件的再启动等。交换机拥有完善的维护操作子系统，具有各种自动监控功能，能发现故障并及时消除故障带来的影响，保证系统不间断地工作。

管理是根据交换机的能力，安排用户的等级，修改路由的选择规则，规定交换机的过负荷控制标准等，使交换机合理地工作。

3.4.6.1 程控交换机的维护

1. 程控交换机维护概述

程控交换机是一种智能化的电子设备，它具有很强的故障自动诊断、定位、隔离和恢复功能，这些都给维护带来了方便，减少了维护工作量。但由于技术复杂而对维护人员的素质和能力提出了较高的要求。维护人员应具备数字通信、计算机技术等硬件和软件知识。

程控交换机的硬件主要是由电路板组成的，还有母线底板、连接器和手接电缆。各种电路板常采用插入式结构。为保证可靠性，程控交换机从设计生产到开通运行各环节都采取了相应的措施：元器件要经过严格的筛选、老化处理，整机出厂前要经过测试及加载实验；开通运行后，有高稳定度的整流柜和蓄电池提供连续的、稳定的工作电压。若维护人员能够通过测试数据和告警信息进行综合分析，把有故障隐患的原部件和电路板及时更换下来，则故障率可进一步降低。

程控交换机的软件系统相当庞大，这就要求在日常维护过程中，认真做好各种告警、故障记录，尽可能多地收集有关数据，仔细分析观察，积累总结经验。

2. 程控交换机的维护过程

无论是硬件还是软件，程控交换机的维护可分为故障的监测、分析、诊断和排除4个环节。

（1）监测。监测包括例行的日常测试和收集维护终端提供的各种告警信息。具体的测试内容主要是对用户和中继线的测试。当发现有故障的线路时应做详细记录。收集维护终端提供的告警信息也是监测工作的一部分。程控交换机对一些关键部件（如中央处理器、交换网络、通信链路等）都采用了双备份的冗余设计，且有自动测试功能。自动测试发现问题或故障时，系统将采取相应的措施（如自动备份切换），同时把这些故障以告警代码的形式送到维护终端。

（2）分析。在收集到有关数据、信息资料以后，需要对这些数据信息进行综合分析，初步判断出故障的原因和可能存在的潜在隐患。

硬件方面的故障原因可能有：

①机房环境（温度、湿度、防静电、防尘、防雷、防电磁干扰等）不符合要求；

②元器件质量不符合要求；

③印制电路板质量不符合要求（如虚焊、断线、短路、绝缘不好等）；

④电源电压、电流过高或过低，电源稳定度不够等；

⑤线架、接插电缆接插不良等。

软件方面故障的可能原因有：

①软件固有的缺陷；

②输入了错误的数据或命令；

③电压的短暂波动；

④电磁辐射干扰；

⑤话务量过载；

⑥公共资源配置不够。

（3）诊断。除明显的故障外，对分析结论须通过某些手段验证，以确切地判断出故障所在的具体部位，该过程称为诊断。对于硬件故障，更换可疑的印制电路板、电缆线、元器件是常用的诊断手段之一。在没有采取相应的措施之前，不能从机架上随意拔下电路板，以免引起系统错误。对涉及整个系统的电路板的更换应在夜间话务量小时进行。

（4）故障排除。确定了故障部位并进行更换后，相应的故障就排除了。故障排除后应详细填写维修记录卡，并存档备案。维修记录卡的内容包括以下 4 点：

①故障现象；

②故障分析：各种有关数据和告警信息及简要分析过程；

③故障部位：完整的硬件地址和具体的元器件型号；

④环境：出现故障前的一些具体情况。

3.4.6.2　程控交换机的管理

目前，电信网络的发展规模越来越大，其结构也越来越复杂，设备种类也越来越多。这就必须要有一种自动化的管理手段来对电信网进行统一的监视和控制，否则会限制网络功能的发挥，使网络资源利用率下降。

电信管理网（TMN）是叠加在电信网络上的逻辑管理网，它能够提供多种管理功能，是一种自动化的、开放的管理平台。它不仅完成用户工作站之间、TMN 的不同操作系统之间以及组成电信网的网元之间的通信，而且能使整个电信网络始终处于统一的操作和管理之下，提高全网运行效率，充分发挥网络的潜在功能，提高服务质量和经济效益。

1. 程控交换机机房管理制度

程控交换机机房管理制度包括以下内容。

（1）话务员值班及交接班制度；

（2）备品、备件管理制度；

（3）技术资料及原始记录管理制度；

（4）机房清洁制度；

（5）安全保密制度。

2. 程控交换机技术管理

程控交换机技术管理包括以下内容。

（1）用户数据管理：

①改变用户状态，如正常使用、不使用、拒绝发话、拒绝收话等；

②改变用户类别，包括特定类别（如普通话机、投币话机等）和服务类别（如开放多种新服务等）两种；

③改变用户设备号。

（2）局数据管理：指改变编号方案，改变路由，增加、减少或转移中继电路，改变局号，改变用户电路板类别等。

（3）计费管理：包括改变计费区、改变费率、改变计费时间等。

（4）控制管理：是指对交换机时钟置时、改变各种时限、改变过负荷控制参数等。

（5）设备管理：是指增加或拆除双音频收发号器，增加会议电话电路等。

第 4 章　网络交换

4.1　网络设备概述

4.1.1　网络交换机基础分类

1. 根据交换方式划分

（1）存储转发式交换（store and forward）。这种交换方式是指交换机对输入的数据包先进行缓存、验证、碎片过滤，再进行转发。这种交换方式延时大，但可以提供差错校验，并支持不同速度的输入、输出端口间的交换（非对称交换），是交换机的主流工作方式。

（2）直通式交换（cut-through）。直通式交换类似于采用交叉矩阵的电话交换机，它在输入端口扫描到目标地址后立即开始转发。这种交换方式的优点是延迟小、交换速度快；其缺点是没有检错能力，不能实现非对称交换，并且当交换机的端口增加时，交换矩阵实现起来比较困难。

（3）碎片过滤式交换（fragment free）。这是介于直通式和存储转发式之间的一种解决方案。交换机在开始转发前先检查数据包的长度是否够 64 个字节，如果小于 64 个字节，说明是冲突碎片，则丢弃；如果大于等于 64 个字节，则转发该包。这种转发方式的处理速度介于前两者之间，被广泛应用于中低档交换机中。

2. 根据交换的协议层划分

（1）第二层交换，即根据 MAC 地址进行交换。

（2）第三层交换，即根据网络层地址（IP 地址）进行交换。

（3）多层交换，即根据第四层端口号或应用协议进行交换。

3. 根据交换机结构划分

（1）固定端口交换机。这种交换机提供有限数量的固定类型端口。例如，华为 S2750-28T-EI-AC 是一种快速以太网交换机，具有 24 个 10/100Base-TX 以太网端口，4 个千兆 SFP，2 个复用 10/100/1000 千兆级别的 Base-T 以太网端口 Combo。

（2）模块化交换机。这种交换机的机箱中预留了一定数量的插槽，用户可以根据网络扩充的需求选择不同类型的端口模块。这种交换机具有更大的可扩充性。

4. 根据配置方式划分

（1）堆叠型交换机。这种交换机具有专门的堆叠端口，用堆叠电缆把一台交换机的 UP 口连接到另一台交换机的 DOWN 口，以实现端口数量的扩充。一般交换机能够堆叠 4～9 层，堆叠后的所有交换机可以当作一台交换机来统一管理。

（2）非堆叠型交换机。这种交换机没有堆叠端口，但可以通过级连方式进行扩充。级连模式使用以太网端口（100M FE 端口、GE 端口或 10GE 端口）进行层次间互联。可以通过统一的网管平台实现对全网设备的管理。为了保证网络运行的效率，级连层数一般不要超过 4 层。

5. 根据管理类型划分

（1）网管型交换机。这种交换机支持简单网络管理协议（SNMP）和管理信息库（MIB），可以指定 IP 地址，实现远程配置、监视和管理。

（2）非网管型交换机。这种交换机不支持 SNMP 和 MIB，只能根据 MAC 地址进行交换，无法进行功能配置和管理。

（3）智能型交换机。这种交换机支持基于 Web 的图形化管理和 MIB-II，无须使用复杂的命令行管理方式，配置和维护比较容易。更重要的是，智能型交换机提供服务质量（QoS）管理、VPN、用户认证以及多媒体传输等复杂的应用功能，而不仅仅是转发数据分组。

6. 根据层次型结构划分

网络的分层结构把复杂的大型网络分解为多个容易管理的小型网络，每一层交换设备分别实现不同的特定任务。比如，分为接入层交换机、汇聚层交换机、核心层交换机。

（1）接入层交换机。接入层是工作站连接网络的入口，实现用户的网络访问控制，这一层的交换机应该以低成本提供高密度的接入接口。例如，华为 S2700 系列最多可以提供 52 个快速以太网端口，适合中小型企业网络使用。

（2）汇聚层交换机。汇聚层将网络划分为多个广播/组播域，可以实现 VLAN 间的路由选择，并通过访问控制列表实现分组过滤。这一层交换机的端口数量和交换速率要求不是很高，但应提供第三层交换功能。例如，华为 S5700-SI 系列交换机具有多个 10M/100M/1000M Base-T 端口和千兆 SFP 接口，可以支持多种光模块收发器，同时提供先进的服务质量管理和速度限制，以及安全访问控制列表、组播管理和高性能的 IP 路由。

（3）核心层交换机。核心层应采用可扩展的高性能交换机组成园区网的主干线路，提供链路冗余、路由冗余、VLAN 中继和负载均衡等功能，并且与汇聚层交换机具有兼容的技术，支持相同的协议。例如，华为 S6700 系列交换机就是一种适合部署到核心网络的交换机。

4.1.2 网络交换机性能参数

1. 端口类型

（1）双绞线端口。双绞线端口主要有 100Mps 和 1000Mps 两种。100Mps 端口可连接工作站，1000Mps 端口一般用于级连。

（2）光纤端口。SC（subscriber connector）端口是一种光纤端口，可提供千兆位数据传输速率，通常用于连接服务器的光纤网卡。这种端口以“100b FX”标注。交换机的光纤端口都是两个，分别是一发一收，光纤跳线也必须是两根，否则端口间无法进行通信。

（3）GBIC 端口。交换机上的 GBIC（giga bit-rate Interface converter，GBIC）插槽（slot）用于安装千兆位端口光电转换器。GBIC 模块是将位电信号转换为光信号的热插拔器件，分为用于级连的 GBIC 模块和用于堆叠的 GBIC 模块。用于级连的 GBIC 模块又分为适用于多模光纤（MMF）或单模光纤（SMF）的不同类型。

（4）SFP 端口。小型机架可插拔设备（small form-factor pluggable，SFP）是 GBIC 的升级版本，其功能基本和 GBIC 一致，但体积减小一半，可以在相同的面板上配置更多的端口。有时也称 SFP 模块为小型化 GBIC（MNI-GBIC）模块。

2. 传输模式

（1）半双工（half-duplex）。半双工交换机在一个时间段内只能有发送或者接收数据一个动作发生，两个动作不能同时进行。早期的集线器就是半双工产品，随着技术的进步，半双工方式的产品已逐渐被淘汰。

（2）全双工（full-duplex）。全双工交换机在发送数据的同时也能接收数据，两者可同步进行。全双工传输需要使用两对双绞线或两根光纤，一般双绞线端口和光纤端口都支持全双工传输模式。这种传输模式在对主机之间建立了一条虚拟的专用连接，使得数据速率成倍提高。

（3）全双工/半双工自适应。在以上两种方式之间可以自动切换。在光纤接口中，1000Base-TX 支持自适应，而 1000Base-SX、1000Base-LX、1000Base-LH 和 1000Base-ZX 均不支持自适应，不同速率和传输模式的光纤端口间无法进行通信，因而要求相互连接的光纤端口必须具有完全相同的传输速率和传输模式，否则将导致连通故障。

3. 包转发率

包转发率也称端口吞吐率，指交换机进行数据包转发的能力，单位为 pps（package per second）。包转发速率是以单位时间内发送 64 字节数据包的个数作为计算基准的。对于千兆以太网来说，计算方法如下：$1000\text{Mbps} \div 8\text{b} \div (64 + 8 + 12)\text{B} = 1\ 488\ 095\text{pps}$。

当以太网帧为 64 字节时，须考虑 8 字节的帧头和 12 字节的帧间隙开销。据此，一台交换机的包转发速率的计算方法如下：

包转发率=千兆端口数×1.488Mpps+百兆端口数×0.1488Mpps+其余端口数×相应包转发数 （4-1）

4. 背板带宽

交换机的背板带宽是指交换机端口处理器和数据总线之间单位时间内所能传输的最大数据量。背板带宽标志了一台交换机总的交换能力，单位为 Gbps。一般交换机的背板带宽从几 Gbps 到上千 Gbps。交换机所有端口能提供的总带宽的计算公式为

总带宽=端口数×端口速率×2（全双工模式） （4-2）

如果总带宽小于标称背板带宽，那么可以认为背板带宽是线速的。例如，华为 S5700 系列交换机的背板带宽可扩展到 256Gbps，包转发速率达到 132Mpps。

5. MAC 地址数

MAC 地址数是指交换机的 MAC 地址表中可以存储的 MAC 地址数量。交换机将已识别的网络节点的 MAC 地址放入 MAC 地址表中，MAC 地址表存放在交换机的缓存中，当需要向目标地址发送数据时，交换机就在 MAC 地址表中查找相应 MAC 地址的节点位置，然后直接向这个位置的节点转发。

不同档次的交换机端口所能够支持的 MAC 地址数量不同。在交换机的每个端口，都需是足够的缓存来记忆这些 MAC 地址，所以缓存容量的大小决定了交换机所能记忆的 MAC 地数。

6. VLAN 表项

VLAN 是个独立的广播域，可有效地防止广播风暴。由于 VLAN 基于逻辑连接而不是物理连接，因此配置十分灵活。在有第三层交换功能的基础上，VLAN 之间也可以通信。最大 VLAN 数量反映了一台交换机所能支持的最大 VLAN 数目。目前，交换机 VLAN 表项数目在 1024 以上，可以满足一般企业的需要。

7. 机架插槽数

固定配置不带扩展槽的交换机仅支持一种类型的网络，固定配置带扩展槽的交换机和机架式交换机可支持一种以上类型的网络，例如以太网、快速以太网、千兆以太网、ATM 网、令牌环网及 FDDI 等。一台交换机所支持的网络类型越多，可扩展性就越强。机架插槽数是指机架式交换机所能安插的最大模块数，扩展槽数是指固定配置带扩展槽的交换机所能安插的最大模块数。

4.1.3　网络交换机基本配置

1. 电缆连接及终端配置

接好 PC 机和交换机各自的电源线，把 PC 机的串口通过控制台电缆与交换机的 Console 口相连，即完成设备的连接工作。

交换机 Console 口的默认参数如下：

（1）端口速率：9600bps。

（2）数据位：8。

（3）奇偶校验：无。

（4）停止位：1。

（5）流控：无。

在配置 PC 机端时只需保证端口属性的配置参数与上述参数相匹配即可。以 Windows 环境下的 SecureCRT 为例配置 COM2 端口属性的对话框，如图 4-1 所示。

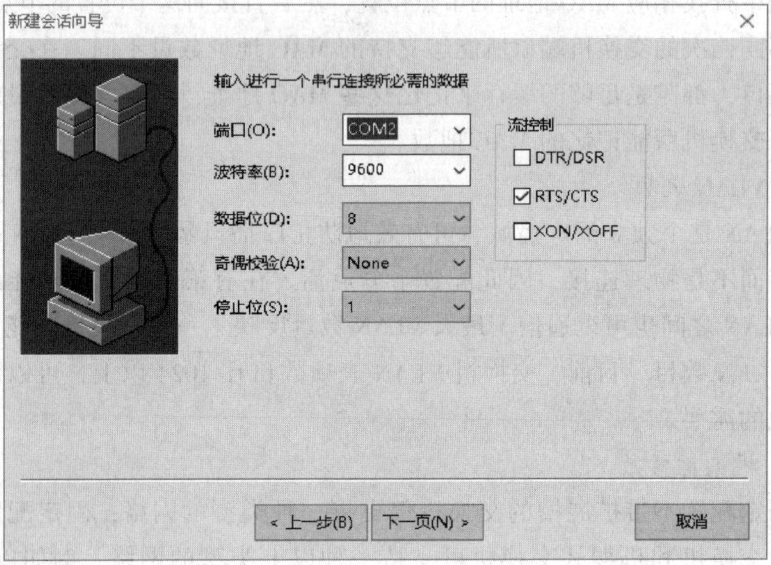

图 4-1　配置 COM2 端口属性对话框

2. 交换机的启动

在配置好终端仿真软件后，终端窗口就会显示交换机的自动信息，显示交换机的版权信息和软件加载过程，直到出现提示用户设置登录密码，如下所示：

```
BIOS loading.
……
Enter Password:
Confirm Password
<HUAWEI>
```

完成 Console 登录密码设置后，用户便可以配置和使用交换机。

3. 交换机的基本配置

在默认配置下，所有接口处于可用状态，并且都属于VLAN1，这种情况下交换机就可以正常工作了。但为了方便管理和使用，首先应对交换机做基本的配置。

（1）配置交换机的设备名称、管理VLAN和Telnet，在对网络中交换机进行管理时需要对交换机进行基本配置，配置内容如下：

```
<HUAWEI> //用户视图提示符
<HUAWEl>system-view //进入系统视图
[HUAWEI] sysname Switch1 //修改设备名称为Switch1
[Switchl] vlan 5 //创建交换机管理VLAN5
[Switch1-VLAN5] management-vlan
[Switch1-VLAN5] quit
(Switch1] interface vlanif 5//创建交换机管理VLAN的VLANIF接口
(Switch1-vlanif5] ip address 10.10.1.24 //配置VLANIF接口IP地址
[Switch1-vlanif5] quit
[Switch1] telnet server enable //Telnet默认是关闭的，需要打开
[Switch1] user-interface vty04 //开启VTY线路模式
([Switch1-ui-vty04) protocol inbound telnet //配置Telnet协议
([Switch1-ui-vty0-4] authentication -mode aaa //配置认证方式
[Switch1-ui-vty0-4] quit
[Switch1] aaa
(Switch1-aaa] local-user admin password irrev-esible-cipher Hello@ 123//配置用户名密码，用户名不区分大小写，密码区分大小写
[Switch1 - aaa] local - user admin privilege
```

```
level 15
    [Switch1-aaa] quit
    [Switch1] quit
    <Switch1>save
```

（2）登录 Telnet 到交换机，出现用户视图提示符，内容如下：

```
    C:\Documents and Settings\Administrator> tel-
net 10.10.1.1
    //输入交换机管理 IP
    Login authentication
    Usemame: admin //输入用户名和密码
    Password:
    Info: The max number ofVTY users is 5, and
the number
    of current VTY users on line is 1.
    The current login time is 2021-09-05 15:38:24+
00:00.
    <Switch1> //用户视图命令行提示符
```

（3）配置交换机的接口。交换机的接口属性默认支持一般网络环境，一般情况下是不需要对其接口进行设置的。在某些情况下需要对其端口属性进行配置时，配置的对象主要有接口隔离、速率、双工等信息，内容如下：

```
    #配置接口 GE1/0/1 和 GE1/0/2 的端口隔离功能，实现两个
接口之间的二层数据隔离，三层数据互通
    <Switch1> system-view
    [Switch1] port-isolate mode l2
    [Switch1] interface gigabitethernet 1/0/1
    [Switch1-GigabitEthernet1/0/1] port-isolate en-
able group 1
```

```
[Switch1-GigabitEthernet1/0/1] quit
[Switch1] interface gigabitethernet 1/0/2
[Switch1-GigabitEthernet1/0/2] port-isolate en-
able group 1
[Switch1-GigabitEthernet1/0/2] quit
#配置以太网接口 GE0/0/1 在自协商模式下协商速率为
100Mb/s
<Switch1> system-view
[Switch1] interface gigabitethernet 0/0/1
[Switch1-GigabitEthernet0/0/1] negotiation au-
to
[Switch1-GigabitEthernet0/0/1] auto speed 100
#配置以太网电接口 GE0/0/1 在自协商模式下双工模式为全双
工模式
<Switch1> system-view
[Switch1] interface gigabitethernet 0/0/1
[Switch1-GigabitEthernet0/0/1] negotiation au-
to
```

(4) 查看和配置 MAC 地址表。交换机通过学习网络中设备的 MAC 地址，并将学习得到的 MAC 地址存放在交换机的缓存中。在需要向目标地址发送数据时就从 MAC 表地址中查找相应地址，找到后才可以向目标快速发送数据。

MAC 表由多条 MAC 地址表项组成。MAC 地址表项由 MAC、VLAN 和端口组成，交换机在收到数据帧时，会解析出数据帧的源 MAC 地址和 VLAN ID 并与接收数据帧的端口组合成条数据表项。MAC 地址表项的查看可以了解交换机运行的状态信息，排查故障内容如下：

```
#执行命令 display mac-address，查看所有的 MAC 地址
表项
<Switch1> display mac-address
```

```
-------------------------------------------------------------------------------------
MAC Address VLAN/VSI Learned-From Type
-------------------------------------------------------------------------------------
0050-561a-5601 10/- - blackhole
0050-561a-780c 20/- GE1/0/1 static
0050-561a-44aa 30/- Eth-Trunk1 dynamic
-------------------------------------------------------------------------------------
Total items displayed=3
```

#执行命令 display interface vlanif5，显示 VLANIF 接口的 MAC 地址

```
<Switch1> display interface vlanif 5
Vlanif5 current state: DOWN
Line protocol current state: DOWN
Description:
Route Port, The Maximum Transmit Unit is 1500
Internet Address is 192.168.1.1/24
IP Sending Frames&apos; Format is PKTFMT_ ETHNT_ 2, Hardware address is 00e0-0987-7891
Current system time: 2021-09-06 08: 33: 09+08: 00
Input bandwidth utilization: --
Output bandwidth utilization: --
```

#在 MAC 地址表中增加静态 MAC 地址表项，目的 MAC 地址为 0050-561a-5324，VLAN5 的报文，从接口 gigabitethernet 0/0/3 转发出去

```
[Switch1] mac-address static 0050-561a-5324 gigabitethernet 0/0/3 vlan 5
```

4.1.4 路由器基础分类

1. 从功能、性能和应用方面划分

路由器可分为以下几种。

(1) 骨干路由器。骨干路由器是实现主干网络互连的关键设备，通常采用模块化结构，通过热备份、双电源和双数据通路等冗余技术提高可靠性，并且采用缓存技术和专用集成电路（ASIC）加快路由表的查找，使得背板交换能力达到几百 Gbps，被称为线速路由器。例如，华为的 NE40E 系列以上路由器就属于骨干路由器。

(2) 企业级路由器。企业级路由器连接许多终端系统，提供通信分类、优先级控制、用户认证、多协议路由和快速自愈等功能，可以实现数据、语音、视频、网络管理和安全应用（VPN、入侵检测和 URL 过滤）等增值服务，对这类路由器的要求是可实现高密度的 LAN 端口，同时支持多种业务。

(3) 接入级路由器。接入级路由器也叫边缘路由器，主要用于连接小型企业的客户群，提供 1~2 个广域网端口卡（WIC），实现简单的信息传输功能，一般采用低档路由器就可以了（如华为 AR3600 以下型号）。

2. 路由器的端口

路由器不仅能实现局域网之间的连接，还能实现局域网与广域网、广域网与广域网之间的相互连接。路由器与广域网连接的端口称为 WAN 端口，路由器与局域网连接的端口称为 LAN 端口。常见的网络端口有以下几种。

(1) RJ-45 端口。这种端口通过双绞线连接以太网。10Base-T 的 RJ-45 端口标识为 ETH，100Base-TX 的 RJ-4S 端口标识为 10/100bTX，这是因为快速以太网路由器采用 10/100Mbps 自适应电路。

(2) AUI 端口。AUI 端口是一种 D 型 15 针连接器，用在令牌环网或总线型以太网中。路由器经 AUI 端口通过粗同轴电缆收发器连接 10Base-5 网络，也可以通过外接的 AUI-to-RJ-45 适配器连接 10Basc-T 以太网，还可以借助其他类型的适配器实现与 10Base-2 细同轴电缆或 10Base-F 光缆的连接。

(3) 高速同步串口。在路由器与广域网的连接中，应用最多的是高速同步串行口（synchronous serial port），这种端口用于连接 DDN、帧中继、X.25 和 PSTN 等网络。通过这种端口所连接的网络两端要求同步通信，以很高的速率进行数据传输。

（4）ISDN BRI 端口。ISDN BRI 端口通过 ISDN 线路实现路由器与互联网或其他网络的远程连接。ISDN BRI 的 3 个通道（2B+D）的总带宽为 144kbps，端口采用 RJ-45 标准，与 ISDN NT1 的连接使用 RJ-45-to-RJ-45 直通线。

（5）异步串口。异步串口（ASYNC）主要应用于与 modem 或 modem 池的连接，以实现计算机通过 PSTN 拨号接入。异步串口的速率不是很高，也不要求同步传输，只要求能连续通信。

（6）Console 端口。Console 端口通过配置专用电缆连接至计算机串行口，利用终端仿真程序（如 hyper terminal）对路由器进行本地配置。路由器的 Console 端口为 RJ-45 口，Console 端口不支持硬件流控。

（7）AUX 端口。对路由器进行远程配置时要使用 AUX 端口（auxiliary port），AUX 端口在外观上与 RJ-45 端口一样，只是内部电路不同，实现的功能也不一样。通过 AUX 端口与 Modem 进行连接必须借助 RJ-45to DB9 或 RJ-45to DB25 适配器进行电路转换。AUX 端口支持硬件流控。

4.2 组网形式

传统意义上的网络拓扑是将网络中的设备和节点描述成点，将网络线路和链路描述成线。用于研究网络的方法，随着网络的不断发展，单纯的网络拓扑结构已经无法全面描述网络。因此，在逻辑网络设计中，网络结构的概念正在取代网络拓扑结构的概念成为网络设计的框架。

网络结构是对网络进行逻辑抽象，描述网络中主要连接设备和网络计算机节点分布所形成的网络主体框架，网络结构与网络拓扑结构的最大区别在于：在网络拓扑结构中只有点和线，不会出现任何的设备和计算机节点。网络结构主要是描述连接设备和计算机节点的连接关系。

由于当前的网络工程主要由局域网和实现局域网互连的广域网构成，因此可以将网络工程中的网络结构设计分成局域网结构和广域网结构两个设计部分内容，其中，局域网结构主要讨论数据链路层的设备互连方式，广域网结构主要讨论网络层的设备互连方式。互联网的接入结构与广域网类似，这里不再详细介绍。

4.2.1　局域网

当前的局域网络与传统意义上的局域网络相比，已经发生了很多变化，传统意义上的局域网络只具备二层通信功能，现代意义上的局域网络不仅具有二层通信功能，同时具有三层甚至多层通信的功能。现代局域网络，从某种意义上说，被称为园区网络更为合适。以下是在进行局域网络设计时常见的局域网络结构。

1. 核心局域网结构

单核心局域网结构主要由一台核心二层或三层交换设备构建局域网络的核心，通过多台接入交换机接入计算机节点，该网络一般通过与核心交换机互连的路由设备（路由器或防火墙）接入广域网中。

对单核心结构分析如下：

（1）核心交换设备在实现上多采用二层、三层交换机或多层交换机。

（2）如采用三层或多层设备，可以划分成多个 VLAN，在 VLAN 内只进行数据链路层帧转发。

（3）网络内各 VLAN 之间访问需要经过核心交换设备，并且只能通过网络层数据包转发方式实现。

（4）网络中除核心交换设备以外不存在其他的带三层路由功能设备。

（5）核心交换设备与各 VLAN 设备可以采用 10M/100M/1000M 以太网连接。

（6）节省设备投资。

（7）网络结构简单。

（8）部门局域网络访问核心局域网以及相互之间访问效率高。

（9）在核心交换设备端口富余的前提下，部门网络接入较为方便。

（10）网络地理范围小，要求部门网络分布比较紧凑。

（11）核心交换机是网络的故障单点，容易导致整网失效。

（12）网络的扩展能力有限。

（13）对核心交换设备的端口密度要求较高。

（14）除非规模较小的网络，否则桌面用户不直接与核心交换设备相连，也就是核心交换机与用户计算机之间应存在接入交换机。

2. 双核心局域网结构

双核心结构主要由两台核心交换设备构建局域网核心，该网络一般也是通过与核心交换机互连的路由设备接入广域网，并且路由器与两台核心交换设备之间都存在物理链路。

对双核心结构分析如下：

（1）核心交换设备在实现上多采用三层交换机或多层交换机。

（2）网络内各 VLAN 之间访问需要经过两台核心交换设备中的一台。

（3）网络中除核心交换设备以外不存在其他的具备路由功能的设备。

（4）核心交换设备之间运行特定的网关保护或负载均衡协议，例如 HSRP、VRRP 和 GLBP 等。

（5）核心交换设备与各 VLAN 设备间可以采用 10M/100M/1000M 以太网连接。

（6）网络拓扑结构可靠。

（7）路由层面可以实现无缝热切换。

（8）部门局域网络访问核心局域网以及相互之间多条路径选择可靠性更高。

（9）在核心交换设备端口富余的前提下，部门网络接入较为方便。

（10）设备投资比单核心高。

（11）对核心路由设备的端口密度要求较高。

（12）核心交换设备和桌面计算机之间存在接入交换设备，接入交换设备同时和双核心存在物理连接。

（13）所有服务器都直接同时连接至两台核心交换机，借助于网关保护协议，实现桌面用户对服务器的高速访问。

3. 环型局域网结构

环型局域网结构由多台核心三层设备连接成双 RPR 动态弹性分组环，构建整个局域网络的核心，该网络通过与环上交换设备互连的路由设备接入广域网络。

对环型结构分析如下：

（1）核心交换设备在实现上多采用三层交换机或多层交换机。

（2）网络内各 VLAN 之间访问需要经过 RPR 环。

（3）RPR 技术能提供 MAC 层的 50ms 自愈时间，能提供多等级、可靠的 QoS 服务。

（4）RPR 有自愈保护功能，节省光纤资源。

（5）RPR 协议中没有提及相交环、相切环等组网结构，当利用 RPR 组建大型城域网时，多环之间只能利用业务接口进行互通，不能实现网络的直接互通，因此它的组网能力相对 SDH、MSTP 较弱。

（6）由两根反向光纤组成环型拓扑结构。其中，一根顺时针，一根逆时针，节点在环上可以从两个方向到达另一节点。每根光纤可以同时用来传输数据和同向控制信号，RPR 环双向可用。

（7）利用空间重用技术实现空间重用，使环上的带宽得到更为有效的利用。RPR 技术具有空间复用、环自愈保护、自动拓扑识别、多等级 QoS 服务、带宽公平机制和拥塞控制机制、物理层介质独立等特点。

（8）设备投资比单核心高。

（9）核心路由的冗余设计，难度较高，容易形成路由环路。

4. 层次局域网结构

层次结构主要定义了根据不同功能要求将局域网络划分层次构建的方式，从功能上定义为核心层、汇聚层和接入层。层次局域网一般通过与核心层设备互连的路由设备接入广域网络。

对层次结构分析如下：

（1）核心层实现高速数据转发。

（2）汇聚层实现丰富的接口和接入层之间的互访控制。

（3）接入层实现用户接入。

（4）网络拓扑结构故障定位可分级，便于维护。

（5）网络功能清晰，有利于发挥设备的最大效率。

（6）网络拓扑有利于扩展。

4.2.2 广域网

1. 广域网的接入技术

随着网络规模的不断发展，网络用户的流动性和地域分散特性不断增加。远程企业用户需要借助于特殊的接入方式实现对企业网络的访问，而城市的网络用户也需要借助于同样的技术实现对因特网络的访问，因此这些特殊的技术主要应用于城域网络，可以被称为城域网远程接入技术。主要有以下 4 种：

（1）传统的 PSTN 接入技术。

PSTN 接入技术是较为经典的远程连接技术，通过在客户计算机和远程的拨号服务器之间分别安装调制解调器实现数字信号在模拟语音信道上的调制，通过公用电话网（PSTN）完成数据传输。

（2）综合业务数据网。

综合业务数据网（ISDN）是由地区电话服务供应商提供的数字数据传输业务，支持在电话线上传输文本、图像、视频、音乐、语音和其他的媒体数据。在 ISDN 上使用 PPP 协议，以实现数据封装、链路控制、口令认证和协议加载等功能。

（3）线缆调制解调器接入。

线缆调制解调器运行在有线电视（CATV）使用的同轴电缆上，可以提供比传统电话线更高的传输速率，典型的 CATV 网络系统提供 25～50Mbps 的下行带宽和 2～3Mbps 的上行带宽。同时，线缆调制解调器的另一个优势是不需要拨号就能实现远程站点访问。

（4）数字用户线路远程接入。

数字用户线路（digital subscriber line，DSL）允许用户在传统的电话线上提供高速的数据传输，用户计算机借助于 DSL 调制解调器连接到电话线上，通过 DSL 连接访问因特网络或者企业网络。

DSL 采用尖端的数字调制技术，可以提供比 ISDN 快得多的速率，其实际速率取决于 DSL 的业务类型和很多物理层因素，例如电话线的长度、线径、串扰和噪声等。

2. 广域网互联技术

广域网互联技术主要有数字数据网、SDH、MSTP、传统 VPN 技术、MPLS VPN 技术等，通过这些方式将各地的局域网进行连接。

（1）数字数据网。

数字数据网络（digital data network，DDN）是一种利用数字信道提供数据信号传输的数据传输网，是一个半永久性连接电路的公共数字数据传输网络，为用户提供了一个高质量、高带宽的数字传输通道。

DDN 采用同步时分复用，对各层协议透明，因此 DDN 支持任何的传输规程。DDN 不具备交换功能，以点对点方式实现半永久性的电路连接，传输延时小。DDN 采用数字信道传输数据信号，与传输的模拟信号相比，具有传输质量高、速度快、带宽利用率高等优点。DDN 的传输安全可靠，由于采用多路由的网状拓扑结构，单个节点的失效不会导致整个线路的中断。DDN 网络实行分级管理，其网络结构按网络的组建、运营、管理、维护的责任地理区域可以分为一级干线网、二级干线网和本地网三级。一级干线网由设置在各省、自治区和直辖市的节点组成，二级干线网由设置在省内的节点组成，本地网是指城市范围内的网络，由这些网络提供全国范围内的电路连接服务。

（2）同步数字体系。

同步数字体系（synchronous dgital hierarchy，SDH）是一种将复接、线路传输及交换功能融为一体，并由统一网管系统操作的综合信息传送网络，前身是美国贝尔通信技术研究所提出来的同步光网络（SONET）。SDH 可实现网络的有效管理、实时业务监控、动态网络维护、不同厂商设备间的互通等多项功能，能大大提高网络的资源利用率，降低管理及维护费用，实现灵活可靠和高效的网络运行与维护，因此也是当前最主要的运营商基础设施网络。

SDH 网络是基于光纤的同步数字传输网络，采用分组交换和时分复用（TDM）技术，主要由光纤和挂接在光纤上的分插复用器（ADM）、数字交叉连接（DXC）、光用户环路载波系统（OLC）构成网络的主体，整个网络中的设备由高准确度的主时钟统一控制。SDH 网络基本的运行载体是双向运行的光纤环路，可根据需要采用单环、双环或者多环结构。SDH 支持多种网络拓扑结构，组网方式非常灵活。

（3）基于 SDH 的多业务传送平台。

由于具有可靠的业务保护能力，SDH 技术已经成为城域传输网的一种经典选择，但是 SDH 也存在包括带宽瓶颈、多层网络结构指配过于复杂以及支持业务单一等诸多问题，尤其是对可变速率业务的支持方面，SDH 技术对于固定速率的业务（如传统话音业务），很容易将其适配到固定容量通道中，但对于可变速率 VBR 业务和任意速率业务，SDH 则显得不够灵活，特别是传送效率不高。欧洲、东亚及印度的一些运营商已经在新建网络（特别是城域网）中完全摒弃 SDH 技术体系，但是目前国内的 SDH 网络已经庞大得让传统的电信运营商无法从容、坦然地弃之而去，因此被称为下一代 SDH 的 MSTP 应运而生。

基于 SDH 的多业务传送平台（multi-service transport platform，MSTP）是指基于 SDH 平台同时实现 TDM、ATM、以太网等业务的接入、处理和传送，提供统一网管的多业务节点。基于 SDH 的多业务传送节点除应具有标准 SDH 传送节点所具有的功能外，还具有以下主要功能特征：

①具有 TDM 业务、ATM 业务或以太网业务的接入功能。

②具有 TDM 业务、ATM 业务或以太网业务的传送功能，包括点到点的透明传送功能。

③具有 ATM 业务或以太网业务的带宽统计复用功能。

④具有 ATM 业务或以太网业务映射到 SDH 虚容器的指配功能。

MSTP 在网络互连领域主要用于企业用户网络建设和用户接入补充，其中，企业用户网络建设直接体现了 MSTP 多种业务接入、点到多点的透明传送功能。企业客户网络数量较多，地点分布零散，业务需求各不相同，如果把所有企业专网纳入统一的 SDH 传输平台，则投资成本过高。用户可针对企业网络业务的种类、数量并考虑服务等级、投资成本等因素，分期、分层对企业网络进行优化、改造，在部分企业专网中引入 MSTP 设备，采用环型和星型网络拓扑结合的方式逐步实现对不同等级客户的不同服务质量保障。MSTP 平台可以提供 SDH 网络提供的所有传输带宽，并且能够实现多个网络部分之间共享传输带宽。

（4）传统 VPN 技术。

虚拟专用网是通过公共网络实现远程用户或远程局域网之间的互连，主要采用隧道技术，让报文通过互联网或其他商用网络等公共网络进行传输。由于隧道是专用的，使得通过公共网络的专用隧道进行报文传输的过程和通过专用的点对点链路进行报文传输的过程非常相似，由于公共网络可以同时具有多条专用隧道，因而就可以同时实现多组点对点报文传输。

传统的 VPN 技术主要是基于实现数据安全传输的协议来完成，主要包括两个层次的数据安全传输协议，分别为二层协议和三层协议。二层协议主要是对传统拨号协议 PPP 的扩展，通过定义多协议跨越第二层点对点连接的一个封装机制来整合多协议拨号服务至现有的因特网服务供应商，保证分散的远程客户端通过隧道方式经由互联网等网络访问企业内部网络。其典型协议为 L2TP，主要用于利用拨号系统实现远程用户安全接入企业网络。三层协议主要定义了在一种网络层协议上封装另一个协议的规范，通过对需要传递的业务数据的网络层分组进行封装，封装后的分组仍然是一个网络层分组，可以在 VPN 寄生的网络上进行传递，使得各个 VPN 部分之间可以借助于隧道进行通信。典型的三层协议包括 IPSec 和 GRE，其中，IPSec 主要是在 IP 协议上实现封装，GRE 是一种规范，可以适用于多种协议的封装。

基于三层协议的 VPN 技术主要用于企业各局域网络之间的连接，分为点对点方式和中心辐射状方式。在点对点方式（point-to-point）下，两个分支局域网络边界上部署 VPN 网关或者是带有 VPN 功能的防火墙、路由器，这些 VPN 网关通过物理链路接入因特网，并由 IPSec 协议或 GRE 协议形成两个路由器之间的逻辑隧道，实现局域网络之间的数据传递；在中心辐射状方式（hub-and-spoke）下，核心局域网和各分支局域网的边界上都部署 VPN 网关，核心局域网路由器和每个分支局域网路由器之间建立逻辑隧道，完成多个局域网分支的互连，分支局域网之间的访问需要经过中心局域网的转发。

（5）MPLS VPN 技术。

MPLS 用定长的标签来封装分组，在各种链路层（如 PPP、ATM、帧中继和以太网等）服务的基础上在网络层提供面向连接的服务。MPLS 支持各种路由协议和控制协议，也支持基于策略的约束路由，路由功能强大、灵活，可以满足各种新应用对网络的要求。

MPLS 技术主要是为了提高路由器转发速度而提出的，其核心思想是利用标签交换取代复杂的路由运算和路由交换。该技术实现的核心就是在 IP 数据包之外封装一个 32 位的 MPLS 包头。MPLS 体系中的各个路由设备将根据 MPLS 包头中的标签进行转发，而不是传统方式下根据 IP 包头中的目标地址来转发。MPLS 标签栈可以无限嵌套，从而提供无限的业务支持能力，而 MPLS VPN 就是一个典型的标签嵌套应用。

MPLS VPN 是在网络路由和交换设备上应用 MPLS 技术，简化核心路由器的路由选择方式，结合传统路由技术的标记交换实现的 IP 虚拟专用网络，可用来构造合适带宽的企业网络、专用网络，满足多种灵活的业务需求。采用 MPLS VPN 技术可以把现有的 IP 网络分解成逻辑上隔离的网络，用于解决企业网互连和政府部门网络间的互连，也可以用来提供新的业务，为解决 IP 网络地址不足、QoS 需求和专用网络需求提供较好的解决方案，因此这种技术也成为新型电信运营商提供局域网络互连服务的主要手段。

4.3 网络管理与运维

4.3.1 网络管理功能域

网络管理有 5 大功能域，即故障管理（fault management）、配置管理（configuration management）、计费管理（accounting management）、性能管理（performance management）和安全管理（security management），简写为 F-CAPS。传统上，性能、故障和计费管理属于网络监视功能，另外两种属于网络控制功能。

1. 性能管理

网络监视中最重要的是性能监视，然而要能够准确地测量出对网络管理有用的性能参数却是不容易的。可选择的性能指标很多，有些很难测量，或计算量很大，但不一定很有用；有些有用的指标则没有得到制造商的支持，无法从现有的设备上检测到；还有些性能指标互相关联，要互相参照才能说明问题。这些情况都增加了性能测量的复杂性。这一小节介绍性能管理的基本概念，给出对网络管理有用的两类性能指标：面向服务的性能指标和面向效率的性能指标。当然，网络最主要的目标是向用户提供满意的服务，因而面向服务的性能指标应具有较高的优先级。下面介绍 5 个指标，其中前 3 个指标是面向服务的性能指标，后 2 个是面向效率的性能指标。

（1）可用性。可用性是指网络系统、网络元素或网络应用对用户可利用的时间的百分比。有些应用对可用性很敏感，例如飞机订票系统，若宕机 1 小时，就可能减少数十万元的票款；而股票交易系统如果中断运行数分钟，就可能造成几千万元的损失。实际上，可用性是网络元素可靠性的表现，而可靠性是指网络元素在具体条件下完成特定功能的概率。

（2）响应时间。响应时间是指从用户输入请求到系统在终端上返回计算结果的时间间隔。从用户角度看，这个时间要和人们的思考时间（等于两次输入之间的最小间隔时间）配合，越是简单的工作（例如数据输入）要求响应时间越短。然而从实现角度看，响应时间越短，实现的代价越大。

研究表明，系统响应时间对人的生产率的影响是很大的。在交互式应用中，响应时间大于15s，大多数人是不能容忍的；响应时间大于4s时，人们的短期记忆会受到影响，工作的连续性会被破坏。尤其是对数据输入人员来说，这种情况下击键的速度会严重受挫，只是在输入完整个段落后才可以有比较大的延迟（如4s以上）。越是注意力高度集中的工作，要求响应时间越短，特别是对于需要记住以前的响应，根据前面的响应决定下一步的输入时，延迟时间应该小于2s。在用鼠标单击图形或进行键盘输入时，要求的响应时间更小，可能在0.1s以下。这样人们会感到计算机是同步工作的，几乎没有等待时间。

（3）正确性。这是指网络传输的正确性。由于网络中有内置的纠错机制，所以通常用户不必考虑数据传输是否正确。但是，监视传输误码率可以发现瞬时的线路故障，以及是否存在噪声源和信道干扰，以便及时采取维护措施。

（4）吞吐率。吞吐率是面向效率的性能指标，具体表现为一段时间内完成的数据处理量（Mbps或分组数每秒），或者接受用户会话的数量，或者处理呼叫的数量等。跟踪这些指标可以为提高网络传输效率提供依据。

（5）利用率。利用率是指网络资源利用的百分率，它也是面向效率的指标。这个参数与网络负载有关，当负载增加时，资源利用率增大，因而分组排队时间和网络响应时间变长，甚至会引起吞吐率降低；当相对负载（负载容量）增加到一定程度时，响应时间迅速增长，从而引发传输瓶颈和网络拥挤。特别值得注意的是，实际情况往往与理论计算结果相左，造成失去控制的通信阻塞，这是应该设法避免的，所以需要更精确的分析技术。

2. 故障管理

故障监视就是要尽快地发现故障，找出故障原因，以便及时采取补救措施。在复杂的系统中，发现和诊断故障是不容易的。首先是有些故障很难观察到，例如分布处理中出现的死锁就很难发现。其次是有些故障现象不足以表明故障原因，例如发现远程节点没有响应，但是否低层通信协议失效不得而知。更有些故障现象具有不确定性和不一致性，引起故障的原因很多，使得故障定位复杂化。例如，终端死机、线路中断、网络拥塞或主机故障都会引起同样的故障现象，到底问题出在哪里，需要复杂的故障定位手段。故障管理可分为以下3个功能模块：

（1）故障检测和报警功能。故障监视代理要随时记录系统出错的情况和可能引起故障的事件，并把这些信息存储在运行日志数据库中。在采用轮询通信的系统中，管理应用程序定期访问运行日志记录，以便发现故障。为了及时检测重要的故障问题，代理也可以主动向有关管理站发送出错事件报告。另外，对出错报告的数量、频率要有适当的控制，以免加重网络负载。

（2）故障预测功能。对各种可以引起故障的参数建立门限值，并随时监视参数值变化，一旦超过门限值，就发送警报。例如，由于出错产生的分组碎片数超过一定值时发出警报，表示线路通信恶化，出错率上升。

（3）故障诊断和定位功能。即对设备和通信线路进行测试，找出故障原因和故障地点，例如可以进行下列测试：

①连接测试。

②数据完整性测试。

③协议完整性测试。

④数据饱和测试。

⑤连接饱和测试。

⑥环路测试。

⑦功能测试。

⑧诊断测试。

故障监视还需要有效的用户接口软件，使得故障发现、诊断、定位和排除等一系列操作都可以交互地进行。

3. 计费管理

计费监视主要是跟踪和控制用户对网络资源的使用，并把有关信息存储在运行日志数据库中，为收费提供依据。不同的系统，对计费功能要求的详尽程度也不一样。在有些提供公共服务的网络中，要求收集的计费信息很详细、很准确，例如要求对每一种网络资源、每一分钟的使用、传送的每一个字节数都要计费，或者要求把费用分摊给每一个账号、每一个项目，甚至每一个用户。而有的内部网络就不一定要求这样细致，只要求把总的运行费用按一定比例分配给各个部门就可以了。需要计费的网络资源如下：

（1）通信设施，包括 LAN、WAN、租用线路或 PBX 的使用时间。

（2）计算机硬件，包括工作站和服务器机时数。

（3）软件系统，包括下载的应用软件和实用程序的费用。

（4）服务，包括商业通信服务和信息提供服务（发送/接收的字节数）。

计费数据组成计费日志，其记录格式应包括下列信息：

（1）用户标识。

（2）连接目标的标识符。

（3）传送的分组数/字节数。

（4）安全级别。

（5）时间戳。

（6）指示网络出错情况的状态码。

（7）使用的网络资源。

4. 配置管理

配置管理是指初始化、维护和关闭网络设备成子系统。被管理的网络资源包括物理设备（如服务器、路由器）和底层的逻辑对象（如传输层定时器）。配置管理功能可以设置网络参数的初始值默认值，使网络设备初始化时自动形成预定的互联关系。当网络运行时，配置管理监视设备的工作状态，并根据用户的配置命令或其他管理功能的请求改变网络配置参数。例如，若性能管理检测到响应时间延长，并分析出性能降级的原因是负载失衡，则配置管理将通过重新配置（如改变路由表）改善系统响应时间。又如，故障管理检测到一个故障，并确定了故障点，则配置管理可以改变配置参数，把故障点隔离，恢复网络正常工作。配置管理应包含下列功能模块：

（1）定义配置信息。

（2）设置和修改设备属性。

（3）定义和修改网络元素间的互联关系。

（4）启动和终止网络运行。

（5）发行软件。

（6）检查参数值和互联关系。

（7）报告配置现状。

最后两项属于配置监视功能，即管理站通过轮询随时访问代理保存的配置信息，或者代理通过事件报告及时向管理站通知配置参数改变的情况。

5. 安全威胁

早期的计算机信息安全主要由物理的和行政的手段控制，例如不许未经授权的用户进入终端室（物理的），或者对可以接近计算机的人员进行严格的审查等（行政的）。然而自从有了网络，特别是有了开放的因特网，情况就完全不同了。人们迫切地需要自动的管理工具，以控制存储在计算机中的信息和网络传输中信息的安全。安全管理提供这种安全控制工具，同时也要保护网络管理系统本身的安全。下面首先分析计算机网络面临的安全威胁。

（1）安全威胁的类型。

为了理解对计算机网络的安全威胁，首先定义安全需求。计算机和网络需要以下3个方面的安全性要求：

①保密性（secrecy）。计算机网络中的信息只能由授予访问权限的用户读取（包括显示、打印等，也包含暴露“信息存在”这样的事实）。

②数据完整性（integrity）。计算机网络中的信息资源只能被授予权限的用户修改。

③可用性（availabiliy）。具有访问权限的用户在需要时可以利用网络资源。

所谓对计算机网络的安全威胁，就是破坏了这3个方面的安全性要求。下面从计算机网络提供信息的途径来分析安全威胁的类型。通常，从源到目标的信息流动的各个阶段都可能受到威胁。

①信息从源到目标传送的正常情况。

②中断（interruption）。通信被中断，信息变得无用或者无法利用，这是对可用性的威胁。例如，破坏信息存储硬件、切断通信线路、侵犯文件管理系统等。

③窃取（interception）。未经授权的入侵者访问了网络信息，这是对保密性的威胁。入侵者可以是个人、程序或计算机，可通过搭线捕获线路上传送的数据，或者非法复制文件和程序等。

④篡改（modification）。未经授权的入侵者不仅访问了信息资源，而且篡改了信息，这是对数据完整性的威胁。例如，改变文件中的数据、改变程序的功能、修改网上传送的报文等。

⑤假冒（fabrication）。未经授权的入侵者在网络信息中加入了伪造的内

容，这也是对数据完整性的威胁。例如，向网络用户发送虚假的消息、在文件中插入伪造的记录等。

（2）对计算机网络的安全威胁。

对计算机网络的各种安全威胁，主要分为以下四种：

①对硬件的威胁。主要是破坏系统硬件的可用性，例如，有意或无意的损坏，甚至是盗窃网络器材等。小型的PC、工作站和局域网的广泛使用增加了这种威胁的可能性。

②对软件的威胁。操作系统、实用程序和应用软件可能被改变、损坏，甚至被恶意删除，从而不能工作，失去可用性。特别是有些修改使得程序看起来似乎可用，但是做了其他的工作，这正是各种计算机病毒的特长。另外，软件的非法复制还是一个至今没有解决的问题，所以软件本身也不安全。

③对数据的威胁。主要有4个方面的威胁，即数据可能被非法访问，破坏了保密性；数据可能被恶意修改或者假冒，破坏了完整性；数据文件可能被恶意删除，从而破坏了可用性；甚至在无法直接读取数据文件的情况下（如文件被加密），还可以通过分析文件大小或者文件目录中的有关信息推测出数据的特点。这种分析技术是一种更隐蔽的计算机犯罪手段，网络黑客们乐而为之。

④对网络通信的威胁。可分为被动威胁和主动威胁两类。被动威胁并不改变数据流，而是采用各种手段窃取通信线路上传输的信息，从而破坏了保密性。例如，偷听或监视网络通信，从而获知电话谈话、电子邮件和文件的内容；还可以通过分析网络通信的特点（通信的频率、报文的长度等）猜测出传输中的信息。由于被动威胁不改变信息的内容，所以是很难检测的，数据加密是防止这种威胁的主要手段。与被动威胁相反，主动威胁则可能改变信息流，或者生成伪造的信息流，从而破坏了数据的完整性和可用性。主动攻击者不必知道信息的内容，但可以改变信息流的方向，或者使传输的信息被延迟、重放、重新排序，可能产生不同的效果，这些都是对网络通信的篡改。主动攻击还可能影响网络的正常使用，例如，改变信息流传输的目标、关闭或破坏通信设施，或者以垃圾报文阻塞信道，这种手段叫拒绝服务。假冒（或伪造）者则可能利用前两种攻击手段之一，冒充合法用户以博取非法利益。例如，攻击者捕获了合法用户的认证报文，

不必知道认证码的内容，只须重放认证报文就可以冒充合法用户使用计算机资源。其实，完全防止主动攻击是不可能的，只能及时地检测它，在它还没有造成危害或没有造成大的危害时消除它。

（3）对网络管理的安全威胁。

由于网络管理是分布在网络上的应用程序和数据库的集合，以上讨论的各种威胁都可能影响网络管理系统，造成管理系统失灵，甚至发出错误的管理指令，破坏了计算机网络的正常运行。对于网络管理有 3 个方面的安全威胁值得提出：

①伪装的用户，没有得到授权的用户企图访问网络管理应用和管理信息。

②假冒的管理程序，无关的计算机系统可能伪装成网络管理站实施管理功能。

③侵入管理站和代理间的信息交换过程，网络入侵者通过观察网络活动窃取了敏感的管理信息，更严重的危害是篡改管理信息，或中断管理站和代理之间的通信。

6. 安全管理

系统或网络的安全设施由一系列安全服务和安全机制的集合组成。下面分 3 个方面讨论安全设施的管理问题。

（1）安全信息的维护。

网络管理中的安全管理是指保护管理站和代理之间信息交换的安全。安全管理使用的操作与其他管理使用的操作相同，差别在于使用的管理信息的特点。有关安全的管理对象包括密钥、认证信息、访问权限信息以及有关安全服务和安全机制的操作参数的信息等。安全管理要跟踪进行中的网络活动和试图发动的网络活动，以便检测未遂的或成功的攻击，并挫败这些攻击，恢复网络的正常运行。细分一下，对于安全信息的维护可以列出以下功能：

①记录系统中出现的各类事件（如用户登录、退出系统和文件复制等）。

②追踪安全审计试验，自动记录有关安全的重要事件（如非法用户持续试验不同口令字企图登录等）。

③报告和接收侵犯安全的警示信号，在怀疑出现威胁安全的活动时采

取防范措施（例如封锁被入侵的用户账号，或强行停止恶意程序的执行等）。

④经常维护和检查安全记录，进行安全风险分析，编制安全评价报告。

⑤备份和保护敏感的文件。

⑥研究每个正常用户的活动形象，预先设定敏感资源的使用形象，以便检测授权用户的异常活动和对敏感资源的滥用行为。

（2）资源访问控制。

一种重要的安全服务就是访问控制服务，这包括认证服务和授权服务，以及对敏感资源访问授权的决策过程。访问控制服务的目的是保护各种网络资源，这些资源中与网络管理有关的内容如下：

①安全编码。

②源路由和路由记录信息。

③路由表。

④目录表。

⑤报警门限。

⑥计费信息。

安全管理记录用户的活动属性（profile）以及特殊文件的使用属性，检查可能出现的异常访问活动。安全管理功能使管理人员能够生成和删除与安全有关的对象，改变它们的属性或状态，影响它们之间的关系。

（3）加密过程控制。

安全管理能够在必要时对管理站和代理之间交换的报文进行加密。安全管理也能够使用其他网络实体的加密方法。此外，这个功能还可以改变加密算法，具有密钥分配能力。

4.3.2　网络故障诊断

在排除网络中出现的故障时，使用非系统化的方法可能会浪费大量宝贵的时间及资源，事倍功半，使用系统化的方法往往更为有效。系统化的方法流程如下：定义特定的故障现象，根据特定现象推断出可能发生故障的所有潜在问题，直到故障现象不再出现为止。

这里给出一般故障排除模型的处理流程。这一流程并不是解决网络故障时必须严格遵守的步骤，只是为建立特定网络环境中故障排除的流程提供了基础。

（1）在分析网络故障时，要对网络故障有个清晰的描述，并根据故障的一系列现象以及潜在的症结来对其进行准确的定义。

如果要对网络故障做出准确的分析，首先应该了解故障表现出来的各种现象，然后确定可能会产生这些现象的故障根源或现象。例如，主机没有对客户端的服务请求做出响应（一种故障现象），可能产生这现象的原因主要包括主机配置错误、网络接口卡损坏或路由器配置不正确等。

（2）收集有助于确定故障症结的各种信息。向受故障影响的用户、网络管理员、经理及其他关键人员询问详细的情况，从网络管理系统、协议分析仪的跟踪记录、路由器诊断命令的输出信息以及软件发行注释信息等信息源中收集有用的信息。

（3）依据所收集到的各种信息考虑可能引发故障的症结。利用所收集到的这些信息可以排除一些可能引发故障的原因。例如，根据收集到的信息也许可以排除硬件出现问题的可能性，于是就可以把关注的焦点放在软件问题上。并且，应该充分地利用每条有用的信息，尽可能地缩小目标范围，从而制定出高效的故障排除方法。

（4）根据剩余的潜在症结制定故障的排查计划。从最有可能的症结入手，每次只做一处改动。

之所以每次只做一处改动，是因为这样有助于确定针对固定故障的排除方法。如果同时做了两处或多处改动，也许能排除故障，但是难以确定到底是哪些改动消除了故障现象，而且对日后解决同样的故障也没有太大的帮助。

（5）实施制定好的故障排除计划，认真执行每一步骤，同时进行测试，再看相应的现象是否消失。

（6）当做出一处改动时，要注意收集相应操作的反馈信息。通常应该采用在步骤（2）中使用的方法（利用诊断工具并与相关人员密切配合）进行信息的收集工作。

（7）分析相应操作的结果，并确定故障是否已被排除。如果故障已被排除，那么整个流程到此结束。

（8）如果故障依然存在，就得针对剩余的潜在症结中最可能的一个制定相应的故障排除计划。回到步骤（4），依旧每次只做一处改动，重复此过程，直到故障被排除为止。

如果能提前为网络故障做好准备工作，那么网络故障的排除也就变得比较容易了。对于各种网络环境来说，最为重要的是保证网络维护人员总能够获得有关网络当前情况的准确信息。只有利用完整、准确的信息才能够对网络的变动做出明智的决策，才能够尽快、尽可能简单地排除故障。因此，在网络故障的排除过程中，最为关键的是确保当前掌握的信息及资料是最新的。

对于每个已经解决的问题，一定要记录其故障现象以及相应的解决方案。这样，就可以建立一个问题回答数据库，今后发生类似的情况时，公司里的其他人员也能参考这些案例，从而极大地降低对网络进行故障排除的时间，最小化对业务的负面影响。

第 5 章　计算和存储资源

计算和存储资源是水利信息化基础设施的核心，是其“大脑”和心脏，本章从服务器、存储、备份、虚拟化和云平台几个方面出发，介绍其发展历程、特点和主要技术，论述其建设和运维方式以及对水利信息化基础设施的作用。

5.1　服务器

服务器是水利信息化基础设施的核心和“大脑”，几乎所有与计算运行有关的任务都是由服务器完成的。

5.1.1　服务器基础

5.1.1.1　服务器概念

服务器（server）是计算机的一种，它比普通计算机运行更快、负载更高、价格更贵。服务器在网络中为其他客户机提供计算或者应用服务。服务器具有高速的 CPU 运算能力、长时间的可靠运行、强大的 I/O 外部数据吞吐能力以及更好的扩展性。

基于以上定义可得出服务器的 2 个条件：第一是必须应用在网络计算环境中；第二是为网络中的客户端提供服务。

根据服务器所提供的服务，一般来说服务器都具备承担响应服务请求、承担服务、保障服务的能力。服务器作为电子设备，其内部的结构十分复杂，但与普通的计算机内部结构相差不大，包括 CPU、硬盘、内存，系统、系统总线等。

服务器与普通计算机的区别主要体现在以下几方面：

（1）在处理性能方面，服务器使用专用服务器高性能 CPU，且支持多处理器，普通计算机使用普通 PC CPU，性能较低，一般也不支持多处理器；

（2）服务器的 I/O（输出/输出）性能强大，普通计算机相对弱小；

（3）服务器的可管理性很高，普通计算机相对较低；

（4）服务器的可靠性非常高，普通计算机相对较低；

（5）服务器的可扩展性非常强，普通计算机相对较弱。

总之，服务器的总体特点就是其高速运算能力、高可用、可扩展性、高稳定性、可管理性，以满足快速响应请求、数据不能丢失、了解硬件状态、不间断工作和用户数量不断扩增等核心需求。

5.1.1.2 服务器分类

从不同角度观察服务器，可以对服务器有不同的分类方法，下面我们从不同的角度讨论一下服务器的分类。

（1）根据体系结构不同，服务器可以分成两大重要的类别：IA 架构服务器和 RISC 架构服务器。这种分类标准的主要依据是两种服务器采用的处理器体系结构不同。RISC 架构服务器采用的 CPU 是所谓的精简指令集的处理器，精简指令集 CPU 的主要特点是采用定长指令，使用流水线执行指令。这样一个指令的处理可以分成几个阶段，处理器设置不同的处理单元执行指令的不同阶段，比如指令处理如果分成三个阶段，当第 N 条指令处在第三个处理阶段时，第 N+1 条指令将处在第二个处理阶段，第 N+2 条指令将处在第一个处理阶段。这种指令的流水线处理方式使得 CPU 有并行处理指令的能力，这使处理器能够在单位时间内处理更多的指令。IA 架构的服务器采用的是 CISC 体系结构，即复杂指令集体系结构。这种体系结构的特点是指令较长，指令的功能较强，单个指令可执行的功能较多，这样我们可以通过增加运算单元，使一个指令所执行的功能能够同时并行执行来提高运算能力。长时间以来两种体系结构一直在相互竞争中成长，都取得了快速的发展。IA 架构的服务器采用了开放体系结构，因而有了大量的硬件和软件的支持者，在近年有了长足的发展。

（2）根据服务器的规模不同可以将服务器分成工作组服务器、部门服务器和企业服务器。这种分类方法是一种相对比较老的分类方法，主要是根据服务器应用环境的规模来分类，比如，一个十台客户机左右的计算机网络环境适合使用工作组服务器，这种服务器往往采用1个处理器，较小的硬盘容量和不是很强的网络吞吐能力；一个几十台客户机的计算机网络适用部门级服务器，部门级服务器相对能力要强，往往采用2个处理器，较大的内存和磁盘容量，磁盘I/O和网络I/O的能力也较强，这样这台服务器才能有足够的处理能力来受理客户端提出的服务需求；而企业级的服务器往往处于百台客户机以上的网络环境，为了承担对大量服务请求的响应，这种服务器往往采用4个处理器、有大量的硬盘和内存，并且能够进一步扩展以满足更高的需求，同时由于要应付大量的访问，所以，这种服务器的网络速度和磁盘速度也应该很高。为达到这个要求，往往要采用多个网卡和多个硬盘并行处理。所有上述描述是很不精确的，存在很多特殊情况的，比如，一个网络的客户机可能很多，但对服务器的访问可能很少，就没有必要要一台功能超强的企业级服务器，由于这些因素的存在，使得这种服务器的分类方法更倾向于定性，而不是定量，也就是说从小组级到部门级到企业级，服务器的性能是在逐渐加强的，其他各种特性也是在逐渐加强的。

（3）根据服务器的功能不同我们可以把服务器分成很多类别。例如，文件/打印服务器，这是最早的服务器种类，它可以执行文件存储和打印机资源共享的服务，至今，这种服务器还在办公环境里得到了广泛应用；数据库服务器，运行一个数据库系统，用于存储和操纵数据，向连网用户提供数据查询、修改服务，这种服务器也是一种广泛应用在商业系统中的服务器。Web服务器、E-MAIL服务器、NEWS服务器、PROXY服务器，这些服务器都是互联网应用的典型，它们能完成主页的存储和传送、电子邮件服务、新闻组服务等。所有上面讲的这些服务器，都不仅仅是一个硬件系统，它们往往是通过硬件和软件的结合来实现它们特定的功能。

（4）根据服务器的用途我们可以把服务器分为通用型服务器和功能性服务器。通用型服务器又称工业标准服务器，是可以提供各种服务功能，没有为某种特殊服务而专门设计的服务器，当前绝大多数服务器为通用型服务器，其特性为不是专为某一功能而设计，结构相对较复杂，因为设计时要兼顾多方面的应用需要，通常兼容绝大部分的常用操作系统，包括Windows、Linux、VMware等。功能型服务器又称专用型服务器，是专门为某一种或某几种功能专门设计的服务器，在某些方面与通用型服务器不同，其特性为设计及结构上根据满足某些需要的功能应用而设计，从简单到繁杂均有，性能和价格从低到高，根据设计和配置变化较大，如邮件服务器、FTP 服务器、高性能计算服务器、图形渲染服务器、AI 服务器等。

5.1.1.3　服务器外形

服务器从外形上来看，通常包括塔式、机架式、刀片式和机柜式几种。

1. 塔式服务器

塔式服务器也成称为“台式服务器”，塔式服务器应该是日常生活、工作中见得最多，也是最容易理解的一种服务器结构类型，因为它的外形以及结构都跟我们平时使用的立式 PC 差不多，当然，由于服务器的主板扩展性较强、插槽也多出一堆，所以个头比普通主板大一些，因此塔式服务器的主机机箱也比标准的 ATX 机箱要大，一般都会预留足够的内部空间以便日后进行硬盘和电源的冗余扩展（图 5-1）。

塔式服务器的特性包括：

（1）低档服务器都采用台式机箱结构；

（2）功能较弱，整个服务器的内部结构比较简单；

（3）这类服务器在整个服务器市场中占有一定份额；

（4）适用中小型企业，或办事处、分公司等。

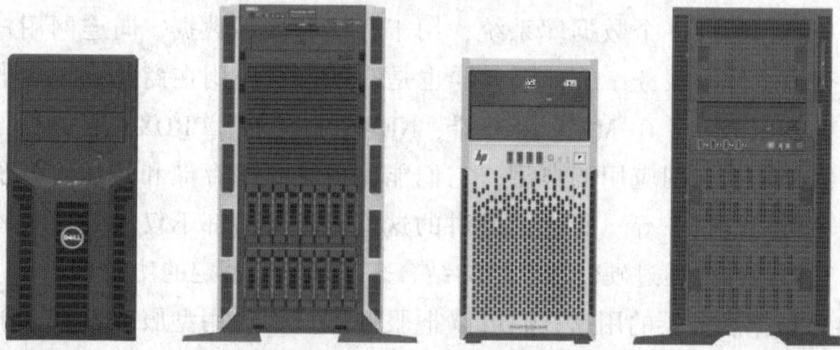

Dell T110　　Dell T430　　HP ML310e-G8　　HP ML350e-G8

图 5-1　塔式服务器

2. 机架式服务器

机架式服务器的外形看来不像计算机，而像交换机，有 1U（1U = 1.75

英寸=4.445cm)、2U、4U 等规格。机架式服务器安装在标准的 19 英寸机柜里面，这种结构的多为通用服务器（图 5-2)。

对于信息服务企业（如 ISP/ICP/ISV/IDC）而言，选择服务器时首先要考虑服务器的体积、功耗、发热量等物理参数，因为信息服务企业通常使用大型专用机房统一部署和管理大量的服务器资源，机房通常设有严密的保安措施、良好的冷却系统、多重备份的供电系统，其机房的造价相当昂贵。如何在有限的空间内部署更多的服务器直接关系到企业的服务成本，通常选用机械尺寸符合 19 英寸工业标准的机架式服务器。机架式服务器也有多种规格，例如 1U（4.45cm 高)、2U、4U、6U、8U 等。通常 1U 的机架式服务器最节省空间，但性能和可扩展性较差，适合一些业务相对固定的使用领域。4U 以上的产品性能较高，可扩展性好，一般支持 4 个以上的高性能处理器和大量的标准热插拔部件。管理也十分方便，厂商通常提供以相应的管理和监控工具，适合大访问量的关键应用，但体积较大，空间利用率不高。

机架式服务器的特性包括：

（1）这种结构的服务器多为通用服务器；

（2）通常使用在专用机房中的标准机柜上；

（3）占有服务器市场中相当大的份额。

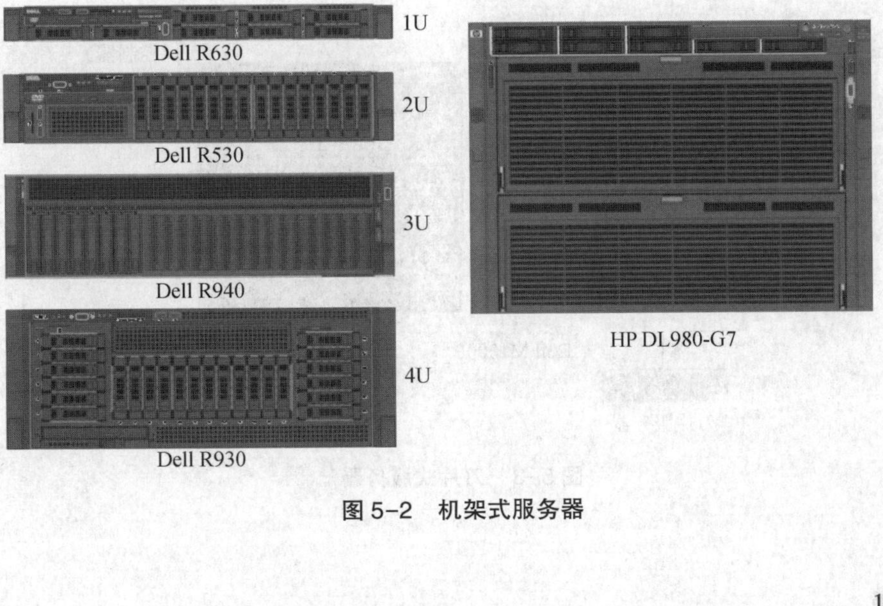

图 5-2　机架式服务器

3. 刀片式服务器

刀片式服务器是指在标准高度的机架式机箱内可插装多个卡式的服务器单元，实现高可用和高密度。每一块“刀片”实际上就是一块系统母板（图5-3）。它们可以通过“板载”硬盘启动自己的操作系统，如 Windows Server、Linux 等，类似于一个个独立的服务器，在这种模式下，每一块母板运行自己的系统，服务于指定的不同用户群，相互之间没有关联，因此相较于机架式服务器和机柜式服务器，单片母板的性能较低。不过，管理员可以使用系统软件将这些母板集合成一个服务器集群。在集群模式下，所有的母板可以连接起来提供高速的网络环境，并同时共享资源，为相同的用户群服务。在集群中插入新的“刀片”，就可以提高整体性能。而由于每块“刀片”都是热插拔的，所以，系统可以轻松地进行替换，并且将维护时间减少到最小。

刀片式服务器的特性包括：

（1）专门为特殊应用行业和高密度计算环境设计；

（2）每一个母板运行自己的系统，服务于指定的不同用户群，相互之间没有关联；

（3）使用系统软件将这些母板集合成一个服务器集群；

（4）当前市场上的刀片式服务器有两大类：一类主要为电信行业设计，都采用相同标准，理论上可以互相兼容；一类为通用计算设计，尺寸规格是厂商自定，注重性能价格比，这一类的产品居多。

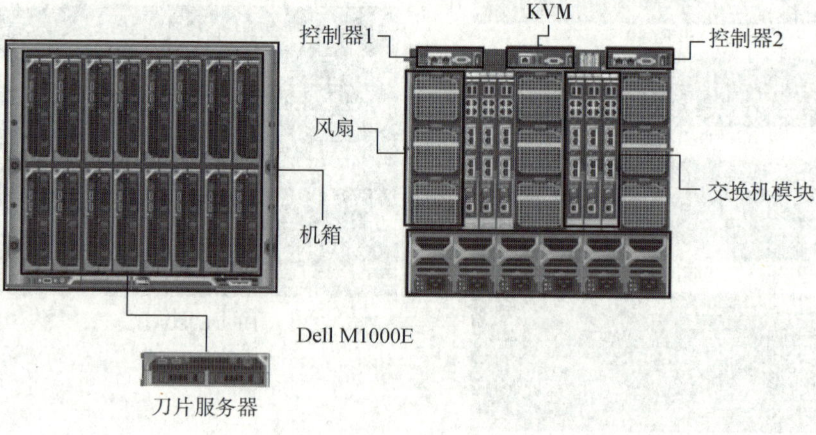

图 5-3　刀片式服务器

4. 机柜式服务器

在一些高档企业服务器中由于内部结构复杂，内部设备较多，有的还具有许多不同的设备单元或几个服务器都放在一个机柜中，这种服务器就是机柜式服务器。机柜式通常由机架式、刀片式服务器再加上其他设备组合而成（图5-4）。

对于证券、银行、邮电等重要企业，则应采用具有完备的故障自修复能力的系统，关键部件应采用冗余措施，对于关键业务使用的服务器也可以采用双机热备份高可用系统或者是高性能计算机，这样的系统可用性就可以得到很好的保证。

机柜式服务器的特性包括：

（1）高档企业服务器中多使用机柜式服务器；

（2）内部结构复杂，内部设备较多；

（3）多应用在证券、银行、邮电等重要企业。

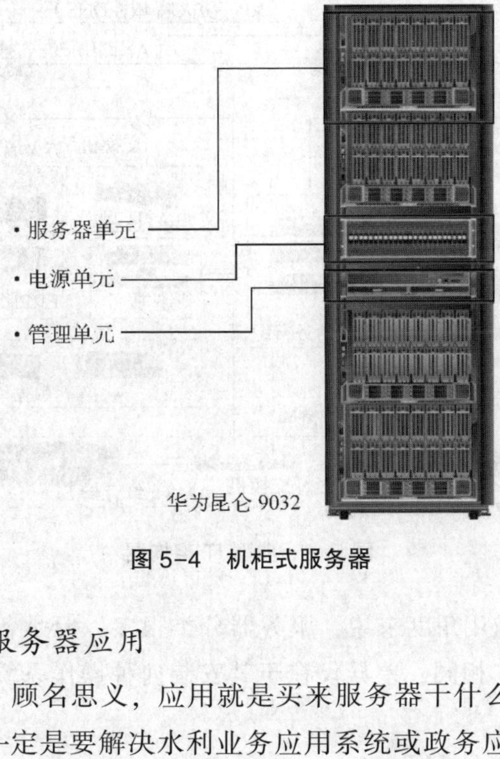

图5-4　机柜式服务器

5.1.1.4　服务器应用

服务器应用，顾名思义，应用就是买来服务器干什么用的。我们为什么要买服务器，一定是要解决水利业务应用系统或政务应用系统中自身存在或要解决的某一问题，那么就需要知道用户的需求。只有深刻了解了用户这些需求根源，同时又具备了一定的专业水准，才能让用户觉得我们是在帮助其一起解决他所面临的问题，而不再只是一个单纯的技术支撑人员。因此，我们必须了解用户买回去服务器都是做何种用途，而这些应用的特点是什么，对于硬件又有着怎样的要求。

从应用角度入手是我们跟客户最常见的沟通方式，客户经常会说，“我需要一台数据库服务器”“我需要一台服务器，运行我们的模型软件”“我要一台服务器做 Web 应用”等，这些都是客户在从应用的角度跟我们沟通服务器，接下来我们重点分析一下各种应用服务器。我们先来看看典型的 IT 架构图（图 5-5），要说明的是并非所有的用户或所有单位都会建立这些应用子系统，要视其业务所处的阶段而定，了解这些，将有助于我们更为直观地了解接下来要讨论的各应用所处的位置。

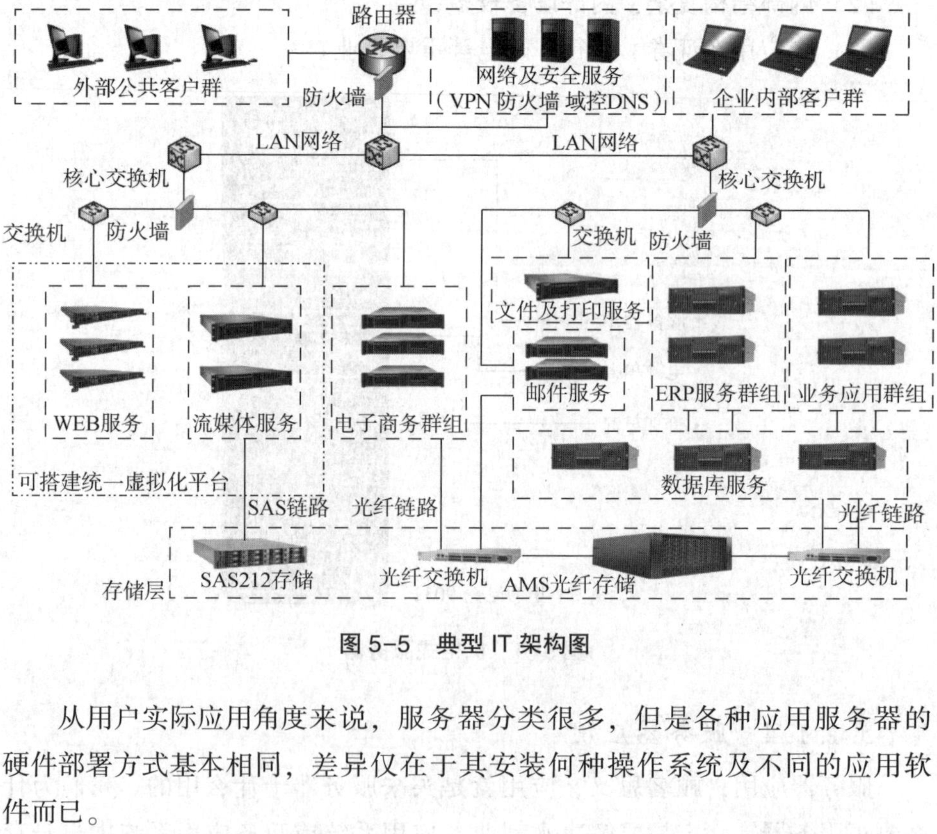

图 5-5　典型 IT 架构图

从用户实际应用角度来说，服务器分类很多，但是各种应用服务器的硬件部署方式基本相同，差异仅在于其安装何种操作系统及不同的应用软件而已。

1. 业务应用服务器

功能与典型的应用服务器相同，性能视业务应用和用户数量而定，可能会需要一定的数据安全传输与存储，或作为存储数据的主机。需要一定的 CPU 和内存处理能力。

应用特点：对服务器 CPU 处理能力有较高要求，同时内存消耗比较大，对磁盘及网络的性能要求次之，但因该服务器属于一般用户的核心业务平台，所以对系统的可靠性有较高要求，需要在关键部件采用冗余技术（如硬盘 RAID 技术、热插拔硬盘、热插拔电源等）。

2. 文件及打印服务器

此类服务器的功能就是为网络终端提供将数据从一处传递到另一处，通常客户会将大量多种媒介的数据放置于此（如文件、图形图像、多媒体资源等），给予不同的客户不同的操作权限，从广义上来讲，我们常说的流媒体业务也是属于文件服务器的范畴。

应用特点：此类应用对 CPU 处理能力要求不高（流媒体业务除外），其对服务器的磁盘 I/O 性能要求很高，同时需要可靠的、高速的网络性能支持，所以，针对此类应用，除了必要的采取 RAID5 或者 RAID0（视数据本身的重要性来选择）来提升数据磁盘 I/O 性能以承担数据访问压力外，还需要通过多口网卡或通过网卡绑定等来应对可能的网络压力，另外还需要了解用户未来数据量的增长情况，以便在设备的数据扩展能力要有所考虑，对于大规模的数据存储，则要用户考虑采用高端 NAS 或者存储服务器。

3. 邮件服务器

邮件服务的功能，是为用户提供电子邮件应用，借助单位内部的邮件系统平台，可以实现单位各级工作人员之间的沟通、交流、协作，以及与外界联络等。其对服务器的综合要求高，尤其在内存、网络和高可用性方面更突出。

应用特点：邮件服务器对性能的综合需求比较高，网卡、内存、CPU、磁盘，各方面都要避免出现瓶颈。其中，由于该服务器承担巨大的访问压力，因此需要高配置的网卡和大容量的内存，能有效提高系统性能；另外可采用大容量的硬盘辅以 RAID5 技术，提升磁盘 I/O 的同时，也能确保邮件数据的安全。

4. Web 应用服务器

Web 服务器为互联网和广域网用户提供各种网页浏览服务，用户可以通过 Web 服务器访问静态或动态页面。其对网络处理能力要求最高，同时要求有足够的内存及 CPU 资源支持。

Web 服务分静态网页服务和动态网页服务，但一般这两种服务是混用的，静态网页服务要求内存要大，动态网页服务要求 CPU 性能高，建议用户要多配置几块网卡，以应对大量客户的网络访问。

Web 动态服务器：通过存储在服务器中的网页可以构建网络空间，例如，使用微软公司的技术 ASP。与静态网页相比，这种应用需要更高的 CPU 处理能力，建议选择机架式服务器以节省占地空间，高速的网络通信能力也是必不可少的。

Web 静态服务器：静态网页通常是指有文本和图片共同组合存储的服务器中。通常变化不大。使用两个 CPU 和一个千兆的网卡可以非常轻松地满足极高的点击率。

Web 服务通常应用在网站发布，或提供人机交互 UI 界面，因此 Web 服务器的网络接入和响应速度直接影响用户使用感受，主要是对内存容量的要求，同时需要考虑网络带宽。

5. 网络及安全服务器

该类服务器的功能主要为搭建网络环境、管理网络使用，同时维护网络的安全稳定。主要包括防火墙、VPN、域控 DNS 等应用。其对 CPU 及磁盘性能要求不高，但需要稳定可靠不间断服务。

有如下特点：

（1）系统高可用性——不间断负载网络管理；

（2）可靠的网络性能——客户端访问的需要；

（3）较大的内存容量——提高客户端访问效率。

分析：

（1）此类服务维系着整个网络的正常运行，对硬件性能需求比较低，但是对安全性要求很高，须配置冗余电源；

（2）因为有大量的用户访问，所以网卡配置要好，同时内存可以大些，可以提高系统效率；

（3）服务器配置不需要太高，扩展性不需要太强。

6. 数据库服务器

运行在局域网中的一台或多台计算机和数据库管理系统软件共同构成了数据库服务器，数据库服务器为用户应用提供服务，这些服务是查询、更新、事务管理、索引、高速缓存、查询优化、安全及多用户存取控制等。

在水利信息化建设中，数据库是最为广泛的一种应用。构建数据库服务器可以将单位内部数据合理进行存储和组织，使信息的检索和查询执行更为高效。目前主流应用的数据库产品有 Oracle、IBM DB2、微软 SQL Server、MySQL、Sybase、人大金仓、达梦、南大通用等。

作为水利信息化最核心的应用，数据库服务器无疑对硬件有着最为苛刻的要求（性能、扩展性和稳定性），分别如下：

(1) 处理性能。

查询信息时，数据库服务器需要根据需求进行查询，然后将结果反馈给用户。如果查询请求非常多，如大量用户同时查询的时候，如果服务器的处理能力不够强，无法处理大量的查询请求并作出应答，那么服务器可能会出现应答缓慢甚至死机的情况。所以数据库服务器对于处理器的性能还是有一定的要求的。数据库服务器通常要采用双路或者多路处理器，来保证查询应答的高效和稳定。

(2) 扩展性。

数据库服务器也需要具备良好的扩展性。在内存方面，数据库服务器对于内存的规格和容量要求也比较高，高容高速的内存可以有效节省处理器访问硬盘的时间，提高服务器的性能。同时，一些数据库产品，如 Oracle 对于硬件的要求比较高。在存储方面，数据库中的信息需要经常扩展更新，这就要求需要有大量的存储空间。同时，高速的磁盘也可以提高数据库服务器查询应答的速度，这就要求磁盘具有高速的接口和转速。数据库服务器对于数据安全的要求当然也不容忽视，除了日常备份等操作之外，RAID 阵列技术在提升磁盘子系统的同时也可以提高数据的安全性。

(3) 可用性和稳定性。

数据库服务器需要具备高度的可用性和稳定性。数据库服务器需要长时间稳定运行，不间断工作。这就要求服务器软硬件具备高度的稳定性。保证服务器稳定并不是由哪个部件所决定，这和服务器的应用环境、部件选择、整体系统设计如架构和散热系统、人为因素都有关系。所以单一的服务器对于关键数据库应用并不是一个良好的选择，需要双活或集群的支持。

5.1.1.5 服务器选型

服务器市场产品繁多、功能和性能定位不一，由于厂商的服务器技术水平有所差别，在服务器可靠性、稳定性和可服务性上也存在某些程度上的不同。各单位要在充分调研对服务器应用需求的前提下，以需求场景和需求为先导，结合对服务器产品的理解，来进行服务器选型。这里主要探讨服务器选型面临的主要问题。

（1）购置服务器的主要目的是什么：主要是用于电子邮件目的，还是认为数据传输更重要？当然，选择多功能的服务器是最佳方案，这样就不必只将其用于一个目的。需要了解哪些操作和功能有利于本单位目前业务需求的发展，根据优先级去选择，选择和业务需求匹配度更高的服务器。一般来说，选择服务器之前，还要确定好将要运行什么软件、负载有多大，这样就可以很清楚地知道服务器的大概配置，CPU、内存、硬盘等分别用什么样的最好。

（2）本单位有多少空间用于服务器：安装服务器意味着必须分配一定的空间，一个通风良好、冷却良好的机房是服务器的理想选择。如果空间不够大，可以选择塔式服务器。由于服务器的主板扩展性较强、插槽也多出一堆，所以个头比普通主板大一些，因此塔式服务器的主机机箱也比标准的 ATX 机箱要大，一般都会预留足够的内部空间以便日后进行硬盘和电源的冗余扩展。

（3）需要哪种类型的服务器：可参考 5.1.1.4 节“服务器应用”中的内容针对不同类型的服务器进行选择。

（4）服务器需要什么样的操作系统：服务器所需的操作系统类型实际上取决于单位的需求。根据数据请求的数量，可能需要一个功能非常强大的操作系统。大多数服务器使用 Linux 或 Windows Server 作为其操作系统。Linux 是一套免费使用和自由传播的类 Unix 操作系统，是一个基于 POSIX 和 Unix 的多用户、多任务、支持多线程和多 CPU 的操作系统。Windows Server 是专为服务器设计的专有操作系统，它包括 Microsoft 开发的服务器应用程序，如 IIS Web 服务器，用于支持虚拟化的工具，以及包括防火墙的安全工具。基于 Linux 的服务器操作系统是目前最受欢迎的，它们通常是免费的，由系统管理员优先选择，并且支持大量高质量的开源软件，其中大部分也是免费的。但是基于 Linux 的操作系统对技术要求较高，对一般单位来说具有较高技术门槛。如果更熟悉 Windows，并且更喜欢使用图形化界面而不是命令行来管理服务器，则 Windows Server 是更好的选择。如果需要运行 Microsoft 软件，如 Sharepoint、Active Directory 或 MS SQL，则 Windows Server 是唯一的选择。另外建议选择相对强大的操作系统，以确保应用程序的稳定性并适应未来的增长。

(5) 需要多少服务器：作为水利行业单位，可能需要多台服务器，假如没有足够的资源或空间，可以通过实施虚拟化来创建多个服务器。使用称为虚拟机管理程序的软件，可以在单个物理服务器上创建多个虚拟服务器，这是当前时代非常流行的一种选择。虚拟机管理程序的一个主要好处是隔离，当一个虚拟服务器崩溃时，隔离可以保护其他服务器。

5.1.2 CPU 架构

CPU 架构是 CPU 商给 CPU 产品定的一个规范，主要目的是区分不同类型的 CPU。目前，市场上的 CPU 主要分为两大阵营，一个是以 Intel、AMD 为首的复杂指令集 CPU，另一个是以 IBM、ARM 为首的精简指令集 CPU。不同品牌的 CPU，其产品的架构也不相同，Intel、AMD 的 CPU 是 X86 架构，IBM 公司的 CPU 是 Power PC 架构，ARM 公司的 CPU 是 ARM 架构，国内的飞腾 CPU 也是 ARM 架构。此外还有 MPIS 架构、SPARC 架构、Alpha 架构。

5.1.2.1 X86 架构

X86 架构（The X86 architecture）是微处理器执行的计算机语言指令集。X86 指令集是英特尔公司为其第一块 16 位 CPU（i8086）专门开发的，美国 IBM 公司 1981 年推出的世界第一台 PC 机中的 CPU——i8088（i8086 简化版）使用的也是 X86 指令。同时，电脑中为提高浮点数据处理能力而增加的 X87 芯片系列数字协处理器则另外使用 X87 指令，包括后来 Intel 80186、80286、80386 以及 80486，由于以“86”作为结尾，以后就将 X86 指令集和 X87 指令集统称为 X86 指令集。虽然随着 CPU 技术的不断发展，英特尔公司陆续研制出更新型的i80386、i80486，直到今天的Pentium4（以下简为P4）系列，但为了保证电脑能继续运行以往开发的各类应用程序以保护和继承丰富的软件资源，所以英特尔公司所生产的所有CPU仍然继续使用X86指令集，所以它的CPU仍属于X86系列。

X86架构CPU主要应用领域有个人计算机、服务器等。在PC端市场Wintel组合（Windows系统+Intel处理器）占据了大部分江山，另外一部分由ADM占领。目前国内有兆芯，从AMD和VIA获取授权，研发自己的X86 CPU，有其他国产CPU+国产操作系统（Linux系统）可以用于教育和事业单位以及军工行针对的是特殊用户，国产CPU和操作系统想进入民用市场，由于性能、价格以及生态系统等，仍需要继续优化打磨以及一个合适契机。X86指令集发展的发展包括以下阶段：

IA：Intel处理器的服务器称之为IA（Intel architecture）架构服务器。

IA-32：Intel32位体系架构，X86从16位到32位是在原有的架构基础上进行修改。

X86-32：现如今把X86-32称为IA-32。

X86-64：分为Intel和AMD。

AMD64：X86架构的64位拓展，向后兼容于16位及32位的X86架构。X64于1999年由AMD设计，AMD首次公开64位集以扩展给X86，称为“AMD64”，AMD64和Intel64基本上一致。

Intel64：EM64T（extended memory 64 technology）扩展64bit内存技术，本质上和AMD64一样都是IA-32的增强版本。

IA-64：64位的Intel架构，IA架构，使用在Itanium处理器家族上的64位指令集架构，由英特尔公司与惠普公司共同开发，64指64位系统。使用这种架构的CPU，包括Itanium和Itanium2。此架构与X86及X86-64并不相容，操作系统与软件需使用IA-64专用版本。

英特尔公司推出X86架构已满40年了，同486相比，Pentium向前迈进了一大步，而PⅡ的前进步伐则没有这么大了，X86 CPU的发展似乎已到了尽头。英特尔非常清楚，是X86指令集限制了CPU性能的进一步提高，因此，他们正同惠普共同努力开发下一代指令集架构（instruction set architecture，ISA）：EPIC（explicitly parallel Instruction computing，显性并行指令计算）。对英特尔而言，IA-64（英特尔的64位架构）是下一个10~15年的架构。新的 ISA 将使英特尔摆脱 X86 架构的限制，从而设计出超越所有现有 RISC CPU 和 X86 CPU 的新型处理器。

5.1.2.2　ARM 架构

ARM 架构，也称作进阶精简指令集机器（advanced RISC machine，更早称作 Acorn RISC machine），是一个 32 位精简指令集（RISC）处理器架构，其广泛地使用在许多嵌入式系统设计。由于节能的特点，ARM 处理器非常适用于行动通信领域，符合其主要设计目标为低耗电的特性。

目前，ARM 家族占了所有 32 位嵌入式处理器 75%的比例，使它成为占全世界最多数的 32 位架构之一。ARM 处理器可以在很多消费性电子产品上看到，从可携式装置（PDA、移动电话、多媒体播放器、掌上型电子游戏和计算机）到电脑外设（硬盘、桌上型路由器），甚至在导弹的弹载计算机等军用设施中都有它的存在。此外还有一些基于 ARM 设计的派生产品，重要产品还包括 Marvell 的 XScale 架构和德州仪器的 OMAP 系列。

ARM 授权方式：ARM 公司本身并不靠自有的设计来制造或出售 CPU，而是将处理器架构授权给有兴趣的厂家。ARM 提供了多样的授权条款，包括售价与散播性等项目。对于授权方来说，ARM 提供了 ARM 内核的整合硬件叙述，包含完整的软件开发工具（编译器、debugger、SDK），以及针对内含 ARM CPU 硅芯片的销售权。对于无晶圆厂的授权方来说，其希望能将 ARM 内核整合到他们自行研发的芯片设计中，通常就仅针对取得一份生产就绪的智财核心技术（IP Core）认证。对这些客户来说，ARM 会释出所选的 ARM 核心的闸极电路图，连同抽象模拟模型和测试程式，以协助设计整合和验证。需求更多的客户，包括整合元件制造商（IDM）和晶圆厂家，就选择可合成的 RTL（暂存器转移层级，如 Verilog）形式来取得处理器的智财权（IP）。借着可整合的 RTL，客户就有能力能进行架构上的最佳化与加强。这个方式能让设计者完成额外的设计目标（如高振荡频率、低能量耗损、指令集延伸等）而不会受限于无法更动的电路图。虽然 ARM 并不授予授权方再次出售 ARM 架构本身，但授权方可以任意地出售制品（如芯片元件、评估板、完整系统等）。商用晶圆厂是特殊例子，因为它们不仅授予能出售包含 ARM 内核的硅晶成品，对其他客户来讲，它们通常也保留重制 ARM 内核的权利。

国外生产厂商有 TI（德州仪器）、Samsung（三星）、Freescale（飞思卡尔）、Marvell（马维尔）、Nvidia（英伟达）、Qualcomm（高通）、STMicroelectronics（意法半导体）。

国内生产厂商有华为（海思芯片）、飞腾（FT-1500、FT2000-4 等 CPU 芯片）、兆易创新（GD32 系列 MCU，参考 STM32 系列）、瑞芯微（RK 系列芯片）、联发科（中国台湾，天玑系列）。

ARM 架构的 CPU 可以有多核，例如几年前联发科推出 10 核处理器 Helio X20，国产 FT 处理器已经推出了 16 核处理器。但是由于 ARM 自身低功耗等因素的限制，核心数多并不一定能大大提升性能。

5.1.2.3 MPIS 架构

MIPS 是世界上很流行的一种 RISC 处理器。MIPS 的意思是"无内部互锁流水级的微处理器"（microprocessor without interlocked piped stages），其机制是尽量利用软件办法避免流水线中的数据相关问题。它最早是在 20 世纪 80 年代初期由斯坦福（Stanford）大学约翰·亨尼斯（John Hennessy）教授领导的研究小组研制出来的。MIPS 公司的 R 系列就是在此基础上开发的 RISC 工业产品的微处理器。这些系列产品为很多计算机公司采用构成各种工作站和计算机系统。

MIPS 技术公司是美国著名的芯片设计公司，它采用精简指令系统计算结构（RISC）来设计芯片。和英特尔采用的复杂指令系统计算结构（CISC）相比，RISC 具有设计更简单、设计周期更短等优点，并可以应用更多先进的技术，开发更快的下一代处理器。MIPS 是出现最早的商业 RISC 架构芯片之一，新的架构集成了所有原来 MIPS 指令集，并增加了许多更强大的功能。MIPS 自己只进行 CPU 的设计，之后把设计方案授权给客户，使得客户能够制造出高性能的 CPU。

1984 年，MIPS 计算机公司成立，开始设计 RISC 处理器；1986 年推出 R2000 处理器；1992 年，SGI 收购了 MIPS 计算机公司；1988 年推 R3000 处理器；1991 年推出第一款 64 位商用微处器 R4000，之后又陆续推出 R8000（于 1994 年）、R10000（于 1996 年）和 R12000（于 1997 年）等型号；1998 年，MIPS 脱离 SGI，成为 MIPS 技术公司，随后，MIPS 公司的战略发生变化，把重点放在嵌入式系统；1998 年，MIPS 科技股票在美国纳斯达克股票交易所公开上市；1999 年，MIPS 公司发布 MIPS32 和 MIPS64 架构标准，为未来 MIPS 处理器的开发奠定了基础。新的架构集成了所有原来 NIPS 指令集，并且增加了许多更强大的功能。MIPS 公司陆续开发了高性能、低功耗的 32 位处理器内核 MIPS324Kc 与高性能 64 位处理器内核 MIPS645Kc；2000 年，MIPS 公司发布了针对 MIPS32 4Kc 的版本以及 64 位 MIPS 64 20Kc 处理器内核；2007 年 8 月 16 日，MIPS 科技宣布，中科院计算机研究所的龙芯中央处理器获得其处理器 IP 的全部专利和总线、指令集授权；2007 年 12 月 20 日，MIPS 科技宣布，扬智科技已取得其针对先进多媒体所设计的可定制化系统单芯片（SoC）核心“MIPS32 24KEcPro”授权。

MPIS 架构授权和 ARM 架构授权不一样，ARM 架构授权用户基本不能自行修改，而 MPIS 架构授权后，可以自己修改。目前 MPIS 发扬光大寄希望中科龙芯公司，龙芯处理器从龙芯 1 号，到现在的龙芯 3 号系列的 3A4000，CPU 的性能已经大幅度提高，在完全可以胜任日常办公或者作为特殊用途的服务器。龙芯 CPU 和国产的飞腾（FT）处理器并驾齐驱，发展我国自主可控 CPU。

5.1.2.4 Alpha 架构

Alpha 处理器最早由 DEC 公司设计制造，在 Compaq（康柏）公司收购 DEC 之后，Alpha 处理器继续得到发展，并且应用于许多高档的 Compaq 服务器上。自 1995 年开始开发了 21164 芯片，那时的工艺为 0. 5μm，主频为 200MHz。1998 年，推出新型号 21264，当时的主频是 600MHz。较新的 21264 芯片主频达到 1GHz，工艺为 0. 18μm。在该芯片具有完善的指令预测能力和很高的存储系统带宽（超过 1GB/s），并且其中增加了处理视频信息的功能，其多媒体处理能力得到了增强。

Alpha 架构于 1992 年 2 月 25 日，在东京召开的一次会议上面被正式推介，新架构的关键特性都一一地被罗列出来。当时说 Alpha 只是产品开发的内部代号。新处理器采用完全 64 - bit RISC 设计，执行固定长度指令(32bits)。有 32 个 64bit 整数寄存器，操作 43-bit 的虚拟地址（在后来能够扩充到 64-bit)。和 VAX 相同，使用 little-endian 字节顺序，即低字节的寄存器占用低内存地址线。而不像摩托罗拉等大多数处理器所使用的 big-endian 字节顺序，即低字节寄存器占用高内存地址线。除此之外，处理器还内建一个算术协处理器，有32个浮点64-bit寄存器，采用随机存取，而不是在Intel X86协处理器上使用的堆栈存取方式。整个Alpha的生命周期被设计为至少25年。

Alpha处理器被用于DEC自己的工作站和服务器中。作为VAX的后续被开发，支持VMS操作系统，如Digital Unix。不久之后开放源代码的操作系统也可以在其上运行，如Linux和DSB。Microsoft支持这款处理器，直到Windows NT 4.0 SP6，但是从Windows 2000 RC2开始放弃了对Alpha的支持。

目前，国内采用此架构的是申威超算处理器，得益于国家的支持，申威处理器在军队应用广泛。

5.1.2.5 SPARC系列

SPARC架构（scalable processor AR chitecture，可扩展处理器架构）是国际上流行的RISC处理器体系架构之一，SPRAC如今已发展成为一个开放的标准，任何机构或个人均可研究或开发基于SPRAC架构的产品，而无需交纳版权费。SPARC处理器架构具备精简指令集（RISC）、支持32位/64位指令精度，架构运行稳定、可扩展性优良、体系标准开放等特点。SPARC因此得以迅速发展壮大，在现在已经有大约3万多个成功的应用案例。

SPARCV7/V8是目前嵌入式控制系统常用的处理器标准版本，并在航天设备的电子系统中得到广泛应用。然而，SPARC只是一个处理器的架构标准，并不提供现成的源码或IP核，具体的芯片实现要由开发者去完成。

运行Oracle Solaris的Oracle SPARC T4服务器提供了创世界纪录的性能，其单线程性能提高了5倍、内存容量高达2TB且实现了极高的系统吞吐量和I/O容量。SPARC T4服务器适用于需要极高的可靠性、可用性和集成式片上加密加速的企业应用程序和任务关键型应用程序，可确保最终的安全性。

5.1.2.6 架构之争

1. PC和服务器竞争

PC端和服务器端基本上是X86架构的天下，而X86架构基本是以Intel为首，AMD为辅二分天下之势。国产CPU基本只能用在军工行业或者事业单位等。其实说性能，PowerPC可谓是高处不胜寒。硬件方面，Power系统在可靠性、可用性和可维护性的方面的出色表现使得IBM从芯片到系统所设计的整机方案有着独有的优势。Power架构的处理器在超算、大型企业的Unix服务器等多个方面应用也十分成功。在软件方面，其专用的AIX系统在稳定性、软件方案集成度和厂商技术支持能力方面都要更强。由于用户选一平台主要看软件需求，一般对数据保护和7×24小时不宕机等有所要求，Power架构的稳定性和运维等方面相对更优。但是，由于IBM的技术把控，使得其价格太不友好，同时技术也赶不上环境的变化，在云计算兴起后，随着分布式系统逐渐成熟，系统对小型机的依赖开始降低，改为依靠集群提供，性能也可实现分布式处理。而更为关键的是，IBM的全套服务尽管稳定性优秀，但却影响了Power架构对其他商家的吸引力。

而Sparc架构和Power架构基本犯了同样的错误：价格不友好。SPARC架构测成功和Sun旗下的Solaris系统有着密不可分的关系。当计算机系统庞大、用户数量巨大增加时，基于Unix操作系统打造的Solaris能更好地利用计算机资源，是所有商业版中最可靠、最完善的版本。而依赖SPARC架构和Solaris系统的性能和可靠性，其占领了服务器高端市场。Sun的另一个更为知名的产品是Java，虽然在20世纪90年代为智能家电开发的Java并没有为其带来相应的回报，但已成为今天移动时代最重要的开发语言。如此强大的实力本应统领服务器市场，但遗憾的是，在Windows和英特尔组成Wintel联盟之后，两者凭借自身在各自市场的规模效应，使得采用Wintel产品的服务器厂商可以通过低廉的价格大肆抢占中低端市场。而当Sun醒悟过来，通过开源等方式想要挽回败局时为时已晚。

X86架构与Power和SPARC在高性能领域的风生水起不同，X86架构是天生的平民架构。1978年X86诞生的那年，英特尔还只是一个普通的科技公司。可是X86架构随同其CISC指令集却开启了一个新的时代。X86之所以可以赢得市场，主要原因在于它是一个十分开放的架构。IBM和SUN当年都是从芯片到服务器到系统一手包办的公司。而英特尔则是一个十分纯粹的芯片厂商，其业务仅与AMD等少数芯片生产者存在竞争，这就使得服务器厂商不用忌惮与之发生竞争关系。

单从性能来看，无论Power还是SPARC架构都可以击溃X86，可是最终能够赢下来的却偏偏是“最弱”的X86架构。这并非劣币淘汰良币，而是市场竞争的选择，根源上讲，X86的成功在于英特尔根本不碰服务器。因此不论设备生产商、软件开发者或者系统开发者都可以与不存在利益竞争关系的英特尔合作。受益于此，X86架构的兼容性也越发强大，生态体系越发完善，这才成就了现如今市场占有率超过90%的一家独大局面，英特尔也借助X86架构一跃成为全球顶级的芯片提供商。

但就目前国内的发展现状来看，采用ARM架构的鲲鹏、飞腾等CPU也在PC、服务器领域取到了长足的进步，相信必将带动“中国芯”的发展与腾飞。

2. 移动端竞争

正如PC和服务器端是X86的天下一样，移动端是ARM的天下。Intel在CPU界的大名，可谓家喻户晓，但是在手机等移动端却难以看到英国ARM公司背影。在2006年，自从AMD公司的64位处理器发布以来，AMD公司成功逆袭了英特尔公司，市场占有率大幅上升，而老迈的IntelP4处理器则是腹背受敌，尽失昔日霸气，市场表现一路走低。为了稳住投资人的信心，最好的做法自然是让公司持续盈利，为此英特尔公司进行大规模的重整，但英特尔公司忽视了移动领域的迅猛发展。

和英特尔公司不同，ARM公司不制造、不销售芯片，而是只自己设计IP核，包括指令集架构、微处理器、GPU、互连架构等，然后谁想用就授权卖给谁，再从每个实际造出来的产品中收取版税。ARM公司有三种授权模式，分别是架构授权、内核授权、使用授权，分别对应大、中、小公司，这就为ARM处理器的广泛使用打下坚实基础。

ARM公司的成功除了商业模式的独特之外还少不得自身素质的优秀，英特尔公司技术毫无疑问是顶尖的，但应用场景在传统PC上，换成移动设备就行不通了，移动设备比起性能首先要考虑功耗和续航，英特尔公司就吃了这个大亏，X86架构独步天下肯定是不能随意改变的，移动设备当然继续沿用X86架构，然而换来却是高功耗和快速耗电。反之，功耗控制则是ARM公司的强项，使用精简指令集（RISC）和创新的big. LITTLE架构，使ARM处理器能耗比一直领先于英特尔。

5.1.3 内存

服务器内存也是内存，它与普通PC机内存在外观和结构上没有什么明显实质性的区别，主要是在内存上引入了一些新的特有的技术，如ECC、

ChipKill、热插拔技术等，具有极高的稳定性和纠错性能。

服务器内存和PC机内存一样，内存的频率可以用工作频率和等效频率两种方式表示，工作频率是内存颗粒实际的工作频率，但是由于DDR内存可以在脉冲的上升沿和下降沿都传输数据，因此传输数据的等效频率是工作频率的两倍，而DDR2内存每个时钟能够以四倍于工作频率的速度读/写数据，因此传输数据的等效频率是工作频率的四倍。例如DDR 200/266/333/400的工作频率分别是100/133/166/200MHz，而等效频率分别是200/266/333/400MHz；DDR2 400/533/667/800的工作频率分别是100/133/166/200MHz，而等效频率分别是400/533/667/800MHz。第三代服务器内存频率有DDR3 1333/1600MHz；第四代服务器内存频率有2133/2400MHz等。

1. ECC技术

ECC技术即纠错技术，英文全称Error Checking and Correcting，相比普通内存上使用的PARITY技术，ECC正如其名字一样："错误检查和修正"，ECC不仅能发现错误，而且能纠正这些错误，这些错误纠正之后才能正确执行下面的任务，确保服务器的正常运行。

2. Chipkill技术

Chipkill技术是IBM公司为了解决目前ECC技术的不足而开发的，是一种新的ECC内存保护标准。因为ECC技术只能同时检测和纠正单一比特错误，如果同时检测出两个以上比特的数据错误，ECC则无能为力。Chipkill技术保证了内存子系统的容错性，解决了此难题。

3. Register技术

Register即寄存器或目录寄存器，在内存上的作用可以理解成书的目录。通过Register，当内存接到读写指令时，该技术会先检索此目录，接着进行读写操作，若所需数据在目录中则直接取用不再进行读写操作，极大提高了服务器内存工作效率。

4. 热插拔技术

热插拔技术是被提及较多的技术，运用在服务器内存上，就是指允许用户在不关闭系统、不切断电源的情况下取出和更换损坏的内存，提高服务器系统对灾难的及时恢复能力、扩展性和灵活性。

5.1.4 GPU

GPU 服务器即图形计算服务器，是基于 GPU 的应用于视频编解码、深度学习、科学计算等多种场景的快速、稳定、弹性的计算服务器。它与其他服务器的主要区别是采用服务器专用 GPU，主要服务于地理空间数据的 3D 可视化，如视频影像、过滤、马赛克、转码等应用；研究与教育领域，如成像和处理、结构化分析和计算物理学、天体物理学、计算流媒体动力学、动画制作、高性能计算等，还可服务于气象预报、量子物理、生物化学、设计、地质勘查等行业用户。

5.1.5 AI 计算

深度学习的三大要素是数据、算法和计算力，其中数据是基础，算法是工具，计算力是助推器，计算力的提高推动着深度学习的发展，深度学习之前发展缓慢，除了算法的原因外，很重要的一个原因是计算能力的不足，解决计算能力最重要的支撑是 AI 服务器。

AI 服务器与普通的 GPU 服务器虽然组成上类似，核心计算部件都是 GPU 加速卡，但是不可等同，主要有以下几点区别：

（1）卡的数量不一致：普通的 GPU 服务器一般是单卡或者双卡；AI 服务器需要承担大量的计算，一般配置四块 GPU 卡以上，甚至要搭建 AI 服务器集群。

（2）P2P 通信：普通 GPU 服务器要求的是单卡性能；AI 训练中 GPU 卡间需要大量的参数通信，模型越复杂，通信量越大，所以 AI 服务器除了要求单卡性能外，还要求多卡间的通信性能，采用 PCI3.0 协议通信的最大 P2P 带宽达到 32GB/s，采用 SXM2 协议通信的最大 P2P 带宽达到 50GB/s，采用 SXM3 协议通信的最大 P2P 带宽达到 300GB/s。

（3）独特设计：AI 服务器由于有了多个 GPU 卡，需要针对性地对系统结构、散热、拓扑等做专门的设计，才能满足 AI 服务器长期稳定运行的要求。

（4）先进技术：AI 服务器有很多更先进的技术，包括 Purley 平台更大内存带宽，NVlink 提供更大的互联带宽，TensorCore 提供更强的 AI 计算力。

5.1.6 操作系统

服务器操作系统一般有别于个人 PC 操作系统，更适合企业服务。

第一类就是 Uinx 系统，支持小型计算机的分时操作系统，最后却成为客户-服务器环境中最流行的服务器操作系统之一。是在 C 语言环境下编写的系统，支持许多不同的平台，拓展性较强，目前服务器用得不是太多。

第二类就是 Linux 系统，是在 Unix 系统基础上开源开发出来的一个系统版本，除了有 Unix 的所有功能，还有一些其他功能，开放性较强，支持多用户、多进程、多线程，实时性较好，功能强大而稳定，应用范围广阔，在其下面又分为 CentOS、Redhat、Ubuntu，都属于 Linux 系统，国产操作系统，包括银河麒麟、中标麒麟、统信 UOS 也都属于 Linux 操作系统。Linux 操作系统安全性较强，懂开发的程序员一般喜欢用这类系统。

第三类 NetWare 系统，基于服务器的网络操作系统，要求网络中必须有一台专门服务器，在早期的计算机网络中 NetWare 操作系统应用比较普遍，目前用户使用相对比较少。

第四类 Windows 系统，家用一般都用 Windows 系统，只是版本不同，服务器用的一般是 Windows Sever，一般有 Windows Sever 2003，Windows Sever 2008 数据中心版和企业版，Windows Sever 2012，Windows Sever 2016，Windows Sever 2019 等，还有几个版本是服务器和个人 PC 都可以使用的，比如 Windows 7，Windows 10。

5.1.7 服务器部署

服务器的部署包括上架、安装、调试等步骤，因服务器类型、用途、配置、操作系统等差异和各单位管理要求不同，这里仅以一般流程或以某些操作系统为例进行阐述。

1. 准备工作

（1）确定服务器的数量、型号，以及每台服务器的配置和用途，包括其 CPU 型号、内存大小、硬盘类型和大小等；

（2）根据本单位 IP 地址表为这些服务器分配 IP 地址，分配完 IP 地址后，检查所分配的 IP 地址是否已被已有的服务器占用；

（3）检查现有机柜的空间是否够放置所有的服务器，若没有则需要购置新机柜；

（4）检查交换机端口是否够用；

（5）准备服务器上架所需的手续；

（6）准备网线和电源线，每台服务器要有两条网线和两条电源线（视服务器电源数而定）；每台交换机需用一条交叉线或一对光纤，事先估计一下要连在这台交换机上的服务器的总流量，然后决定用交叉线还是用光纤，线的长度视机柜环境而定。

2. 服务器上架

（1）将新服务器按顺序架在事先准备好的机柜里，每组服务器最好留有隔开，以便于散热，并记录；

（2）新架设的服务器开机，在开机时先不要插网线，先确定这台服务器所配的 IP 地址是否正确，并通过 PING 或其他手段再次确认这台服务器上所配的 IP 地址没有被占用，然后再插上网线，并在网线上做好标记；

（3）分别在机房和 KVM 远程登录到新架的服务器上，看是否有问题，以确保每台服务器的网络畅通，并且外网可以被远程访问；

（4）和运维人员共同检查标签，并画好机位图，画机位图时要记下机柜编号，以及设备的 IP 址、型号、大小、序列号；

（5）将电源线和网线分别扎在机柜的两侧（强电弱电一定要分开），在扎线的时候要注意，电源线、网线的两端都留出一段距离，防止电源线、网线脱落；

（6）最后录到新架服务器上进行检查并更新相关服务器资料表等信息。

3. 安装操作系统

根据需要和现状安装服务器操作系统，因操作系统类型、版本繁多，基本上包括初始化系统安装包和初始化系统启动服务两个大的步骤，具体流程不再赘述。

4. 创建用户

创建主机后，默认有一个 root 账户，拥有所有权限，首先需要给 root 账户设置密码，设置密码通常有很多规则，服务器账户通常使用 8 位以上由大写字母、小写字母、数字、符号混合的强密码，并定期更新。

5. 安装运行环境

对于像 Nodejs Python 这种动态语言而言，必须要有相应环境才能运行，因此需要配置运行环境。而 C、C++、Golang、Rust 是静态语言，需要先将项目编译成二进制文件，再直接在服务器运行。

因此静态语言需要配置编译环境，但一般不在服务器配置，而是在其他地方配置编译环境，比如在 docker 中，服务器只需要运行编译后的二进制可执行文件即可。即便是使用 nvm 安装 node 运行环境，nvm 在正式的生产环境也是很少使用，因为 nvm 有很多弊端。

6. 把项目同步到服务器

手动部署的方法，比如通过 ssh、sftp 等把文件拷贝过来，或者使用 git clone，这些都是手动部署，效率不高。而现在，越来越多项目在使用自动部署，例如 jenkins 进行自动化部署，还可以进行自动化测试。还可以在 docker 中安装。

7. 安装进程管理程序

当使用 npm start 启动程序时，默认是在前台运行的，一旦使用 Ctrl+C 结束当前的进程回到命令行时，服务也就停止运行了。因此，如果想让程序在后台运行，可以在命令行的末尾加上 & ，比如 "npm start &"，尽管程序在后台运行了，但是管理这个进程却有不小的麻烦。因此推荐使用专门的进程管理程序，比如使用 node 写的 pm2 和使用 Python 写的 supervisor。尽管可以使用 pm2 logs 来查看日志，但是也可以使用专门的日志服务，来方便我们处理日志，如 elastic。

8. 使用 IP 和端口调试

先使用 IP 地址和端口组合进行调试，需要注意的是，root 用户才有权限取得 1024 端口以下的端口，而其他用户是没有这个权限的。

9. 使用域名访问

IP 地址难于记忆，于是就有了域名，将域名和 IP 地址一一匹配就可以通过域名来访问了，这就是所谓的 DNS 所做的事情，它可以将域名解析为 IP 地址。

还有些场合要求必须使用域名而不可使用 IP 地址。因此使用域名访问的第一步就是要注册一个域名。一个域名只能绑定一个主机，如果想在同一个域名下指定多个主机，可以设置子域名，再指向其他主机。注册域名之后，要将域名和主机进行绑定。绑定之后，就可以直接使用域名来访问了。

5.1.8 服务器运维

服务器的运行可以称之为“三分配置、七分运维”，运维做得好，不仅可以使服务器运行更为稳定、流畅，还能延长服务器的使用寿命，间接节约成本。

5.1.8.1 基本运维

1. 安全检测

服务器安全关系到线上所有重要信息的安全，十分重要，日常安全检测必不可少。具体的检测内容包括以下几个方面：检查服务器启动项是否正常，重点查看系统目录和重要的应用程序权限是否有更改；检查服务器状态，打开服务器进程管理器，查看具体的CPU使用情况及任务进程是否有异常；查看服务器端口使用情况，看看是否有未使用端口，及时关闭以防止黑客利用；检查系统服务应用，查看已启动的服务是否有异常。另外，可以进行周期检查相关日志、安全策略及系统文件。

2. 数据备份

独立服务器日常维护备份数据是必须要更新的。建立周期备份制度，将系统数据每月备份一次，应用程序数据两周单独备份一次，并最好在确保数据安全后转储一份，这样即使出现数据损失也能够及时恢复数据。这种备份基本上采用的是全备份，因此在备份数据时可以只保留上次备份数据和此次备份数据。

3. 日常优化

独立服务器运行久了，会产生很多系统文件，可以卸载一些不用的程序组件，释放独立服务器的空间；删除一些自启动的程序，减少读取时间，从而提升服务器的响应速度，优化内存。

4. 独立服务器优化

调整服务器缓存策略，对访问流量进行适当的策略限制，比如站点带宽限制、保持http的连接、起用http压缩等。独立服务器性能优化一般周期性或特殊时间段维护较为常见。

独立服务器日常维护的一些细节内容，从开机安全检测到数据备份，日常优化等，维护人员面面俱到把握细节，独立服务器的整体运行就不会出现纰漏。

5.1.8.2 运维技巧

技巧一：从基本做起，及时安装系统补丁。不论是Windows还是Linux，任何操作系统都有漏洞，及时地打上补丁避免漏洞被蓄意攻击利用，是服务器安全最重要的保证之一。

技巧二：安装和设置防火墙。现在有许多基于硬件或软件的防火墙，很多安全厂商也都推出了相关的产品。对服务器安全而言，安装防火墙非常必要。防火墙对于非法访问具有很好的预防作用，但是安装了防火墙并不等于服务器安全了。在安装防火墙之后，还需要根据自身的网络环境，对防火墙进行适当的配置以达到最好的防护效果。

技巧三：安装网络杀毒软件。现在网络上的病毒非常猖獗，这就需要在网络服务器上安装网络版的杀毒软件来控制病毒传播；同时，在网络杀毒软件的使用中，必须定期或及时升级杀毒软件，并且自动更新病毒库。

技巧四：关闭不需要的服务和端口。服务器操作系统在安装时，会启动一些不需要的服务，这样会占用系统的资源，而且也会增加系统的安全隐患。对于一段时间内完全不会用到的服务器，可以完全关闭；对于期间要使用的服务器，也应该关闭不需要的服务，如Telnet等。另外，还可以关掉没有必要开的TCP端口。

技巧五：定期对服务器进行备份。为防止无法预料的系统故障或用户不小心的非法操作，必须对系统进行安全备份。除了对全系统进行每月一次的备份外，还应对修改过的数据进行每周一次的备份。同时，应该将修改过的重要系统文件存放在不同服务器上，以便出现系统崩溃时（通常是硬盘出错），可以及时地将系统恢复到正常状态。

技巧六：账号和密码保护。账号和密码保护可以说是服务器系统的第一道防线，目前大部分针对服务器系统的攻击都是从截获或猜测密码开始。一旦黑客进入了系统，那么前面的防卫措施几乎就失去了作用，所以对服务器系统管理员的账号和密码进行管理是保证系统安全非常重要的措施。

技巧七：监测系统日志。通过运行系统日志程序，系统会记录下所有用户使用系统的情形，包括最近登录时间、使用的账号、进行的活动等。日志程序会定期生成报表，通过对报表进行分析，可以知道是否有异常现象。

5.2 存储资源

人的大脑能够存储很多东西，比如朋友的名字、家庭地址等，但面对大量烦琐需要记忆的信息，我们就要借助石头、竹简、纸张等进行记录。

5.2.1 存储发展

就我国的历史而言，上古无文字，结绳以记事。我国古代很多典籍有相关的记载，如《易·系辞下》："上古结绳而治，后世圣人易之以书契。"孔颖达疏曰："结绳者，郑康成注云，事大大结其绳，事小小结其绳，义或然也。" 19 世纪末，在殷代都城遗址（今河南安阳小屯一带）发现了刻在龟甲兽骨上的甲骨文。东汉时候，蔡伦改进了造纸术，他用树皮、麻头、破布、渔网等植物原料，经过挫、捣、抄、烘等工艺制造的纸，这是现代纸的渊源。

这些是原始的信息存储工具的发展，世界其他文明与此相似。

在 18 世纪末到 19 世纪后期，穿孔磁带和穿孔卡片被用于"程序化"的织机和其他工业机器。这项技术被赫尔曼·霍尔瑞斯特用于 1890 年的人口普查的数据存储中，他最初设计了一个 12 行 24 列数组的圆孔阵列原型。

1932 年在奥地利出现了早期计算机的磁鼓内存，就是磁鼓存储器，主要包括旋转圆筒包围铁磁介质条和一排固定读/写磁头。

一个三维模拟的磁鼓存储器形成一个阵列，相当于一个硬盘，这是一种低成本的实现方法，它大幅提升了存储器的存储能力和速度。磁滚筒存储成功地运用在 IBM650 超级计算机中，并于 1953 年发布。IBM650 长为 16 英寸，直径 4 英寸，鼓旋转速度为 750kHz，可以存储高达 8. 5kB 的数据。

磁鼓存储器在 20 世纪 50~60 年代用作计算机的主要外存储器。它利用电磁感应原理进行数字信息的记录（写入）与再生（读出），由作为信息载体的磁鼓筒、磁头、读写及译码电路和控制电路等主要部分组成。不过，磁鼓是利用铝鼓筒表面涂覆的磁性材料来存储数据的。鼓筒旋转速度很高，因此存取速度快。它采用饱和磁记录，从固定式磁头发展到浮动式磁头，从采用磁胶发展到采用电镀的连续磁介质。这些都为后来的磁盘存储器打下了基础。

1946 年 1 月，杨 · 拉希曼（Jan A. Rajchman）和他的同事们在 RCA 公司发明了选数管，它是一个真空管建立的数字存储设备，存储数据的形式为静态电荷。它包括一个阴极封闭式的圆柱形网格线，同时是一个多层结构包围的金属板，关键部件是写板和阅读板。如果读盘捕捉到电荷，随后的电子流将读出数据。这个宽 76mm，直径 250mm 的长型设备每个存储容量为 4096 位。

1950 年，世界上第一台具有存储程序功能的计算机 EDSAC 由冯 · 诺依曼（John von Neumann）博士领导设计。它的主要特点是采用二进制，使用汞延迟线作存储器，指令和程序可存入计算机中。

1950 年美籍华裔物理学家王安提出了利用磁性材料制造存储器的思想，福雷斯特（Forest）则将这一思想变成了现实。磁化相对来说是永久的，所以在系统的电源关闭后，存储的数据仍然保留着。既然磁场能以电子的速度来阅读，这使交互式计算有了可能。更进一步，因为是电线网格，存储阵列的任何部分都能访问，也就是说，不同的数据可以存储在电线网格的不同位置，并且阅读所在位置的一束比特就能立即存取。这称为随机存取存储器（RAM），它是交互式计算的革新概念。

磁芯存储从 20 世纪 50 年代、60 年代，直至 70 年代初，一直是计算机主存的标准方式。自 20 世纪 50 年代以来，所有大型和中型计算机也采用了这一方式。

在 1956 年，世界上的第一款硬盘终于由 IBM 公司设计完成。这款名为 IBM 350 RAMAC（random access method of accounting and control）的硬盘产品体积十分庞大，总共使用了 50 张 24 英寸的碟片，但容量仅为 5MB（图 5-6）。

1973 年 IBM 公司制造出第一台采用“温切斯特”技术的硬盘（参考图 5-7），从此硬盘技术的发展有了正确的结构基础。它的容量为 60MB，转速略低于 3000RPM，采用 4 张 14 英寸盘片，存储密度为每平方英寸 1.7MB。

1991 年 IBM 公司生产的 3.5 英寸硬盘使用了 MR 磁头，使硬盘的容量首次达到了 1GB，从此硬盘容量开始进入了 GB 级。不过，IBM 公司的硬盘市场还是没有被守住，因为后来 IBM 公司将旗下的硬盘部门卖给了日立（Hitachi）公司，日立公司基于 IBM 公司和自己的存储业务进行战略性整合形成了日立环球存储科技公司（HGST）。不过，2011 年 3 月 7 日 HGST 被卖给了美国西部数据公司（WD）。

图 5-6　IBM 350 RAMAC

图 5-7　“温切斯特”硬盘内部结构拆解图

1999 年 9 月 7 日，迈拓（Maxtor）公司宣布了首块单碟容量高达 10.2GB 的 ATA 硬盘，从而把硬盘的容量引入了一个新的历史阶段。

2000 年 2 月 23 日，希捷发布了转速高达 15 000RPM 的 Cheetah X15 系列硬盘，其平均寻道时间仅 3.9ms，它也是到目前为止转速最高的硬盘。

硬盘不仅用于各种计算机和服务器中，在磁盘阵列和各种网络存储系统中，它也是基本的存储单元。

当然，现在的磁盘出现了氦气硬盘，以及 SMR、HAMR、BPMR、HD-MR（BPMR+HMAR 技术）、BPMR+（BPMR 技术辅以 SMR 技术）等高精尖的磁盘技术与工艺，硬盘容量也早就到了 TB 级。

光盘也在 20 世纪 70—90 年代之间风行一时，在蓝光技术应用出来后，蓝光光盘库也是一些用户数据存储的常见设备。

闪存与磁盘现在的发展水平不相上下了，专用数字集成电路芯片、RAM 芯片、FLAH 芯片都促进了闪存技术的发展。

在 1984 年，东芝公司首先提出了快速闪存存储器的概念。1988 年，英特尔公司推出了一款 256K bit 闪存芯片，后来这类闪存被统称为 NOR 闪存。不过，很快就被 NAND 闪存抢了风头。NAND 由日立公司于 1989 年研制，并被认为是 NOR 闪存的理想替代者。

NAND 闪存的写周期比 NOR 闪存短十倍，它的保存与删除处理的速度也相对较快。NAND 的存储单元只有 NOR 的一半，在更小的存储空间中 NAND 获得了更好的性能。鉴于 NAND 出色的表现，它常常被应用于诸如 Compact Flash、Smart Media、SD、MMC、xD、PC cards、USB sticks 等存储卡上。

闪存的发展，也对固体硬盘发展有所促进。固态硬盘（solid state drives，SSD；中文简称固盘）是用固态电子存储芯片阵列而制成的硬盘，由控制单元和存储单元（FLASH 芯片、DRAM 芯片）组成。

图 5-8　固态硬盘内部结构拆解图

1970 年，Sun Storage Tek 公司开发了第一个固态硬盘驱动器。1989 年，世界上第一款固态硬盘出现（图 5-8）。

由于固态硬盘技术与传统硬盘技术不同，所以产生了不少新兴的存储器厂商。厂商只需要购买 NAND 存储器，再配合适当的控制芯片，就可以制造固态硬盘了。新一代的固态硬盘普遍采用 SATA-2 接口、SATA-3 接口、SAS 接口、MSATA 接口、PCI-E 接口、NGFF 接口、CFast 接口和 SFF-8639 接口。

有了磁带、磁盘、闪存芯片、固态硬盘，可以看到数据存储在加速发展，同时也伴随着相关企业级存储产品的出现，如磁盘阵列、虚拟磁带库、大型 SAN 存储阵列（高端存储），等等。

当然，现今的数据存储发展也就更快了，包括云存储、软件定义存储、全闪存阵列、NVMe 的 PCIe 闪存卡（盘）等，存储产品的形态有了更大的变化，对于存储这个词的定义范围也就更为广泛和丰富。

5.2.2 常见存储方式

较为常见的存储方式有 DAS、NAS、SAN 三种方式，这三种存储方式，可以相互补充，以满足水利信息化的应用。

5.2.2.1 DAS 存储方式

直接连接存储（direct attached storage，DAS），是指将存储设备通过 SCSI 接口或光纤通道直接连接到服务器上的一种存储方式。

直连式存储依赖服务器主机操作系统进行数据的 IO 读写和存储维护管理，数据备份和恢复要求占用服务器主机资源（包括 CPU、系统 IO 等），数据流需要回流主机再到服务器连接着的磁带机（库），数据备份通常占用服务器主机资源 20%~30%，因此许多用户的日常数据备份常常在深夜或业务系统不繁忙时进行，以免影响业务系统的正常运行。直连式存储的数据量越大，备份和恢复的时间就越长，对服务器硬件的依赖性和影响也就越大。

直连式存储与服务器主机之间的连接通道通常采用 SCSI 连接，带宽为 10MB/s、20MB/s、40MB/s、80MB/s 等，随着服务器 CPU 的处理能力越来越强，存储硬盘空间越来越大，阵列的硬盘数量越来越多，SCSI 通道将会成为 IO 瓶颈；服务器主机 SCSI ID 资源有限，所以能够建立的 SCSI 通道连接也有限。

存在的缺点在于，无论直连式存储还是服务器主机的扩展，从一台服务器扩展为多台服务器组成的群集（cluster）或存储阵列容量的扩展，都会造成业务系统的停机，从而给企业带来经济损失，对于银行、电信、传媒等需要提供 24 小时服务的行业业务系统，这是不可接受的。并且直连式存储或服务器主机的升级扩展，只能由原设备厂商提供，往往受原设备厂商限制。

DAS 存储方式主要适用以下环境。

1. 小型网络

因为网络规模较小，数据存储量小，而且也不是很复杂，采用这种存储方式对服务器的影响不会很大。并且这种存储方式也十分经济，适合拥有小型网络的用户。

2. 地理位置分散的网络

虽然单位或企业总体网络规模较大，但在地理分布上很分散，通过SAN或NAS方式在它们之间进行互联非常困难，此时各分支机构的服务器也可采用DAS存储方式，这样可以降低成本。

3. 特殊应用服务器

在一些特殊应用服务器上，如微软的集群服务器或某些数据库使用的原始分区，均要求存储设备直接连接到应用服务器。

在服务器与存储的各种连接方式中，DAS曾被认为是一种低效率的结构，而且也不方便进行数据保护。直连存储无法共享，因此经常出现的情况是某台服务器的存储空间不足，而其他一些服务器却有大量的存储空间处于闲置状态却无法利用。如果存储不能共享，也就谈不上容量分配与使用需求之间的平衡。

DAS结构下的数据保护流程相对复杂，如果做网络备份，那么每台服务器都必须单独进行备份，而且所有的数据流都要通过网络传输。如果不做网络备份，那么就要为每台服务器都配一套备份软件和磁带设备，所以说备份流程的复杂度会大大增加。

想要拥有高可用性的DAS存储，就要首先能够降低解决方案的成本，例如，LSI的12Gb/s SAS，在它有DAS直联存储，通过DAS能够很好地为大型数据中心提供支持。对于大型的数据中心、云计算、存储和大数据，所有这一切都对DAS存储性能提出了更高的要求，云技术的发展和企业数据中心数据的爆炸性增长也推动了市场对于可支持更高速数据访问的高性能存储接口的需求，因而LSI 12Gb/s SAS正好是能够满足这种性能增长的要求，它可以提供更高的IOPS和更高的吞吐能力，12Gb/s SAS提高了写入的性能，并且提高了RAID的整个综合性能。

与直连存储架构相比，共享式的存储架构，比如SAN（storage-area network）或者NAS（network-attached storage）都可以较好地解决以上问题。于是，我们似乎看到DAS被淘汰的进程越来越快了，但目前DAS仍然是服务器与存储连接的一种常用的模式。事实上，DAS不但没有被淘汰，似乎还有回潮的趋势。

5.2.2.2　网络附加存储方式

网络附加存储（network attached storage，NAS），就是将存储设备通过

标准的网络拓扑结构（如以太网），连接到一群计算机上。NAS是部件级的存储方法，它全面改进了以前低效的DAS存储方式，采用独立于服务器，是单独为网络数据存储而开发的一种文件服务器，用来连接存储设备，独自形成一个网络。这样数据存储就不再是服务器的附属，而是作为独立网络节点而存在于网络之中，可由所有的网络用户共享。

NAS没有解决与文件服务器相关的一个关键性问题，即备份过程中的带宽消耗。与将备份数据流从LAN中转移出去的存储区域网（SAN）不同，NAS仍使用网络进行备份和恢复。NAS的一个缺点是它将存储事务由并行SCSI连接转移到了网络上。这就是说LAN除了必须处理正常的最终用户传输流外，还必须处理包括备份操作的存储磁盘请求。

随着IP网络技术的发展，NAS技术发生了质的飞跃。早期，20世纪80年代末到90年代初的10Mbps带宽，网络接入存储作为文件服务器存储，性能受带宽影响；后来快速以太网（100Mbps）、VLAN虚网、Trunk（ethernet channel）以太网通道的出现，网络接入存储的读写性能得到改善；1998年千兆以太网（1000Mbps）的出现和投入商用，为NAS带来质的变化，得到了市场广泛认可。由于网络接入存储采用TCP/IP网络进行数据交换，TCP/IP是IT业界的标准协议，不同厂商的产品（服务器、交换机、NAS存储）只要满足协议标准就能够实现互连互通，无兼容性的要求；并且2002年万兆以太网（10 000Mbps）的出现和投入商用，存储网络带宽大大提高了NAS存储的性能。NAS需求旺盛已经成为事实。首先，NAS几乎继承了磁盘列阵的所有优点，可以将设备通过标准的网络拓扑结构连接，摆脱了服务器和异构化构架的桎梏；其次，在数据量飞速膨胀中，SAN、大型磁带库、磁盘柜等产品虽然都是很好的存储解决方案，但它们那高贵的身份和复杂的操作是资金和技术实力有限的中小企业或单位无论如何也不能接受的。NAS在提供足够的存储和扩展空间的同时，还具有极高的性价比。因此，无论是从适用性还是TCO的角度来说，NAS自然成为多数企业，尤其是中小企业的最佳选择。

（1）NAS的优点：NAS是独立的存储节点存在于网络之中，与用户的操作系统平台无关，真正的“即插即用”。

存储部署简单，NAS不依赖通用的操作系统，而是采用一个面向用户设计的、专门用于数据存储的简化操作系统，内置了与网络连接所需要的协议，因此使整个系统的管理和设置较为简单。

存储设备位置非常灵活。

管理容易且成本低，NAS 数据存储方式是基于现有的企业 Ethernet 而设计的，按照 TCP/IP 协议进行通信，以文件的 I/O 方式进行数据传输。

（2）NAS 的缺点：存储性能较低、可靠度不高。

5.2.2.3 存储区域网络存储方式

存储区域网络（SAN）是采用光纤通道（fibre channel，FC）技术，通过光纤通道交换机连接存储阵列和服务器主机，建立专用于数据存储的区域网络的一种存储方式。SAN 经过十多年的发展，已经相当成熟，也已经成为业界的事实标准（但各个厂商的光纤交换技术不完全相同，其服务器和 SAN 存储有兼容性的要求）。SAN 存储方式是从基本功能剥离出存储功能，所以运行备份操作就无需考虑它们对网络总体性能的影响。

SAN 存储方式创造了存储的网络化。存储网络化顺应了计算机服务器体系结构网络化的趋势。FC-SAN 的支撑技术是光纤通道技术。它是 ANSI 为网络和通道 I/O 接口建立的一个标准集成。FC 技术支持 HIPPI、IPI、SCSI、IP、ATM 等多种高级协议，其最大特性是将网络和设备的通信协议与传输物理介质隔离开，这样就可以使多种协议在同一个物理连接上同时传送。当然 SAN 也可以使用 IP 通道进行部署，即 IP-SAN。

FC-SAN 的硬件基础设施是光纤通道，用光纤通道构建的 SAN 由以下三个部分组成：

（1）存储和备份设备，包括磁带、磁盘和光盘库等。

（2）光纤通道网络连接部件，包括主机总线适配卡、驱动程序、光缆、集线器、交换机、光纤通道和 SCSI 间的桥接器。

（3）应用和管理软件，包括备份软件、存储资源管理软件和存储设备管理软件。

5.2.3 集中式存储

集中式存储（或称“统一存储”）指由一台或多台主计算机组成中心节点，数据集中存储于这个中心节点，并且整个系统的所有业务单元都集中部署在这个中心节点上，系统所有的功能均由其集中处理。也就是说，集中式系统中，每个终端或客户端仅仅负责数据的录入和输出，数据的存储与控制处理完全交由主机来完成。存储设备集中在一起管理，由单一存储甚至是几个大型存储设备，分配存储资源给众多服务器使用，资源隔离细粒度有限。

在这个存储系统中包含很多组件，除了核心的机头（控制器）、磁盘阵列（JBOD）和交换机等设备外，还有管理设备等辅助设备（图 5-9）。

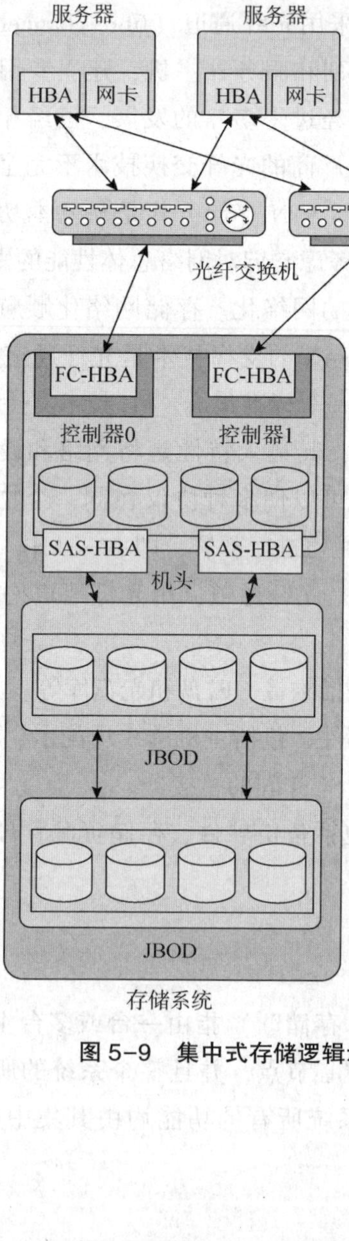

图 5-9　集中式存储逻辑示意图

在集中式存储中通常包含一个机头，这个是存储系统中最为核心的部件。在机头中通常包含两个控制器，这两个控制器实现互备的作用，可以避免由于硬件故障导致的整个存储系统瘫痪。在该机头中通常包含前端端口和后端端口，前端端口用户为服务器提供存储服务，而后端端口用于扩充存储系统的容量。通过后端端口机头可以连接更多的存储设备，从而形成一个非常庞大的存储资源池。

机头中是整个存储系统的核心部件，整个存储系统的高级功能都在其中实现。控制器中的软件实现对磁盘的管理，将磁盘抽象化为存储资源池，然后划分为 LUN 提供给服务器使用。这里的 LUN 其实就是在服务器上看到的磁盘。当然，一些集中式存储本身也是文件服务器，可以为服务器提供共享文件服务。从上面我们可以看出集中式存储最大的特点是有一个统一的入口，所有数据都要经过这个入口，这个入口就是存储系统的机头。

5.2.4　分布式存储

所谓分布式存储，就是底层的存储系统，因为要存放的数据非常多，单一服务器所能连接的物理介质是有限的，提供的 IO 性能也是有限的，所以通过多台服务器协同工作，每台服务器连接若干物理介质，一起为多个系统提供存储服务。为了满足不同的访问需求，往往一个分布式存储系统，可以同时提供文件存储、块存储和对象存储这三种形式的服务。

分布式存储是可以将分散的磁盘聚集起来组成一个虚拟的存储设备，在不增加专业的存储设备的情况下为企业提供大容量高性能的存储服务。

为什么会产生分布式存储呢？主要有以下几点原因：（1）成本原因，使用专用的存储网络无疑会增加投资；（2）存储弹性，存储阵列的存储扩展柜是级联在机头上，如果资源有不同要求的时候，很难方便地做出调整，包括性能和容量资源的弹性调配；（3）容错性，在规模很大的云计算环境下，需要具备跨机房、跨机柜、跨服务器的数据保护机制，即使在机柜故障等场景下，数据仍然不丢失，仍然可访问；（4）扩展性，如机头、前后端网络、磁盘与 CPU/MEM 资源等，这些都是传统存储无法做到线性扩展的几个关键因素。

分布式网络存储系统采用可扩展的系统结构，利用多台存储服务器分担存储负荷，利用位置服务器定位存储信息，它不但提高了系统的可靠性、可用性和存取效率，还易于扩展。

分布式存储是一个大的概念，其包含的种类繁多，除了传统意义上的分布式文件系统、分布式块存储和分布式对象存储外，还包括分布式数据库和分布式缓存等。这里仅介绍分布式文件系统等传统意义上的存储架构，对于数据库等不做介绍。

传统存储与分布式存储的区别：传统的 NAS 或 SAN 存储解决方案绑定至昂贵的专有硬件；软件定义型存储通常设计为使用现成的存储驱动器和设备，花费要低于传统的存储设备。软件定义型存储是一个软件层，在物理存储设备和数据请求之间提供一个抽象层，借助这一抽象层，可以更加轻松地实施存储虚拟化等功能，让许多基础存储设备和服务器池化为一种虚拟存储空间。以各种方式冗余的使用存储来提供弹性和容错能力存储虚拟化可以让软件定义型存储解决方案横向扩展，以支持 PB 级规模的部署。

分布式数据存储特点：（1）运行在多台节点上，自动整合；（2）整合集群内所有存储空间资源，虚拟化并对外提供文件访问服务；（3）更好的扩展性，更大的容量，更适合大规模数据的性能需求。

分布式数据存储类型：（1）块存储；（2）文件存储；（3）对象存储。这三者的本质差别是使用数据的“用户”不同：块存储的用户是可以读写块设备的软件系统，例如传统的文件系统、数据库；文件存储的用户是自然人；对象存储的用户则是其他计算机软件。另外，三者的访问协议也是不同的。

5.2.4.1 块存储

传统的文件系统直接访问存储数据的硬件介质。硬件介质的组织方式为：所有数据按照固定的大小分块，每一块赋予一个用于寻址的编号。以大家比较熟悉的机械硬盘为例，一块就是一个扇区，老式硬盘是 512 字节大小，新硬盘是 4K 字节大小。老式硬盘用柱面-磁头-扇区号（cylinder-head-sector，CHS）组成的编号进行寻址，现代硬盘用一个逻辑块编号寻址（logical block addressing，LBA）。所以，硬盘往往又称块设备（block device），当然，除了硬盘还有其他块设备，例如不同规格的软盘、光盘、磁带等。

至于哪些块组成一个文件，哪些块记录的是目录/子目录信息，这是文件系统的事情。不同的文件系统有不同的组织结构，这些内容在这里就不介绍了。为了方便管理，硬盘这样的块设备通常可以划分为多个逻辑块设备，也就是我们熟悉的硬盘分区（partition）。反过来，单个介质的容量、性能有限，可以通过某些技术手段把多个物理块设备组合成一个逻辑块设备，例如各种级别的 RAID、JBOD，某些操作系统的卷管理系统（volume manager）如 Windows 的动态磁盘、Linux 的 LVM 等。

需要进一步说明的是，块设备的使用对象除了传统的文件系统以及一些专用的管理工具软件如备份软件、分区软件外，还有一些支持直接读写块设备的软件，如数据库等，但一般用户很少这样使用。

在网络存储中，服务器把本地的一个逻辑块设备——底层可能是一个物理块设备的一部分，也可能是多个物理块设备的组合，又或者多个物理块设备的组合中的一部分，甚至是一个本地文件系统上的一个文件——通过某种协议模拟成一个块设备，远程的客户端（可以是一台物理主机，也可以是虚拟机）使用相同的协议把这个逻辑块设备作为一个本地存储介质来使用，进行分区、格式化自己的文件系统等。这就是块存储，比较常见的块存储协议是 iSCSI。

5.2.4.2 文件存储

文件存储的用户是自然人。计算机中所有的数据都是 0 和 1，存储在硬件介质上的一连串的 01 组合对我们来说完全无法去分辨以及管理。因此我们用“文件”这个概念对这些数据进行组织，所有用于同一用途的数据，按照不同应用程序要求的结构方式组成不同类型的文件（通常用不同的后缀来指代不同的类型），然后我们给每一个文件起一个方便理解、记忆的名字。而当文件很多的时候，我们按照某种划分方式给这些文件分组，每一组文件放在同一个目录（或者叫文件夹）里面，当然我们也需要给这些目录起一个容易理解和记忆的名字。而且目录下面除了文件还可以有下一级目录（称之为子目录或者子文件夹），所有的文件、目录形成一个树状结构。我们最常用的 Windows 系统中，打开资源管理器就可以看到以这种方式组织起来的无数个文件和目录。在 Linux 可以用 tree 命令列出以某个文件夹为根节点列出一棵树。

为了方便查找，从根节点开始逐级目录往下，一直到文件本身，把这些目录、子目录、文件的名字用特殊的字符（例如 Windows/DOS 用“\”，类 Unix 系统用“/”）拼接起来，这样的一串字符称之为路径，例如 Linux

中的“/etc/systemd/system. conf”或者 Windows 中的“C: \ Windows \ System32 \ taskmgr. exe”。人们用路径作为唯一标识来访问具体的文件。而由作为自然人的程序员所编写的各种软件程序，绝大部分也使用这种方式来访问文件。把存储介质上的数据组织成目录-子目录-文件这种形式的数据结构，用于从这个结构中寻找、添加、修改、删除文件的程序，以及用于维护这个结构的程序，组成的系统有一个专用的名字：文件系统（file system）。文件系统有很多，常见的有 Windows 的 FAT/FAT32/NTFS，Linux 的 EXT2/EXT3/EXT4/XFS/BtrFS 等。而在网络存储中，底层数据并非存储在本地的存储介质，而是另外一台服务器上，不同的客户端都可以用类似文件系统的方式访问这台服务器上的文件，这样的系统叫网络文件系统（network file system），常见的网络文件系统有 Windows 网络的 CIFS（也称 SMB）、类 Unix 系统网络的 NFS 等。而文件存储除了网络文件系统外，FTP、HTTP 其实也算是文件存储的某种特殊实现，都是可以通过某个 url 来访问一个文件。

5. 2. 4. 3　对象存储

对象存储其实是介于块存储和文件存储之间的一种存储方式。文件存储的树状结构以及路径访问方式虽然方便人们理解、记忆和访问，但计算机需要把路径进行分解，然后逐级向下查找，最后才能查找到需要的文件，对于应用程序来说，既没必要，也很浪费性能。而块存储是排他的，服务器上的某个逻辑块被一台客户端挂载后，其他客户端就无法访问上面的数据了。而且挂载了块存储的客户端上的一个程序要访问里面的数据，除了类似数据库直接访问裸设备这种方式外，通常也需要对其进行分区、安装文件系统后才能使用。除了在网络上传输的数据包效率更高以外，并不比使用文件存储好多少，客户端的文件系统依然需要对路径分解，然后逐级查找才能定位到某一个具体的文件。是否可以用不排他但又类似块设备访问的方式呢？理论上是可以的，但对块设备的访问方式虽然比文件存储快，其实也很麻烦——一个文件往往是由多个块组成，并且很可能是不连续的。例如要读取一个文件，可能需要发出这样的指令：

读取从编号 A_1 开始的 N_1 个块；

读取从编号 A_2 开始的 N_2 个块；

读取从编号 A_3 开始的 N_3 个块；

…………

读取从编号 A_i 开始的 N_i 个块。

最后自行把这 i 个连续的块自行拼接成一个文件，这才完成了一个文件的读取操作。为了发出这些指令，访问文件的软件系统需要记录下这个文件分成多少个部分，每个部分的起始块编号是多少、有多少块、顺序如何。不单是读取操作，删除、写入、修改操作也是如此，非常复杂。而且往往一个文件可能需要被多个系统访问使用，这就更复杂了。

为了解决这种复杂性，使用一个统一的底层存储系统，管理这些文件和底层介质的组织结构，然后给每个文件一个唯一的标识，其他系统需要访问某个文件，直接提供文件的标识就可以了。存储系统可以用更高效的数据组织方式来管理这些标识以及其对应的存储介质上的块。

当然，对于不同的软件系统来说，一次访问需要获取的不一定是单个我们传统意义上的文件，根据不同的需要可能只是一个/组值，某个文件的一部分，也可能是多个文件的组合，甚至是某个块设备，这些统称为对象。这就是对象存储。

5.2.5 存储系统部署

这里主要以存储系统的上架部署为主，因具体配置需视平台、配置、需求而定，此部分不做具体介绍。

5.2.5.1 准备工作

1. 通用安全措施

应遵循以下安全预防措施：

(1) 确保在安装设备的任何部件前，已经充分理解将要进行的操作，并且在开始操作之前得到必要的许可；

(2) 确保已经使用安全保护设备（如防静电手腕等）；

(3) 确保所处位置的地面是干燥和平整的；

(4) 确保已经做好防滑措施；

(5) 确保设备的清洁；

(6) 确保没有将设备放置在潮湿的地方，不要让液体流进机框；

（7）确保没有将设备和安装工具放在行走区域内；

（8）不要执行任何可能伤害到人或者设备的操作。

2. 用电安全措施

请遵循以下用电安全预防措施：

（1）在安装设备前，应熟悉所在工作区域的环境，明确紧急电源开关的位置，当发生意外时，要先切断电源开关；

（2）在安装设备前，应仔细检查所在工作区域内是否存在潜在的用电危险，比如电源未接地、电源接地不可靠、地面潮湿等；

（3）应认真阅读主机和机框上的用电安全警告标签，注意用电安全；

（4）若需要安装 UPS，在安装 UPS 前，应仔细阅读 UPS 相关指导书的安全注意事项；

（5）在设备安装完好之前，不要连接任何电源线和外部电缆；

（6）设备上电后，如需要对设备进行移动等操作，请先断开所有与设备连接的电源线和外部电缆。

3. 静电安全措施

为了避免静电对存储设备的电子器件造成损坏，除了对安装设备的场所采取防静电措施外，在安装设备过程中也必须佩戴防静电手腕或手套。

防静电手腕的佩戴方法如下：

（1）将防静电手腕套在手腕上；

（2）拉紧锁扣，确认防静电手腕与皮肤有良好的接触；

（3）将防静电手腕的另一端插入设备的防静电手腕插孔，并确保设备接地良好，或将防静电手腕的另一端与接地良好的机柜连接。

4. 搬运注意事项

鉴于存储数据的重要性，做好初期规划，尽量避免后期搬运设备。

如果需要搬运设备，在搬运时须避免震动，将磁盘与磁盘柜分离，用防振动性能良好的包装材料包装磁盘。应使用厂商提供的标准磁盘包装材料，以防止对磁盘和电子元器件造成损坏。

5.2.5.2 检查设备组件

在安装设备前，根据装箱清单核对设备型号，清点随箱附件的种类及数量，确认设备组件齐全。

5.2.5.3 检查安装工具

一般情况下安装存储设备需要一字螺丝刀和十字螺丝刀，以及防静电手腕或手套。

5.2.5.4 安装场所

1. 温度要求

为保证设备正常工作，机房内须保持一定的温度。若机房内温度过高，则将加速绝缘材料的老化，使设备的可靠性大大降低，严重影响其使用寿命。一般情况下机房的工作温度为：10~35°C。另外，当设备从低温环境进入高温环境时，若设备上出现冷凝水，在设备上电前，应采取干燥措施（如阴干、吹干等），以防发生短路，导致设备内部器件被烧坏。

2. 湿度要求

为保证设备正常工作，机房内须保持一定的湿度。

若机房内长期湿度过高，容易造成绝缘材料绝缘不良甚至漏电，也可能发生材料机械性能变化、金属部件锈蚀等现象。

若机房内相对湿度过低，绝缘垫片会干缩而引起紧固螺钉松动。同时，在干燥的环境下，容易产生静电，损害设备的电子元器件。

工作环境湿度应在 20%~80%（未凝结）。

3. 散热要求

存储若采用前后风道的通风散热方式，设备内部部件的散热情况主要取决于进风口的温度及设备内部的空气流速。进风口的温度需要满足设备工作环境温度的要求。

由于设备的风扇功率是固定的，如果设备的进、出风受阻挡，将会引起设备内部空气流速减慢，从而导致设备内部器件温度过高而影响器件的长期可靠性。

设备安装于 19 英寸机柜时，对机柜的要求如下：

（1）机柜门的通透率要求在 25% 以上，建议使用前、后门通透率高于 50% 的机柜。机柜门的通透率越高，对设备的散热越有利，可以提高设备的长期可靠性。

（2）建议不要在前、后门没有开孔的机柜中安装设备。确实需要使用此种机柜时，建议拆除机柜前、后门。

（3）在有防尘网的机柜中安装设备时，应定期清洗防尘网，因为灰尘在防尘网中的累积会导致机柜门的通风效果严重下降。

4. 洁净度要求

灰尘对存储设备的安全运行是一大危害。灰尘落在机体上，造成静电吸附，使金属接插件或金属接点接触不良，尤其是在室内相对湿度偏低的情况下，更容易造成静电吸附，不但会影响设备寿命，而且容易造成设备故障。

对机房内灰尘含量及粒径要求：灰尘粒子密度≤3×104 粒/m^3（3 天内桌面无可见灰尘）；灰尘粒子直径≥5μm。

除灰尘外，机房内对空气中盐、酸、硫化物的含量也有严格的要求，这些有害气体会加速金属的腐蚀和有些部件的老化。机房内应防止有害气体的侵入，如 SO_2、H_2S、NO_2、NH_3、CL_2 等。

5. 抗干扰要求

存储设备在使用过程中可能会受到干扰源的干扰。干扰源来自于设备外部或设备内部，干扰会以电容耦合、电感耦合、电磁波辐射、公共阻抗（包括接地系统）耦合、导线（包括电源线、信号线和网络连接线等）等多种传导方式对设备产生影响。因此，应采取如下抗干扰措施：

（1）对供电系统采取有效的防电网干扰措施；

（2）远离强功率无线电发射台、雷达发射台、高频率的大电流设备。

必要时还可以采取电磁屏蔽方法抗干扰。

6. 接地要求

良好的接地系统是存储设备稳定、可靠运行的基础，是防雷击、抗干扰、防静电的重要保障。应确保为设备提供良好的接地系统。

7. 供电要求

应根据存储设备的要求进行供电。

5.2.5.5 设备安装

1. 安装流程

安装流程如图 5-10 所示。

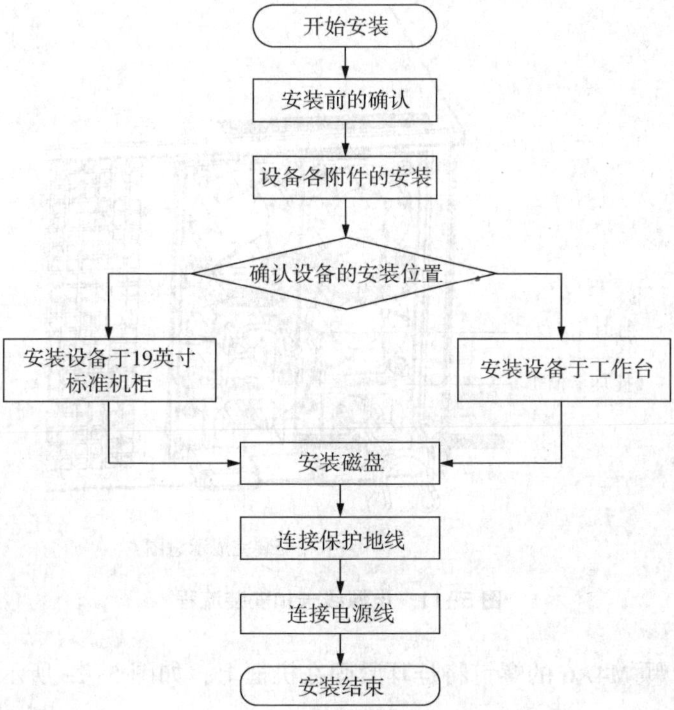

图 5-10　存储设备安装流程

2. 安装附件

安装附件包括安装电源线卡扣和安装机框挂耳（设备安装于 19 英寸标准机柜时才需安装机箱挂耳）。

（1）电源线卡扣的安装步骤如下：

①从包装袋中取出电源线卡扣，将其移近机框后侧的电源模块挂耳卡槽。

②用手指分别沿图 5-11 中的箭头方向用力压卡扣两翼，使卡扣前端两个卡钩间的距离缩短。将卡钩 1 对准并插入电源模块的挂耳卡槽 1，进一步用力压卡扣两翼，使卡钩 2 对准并插入电源模块的挂耳卡槽 2。

③松开手，电源线卡扣自身的弹性变形恢复，使卡钩紧紧卡住电源模块的挂耳卡槽。

（2）机框挂耳的安装步骤如下：

①将挂耳带有三个螺钉孔的一面紧贴机框，并对准机框上的相应螺钉孔。

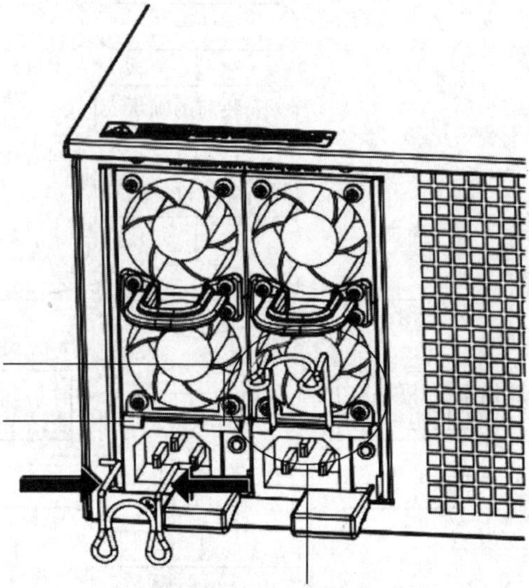

图 5-11　电源线卡扣安装流程

②用 3 颗 M4×6 的螺钉将挂耳紧固在机框上，如图 5-12 所示。

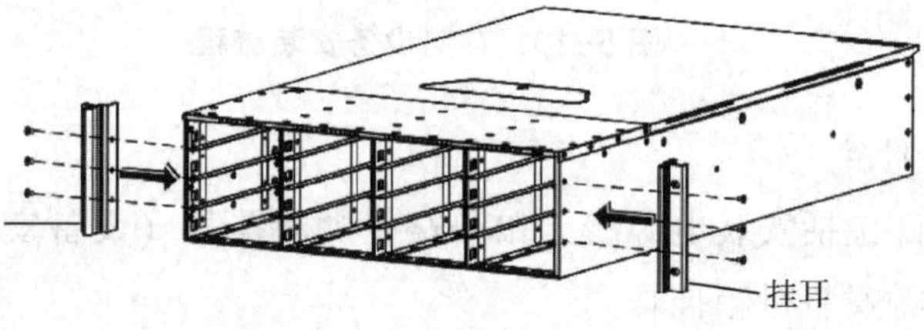

图 5-12　挂耳安装流程

③用同样方法完成机框另一侧挂耳的安装。

3. 安装 19 英寸标准机柜

步骤如下：

（1）在 19 英寸标准机柜上安装托架式滑轨，如图 5-13 所示。

（2）将主柜搬运到机柜前面，并使主柜后部（即没有磁盘槽位的一端）朝向机柜。

（3）两人一左一右抬起主柜，抬至比托架式滑轨位置略高处，把主柜后部摆放在托架式滑轨上，在主柜前部略微用力推动，使主柜沿着滑轨缓缓滑入，直到主柜挂耳靠在机柜前方的孔条上。

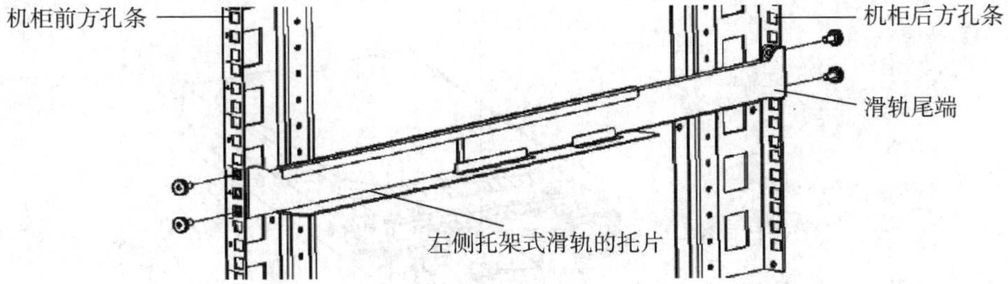

图 5-13　安装托架式滑轨

（4）调节主柜水平左右方向的位置，使主柜挂耳上的孔位对准机柜方孔条上的孔位，并用螺钉将主柜挂耳固定在机柜的前方孔条上，如图 5-14 所示。

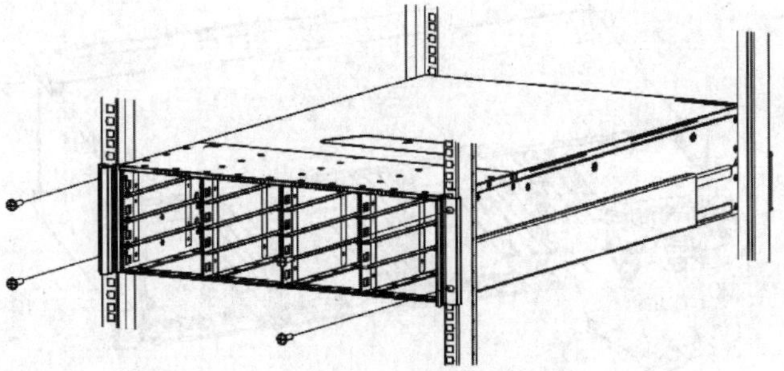

图 5-14　在 19 英寸标准机柜安装服务器

4. 安装磁盘

安装磁盘之前，应确认如下事项：

（1）仔细阅读磁盘包装盒中附带的磁盘使用注意事项说明书，并掌握其中的内容；

（2）正确佩戴防静电手腕；

（3）检查机箱安装磁盘的位置是否有假面板。如果有，请拆除假面板；

（4）确认磁盘盒两侧的螺钉紧固，防电磁辐射弹片完好。

安装磁盘的操作步骤如下：

（1）食指沿图中箭头方向用力按下锁扣，磁盘盒的拉手条随之打开，如图 5-15 所示。

（2）用手托住磁盘（不要握住拉手条），对准机框中的磁盘槽位平稳地推进磁盘，如图 5-16 所示。

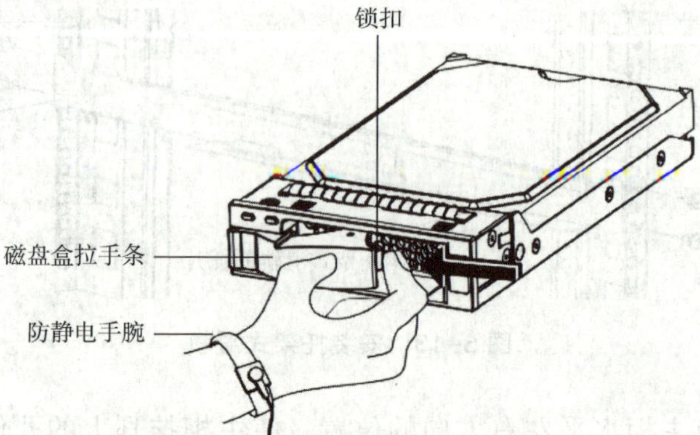

图 5-15　打开磁盘拉手条

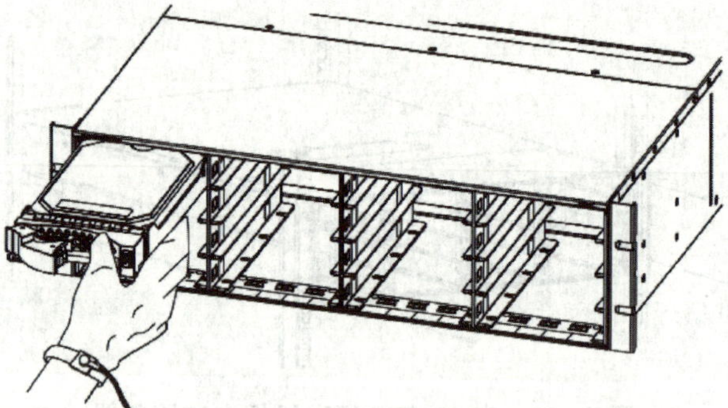

图 5-16　磁盘装入机框示意图

（3）当磁盘推进到一定程度，拉手条开始合上，用大拇指向内用力扣压拉手条末端，如图 5-17 所示。直到拉手条完全扣上并听到拉手条扣上的声音，安装完成后拉手条将会和机框前面板平行。

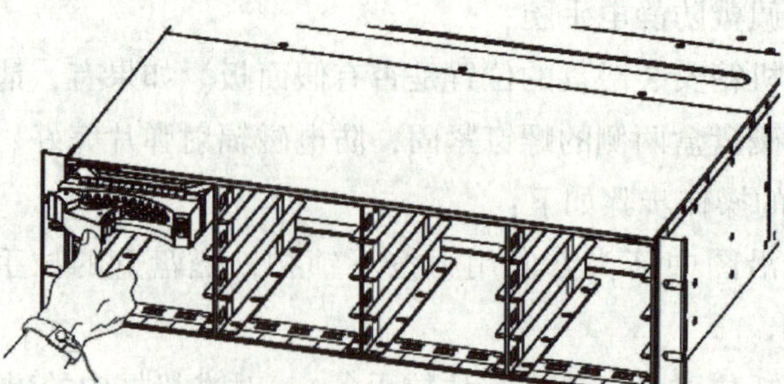

图 5-17　扣上磁盘拉手条

（4）重复以上步骤，完成剩余磁盘的安装。

5. 连接保护地线

为了保证人身安全和设备安全（防雷、防干扰），必须将存储设备良好接地。如果安装位置的接地环境不同，存储设备的接地方法也应有所不同。下面介绍两种不同接地环境下设备的接地方法：

（1）安装环境中有接地排。

当存储设备的安装环境中有接地排时，通过接地电缆连接机框上的接地端子和接地排，实现机框接地。

连接设备接地电缆的方法是：将设备的接地电缆的一端连接至机框上的接地端子并拧紧固定螺母，另一端连接至接地排的接线柱上。

设备的接地电缆必须连接到机房的接地系统。不正确的接地方法是：将接地电缆连接到消防水管、暖气片和大楼避雷针等。

（2）安装环境中没有接地排，但可以埋设接地物体。

当存储设备的安装环境中没有接地排时，若附近有泥地并且允许埋设接地物体，可采用长度不小于 0.5m 的角钢（或钢管），直接打入地下；然后将设备接地电缆的一端和角钢（或钢管）采用电焊连接（焊接点应进行防腐处理），另一端连接至机框上的接地端子并拧紧固定螺母，实现机框接地。

6. 连接电源线

通过设备标配的交流电源线，连接交流电源模块的输入端和机房交流供电系统或 UPS，实现给存储设备供电。

5.2.6　存储设备运维

存储设备的运维不同的厂商、设备类型、技术架构等，其间差异比较大，在这里仅对磁盘阵列技术和运维工作的基础要点进行介绍说明。

5.2.6.1　RAID 技术

RAID（redundant array of lnexpensive disk）即廉价冗余磁盘阵列。1988 年由美国加州大学伯克利分校的大卫·帕特森（David Patterson）教授等人提出了磁盘冗余技术。从那时起，磁盘阵列技术开始快速发展，并逐步走向成熟。人们逐渐认识了磁盘阵列技术。磁盘阵列技术可以详细地划分为若干个级别 0~5 RAID 技术，并且又发展了所谓的 RAID Level 10、30、50

等新的级别。RAID 的好处简单地说就是：安全性高，速度快，数据容量超大。某些级别的 RAID 技术可以把速度提高到单个硬盘驱动器的 400%。磁盘阵列把多个硬盘驱动器连接在一起协同工作，大大提高了速度，同时把硬盘系统的可靠性提高到接近零差错的水平。这些“容错”系统速度极快，同时可靠性极高。

1. RAID 0

RAID 0 连续以位或字节为单位分割数据，并行读/写于多个磁盘上，因此具有很高的数据传输率，但它没有数据冗余，因此并不能算是真正的 RAID 结构（图 5-18）。RAID 0 只是单纯地提高性能，并没有为数据的可靠性提供保证，而且其中的一个磁盘失效将影响到所有数据。因此，RAID 0 不能应用于数据安全性要求高的场合。

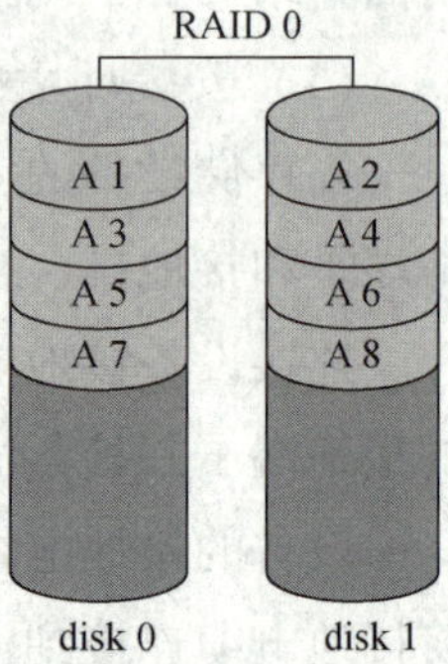

图 5-18　RAID 0 示意图

2. RAID 1

它是通过磁盘数据镜像实现数据冗余，在成对的独立磁盘上产生互为备份的数据。当原始数据繁忙时，可直接从镜像拷贝中读取数据，因此 RAID 1 可以提高读取性能（图 5-19）。RAID 1 是磁盘阵列中单位成本最高的，但提供了很高的数据安全性和可用性。当一个磁盘失效时，系统可以自动切换到镜像磁盘上读写，而不需要重组失效的数据。

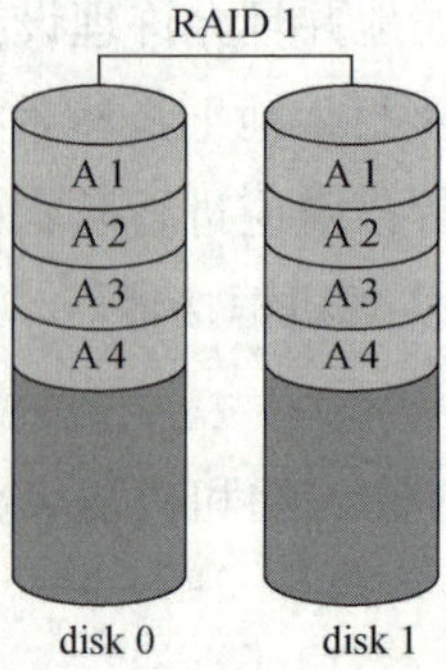

图 5-19　RAID 1 示意图

3. RAID 0+1

RAID 0+1 也被称为 RAID 01 标准，实际是将 RAID 0 和 RAID 1 标准结合的产物，即先进行条带化，然后建立镜像，在连续地以位或字节为单位分割数据并且并行读/写多个磁盘的同时，为每一块磁盘作磁盘镜像进行冗余。它的优点是同时拥有 RAID 0 的超凡速度和 RAID 1 的数据高可靠性，但是 CPU 占用率同样也更高，而且磁盘的利用率比较低。

4. RAID 1+0

RAID 1+0 也被称为 RAID 10 标准，即先建立镜像，然后做条带化。与 RAID 01 的区别是 RAID 01 允许坏多块磁盘，但只能在坏在同一个 RAID 0

中，不允许两个 RAID 0 都有坏盘；RAID 10 允许坏多个盘，只要不是一对磁盘坏就可以。

5. RAID 2

RAID 2 是将数据条块化地分布于不同的硬盘上，条块单位为位或字节，并使用称为“加重平均纠错码”（海明码）的编码技术来提供错误检查及恢复。这种编码技术需要多个磁盘存放检查及恢复信息，使得 RAID 2 技术实施更复杂，因此在商业环境中很少使用。

6. RAID 3

同 RAID 2 非常类似，都是将数据条块化分布于不同的硬盘上，区别在于 RAID 3 使用简单的奇偶校验，并用单块磁盘存放奇偶校验信息。如果一块磁盘失效，奇偶盘及其他数据盘可以重新产生数据；如果奇偶盘失效，则不影响数据使用。RAID 3 对于大量的连续数据可提供很好的传输率，但对于随机数据来说，奇偶盘会成为写操作的瓶颈。

7. RAID 4

RAID 4 同样也将数据条块化并分布于不同的磁盘上，但条块单位为块或记录。RAID 4 使用一块磁盘作为奇偶校验盘，每次写操作都需要访问奇偶盘，这时奇偶校验盘会成为写操作的瓶颈，因此 RAID 4 在商业环境中也很少使用。

8. RAID 5

RAID 5 不单独指定的奇偶盘，而是在所有磁盘上交叉地存取数据及奇偶校验信息。在 RAID 5 上，读/写指针可同时对阵列设备进行操作，提供了更高的数据流量。RAID 5 更适合于小数据块和随机读写的数据。RAID 3 与 RAID 5 相比，最主要的区别在于 RAID 3 每进行一次数据传输就需涉及所有的阵列盘；而对于 RAID 5 来说，大部分数据传输只对一块磁盘操作，并可进行并行操作。在 RAID 5 中有“写损失”，即每一次写操作将产生四次实际的读/写操作，其中两次读旧的数据及奇偶信息，两次写新的数据及奇偶信息。

9. RAID 6

与 RAID 5 相比，RAID 6 增加了第二个独立的奇偶校验信息块。两个独立的奇偶系统使用不同的算法，数据的可靠性非常高，即使两块磁盘同时失效也不会影响数据的使用。但 RAID 6 需要分配给奇偶校验信息更大的磁盘空间，相对于 RAID 5 有更大的“写损失”，因此“写性能”非常差。较差的性能和复杂的实施方式使得 RAID 6 很少得到实际应用。

10. RAID 7

这是一种新的 RAID 标准，其自身带有智能化实时操作系统和用于存储管理的软件工具，可完全独立于主机运行，不占用主机 CPU 资源。RAID 7 可以看作是一种存储计算机（storage computer），它与其他 RAID 标准有明显区别。除了以上的各种标准，我们可以如 RAID 0+1 那样结合多种 RAID 规范来构筑所需的 RAID 阵列，例如 RAID 5+3（RAID 53）就是一种应用较为广泛的阵列形式。用户一般可以通过灵活配置磁盘阵列来获得更加符合其要求的磁盘存储系统。

11. RAID 5E（RAID 5 enhencement）

RAID 5E 是在 RAID 5 级别基础上的改进，与 RAID 5 类似，数据的校验信息均匀分布在各硬盘上，但是，在每个硬盘上都保留了一部分未使用的空间，这部分空间没有进行条带化，最多允许两块物理硬盘出现故障。看起来，RAID 5E 和 RAID 5 加一块热备盘好像差不多，其实由于 RAID 5E 是把数据分布在所有的硬盘上，性能会比 RAID 5 加一块热备盘要好。当一块硬盘出现故障时，有故障硬盘上的数据会被压缩到其他硬盘上未使用的空间，逻辑盘保持 RAID 5 级别。

12. RAID 5EE

与 RAID 5E 相比，RAID 5EE 的数据分布更有效率，每个硬盘的一部分空间被用作分布的热备盘，它们是阵列的一部分，当阵列中一个物理硬盘出现故障时，数据重建的速度会更快。

13. RAID 50

RAID 50 是 RAID 5 与 RAID 0 的结合。此配置在 RAID 5 的子磁盘组的每个磁盘上进行包括奇偶信息在内的数据的剥离。每个 RAID 5 子磁盘组要求三个硬盘。RAID 50 具备更高的容错能力，因为它允许某个组内有一个磁盘出现故障，而不会造成数据丢失。而且因为奇偶位分部于 RAID 5 子磁盘组上，故重建速度有很大提高。其优势在于具有更高的容错能力，具备更快数据读取速率的潜力。需要注意的是，其磁盘故障会影响吞吐量，故障后重建信息的时间比镜像配置情况下要长。RAID 50 也是现在存储设备较多采用的模式。

5.2.6.2　RAID 技术的优势

RAID 技术较大程度上提高了数据的传输速率，RAID 通过在多个磁盘上同时存储和读取数据来大幅提高存储系统的数据吞吐量（throughput）。在 RAID 中，可以让很多磁盘驱动器同时传输数据，而这些磁盘驱动器在逻辑上又是一个磁盘驱动器，所以使用 RAID 可以达到单个磁盘驱动器几倍、几十倍甚至上百倍的速率。这也是 RAID 最初想要解决的问题。因为当时 CPU 的速度增长很快，而磁盘驱动器的数据传输速率无法大幅提高，所以需要有一种方案解决二者之间的矛盾，RAID 最后成功了。

RAID 技术通过数据校验提供容错功能，普通磁盘驱动器无法提供容错功能，如果不包括写在磁盘上的 CRC（循环冗余校验）码的话，RAID 容错是建立在每个磁盘驱动器的硬件容错功能之上的，所以它提供更高的安全性。在很多 RAID 模式中都有较为完备的相互校验/恢复的措施，甚至是直接相互的镜像备份，从而大大提高了 RAID 系统的容错度，提高了系统的稳定冗余性。

5.2.6.3　RAID 的实现

磁盘阵列有两种方式可以实现，那就是“软件阵列”与“硬件阵列”。

软件阵列是指通过网络操作系统自身提供的磁盘管理功能将连接的普通 SCSI 卡上的多块硬盘配置成逻辑盘，组成阵列。软件阵列可以提供数据冗余功能，但是磁盘子系统的性能会有所降低，有的降低幅度还比较大，达 30% 左右。

硬件阵列是使用专门的磁盘阵列卡来实现的。硬件阵列能够提供在线扩容、动态修改阵列级别、自动数据恢复、驱动器漫游、超高速缓冲等功能。它能提供性能、数据保护、可靠性、可用性和可管理性的解决方案。阵列卡专用的处理单元来进行操作，它的性能要远远高于常规非阵列硬盘，并且更安全更稳定。

磁盘阵列其实也分为软阵列（software RAID）和硬阵列（hardware RAID）两种。软阵列即通过软件程序并由计算机的 CPU 提供运行能力。由于软件程式不是一个完整系统，故只能提供最基本的 RAID 容错功能。其他如热备用硬盘的设置、远程管理等功能均一一欠奉。硬阵列是由独立操作的硬件提供整个磁盘阵列的控制和计算功能，不依靠系统的 CPU 资源。

由于硬阵列是一个完整的系统，所有需要的功能均可以做进去。所以硬阵列所提供的功能和性能均比软阵列好。而且，如果想把系统也做到磁盘阵列中，硬阵列是唯一的选择。所以，我们可见市场上 RAID 5 级的磁盘阵列均为硬阵列。软阵列只适用于 RAID 0 和 RAID 1。

5.2.6.4 磁盘故障处理

如果磁盘故障/阵列状态指示灯（黄色）常亮，表示磁盘可能有故障。一般重新插拔该磁盘 1 分钟后，若该指示灯仍是常亮，说明该磁盘出现故障。若确认磁盘存在故障，应更换磁盘。

以下处理操作仅针对支持磁盘热插拔的存储设备。在故障处理时应注意，磁盘是对静电、震动和温度非常敏感的元件，如果操作不当，可能会导致磁盘损坏；在拔出磁盘前要确认系统没有访问该磁盘。如果磁盘位于阵列中，拔出磁盘后，会影响阵列的状态。更换磁盘的流程如下：

（1）应佩戴防静电手腕或手套。

（2）从机箱中拆卸待更换的磁盘。

①食指用力按下磁盘盒的锁扣，磁盘的拉手条随之打开（图 5-20）。

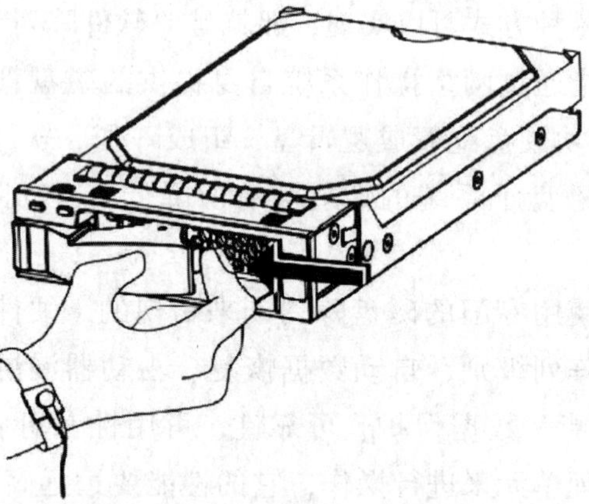

图 5-20 打开磁盘盒拉手条

②用手托住磁盘（不要握住拉手条），从机箱平稳地拔出磁盘。

（3）更换磁盘盒中的磁盘。

更换从机箱上拆卸下来的磁盘，操作步骤如下（图 5-21）：

①拆下左右磁盘盒两侧固定磁盘的螺钉。

②垂直向上取出磁盘。

③更换新的磁盘，安装左右两侧的螺钉，完成磁盘的更换。

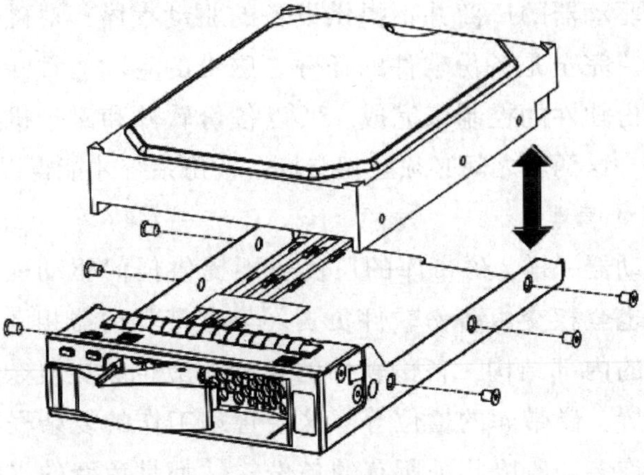

图5-21 拆装磁盘

（4）安装磁盘。

把磁盘安装到机箱。

5.3 备份资源

备份资源一般包括软件和硬件备份，还包括适当的备份策略，各单位组织架构、备份需求差别较大，在此仅对备份资源做简要概述和原则性说明。

5.3.1 备份软件

备份软件是一种计算机程序，主要用于备份程序、规程、规则，以及可能有的文件、文档及数据。

此类软件覆盖服务器、PC、移动设备等各式各样的运行着不同类型的操作系统设备，是用户与开发者经常会使用到的一类软件，对保护数据安全和完整性有着重要作用。

常用的国外备份软件有 Veeam Backup & Replication、Commvault Backup & Recovery、Altaro VM Backup、Veritas NetBackup 等，国产备份软件有 Vinchin Disaster Recovery、爱数 Anybackup、鼎甲 DBackup 等。同时，绝大多数数据库管理软件都可以实现备份，这里不再赘述。

备份软件的主要功能和工作内容包含以下几方面：

1. 磁带驱动器的管理

一般磁带驱动器的厂商并不提供设备的驱动程序，对磁带驱动器和管理和控制工作，完全是备份软件的任务。磁带的卷动、吞吐磁带等机械动作，都要靠备份软件的控制来完成。所以备份软件和磁带机之间存在一个兼容性的问题，这两者之间必须互相支持，备份系统才能得以正常工作。

2. 磁带库的管理

与磁带驱动器一样，磁带库的厂商也不提供任何驱动程序，机械动作的管理和控制也全权交由备份软件负责。与磁带驱动器相区别的是，磁带库具有更复杂的内部结构，备份软件的管理相应也就更复杂，例如，机械手的动作和位置、磁带库的槽位等。这些管理工作的复杂程序比单一磁带驱动器要高出许多，所以几乎所有的备份软件都是免费的支持单一磁带机的管理，而对磁带库的管理则要收取一定的费用。

3. 备份数据的管理

作为全自动的系统，备份软件必须对备份下来的数据进行统一管理和维护。在简单的情况下，备份软件只需要记住数据存放的位置就可以了，这一般是依靠建立一个索引来完成的。然而随着技术的进步，备份系统的数据保存方式也越来越复杂多变，例如，一些备份软件允许多个文件同时写入一盘磁带，这时备份数据的管理就不再像传统方式下那么简单了，往往需要建立多重索引才能定位数据。

4. 数据格式

数据格式也是一个需要关心的问题。就像磁盘有不同的文件系统格式一样，磁带的组织也有不同的格式。一般备份软件会支持若干种磁带格式，以保证自己的开放性和兼容性，但是使用通用的磁带格式也会损失一部分性能。所以大型备份软件一般还是偏爱某种特殊的格式。这些专用的格式一般都具有高容量，高备份性能的优势，但需要注意的是，特殊格式对恢复工作来说，是一个小小的隐患。

5. 备份策略制定

我们知道需要备份的数据都存在一个 2/8 原则，即 20% 的数据被更新的概率是 80%。这个原则告诉我们，每次备份都完整地复制所有数据是一种非常不合理的做法。事实上，真实环境中的备份工作往往是基于一次完整备份之后的增量或差量备份。那么完整备份与增量备份和差量备份之间如何组合，才能最有效地实现备份保护，这正是备份策略所关心的问题。还有工作过程控制。根据预先制定的规则和策略，备份工作何时启动，对哪些数据进行备份，以及工作过程中意外情况的处理，这些都是备份软件不可推卸的责任。这其中包括了与数据应用的配合接口，也包括了一些备份软件自身的特殊功能。例如，很多情况下需要对打开的文件进行备份，这就需要备份软件能够在保证数据完整性的情况下，对打开的文件进行操作。另外，由于备份工作一般都是在无人看管的环境下进行，一旦出现意外，工作无法正常继续时，备份软件必须能够具有一定的意外处理能力。

6. 数据恢复工作

数据备份的目的是恢复数据，所以这部分功能自然也是备份软件的重要部分。很多备份软件都对数据恢复过程有着强大的技术支持和保证。一些高端的备份恢复软件在恢复数据时，支持多种恢复机制，用户可以灵活地选择恢复程度和恢复方式，极大地方便了用户。需要说明的是，一些备份软件宣称的灾难恢复仅支持在本机或者在同型号的机器上进行恢复，而在实际情况中往往很难保证要恢复的机器配置与原机器一模一样。

因此，专业的灾难恢复软件在恢复时应能支持不同的硬件平台，可以异机还原到不同的硬件平台或者不同的虚拟化平台。

5.3.2 磁带库

物理磁带库是一种存储设备，包含一个或多个驱动器、许多插槽、一个条形码阅读器，以及一个用于装载磁带的自动机械臂（图 5-21）。美国先进数字信息公司（ADIC，已被昆腾收购）的 Scalar 系列产品是一款高性能、高可扩展能力的自动磁带库，此外，目前，市面上常见的物理磁带库品牌还有 IBM、HP、SUN（Storage Tek）等。

磁带机（tape drive）一般指单驱动器产品，通常由磁带驱动器和磁带构成，是一种经济、可靠、容量大、速度快的备份设备。采用高纠错能力编码技术和写后即读通道技术提高数据备份的可靠性。根据装带方式的不同，一般分为手动装带磁带机和自动装带磁带机。

磁带库是基于磁带的备份系统，像自动加载磁带机一样提供自动备份和数据恢复功能，可以实现连续备份、自动搜索磁带，也可以在驱动管理

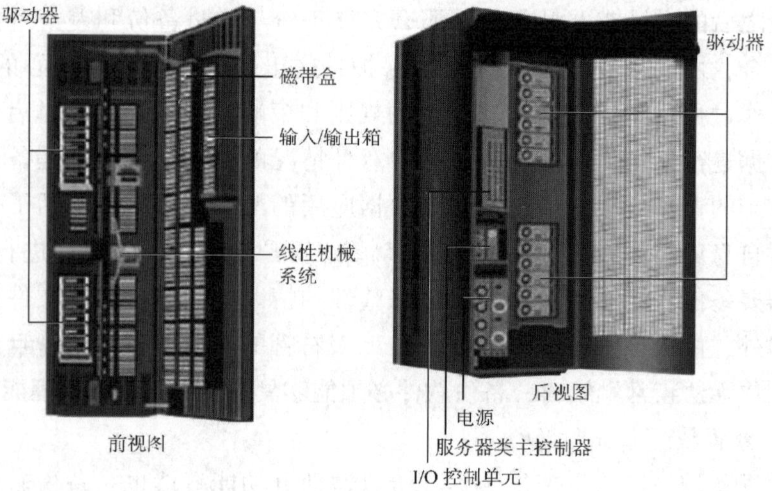

图 5-22　磁带库

软件控制下实现智能恢复、实时监控和统计，整个数据存储备份过程完全摆脱了人工干涉。

在数据备份时，机械臂在物理磁带库中移动磁带到插槽或磁带机，备份软件通过智能管理机械臂来实现整个备份过程。如通过磁带驱动器可以从磁带上读取数据，也可以将数据写入磁带。通过插槽或导入/导出插槽往物理磁带库中添加磁带或从磁带库中取出磁带，而无需打开物理磁带库的检修门。此外，物理磁带库的每个物理组件都各自有一个用于在物理磁带库中移动磁带时寻址的地址。

当开始备份时，机械臂会根据指示装载一盘磁带到一个磁带机中。磁带被挂载以后，还需要花一些时间用于磁头定位和报头信息验证。磁带机收到备份数据后会将数据首先存入它的内部缓存。然后数据会按块再写入磁带。物理磁带库通常还具有条形码标签的能力，条形码阅读器自动清点物理磁带库中的磁带，确认哪些磁带在哪些位置。条形码标签常常是磁带标签的一部分，信息记录于介质的开始部分，用于唯一识别磁带。

物理磁带库主要用于大容量数据存储和读取，是一种节约成本的解决方案。缺点是读取速度较慢，因为常常涉及到磁带的机械操作。因为物理带库慢速顺序访问和大容量特性，使得物理磁带库主要用于备份或最终用于数据归档。由于磁带库支持扩展槽位和驱动器可以让用户以非常低廉的成本扩充磁带库的容量和性能。

多通道带库还支持物理磁带库分区，物理磁带库分区就是将磁带库中的磁带驱动器和插槽分配给不同的应用平台，被分配的驱动器及插槽只能给被分配的主机使用。但机械臂可以控制所有的驱动器及插槽，并被所有的主机按照先来先控制的原则控制访问。

物理磁带库所需槽位（磁带）数量与备份的数据量密切相关，一般根据备份介质容量选择带库型号和磁带槽位数量；物理磁带库（磁带机只有一个驱动器）所需驱动器数量与备份时间窗口有关，一个驱动器的备份速度是有限的，通常我们需要根据备份数据量和备份窗口推算出备份速率，根据备份速率匹配带库的驱动器数量。磁带库驱动接口类型常见的有 FC 或 SAS 接口类型；物理磁带库也支持其他高级功能，如高级报表，磁带健康检查，链路冗余等等。另外需要说明一下磁带种类（数据磁带和清洁磁带）和配置原则，一般磁带数量等于槽位数量，清洁带数量等于驱动器数量。

磁带槽位数量可选且不同产品支持的槽位数不尽相同；驱动器数量也是按需求可配置，非压缩容量可达几十 PB，压缩后的容量就会更大。

5.3.2.1　磁带库工作原理

磁带库内部配置磁带机接口本身大多为光纤接口，通常情况下，我们建议将机械手也连接至光纤交换机，然后交给备份服务器使用。无论机械手通过那种方式连接，对于目前业界主流的备份管理软件而言，其连接结构都是可以支持的，例如 Veritas NetBackup、NetWorker 等。其工作原理简单描述如下：

（1）备份服务器按照策略执行某一备份任务。

（2）备份服务器通过以太网向该任务所对应的主机（业务主机）发出指令。

（3）主机收到指令回馈状态正常，可以执行备份任务，并告知备份服务器需要准备几盘磁带。

（4）备份服务器向磁带库机械手发出探询信息，确认有无对应可用磁带，同时探询闲置状态磁带机是否可用。

（5）磁带库按照要求装载可用磁带到磁带机（驱动器），并且反馈可用磁带以及磁带机足够信息给备份服务器。

（6）备份服务器将回馈信息告知主机，开始向磁带机中磁带直接写数据；此时，备份服务器标记对应磁带机为独占状态，禁止其他主机操作。

（7）写数据完毕之后，主机告知备份服务器，备份服务器写索引数据，并下指令将此盘磁带退出，释放出来磁带机以便其他主机使用。

5.3.2.2 *磁带库主要技术*

1. 几种主要的磁带库技术

传统的物理磁带库技术从最早的磁记录设备、磁带机设备，到今天的智能磁带库设备，磁带机技术的发展经历了几次革命。磁带技术经过了长时间的发展，主要有如下几种技术：

DAT（digital audio tape）技术，又称为数码音频磁带技术，也叫 4mm 磁带机技术，最初是由惠普（HP）与索尼公司共同开发出来的。这种技术以螺旋扫描记录（helical scan recording）为基础，将数据转化为数字后再存储下来，早期的 DAT 技术主要应用于声音的记录，后来随着这种技术的不断完善，又被应用在数据存储领域里。8mm 技术由安百特（Exabyte）在 1987 年开发，采用螺旋扫描技术，其特点是磁带容量大，传输速率高，它在较高的价位上提供了相对较高容量的存储解决方案。

DLT（digital linear tape）技术源于 1/2 英寸磁带机。1/2 英寸磁带机技术出现很早，主要用于数据的实时采集，如程控交换机上话务信息的记录，地震设备的震动信号记录，等等。DLT 磁带由美国数字设备公司（DEC）和美国昆腾（Quantum）公司联合开发。由于磁带体积庞大，DLT 磁带机全部是 5.25 英寸全高格式。DLT 产品由于高容量，主要定位于中、高级的服务器市场与磁带库系统。

LTO（linear tape open）技术，即线性磁带开放协议，是由 HP、IBM、Seagate 这三家厂商在 1997 年 11 月联合制定的，其结合了线性多通道、双向磁带格式的优点，基于服务系统、硬件数据压缩、优化的磁道面和高效率纠错技术，来提高磁带的能力和性能。LTO 技术有两种存储格式，即高速开放磁带格式（ultrium）和快速访问开放磁带格式（accelis），它们可分别满足不同用户对 LTO 存储系统的要求。

AIT 技术（advanced lntelligent tape）具有螺旋扫描、金属蒸发带等先进技术，AIT 的数据保护性能比较突出，AIT 已经发展到目前的 AIT-3，目前开发 AIT 技术的索尼公司和专注在 AIT 技术上开发产品的 Spectra Logic 公司都在大力地推广采用 AIT 的产品。AIT 采用的是螺旋扫描方式进行记录，而 LTO、DLT、SDLT（super digital linear tape）都是线性记录，像录音机一样，磁头是固定不动的，磁带直线运动通过磁头。

VXA 技术是由 Exabyte 公司开发的磁带备份技术，VXA 技术不依赖于精确的磁头和磁道位置来保证读写的可靠性，它不像流式磁带设备为定位磁道而需要昂贵的高精度的部件和精确的机械零件。VAX 以包的格式读写数据，对磁带上的数据记录区进行无空隙扫描，目前已经从 VAX-1 发展到 VAX-2。

2. 磁带库技术的局限性

面对云存储、云备份等技术和产品出现，磁带库技术的局限性日益显现。主要有以下几方面：

（1）磁带失效率高，数据易丢失，恢复无法保证。数据备份的最终目的是在数据因人为或物理原因丢失时实现数据恢复，由于磁带库的磁带介质固有的非密封性，且物理磁带库对磁带没有容错保护机制，备份业务涉及到的磁带组中任意一盘磁带的卡带、磨损、霉点、粘连等，均会导致整个备份无法恢复。

（2）磁带库属精密机械设备，故障率和维护成本高。因为物理磁带库是一个非密封的机械设备，其核心部件磁带驱动器、机械手、传送装置等各组成部分均为机械易损件，受灰尘、温度、潮湿等因素影响大。按照统计，物理磁带库的故障率依次为磁带机、磁带、机械手。而机械手故障不仅会终止所有备份，还会造成严重停机。

（3）备份和恢复过程复杂冗长。虽然磁带本身的读写速度也在提高，但备份恢复时无法避免抓取磁带、介质加载、机械定位等机械动作，等待时间长，同时备份和恢复时一般会涉及多带查找，应用系统延长待机时间，使得业务系统长时间无法正常工作。

（4）安装和日常维护极为复杂。尤其在搬迁时，严格的水平定位、大型物理磁带库需要的设备再连接，过程都极其复杂，同时，由于机械臂为灵敏机械部件，对包装、搬运要求较高，进一步增大了设备使用和维护的复杂性。

5.3.2.3　虚拟磁带库

随着物理带库在备份速度、维护等方面的不足，虚拟带库技术也得到了长足的发展，目前主流的存储厂商都基本支持虚拟带库，下面我们主要从数据备份性能、可靠性、安全、管理和兼容性等方面，对物理带库和虚拟带库进行简略的分析。

在数据读写性能方面，物理磁带库的整体性能由磁带驱动器数量及磁带驱动器支持的标准决定，虚拟磁带库由于采用虚拟化技术，虽然备份软件会发现虚拟磁带库中有若干磁带机，但是执行备份或者数据恢复的时候性能超过磁带机。因此虚拟磁带库的性能不是由仿真的磁带机标准决定，而是由控制系统和后端的磁带系统决定。

在数据可靠性方面，物理磁带库采用磁带克隆的方式进行数据保护，否则由于磁带损坏会导致数据的丢失。虚拟机磁带库则可以采用后端存储 RAID 技术，磁盘损坏不影响储存的数据。

在保密性方面，物理磁带库采用专用数据格式储存数据，并且可以把磁带移出磁带库异地保存，因此具有更高的安全性。而虚拟机磁带库产品有两类，一类是真正虚拟磁带，一类是用文件系统（NFS 或 CIFS）中的文件来储存磁带格式的文件。第一类产品除了不能出库以外，具有跟物理磁带库同样的安全性；第二类产品由于存在文件系统，就可能被病毒感染或者人为破坏。

在数据可恢复性方面，物理磁带库由于磁带磁粉脱落、粘连、消磁、磁头沾污等原因，会在需要恢复数据时无法获得数据；虚拟磁带库采用磁盘阵列存储数据具有很好的数据可恢复性。

在系统可靠性方面，物理磁带库中的大量的机械部件，并且要求机械运动精度相当高，所以磁带库本身系统可靠性就不会很高；而虚拟磁带系统唯一有机械部件的就是磁盘，通过 RAID 技术使虚拟磁带库比物理磁带库的可靠性高。

在可管理方面，物理磁带库基本上都带有图形化管理界面，并且通过一个界面就可以管理整个磁带库系统，包括机械手、磁带机等；虚拟带库产品也可以通过唯一界面管理系统。

在软件兼容性方面，各种备份软件基本上都支持磁带库，并且很多备份软件的高级特点都支持磁带库；虚拟磁带库一般采用黑盒子的管理方式，对于有些备份软件的功能支持不是太好。

在数据迁移方面，物理磁带库的数据迁移方式有两种：一种是通过备份软件的磁带复制或者归档功能，将一个磁带库中的数据拷贝到另外一个磁带库中，这种拷贝与磁带格式无关；第二种就是将介质出库放到另外一个磁带库中。虚拟磁带库能够通过备份软件将虚拟磁带中的数据复制到物理磁带库的磁带介质上；也可以通过虚拟带库的复制功能进行数据复制、迁移，但只有通过备份软件的复制，才能够让备份软件指导数据从何处来到哪里去。

IBM 的 TS 和昆腾的 Scalar 支持 LTFS（线性磁带文件系统），即通过 LTFS 可直接访问磁带上的文件。此外，大多数虚拟带库支持 open storage tape（OST）技术，该技术是 Symantec NetBackup 的 API，存储设备供应商提供存储，并提供安装在 NetBackup Media/Master Server 上的软件插件。

NetBackup Server 使用该插件与智能存储设备通信，NetBackup 使用该插件来查询存储设备。这些功能包括单实例存储、经过优化的脱离主机复制等。通过使用 open storage，NetBackup 服务器（基于主机复制）能够在光纤通道网络上执行高速备份至智能硬盘设备。同时，由于 VTL 运用硬盘仿真物理磁带在 NetBackup 上给出新的硬盘视图。

open storage 提供共享存储能力，多台 NetBackup 服务器可以访问同一个虚拟带库。open storage 可以消除固定的磁带大小限制，平衡负载和性能，在 NetBackup 服务器和 VTL 服务器之间平衡存储利用率。对于每个备份作业，NetBackup 都会选择可用空间最大的 VTL 设备存储。

在 NetBackup Server 上配置 open storage，创建逻辑存储单元（LSU），并将 LSU 添加到 NetBackup Server，在 NetBackup Server 中创建存储单元、创建 Disk Pool，实现在 NetBackup Media 间进行基于主机远程复制。

5.3.3　容灾系统

容灾系统是指在相隔较远的异地，建立两套或多套功能相同的 IT 系统，互相之间可以进行健康状态监视和功能切换，当一处系统因意外（如火灾、地震等）停止工作时，整个应用系统可以切换到另一处，使得该系统功能可以继续正常工作。容灾技术是系统的高可用性技术的一个组成部分，容灾系统更加强调处理外界环境对系统的影响，特别是灾难性事件对整个 IT 节点的影响，提供节点级别的系统恢复功能。

5.3.3.1　指标

衡量容灾系统的主要指标有灾难发生时允许丢失的数据量（recovery point object，RPO）、系统恢复的时间（recovery time objective，RTO）、容灾半径（生产系统和容灾系统之间的距离）以及容灾系统的投入产出比（return of investment，ROI）。

RPO 是指业务系统所允许的灾难过程中的最大数据丢失量（以时间来度量），这是一个与灾备系统所选用的数据复制技术有密切关系的指标，用以衡量灾备方案的数据冗余备份能力。

RTO 是指将信息系统从灾难造成的故障或瘫痪状态恢复到可正常运行状态，并将其支持的业务功能从灾难造成的不正常状态恢复到可接受状态所需时间，其中包括备份数据恢复到可用状态所需时间、应用系统切换时间，以及备用网络切换时间等，该指标用以衡量容灾方案的业务恢复能力。例如，灾难发生后半天内便需要恢复，则 RTO 值就是 12 小时。

容灾半径是指生产中心和灾备中心之间的直线距离，用以衡量容灾方案所能防御的灾难影响范围。

容灾方案的 ROI 也是用户需要重点关注的，它用以衡量用户投入到容灾系统的资金与从中所获得的收益的比率。

显然，具有零 RTO、零 RPO 和大容灾半径的灾难恢复方案我们最期望的，但受系统性能要求、适用技术及成本等方面的约束，这种方案实际上是不大可行的。所以，我们在选择容灾方案时应该综合考虑灾难的发生概率、灾难对数据的破坏力、数据所支撑业务的重要性、适用的技术措施及自身所能承受的成本等多种因素，理性地作出选择。

5.3.3.2　级别

按照容灾系统对应用系统的保护程度可以分为数据级容灾、应用级容灾和业务级容灾。

数据级容灾是仅将生产中心的数据复制到容灾中心，在生产中心出现故障时，仅能实现存储系统的接管或是数据的恢复。容灾中心的数据可以是本地生产数据的完全复制（一般在同城实现），也可以比生产数据略微落后，但必须是可用的（一般在异地实现），而差异的数据通常可以通过一些工具（如操作记录、日志等）人工补回。基于数据容灾实现业务恢复的速度较慢，通常情况下 RTO 超过 24 小时，但是这种级别的容灾系统运行维护成本较低。

应用级容灾是在数据级容灾的基础上，进一步实现应用可用性，确保业务的快速恢复。这就要求容灾系统的应用不能改变原有业务处理逻辑，是对生产中心系统的基本复制。因此，容灾中心需要建立起一套和本地生产相当的备份环境，包括主机、网络、应用、IP 等资源，当生产系统发生灾难时，异地系统可以提供完全可用的生产环境。应用级容灾的 RTO 通常在 12 个小时以内，技术复杂度较高，运行维护的成本也比较高。

业务级容灾是生产中心与容灾中心对业务请求同时进行处理的容灾方式，能够确保业务持续可用。这种方式业务恢复过程的自动化程度高，RTO 可做到 30 分钟以内。但是这种容灾级别的项目实施难度大，需要从应用层对系统进行改造，比较适合流程固定的简单业务系统。这种容灾系统的运行维护成本最高。

5.3.3.3 建设模式

当前，市场上常见的容灾模式可分为同城容灾、异地容灾、双活数据中心、两地三中心等几种。

1. 同城容灾

同城容灾是在同城或相近区域内（≤200km）建立两个数据中心：一个为数据中心，负责日常生产运行；另一个为灾难备份中心，负责在灾难发生后的应用系统运行。同城灾难备份的数据中心与灾难备份中心的距离比较近，通信线路质量较好，比较容易实现数据的同步复制，保证高度的数据完整性和数据零丢失。同城灾难备份一般用于防范火灾、建筑物破坏、供电故障、计算机系统及人为破坏引起的灾难。

2. 异地容灾

异地容灾主备中心之间的距离较远（>200km），因此一般采用异步镜像，会有少量的数据丢失。异地灾难备份不仅可以防范火灾、建筑物破坏等可能遇到的风险隐患，还能够防范战争、地震、水灾等风险。由于同城灾难备份和异地灾难备份各有所长，为达到最理想的防灾效果，数据中心应考虑采用同城和异地各建立一个灾难备份中心的方式。

3. 双活数据中心

所谓“双活”或“多活”数据中心，区别于传统数据中心和灾备中心的模式。前者是指多个或两个数据中心都处于运行当中，运行相同的应用，具备同样的数据，能够提供跨中心业务负载均衡运行能力，实现持续的应用可用性和灾难备份能力，所以称为“双活”和“多活”；后者是指生产数据中心处在运行状态，灾备数据中心处在不工作状态，只有当灾难发生时，生产数据中心瘫痪，灾备数据中心才启动。

“双活”数据中心最大的特点是：①充分利用资源，避免了一个数据中心常年处于闲置状态而造成浪费，通过资源整合，“双活”数据中心的服务能力是翻倍的；②“双活”数据中心如果断了一个数据中心，其业务可以迅速切换到另外一个正在运行的数据中心，切换过程对用户来说是不可感知的。

在“双活”的模式中，两地数据中心同时接纳业务，需要更改众多底层程序，因而在实现难度上，这种模式是最大的。

5.3.3.4 常见数据复制技术

复制是将一组数据从一个数据源拷贝到一个或多个数据源的技术。方式主要分为同步复制和异步复制：

同步复制：要求每一个写入操作在执行下一个操作处理之前，在源端和目标端都能完成。特点是数据丢失少，目标系统物理上离生产系统比较远时，会影响生产系统性能。

异步复制：在处理下一个操作前，不用等待数据复制到目标系统中。特点是复制的数据与源数据有时间差，但这种复制对生产系统性能影响较小。

在灾备方案的设计中，数据复制技术的选择关系到最终灾备效果，即RTO与RPO值的大小。根据数据复制技术在不同系统层的应用，可以分为以下五种：

1. 基于主机的数据复制技术

基于主机的数据复制是通过磁盘卷的镜像或复制进行的，业务进行在主机的卷管理器层，对硬件设备尤其是存储设备的限制小，利用生产中心和备份中心的主机系统通过IP网络建立数据传输通道，数据传输可靠，效率相对较高；通过主机数据管理软件实现数据的远程复制，当主数据中心的数据遭到破坏时，可以随时从备份中心恢复应用或从备份中心恢复数据。

基于主机的数据复制不需要两边采用同样的存储设备，具有较大的灵活性，缺点是复制功能会占用一些主机的CPU资源，对软件要求较高（很多软件无法提供基于时间点的快照功能），对主机的性能有一定的影响。

基于操作系统层面的字节级数据捕获与复制技术在实施过程中，首先会做初始化的数据镜像，然后通过核心的复制引擎，开始旁路监听所有文件系统的写操作，例如Rename、SetAttr等，都能准确地捕获，并通过数据序列化传输技术（data-order transfer，DOT）异步传输到灾备端，完成整个数据的捕获和复制过程。其技术特点如下：

首先，字节级复制的核心引擎工作时，并没有复杂的数学运算，对生产机计算资源占用可以忽略，仅仅是旁路捕获数据。

其次，所有的数据都是从内存中捕获，并不涉及生产主机存储的读取操作，因此数据复制过程不占用主机的存储IO资源。

最后，基于字节级的数据复制粒度最小到字节，因此对于带宽资源的要求极低，是适应于异地远距离及面向未来的混合IT环境和云化架构的一种复制方式。

2. 基于应用和中间层的数据复制技术

应用层面的数据复制通过应用程序与主备中心的数据库进行同步或异步的写操作，以保证主备中心数据的一致性，灾备中心可以和生产中心同时正常运行，既能容灾，还可实现部分功能分担，但是该技术的实现方式复杂，与应用软件业务逻辑直接关联，实现和维护难度较高，并且使用应用层面的数据复制会提高系统的风险与数据丢失的风险。

这种技术具有独立于底层的操作系统、数据库、存储，应用可以根据需求实现双写或者多写，从而实现主本和多个数据副本之间的数据复制功能。这种由应用实现的技术，可以在中间件或者应用平台层面进行封装和实现，对上面的应用透明，也可以在应用层面实现。

这种技术主要优势是可根据需求定制、可实现应用和数据库层面的复制。主要不足是目前市场上没有成熟的、适合传统IT企业大规模推广使用的中间件产品。如果完全由应用封装平台或者应用来实现，代码的复杂程度太高，增加了应用的维护成本。

3. 基于数据库的数据复制技术

基于数据库软件的复制技术包括物理复制和逻辑复制两种方式。

逻辑复制是利用数据库的重做日志、归档日志，将主本所在站点的日志传输到副本所在站点，通过重做 SQL 的方式实现数据复制。逻辑复制只提供异步复制，主副本数据的最终一致性，无法保证实时一致性。

物理复制不是基于 SQL Apply 操作来完成复制，而是通过重做日志或者归档日志在副本站点的同步或者异步持久写入来实现复制功能，同时副本站点的数据可以提供只读功能。

开放平台数据库复制技术则是一种基于数据库日志的结构化数据复制技术，它通过解析源数据库在线日志或归档日志获得数据的增、删、改变化，再将这些变化应用到目标数据库，使源数据库与目标数据库同步，以达到多站点间数据库可双活甚至多活，实现业务连续可用和容灾的目的。

基于数据库的数据复制是对数据库记录级别、表级别容灾高可用的基础技术，目前，上海英方软件股份有限公司的英方数据库容灾技术结合了主机复制和数据库日志分析的优点，提高了系统应用的灵活性，可实现数据库应用多活，同时也极大减少了数据库应用的增量数据传输。而且这种技术在细粒度数据容灾、广域云化容灾领域仍然具有广阔的应用前景。

数据库语义级的实时数据同步，在数据库正常使用时，自动完成源端到备端数据的初始化全量复制，并实时监控及同步复制增量数据。

4. 基于存储系统网关的数据复制技术

存储网关位于服务器与存储之间，是构架在 SAN 网络上的专用存储服务技术。这项技术基于存储虚拟化技术。

存储虚拟化的直接定义为：在存储设备中形成的存储资源透明抽象层。即存储虚拟化是服务器与存储间的一个抽象层，它是物理存储的逻辑表示方法。其主要目的就是要把物理存储介质抽象为逻辑存储空间，将分散繁杂的异构存储管理整合为统一简单的集中存储管理，将人们所面对的众多存储问题，由繁化简（其中包括存储的读写方式、连接方式、存储的规格或结构等）、由散化整（存储管理）。这一过程就是存储虚拟化。

存储网关通过对于进入的 IO 数据流提供各类数据存储服务，大幅提升了在服务器或者存储层面的灵活性、多样性及异构化能力。利用存储网关，对于后端的存储数据可以提供远程数据复制、异构化存储融合、存储设备高可用镜像、快照服务、数据迁移服务，甚至于部分存储网关可以提供精准的持续数据保护连续数据恢复服务。

由于存储网关卸载了服务器和阵列的复制工作负载，它可以跨越大量的服务器平台和存储阵列运行，因而使它成为高度异构的环境下的容灾技术的理想选择。另外，由于带宽优化、数据恢复精细化等方面独有的优势，这项技术也成为比较主流的一种灾备技术。

这项技术主要争论点在于性能保障能力的发展程度。近年来，随着SAN应用的不断普及，SAN网络中由异构存储设备和爆炸式增长的数据量所带来的管理复杂性、资源利用率低、存储设备自身数据服务能力低等问题促进了存储网关的发展和应用。

5. 基于存储介质的数据复制

通过存储系统内建的固件或操作系统、IP网络或光纤通道等传输介质连结，将数据以同步或异步的方式复制到远端，从而实现生产数据的灾难保护。

采用基于存储介质的数据复制技术建设容灾方案的难点主要是对网络连接及硬件的要求较高。但是，基于存储的复制可以是“一对一”复制方式，也可以是“一对多或多对一”的复制方式，即一个存储的数据复制到多个远程存储或多个存储的数据复制到同一远程存储，而且复制可以是双向的。

存储复制技术使基于实现存储磁盘阵列之间的直接镜像，通过存储系统内建的固件或操作系统，利用IP网络或光纤通道等传输界面连结，将数据以同步或异步的方式复制到远端。当然，一般情况下这种模式，必须是在同等存储品牌并且同等型号的存储系统控制器之间才能实现，配备低延迟大带宽也是必要条件之一。

在基于存储阵列的复制中，复制软件运行在一个或多个存储控制器上，非常适合拥有大量服务器的环境，原因如下：

独立于操作系统；能够支持Windows和基于Unix的操作系统以及大型机（高端阵列）；许可费一般基于存储容量而不是连接的服务器数量；不需要连接服务器上的任何管理工作。

由于复制工作被交给存储控制器来完成，在异步传输本地缓存较大的时候可以很好地避免服务器的性能开销过大的问题，从而使基于存储阵列的复制非常适合关键任务和高端交易应用。

在实际工作中，并不能说哪类技术就一定优于另一类技术，优势永远是一个相对的概念，在实际应用中，企业需要选择更加适合自身业务场景的技术路线，毕竟只有适合的，才是最好的。

第6章 虚拟化和云计算

随着计算机技术和水利信息化行业的发展，越来越多的数据、应用、网络在水利数据中心中存储、计算，水利信息化基础设施的建设和运维成本成倍增加，单纯的服务器和存储设备逐渐不能满足日益增长的水利信息化业务需求，虚拟化和云计算也越来越多地应用在水利信息化基础设施中。在此主要针对虚拟化和云计算的发展、技术特点、运维要点等进行介绍。

6.1 虚拟化

在计算机科学中，虚拟化技术（virtualization）是一种资源管理（优化）技术，将计算机的各种物理资源（如CPU、内存以及磁盘空间、网络适配器等I/O设备）予以抽象、转换，然后呈现出来的一个可供分割并任意组合为一个或多个（虚拟）计算机的配置环境。虚拟化技术打破了计算机内部实体结构间不可切割的障碍，使用户能够以比原本更好的配置方式来应用这些计算机硬件资源。而这些资源的虚拟形式将不受现有架设方式、地域或物理配置所限制。

虚拟化技术的核心思想就是利用软件或固件管理程序构成虚拟化层，把物理资源映射为虚拟资源，在虚拟资源上可以安装和部署多个虚拟机，实现多用户共享物理资源。

虚拟化技术是一个广义的术语，根据不同的对象类型可以细分为以下三种。

（1）平台虚拟化（platform virtualization）：针对计算机和操作系统的虚拟化。

（2）资源虚拟化（resource virtualization）：针对特定的系统资源的虚拟化，如内存、存储、网络资源等。

（3）应用程序虚拟化（application virtualization）：包括仿真、模拟、解释技术等，如 Java 虚拟机（JVM）。

6.1.1 发展历程

6.1.1.1 开篇

1959 年 6 月，牛津大学的计算机教授，克里斯·托弗（Christopher Strachey）在国际信息处理大会（International Conference on Information Processing）上发表了一篇名为“大型高速计算机中的时间共享”（*Time Sharing in Large Fast Computer*）的学术报告，他在文中首次提出了“虚拟化”的基本概念，还论述了什么是虚拟化技术。这篇文章被认为是最早的关于虚拟化技术的论述，从此拉开了虚拟化发展的帷幕。

克里斯·托弗还同时提出了多道程序（multi-processing）这一超前的概念。多道程序解决了应用程序因等待外部设备而导致处理器空转问题，同时也解决了用户如何调试（debug）代码的问题。即便在现在看来，多道程序的理念仍是操作系统在“并发”领域中的瑰宝。

6.1.1.2 大型机和小型机的虚拟化

1960 年，为了应对物理学领域的计算需求，美国启动 Atlas 超级计算机（super computer）项目。

1961 年，由麻省理工学院的费尔南多·何塞·科尔巴托（Fernando Jose Corbato）教授带领团队开始研发兼容性分时系统（compatible time sharing system，CTSS）项目，并由 IBM 提供硬件设备和工程师进行支持。分时系统可以说是硬件虚拟化的根本，CTSS 为后来 IBM 的 TSS 打下了基础。

1962 年，第一台 Atlas 超级计算机 Atlas 1 诞生，Atlas 1 是第一台实现了虚拟内存（virtual memory）概念的计算机，并将其称为一级存储（one-level store）。Atlas 1 还是第一个实现了名为 Supervisor 的底层资源管理组件的计算机，Supervisor 可以通过特殊的指令或代码来管理物理主机的硬件资源，如中央处理器的时间分配。

操作系统（operating system）最早的称谓其实是 Supervisor，之后一段时间还被称为主控程序（master control program），但最终“操作系统”胜出了。此时或许能够理解为什么虚拟机管理程序会被统称为hypervisor（super、hyper是同义词，意为超级，但词义上hyper比super还要高级一些）。

1960中期，IBM在Thomas J. Watson Research Center（NY）进行M44/44X计算机研究项目。M44/44X项目基于IBM 7044（M44）实现了多个具有突破性的虚拟化概念，包括部分硬件共享（partial hardware sharing）、时间共享（time sharing）、内存分页（memory paging），以及实现了虚拟内存管理的VMM。通过这些虚拟化技术，应用程序可以运行在这些虚拟的内存之中，实现了在同一台主机上模拟出多个7044系统（44X）。M44/44X项目首次使用了VM（virtual machine）和VMM（virtual machine monitor）一词，被认为是世界上第一个支持虚拟机的系统。

1964年，IBM推出了著名的System/360。System/360的开发过程被视为计算机发展史上最大的一次“豪赌”，为了研发System/360，IBM决定征召6万多名新员工，创建了5座新工厂。即便如此，当时的出货时间仍被不断顺延。吉恩·阿姆达尔是系统主架构师，当时的项目经理佛瑞德·布鲁克斯（Frederick P. Brooks, Jr.）事后根据这项计划的开发经验，写出了同样著名的《人月神话：软件项目管理之道》（*The Mythical Man-Month: Essays on Software Engineering*），这本书记述人类工程史上一项里程碑式的大型复杂软件系统开发经验。最终，IBM System/360取得了巨大的商业成功。System/360不仅提供了新型的操作系统（让单一操作系统适用于整个系列的产品，这是System/360系列大型机成功的关键），还实现了基于全硬件虚拟化（full hardware virtualization）的虚拟机解决方案，包括页式虚拟内存（4k分页虚拟存储系统）、虚拟磁盘以及TSS分时系统。System/360最多可提供14个虚拟机，每个虚拟机具有256k固定虚拟内存。

这里有必要着重介绍一下分时共享系统（Time Sharing System，TSS），它能够让一台主机上连接多个带有显示器和键盘的终端，同时允许多个用户通过主机的终端，以交互方式使用计算机，共享主机中的资源。分时操作系统本质是一个多用户交互式操作系统。其中，“分时”的含义是将CPU占用切分为多个极短（如1/100s）的时间片，每个时间片都执行着不同的任务。通过对这些时间片的轮询，就可以将一个CPU“伪装”（虚拟化）成多个vCPU，并且让每颗vCPU看起来都是并行运行的。最终达到多个用户分享使用同一台计算机，多个程序分时共享硬件和软件资源的效果。TSS 被认为是最原始的虚拟化技术。

可见，最初虚拟化技术的应用和发展源于大型机对分时系统的需求。这种通过硬件的方式来生成多个可以运行独立操作系统软件的虚拟机实例，解决了早期大型计算机只能单任务处理而不能分时多任务处理的问题。由于这种虚拟化技术是基于硬件设备来实现的，故被称为硬件虚拟化（hardware virtualization）。但需要注意的是，这一说法在后来被进一步细分为了狭义的硬件虚拟化技术，现今更加为人所熟知的硬件虚拟化是指一种对计算机或操作系统的虚拟化，能够对用户隐藏真实的计算机硬件，表现出另一个抽象的计算平台。

6.1.1.3 进一步发展

1974 年，杰拉尔德·J. 波佩克（Gerald J. Popek）和罗伯特·P. 戈德堡（Robert P. Goldberg）在合作论文《可虚拟第三代架构的规范化条件》（*Formal Requirements for Virtualizable Third Generation Architectures*）中提出了一组称为虚拟化准则的充分条件，它又被称为波佩克与戈德堡虚拟化需求（Popek and Goldberg virtualization requirements），即虚拟化系统结构的三个基本条件。满足这些条件的控制程序才可以被称为虚拟机监控器。

（1）资源控制（resource control）。控制程序必须能够管理所有的系统资源。

（2）等价性（equivalence）。在控制程序管理下运行的程序（包括操作系统），除时序和资源可用性之外的行为应该与没有控制程序时的完全一致，且预先编写的特权指令可以自由地执行。

（3）效率性（efficiency）。绝大多数的客户机指令应该由主机硬件直接执行而无须控制程序的参与。

该论文尽管基于简化的假设，但上述条件仍为评判一个计算机体系结构是否能够有效支持虚拟化提供了一个便利方法，也为设计可虚拟化计算机架构给出了指导原则。同时，他们二人还在论文中介绍了两种 hypervisor 类型，分别是类型Ⅰ和类型Ⅱ（图 6-1）。

类型Ⅰ（原生或裸机 hypervisor）：这些虚拟机管理程序直接运行在宿主机的硬件上来控制硬件和管理客户机操作系统。其特点包括需要硬件支持、

VMM 作为主操作系统、运行效率高，实现案例包括 VMware 5. 5 及以后版本、Xen 3. 0 及以后版本、Virtual PC 2005、KVM 等。

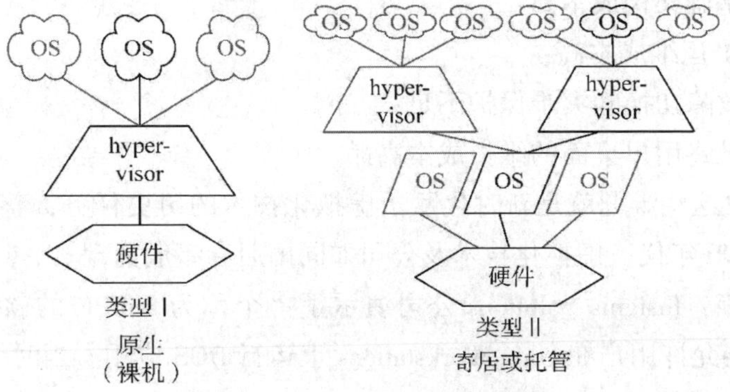

图 6-1　两种 Hypervisor 类型

类型Ⅱ（寄居或托管 hypervisor）：VMM 运行在传统的操作系统上，就像其他计算机程序那样运行。特点包括 VMM 作为应用程序运行在主操作系统环境内，运行效率一般较类型Ⅰ低。实现案例包括 VMware 5. 5 以前版本、Xen 3. 0 以前版本、Virtual PC 2004 等。

1979 年，Unix 的第 7 个版本引入了 chroot 机制，意味着第一个操作系统虚拟化（OS-level virtualization）诞生了。chroot 是直到现在我们依然在使用的一个系统调用，这个系统调用会让一个进程把指定的目录作为根目录，它的所有文件系统操作都只能在这个指定目录中进行，本质是一种文件系统层的隔离。

在 20 世纪 60—80 年代，因为虚拟化技术使得大型机和小型机获得了空前的成功。并且在相当长的一段时间里，虚拟化技术只在大型机和小型机上得到了应用，而在 x86 平台上的应用仍然进展缓慢。不过也可以理解，以当时 x86 平台的处理能力，应付一两个应用程序已然捉襟见肘，还怎么能够将资源分给更多的虚拟应用呢？而后随着 x86 的流行，大型机和小型机在新兴的服务器市场中也逐渐失去了竞争力。

6. 1. 1. 4　x86 架构的虚拟化

直到 20 世纪 80—90 年代，英特尔公司（戈登 · 摩尔）提出了摩尔定律，Windows、Mac 等 PC 电脑被广泛使用，Windows+Intel 联盟势如破竹，还出现了“神一般”的 Linux 服务器操作系统。随着 x86 服务器和桌面部署的增长也为IT基础架构带来了新的难题：

（1）基础架构利用率低；

（2）基础架构成本高；

（3）IT运维成本高；

（4）故障切换和灾难保护不足；

（5）最终用户桌面的维护成本高昂。

而解决这些难题就是新时代赋予虚拟化技术的历史任务，整个20世纪80年代到90年代，虚拟化技术及公司如同雨后春笋般涌现。

1987年，Insignia Solutions公司演示了一个称为SoftPC的软件模拟器，这个模拟器允许用户在Unix Workstations上运行DOS应用。当时一个可以运行Microsoft DOS的PC需要1500美金，而使用SoftPC模拟，就可以直接在大型工作站上运行Microsoft DOS了。

1989年，Insignia Solutions发布了Mac版的SoftPC，使苹果用户不仅能运行DOS，还能运行Windows操作系统。

1990年，柯尔·佛瑞司特（Keir Fraser）和伊恩·普瑞特（Ian Pratt）创建了XenServer的初始代码工程（项目）。

1997年，苹果公司开发了Virtual PC，后来又卖给了Connectix公司。

1998年，著名的x86仿真模拟器Bochs发布。

1999年，VMware公司率先推出了针对x86平台的可以流畅运行的商业虚拟化软件VMaware Workstation。

2000年，FreeBSD jail是真正意义上的第一个功能完整的操作系统虚拟化技术。利用这个技术，FreeBSD的系统管理者可以创造出几个小型的软件系统，这些软件系统被称为jails。

2001年，VMWare公司发布ESX和GSX，它们是ESXi的前身。同年，Fabrice Bellard公司也发布了目前最流行的、采用了动态二进制翻译（binary translation）技术的开源虚拟化软件QEMU（Quick EMUlator）的第一个版本。

6.1.2 虚拟化技术

从广义或从本质上来讲，虚拟化包括CPU虚拟化、内存虚拟化、磁盘虚拟化、I/O虚拟化、网络虚拟化等。

从实现角度或从水利信息化基础设施的构建角度来讲，虚拟化包括服务器虚拟化、存储虚拟化、网络虚拟化和桌面虚拟化等。

在本章中，我们所述的虚拟化主要指服务器虚拟化。

6.1.2.1　虚拟化技术分类

虚拟化技术的共同目标就是将 x86 架构转变为通用的共享硬件基础架构，使应用程序运行环境在隔离性、移动性和操作系统类型方面都有选择的空间。首先了解一下 x86 架构的特点。

CPU 为了保证程序代码执行的安全性，多用户的独立性以及保证操作系统的稳定性，提出了 CPU 执行状态的概念。它有效地限制了不同程序之间的数据访问能力，避免了非法的内存数据操作，同时也避免了应用程序错误操作计算机的物理设备。一般地，CPU 都会划分为用户态和内核态，而 x86 CPU 更是细分为了 Ring 0~Ring 3 四种执行状态。

Ring 0 核心态（kernel mode）：是操作系统内核的执行状态（运行模式），运行在核心态的代码可以无限制地对系统内存、设备驱动程序、网卡接口、显卡接口等外部设备进行访问。

显然，只有操作系统能够无限制地访问内存、磁盘、鼠键等外围硬件设备的数据，因为操作系统就是作为计算机硬件资源管理器而存在的，操作系统就是为了让多个普通应用程序可以更简单、安全地运行在同一台计算机上而存在的“特殊的应用程序”。

Ring 3 用户态（user mode）：运行在用户态的程序代码需要受到 CPU 的检查，用户态程序代码只能访问内存页表项中规定能被用户态程序代码访问的页面虚拟地址（受限的内存访问），而且还只能访问 I/O Permission Bitmap 中规定的能被用户态程序代码访问的端口，不能直接访问外围硬件设备、不能抢占 CPU。

也很显然，所有的应用程序都应该运行在用户态中。当应用程序需要访问外围硬件设备时，CPU 会通过特别的接口去调用核心态的代码，以这种旁路的方式来应用程序对硬件设备的调用。如果用户态的应用程序直接调用硬件设备的话，就会被操作系统捕捉到并触发异常，弹出警告窗口。

可见，x86 架构与大型机不同，当时的 x86 体系结构缺乏必要的针对虚拟化的硬件支持，难以直接满足波佩克与戈德堡的虚拟化需求，所以 x86 架构天然不是一个可虚拟化的架构。x86 架构的 CPU 中有 17 条指令成为了虚拟化最大的障碍，错误执行这些指令会导致操作系统显示警告、终止应用程序甚至完全崩溃。当时 VMware 提出了解决这个问题的思路：在虚拟机生成这些特殊的指令时将它们“困住”，然后将它们转换成可虚拟化的安全指令，同时保证其他所有的指令不受到干扰地执行。这样就产生了一种与主机硬件匹配并保持软件完全兼容性的高性能虚拟机。这就是全虚拟化（full virtualization）技术诞生的背景——必须使用纯软件实现的方式构造 VMM。

1. 全虚拟化

全虚拟化是指虚拟机模拟了完整的底层硬件，包括处理器、物理内存、时钟、外设等，使得为原始硬件设计的操作系统或其他系统软件完全不做任何修改就可以在虚拟机中运行。客户机操作系统（guest OS）与真实硬件之间的交互可以看成是通过一个预先规定的硬件接口进行的。全虚拟化 VMM 以完整模拟硬件的方式提供全部接口（同时还必须模拟特权指令的执行过程）。

全虚拟化的工作原理：虚拟机是对真实计算环境的抽象和模拟，VMM 需要为每个虚拟机分配一套数据结构来管理它们状态，包括 vCPU 的全套寄存器、物理内存的使用情况、虚拟设备的状态等。VMM 调度虚拟机时，会将其部分状态恢复到 Host OS 中。但并非所有的状态都需要恢复，例如主机 CR3 寄存器中存放的是 VMM 设置的页表物理地址，而不是 Guest OS 设置的值。pCPU 直接运行 Guest OS 的机器指令时，由于 Guest OS 运行在低特权级别（Ring 1），如果 Guest OS 直接访问 Host OS 的特权状态（如写 GDT 寄存器），就会因为权限不足导致 pCPU 产生异常，然后将运行权主动交还给 VMM。此外，外部中断的到来也会影响 VMM 的运行。VMM 可能需要先将该虚拟机的当前状态写回到状态数据结构中，分析虚拟机被挂起的原因，然后代表 Guest OS 执行相应的特权操作。最简单的情况，如 Guest OS 对 CR3 寄存器的修改，只需要更新虚拟机的状态数据结构即可。一般而言，大部分情况下，VMM 需要经过复杂的流程才能完成原本简单的操作。最后 VMM 将运行权还给 Guest OS，Guest OS 从上次被中断的地方继续执行，或处理 VMM “塞”入的虚拟中断和异常。这种经典的虚拟机运行方式被称为 trap-and-emulate（捕获-模拟），虚拟机对于 Guest OS 完全透明，Guest OS 不需要任何修改，但是 VMM 的设计会比较复杂，系统整体性能受到明显的损害。

举例来说：x86 平台中，操作系统执行切换进程页表的操作，真实硬件会通过提供一个特权 CR3 寄存器来实现该接口，操作系统只需执行 mov pgtable，%%cr3 汇编指令即可。而全虚拟化 VMM 就必须完整地模拟该接口执行的全过程。如果硬件（主要是 CPU）不提供虚拟化的特殊支持的话，那么这个模拟过程将会十分复杂：一般而言，VMM 必须运行在最高优先级来完全控制宿主机操作系统（Host OS），而 Guest OS 需要降级运行，从而不能执行特权操作。当 Guest OS 执行前面的特权汇编指令时，Host OS 产生异常（general protection exception），执行控制权重新从 Guest OS 转到 VMM 手中。VMM 事先分配一个变量作为影子 CR3 寄存器给 Guest OS，将 pgtable（页表）代表的 Guest OS 物理地址（guest physical address）填入影子 CR3 寄存器，然后 VMM 还需要 pgtable 翻译成主机物理地址（host physical address）并填入物理 CR3 寄存器，最后返回到 Guest OS 中。随后 VMM 还将处理复杂的 Guest OS 缺页异常（page fault）。

简单来说就是全虚拟化需要在 VMM 中模拟出一颗包含了控制单元、运算单元、存储单元、IS（指令集）的 CPU；还需要模拟一张进行虚拟存储地址和物理存储地址转换的页表；此外，还需要在 VMM 模拟磁盘设备控制器、网络适配器等等各种 I/O 外设接口。如此依赖，Guest OS 就不知道自己其实是个虚拟机了，它受到了欺骗。可以想象到，全虚拟化这种处理器密集型的虚拟化技术实现是异常困难且低效的。比较著名的全虚拟化 VMM 有 Microsoft Virtual PC、VMware Workstation、Sun Virtual Box、Parallels Desktop for Mac 和 QEMU。QEMU 在 2019 年对外宣称可以模拟所有设备。但基于这样的前提，全虚拟化 VMM 必须克服许多难以解决的问题。

（1）确保 VMM 控制所有的系统资源：x86 处理器有 4 个特权级别，Ring 0~Ring 3，只有运行在 Ring 0~Ring 2 时，处理器才可以访问特权资源或执行特权指令；运行在 Ring 0 级时，处理器可以访问所有的特权状态。x86 平台上的操作系统一般只使用 Ring 0 和 Ring 3 这两个级别，操作系统运行在 Ring 0 级，用户进程运行在 Ring 3 级。为了满足资源控制（resource control）虚拟化需求条件，VMM 就必须运行在 Ring 0 级，同时为了避免 Guest OS 控制系统资源，Guest OS 不得不降低自身的运行级别，运行在 Ring 1 或 Ring 3 级（Ring 2 不使用）。

（2）特权级压缩（ring compression）：VMM 使用分页或段限制的方式来

保护物理内存的访问，但是64位模式下段限制不起作用，而分页又不区分Ring 0、Ring 1、Ring 2。为了统一和简化VMM的设计，Guest OS只能和Guest进程一样运行在Ring 3级。VMM必须监视Guest OS对GDT、IDT等特权资源的设置，防止Guest OS运行在Ring 0级，同时又要保护降级后的Guest OS不受Guest进程的主动攻击或无意破坏。

（3）特权级别名（ring alias）：特权级别名是指Guest OS在虚拟机中运行的级别并不是它所期望的。VMM必须保证Guest OS不能获知正在虚拟机中运行这一事实，否则可能打破等价性（equivalence）虚拟化需求条件。例如，x86处理器的特权级别存放在CS代码段寄存器内，Guest OS可以使用非特权push指令将CS寄存器压栈，然后pop出来检查该值。又如，Guest OS在低特权级别时读取特权寄存器GDT、LDT、IDT和TR，并不发生异常，从而可能发现这些值与自己期望的不一样。为了解决这个挑战，VMM可以使用动态二进制翻译的技术。例如，预先把push%%cs指令替换，在栈上存放一个影子CS寄存器值；又如，可以把读取GDT寄存器的操作sgdt dest改为movl fake_ gdt，dest。

（4）地址空间压缩（address space compression）：地址空间压缩是指VMM必须在Guest OS的地址空间中保留一部分供其使用。例如，中断描述表寄存器中存放的是中断描述表的线性地址，如果Guest OS运行过程中发生外部中断或触发处理器异常，必须保证运行权马上转移到VMM中，因此VMM需要将Guest OS的一部分线性地址空间映射成自己的中断描述表的主机物理地址。VMM可以完全运行在Guest OS的地址空间中，也可以拥有独立的地址空间，后者的话，VMM只占用Guest OS很少的地址空间，用于存放中断描述表和全局描述符表（GDT）等重要的特权状态。无论如何哪种情况，VMM应该防止Guest OS直接读取和修改这部分地址空间。

（5）处理Guest OS的缺页异常：内存是一种非常重要的系统资源，VMM必须全权管理，Guest OS理解的物理地址只是客户机物理地址（guest physical address），并不是最终的主机物理地址。当Guest OS发生缺页异常时，VMM需要知道缺页异常的原因，是Guest进程试图访问没有权限的地址，或是客户机线性地址（guest linear address）尚未翻译成客户机物理地址，还是客户机物理地址尚未翻译成主机物理地址。一种可行的解决方法是VMM为Guest OS的每个进程的页表构造一个影子页表（shadow page table)，维护客户机线性地址到主机物理地址的映射，主机 CR3 寄存器存放这个影子页表的物理内存地址。VMM 同时维护一个 Guest OS 全局的客户机物理地址到主机物理地址的映射表。发生缺页异常的地址总是客户机线性地址，VMM 先去 Guest OS 中的页表检查原因，如果页表项已经建立，即对应的客户机物理地址存在，说明尚未建立到主机物理地址的映射，那么 VMM 分配一页物理内存，将影子页表和映射表更新；否则，VMM 返回到 Guest OS，由 Guest OS 自己处理该异常。

（6）处理 Guest OS 中的系统调用（system call）：系统调用是操作系统提供给用户的服务例程，使用非常频繁。最新的操作系统一般使用 SYSENTER/SYSEXIT 指令对来实现快速系统调用。SYSENTER 指令通过 IA32_ SYSENTER_ CS，IA32_ SYSENTER_ EIP 和 IA32_ SYSENTER_ ESP 这 3 个 MSR（model specific register）寄存器直接转到 Ring 0 级；而 SYSEXIT 指令不在 Ring 0 级执行的话将触发异常。因此，如果 VMM 只能采取 trap-and-emulate 的方式处理这 2 条指令的话，整体性能将会受到极大损害。

（7）转发虚拟的中断和异常：所有的外部中断和 pCPU 的异常直接由 VMM 接管，VMM 构造必需的虚拟中断和异常，然后转发给 Guest OS。VMM 需要模拟硬件和操作系统对中断和异常的完整处理流程。例如，VMM 先要在 Guest OS 当前的内核栈上压入一些信息，然后找到 Guest OS 相应处理例程的地址，并跳转过去。VMM 必须对不同的 Guest OS 的内部工作流程比较清楚，这增加了 VMM 的实现难度。同时，Guest OS 可能频繁地屏蔽中断和启用中断，这两个操作访问特权寄存器 EFLAGS，必须由 VMM 模拟完成，性能因此会受到损害。Guest OS 重新启用中断时，VMM 需要及时地获知这一情况，并将积累的虚拟中断转发。

（8）Guest OS 频繁访问特权资源：Guest OS 对特权资源的每次访问都会触发 CPU 异常，然后由 VMM 模拟执行，如果访问过于频繁，则系统整体性能将会受到极大损害。例如，对中断的屏蔽和启用，cli（clear interrupts）指令在 Pentium 4 处理器上需要花费 60 个时钟周期（cycle），又如，处理器本地高级可编程中断处理器（local APIC）上有一个操作系统可修改的任务优先级寄存器（task-priority register，TPR），IO-APIC 将外部中断转发到 TPR 值最低的处理器上（期望该处理器正在执行低优先级的线程），从而优化中断的处理。TPR 是一个特权寄存器，某些操作系统会频繁设置（Linux

Kernel 只在初始化阶段为每个处理器的 TPR 设置相同的值)。

显然，基于 trap-and-emulate 处理方式的全虚拟化虽能够以纯软件的方式完成虚拟化并解决了许多问题，但同时也带来了极大的设计复杂性和性能下降。而对于这两个问题，半虚拟化（partial virtualization）想到了一个好办法：改造 Guest OS，将 Guest OS 原来所有需要被 VMM 截获、模拟的指令和操作全部改造成与 VMM 协同工作的指令（hypercall）和操作。VMM 不再隐瞒了，因为 Guest OS 已经知道自己就是个虚拟机了。其核心思想是动态或静态地改变 Guest OS 对特权状态访问的操作，尽量减少产生不必要的硬件异常，同时简化 VMM 的设计。

2. 半虚拟化

半虚拟化是一种通过修改 Guest OS 部分访问特权状态的代码以便直接与 VMM 交互的技术。在半虚拟化虚拟机中，部分硬件接口以软件的形式提供给 Guest OS，这可以通过 Hypercall（VMM 提供给 Guest OS 的直接调用，与系统调用类似）的方式来提供。例如，Guest OS 把切换页表的代码修改为调用 Hypercall 来直接完成修改影子 CR3 寄存器和翻译地址的工作。由于不需要产生额外的异常和模拟部分硬件执行流程，半虚拟化可以大幅度提高性能，比较著名的 VMM 有 Denali、Xen。

2003 年，英国剑桥大学的一位讲师发布了开源虚拟化项目 Xen，并成立 XenSource 公司，通过半虚拟化技术为 x86-64 提供虚拟化支持。同年，英特尔正式公布将在 x86 平台的 CPU 上支持虚拟化技术 VT。同年 VMWare 也被 EMC 收购，成为 EMC 迄今最成功的一笔收购。同年，微软收购 Connectix 公司获得 Virtual PC 虚拟化技术。

相较于全虚拟化，半虚拟化 VMM 只需要模拟部分底层硬件，因此 Guest OS 不做修改是无法在虚拟机中运行的，甚至运行在虚拟机中的其他程序也需要进行修改，如此代价，换来的就是接近于物理机的虚拟机性能。

有意思的是，半虚拟化其实也很尴尬，对于 Linux 而言自然是改了就改了，但 Windows 怎么改？一定要从根源上解决问题。而这个根源自然就是——CPU。

既然全虚拟化性能低的主要原因是花费了太多的精力去捕获 CPU 异常并模拟 CPU 行为，那么如果 CPU 本身就为 VMM 提供了便利，那岂不是从根本上解决了这个问题？这就是硬件辅助虚拟化（hardware-assisted virtualization）。

3. 基于硬件辅助的全虚拟化

Intel-VT（Intel virtualization technology）和 AMD-V 是目前 x86 平台上可用的两种硬件辅助虚拟化技术。VT-x 为 IA32 处理器增加了两种操作模式：VMX root operation 和 VMX non-root operation。VMM 自己运行在 VMX root operation 模式，VMX non-root operation 模式则由 Guest OS 使用。两种操作模式都支持 Ring 0~Ring 3 这 4 个特权级，因此 VMM 和 Guest OS 都可以自由选择它们所期望的运行级别。这两种操作模式可以互相转换。运行在 VMX root operation 模式下的 VMM 通过显式调用 VMLAUNCH 或 VMRESUME 指令切换到 VMX non-root operation 模式，硬件自动加载 Guest OS 的上下文，于是 Guest OS 获得运行，这种转换称为 VM entry。Guest OS 运行过程中遇到需要 VMM 处理的事件，如外部中断或缺页异常，或者主动调用 VMCALL 指令调用 VMM 的服务的时候（与系统调用类似），硬件自动挂起 Guest OS，切换到 VMX root operation 模式，恢复 VMM 的运行，这种转换称为 VM exit。VMX root operation 模式下软件的行为与在没有 VT-x 技术的处理器上的行为基本一致；而 VMX non-root operation 模式则有很大不同，最主要的区别是此时运行某些指令或遇到某些事件时，发生 VM exit。

例如，在上面的例子中，Guest OS 能够执行修改页表的汇编指令，再无需 VMM 进行捕获、模拟，从而减少了相关的性能开销，也极大简化了 VMM 设计，进而使 VMM 能够按通用标准进行编写，性能更加强大。

又因为 VMM 和 Guest OS 共享底层的处理器资源，所以硬件需要一个物理内存区域来自动保存或恢复彼此执行的上下文。这个区域称为虚拟机控制块（VMCS），包括客户机状态区（guest state area），主机状态区（host state area）和执行控制区。VM entry 时，硬件自动从客户机状态区加载 Guest OS 的上下文，并不需要保存 VMM 的上下文。原因与中断处理程序类似，因为 VMM 如果开始运行，就不会受到 Guest OS 的干扰，只有 VMM 将工作彻底处理完毕才可能自行切换到 Guest OS。而 VMM 的下次运行必然是处理一个新的事件，因此每次 VMM entry 时，VMM 都从一个通用事件处理函数开始执行；VM exit 时，硬件自动将 Guest OS 的上下文保存在客户机状态区，从主机状态区中加载 VMM 的通用事件处理函数的地址，VMM 开始执行。而执行控制区存放的则是可以操控 VM entry 和 exit 的标志位，如标记哪些事件可以导致 VM exit，VM entry 时准备自动给 Guest OS“塞”入哪种中断等。

客户机状态区和主机状态区都应该包含部分物理寄存器的信息，如控制寄存器 CR0、CR3、CR4；ESP 和 EIP（如果处理器支持 64 位扩展，则为 RSP、RIP）；CS、SS、DS、ES、FS、GS 等段寄存器及其描述项；TR、GDTR、IDTR 寄存器；IA32_ SYSENTER_ CS、IA32_ SYSENTER_ ESP、IA32_ SYSENTER_ EIP 和 IA32_ PERF_ GLOBAL_ CTRL 等 MSR 寄存器。客户机状态区并不包括通用寄存器的内容，VMM 自行决定是否在 VM exit 的时候保存它们，从而提高了系统性能。客户机状态区还包括非物理寄存器的内容，如一个 32 位的 Active State 值表明 Guest OS 执行时处理器所处的活跃状态，如果正常执行指令就是处于 Active 状态，如果触发了三重故障（triple fault）或其他严重错误就处于 Shutdown 状态，等等。

执行控制区用于存放可以操控 VM entry 和 VM exit 的标志位。

（1）external-interrupt exiting：用于设置是否外部中断可以触发 VM exit，而不论 Guest OS 是否屏蔽了中断。

（2）interrupt-window exiting：如果设置，当 Guest OS 解除中断屏蔽时，触发 VM exit。

（3）use TPR shadow：通过 CR8 访问 Task Priority Register（TPR）的时候，使用 VMCS 中的影子 TPR，可以避免触发 VM exit。同时执行控制区还有一个 TPR 阈值的设置，只有当 Guest OS 设置的 TR 值小于该阈值时，才触发 VM exit。

（4）CR masks and shadows：每个控制寄存器的每一位都有对应的掩码，控制 Guest OS 是否可以直接写相应的位，或是触发 VM exit。同时 VMCS 中包括影子控制寄存器，Guest OS 读取控制寄存器时，硬件将影子控制寄存器的值返回给 Guest OS。

传统的全虚拟化实现在有了硬件的辅助之后，由于 CPU 引入了新的操作模式，VMM 和 Guest OS 的执行由硬件自动隔离开来，任何关键的事件都可以将系统控制权自动转移到 VMM，因此 VMM 能够完全控制系统的全部资源。Guest OS 也可以运行在它所期望的最高特权级别，因此特权级压缩和特权级别名的问题迎刃而解，而且 Guest OS 中的系统调用也不会触发 VM exit。

硬件使用物理地址访问虚拟机控制块（VMCS），而 VMCS 保存了 VMM 和 Guest OS 各自的 IDTR 和 CR3 寄存器，因此 VMM 可以拥有独立的地址空间，Guest OS 能够完全控制自己的地址空间，地址空间压缩的问题也不存在了。中断和异常虚拟化的问题也得到了很好的解决。VMM 只用简单地设置需要转发的虚拟中断或异常，在 VM entry 时，硬件自动调用 GuestOS 的中断和异常处理程序，大大简化 VMM 的设计。同时，Guest OS 对中断的屏蔽及解除可以不触发 VM exit，从而提高了性能。而且 VMM 还可以设置当 Guest OS 解除中断屏蔽时触发 VM exit，因此能够及时地转发积累的虚拟中断和异常。另外，纯软件实现的 VMM 目前缺少对 64 位客户操作系统的支持，而 CPU 的虚拟化技术除支持广泛的传统操作系统类型之外，还支持 64 位客户操作系统。硬件辅助虚拟技术提高了虚拟机的性能以及兼容性。

需要注意的是，上文中我们提到了全虚拟化、半虚拟化和硬件辅助的全虚拟化，但这种分类实际上并不绝对，一个优秀的 VMM 往往融合了多项技术。例如 VM ware Workstation 是一个著名的全虚拟化的 VMM，但是它使用了一种被称为动态二进制翻译的技术把对特权状态的访问转换成对影子状态的操作，从而避免了低效的 trap-and-emulate 的处理方式，这与半虚拟化相似，只不过半虚拟化是静态地修改程序代码。

看得出硬件辅助虚拟化技术必然是未来的方向，Intel-VT 的处理器级虚拟化技术还需要进行以下优化。

（1）提高操作模式间的转换速度：两种操作模式间的转换发生之如此频繁，如果不能有效减少其转换速度，即使充分利用硬件特性，虚拟机的整体性能也会大打折扣。早期的支持硬件辅助虚拟化技术的 Pentium 4 处理器需要花费 2409 个时钟周期处理 VM entry，花费 508 个时钟周期处理由缺页异常触发的 VM exit，代价相当高。随着英特尔技术的不断完善，在新的 Core 架构上，相应时间已经减少到 937 个时钟周期和 446 个时钟周期。未来硬件厂商还需要进一步提高模式的转换速度，并提供更多的硬件特性来减少不必要的转换。

（2）优化翻译后援缓冲器（TLB）的性能：每次 VM entry 和 VM exit 发生时，由于需要重新加载 CR3 寄存器，因此 TLB（translation lookaside buffer）被完全清空。虚拟化系统中操作模式的转换发生频率相当高，因此系统的整体性能受到明显损害。一种可行的方案是为 VMM 和每个虚拟机分配一个全局唯一 ID，TLB 的每一项附加该 ID 信息来索引线性地址的翻译。

（3）提供内存管理单元（MMU）虚拟化的硬件支持：即使使用 Intel-

VT技术，VMM还是得用老办法来处理Guest OS中发生的缺页异常以及Guest OS的客户机物理地址到主机物理地址的翻译，本质原因是VMM完全控制主机物理内存，因此Guest OS中的线性地址的翻译同时牵涉VMM和Guest OS的地址空间，而硬件只能看到其中的一个。英特尔和AMD提出了各自的解决方案，分别称为EPT（extended page table）和Nested Paging。这两种技术的基本思想是，无论何时遇到客户机物理地址，硬件自动搜索VMM提供的关于该Guest OS的一个页表，翻译成主机物理地址，或产生缺页异常来触发VM exit。

（4）支持高效的I/O虚拟化：I/O虚拟化需要考虑性能、可用性、可扩展性、可靠性和成本等多种因素。最简单的方式是VMM为虚拟机模拟一个常见的I/O设备，该设备的功能由VMM用软件或复用主机I/O设备的方法实现。例如Virtual PC虚拟机提供的是一种比较古老的S3 Trio64显卡。这种方式提高了兼容性，并充分利用Guest OS自带的设备驱动程序，但是虚拟的I/O设备功能有限且性能低下。为了提高性能，VMM可以直接将主机I/O设备分配给虚拟机，这会带来两个主要挑战：一是如果多个虚拟机可以复用同一个设备，VMM必须保证它们对设备的访问不会互相干扰。二是如果Guest OS使用DMA的方式访问I/O设备，由于Guest OS给出的地址并不是主机物理地址，VMM必须保证在启动DMA操作前将该地址正确转换。英特尔和AMD分别提出了各自的解决方案，分别称为Direct I/O（VT-d）和IOMMU，希望用硬件的手段解决这些问题，降低VMM实现的难度。

2004年，微软发布Virtual Server 2005计划，象征着虚拟化技术正式进入主流市场。

2005年，OpenVZ发布，这是Linux操作系统的容器化技术实现，同时也是LXC的核心实现。

2006年，英特尔和AMD等厂商相继将对虚拟化技术的支持加入到x86体系结构的中央处理器中（AMD-V、Intel VT-x），使原来纯软件实现的各项功能可以用借助硬件的力量实现提速。同年，红帽将Xen作为RHEL的默认特性。同年，Amazon Web Services（AWS）开始以Web服务的形式向企业提供IT基础设施服务，现在通常称为云计算。虚拟化和云计算不解的渊源也就自此开始了。

2010年10月21日，NASA发布了可以IaaS（基础设施即服务）云操作系统 OpenStack，第一个版本便是众所周知 Austin（奥斯丁）。OpenStack“自主可控”的口号，推动了云计算在国内的全面爆发。

4. 操作系统虚拟化（容器）

2013 年 3 月 15 日，在美国加利福尼亚州圣克拉拉召开的 Python 开发者大会上，DotCloud 的创始人兼首席执行官所罗门·胡克思（Solomon Hvkes）在一场仅 5 分钟的微型演讲中，首次提出了 Docker 这一概念，并于会后将其源码开源并托管到 Github。最初的 Docker 就是使用了 LXC 再封装了其他的一些功能。可以看出，Docker 的成功，与其说是技术的创新，还不如说是一次组合式的创新。

2014 年 6 月，Docker 发布了第一个正式版本 v1.0。同年，Redhat 和 AWS 就宣布了为 Docker 提供官方支持。

在传统操作系统中，所有用户的进程本质上是在同一个操作系统的实例中运行，因此内核或应用程序的缺陷可能影响到其他进程。操作系统虚拟化（OS-level virtualization）是一种在服务器操作系统中使用的、没有 VMM 层的轻量级虚拟化技术，内核通过创建多个虚拟的操作系统实例（内核和库）来隔离不同的进程（容器），不同实例中的进程完全不了解对方的存在。

操作系统虚拟化看似与上述提到过的几种硬件虚拟化方式一样，都是产生多个操作系统，但操作系统虚拟化与硬件虚拟化之间还是有很多不同之处，其中最核心的区别就是操作系统虚拟化是操作系统的虚拟化，而硬件虚拟化是计算机的虚拟化。前者隔离操作系统资源，而后者隔离计算机硬件资源。

6.1.2.2　虚拟化的优劣势

在过去几年中，虚拟化一直是数据中心和企业技术的重点，一部分水利行业单位已经使用某些解决方案实现了虚拟化。即使是小型企业或部门单位，尤其是那些依赖数据处理的企业，也在享受虚拟化带来的好处。然而，需要注意的是，这项技术并不都是好的，它对建设和运维提出了一些特定的挑战。这意味着应该准确地了解它的利弊，以便能够决定它是否适用于自身。

1. 优势

总体上来说，虚拟化技术的优势包括降低资金成本和运维成本，最大限度减少或消除停机，提高 IT 部门的工作效率、效益、敏捷性和响应能力，加快应用和资源的置备速度，提高业务连续性和灾难恢复能力，简化数据中心管理等。

（1）集中化管理：管理员不用再跑上跑下地处理每个工位上的主机，所有日常操作远程完成。复制、快照等功能更为管理员的日常维护提供了给力的工具。

（2）提高硬件利用率：包括两个方面。第一，一般来说，企业 IT 的物理资源利用率都是非常低的，因为所有的物理资源必须满足当前甚至几年以后的“峰值”计算需求。而在出现虚拟化以后，可以通过可动态扩展/调整来解决“峰值”的问题，让一台物理机器上运行多个虚拟机以利用这额外的“闲时”容量，而不必增加大量的物理资源；第二，在没有虚拟化之前，为了保证应用的可靠性和可用性，避免他们之间的冲突和相互影响，每个物理机一般不会运行多个重要应用，也就是说物理资源一般得不到有效的利用。而虚拟化的隔离特性很好地解决了该问题，从而也提高了硬件的利用率。

（3）动态调整机器/资源配置：虚拟化把操作系统和应用程序与服务器硬件分离开来，提供了大大增强的灵活性。不用关闭及拆卸物理服务器，就可以为虚拟机增加或减少资源。

（4）高可靠性：通过部署额外的功能和方案，带来具有透明负载均衡、动态迁移、快速复制等高可靠服务器应用环境，减少服务器或应用系统的停机时间，提高可靠性。

（5）减低总体成本：在 IT 基础设施中使用此技术的最大优势之一就是不需要投资昂贵的设备，内部的专业人员就可以轻松访问各种软件和服务器。此外，虚拟化的价格也是可以接受的，因为无须直接购买设备，这意味着可以节省更多的开销。只需向拥有和维护所有服务器的第三方支付虚拟化服务费用，无须支付额外的成本。

（6）降低终端设备数量：通过虚拟化技术将多个网管系统整合到一台主机上，可以依旧保证一套系统一台服务器。从而在不影响网管业务的使用的基础上，有效减少硬件设备的数量，降低电力资源的能耗。减少设备所需机架位置空间，避免因设备数量增长造成的机房环境改造。

除此之外，虚拟化技术在安全性、可用性、可扩展性方面也有不错的改进。

2. 缺点

有诸多优点自然也伴随着不足之处，当然并不是每一个应用程序可以虚拟化。有些应用程序需要直接调用硬件，必须在共享的内存空间中运行，或者需要一个只与特定的设备兼容的专用的设备驱动程序。

(1) 前期高额的费用：虽然从长远来看，虚拟化技术是有经济效益的。当然考虑到更长久，我们不得不在硬件上投入更多的资金。从长远来看，肯定会节省开支，但是现实成本还是挺高的。

(2) 降低硬件利用率：这点似乎和上面所说的优点矛盾了，其实只是角度不同而已。虚拟化必然需要占用一部分资源（CPU/内存/硬盘），一个可以发挥出100%性能的物理机，加上虚拟化以后，可能只能发挥出80%的性能，所以又说它会降低资源的利用率。因此某些极度耗费资源的应用可能并不适用于虚拟化的环境。

(3) 更大的错误影响面：在常规配置下，虚拟机存储于本地物理机硬盘上。真实物理机宕机，上面的虚拟机将全部不可用。另外物理机硬盘损坏，一般可以恢复出绝大部分文件，但碰巧坏的是虚拟机镜像文件，结果虚拟机里面的文件可能全部损坏。

(4) 实施配置复杂，管理复杂：通常的 IT 管理员并不能很好地排查并解决虚拟化使用过程中的问题，如经常碰到的 VM 不能启动或者卡死，没有真实物理机那么好解决。

(5) 一定的限制性：使用虚拟化技术的一个主要缺点是，它涉及各种限制。并非所有的服务器和应用程序虚拟化是友好的，这意味着有的企业的 IT 基础设施的某些方面可能与虚拟化解决方案兼容。为此，应该考虑的是，仍然有不完全支持虚拟化环境的供应商。

(6) 安全性：虽说虚拟化技术在安全上已经很不错了，但是虚拟化技术自身也存在着一定的安全隐患。虚拟化过程的目的是分离虚拟化的资源，但是仍然有一些情况下，服务器意外地对其他不应该看到它们的人可见。

6.1.3　虚拟化实施与运维

虚拟化的实施，尤其是如 VMware 等商用虚拟化平台的实施和运维，主要依托于厂商或集成商，作为水利信息化基础设施管理部门或单位，我们主要关注实施与运维过程的要点。

6.1.3.1 实施

在此主要列出实施阶段的主要步骤和注意要点。

1. 前期的需求调查

确认相关信息，包括网络拓扑，硬件包括存储、服务器、交换机等，软件包括虚拟化软件，备份软件等，备份空间包括本地磁盘大小和存储的大小等。

2. 实施阶段（以 VMware 为例）

存储的划分，服务器配置检查；部署 vmesxi；交换机的配置；虚拟机绑定网卡；安装 Vcenter；加入 host 到 Vcenter；考虑迁移到存储和别的主机；现在可以装迁移软件，并且试着迁移；建立集群；NBU server 搭建；SSR server 搭建，用来备份虚拟机。

6.1.3.2 运维

1. 虚拟化平台运维中关键点

（1）高效：主要还是根据虚拟化平台的规模来看，如果规模比较大，则使用 python、PowerCLI（仅 VMware）这类脚本运维方式会很省事，可以完成从虚拟化控制中心、主机、虚拟机、虚拟网络、存储等相关资源的新建、修改、删除等操作，尤其是批量操作更是方便，如批量新建虚拟机。

有实力的用户可以用 puppt、ansible 这种自动化配置工具对虚机进行日常运维操作。

（2）随时随地全局掌控：主要依赖监控和日志，zabbix、ELK 之类或者商业版的，可以随时了解虚拟化平台健康状态并作出响应。

（3）安全：主要在虚拟机和数据备份，即使虚拟机或数据损坏，还有备份可以恢复。

2. 虚拟化平台运维过程中的经验

（1）虚拟机备份容量及快照原理。

当创建一个虚拟机快照时，这是一个特定的文件。它也是 redo-log 日志。delta 文件是在基础 VMDK（虚拟机磁盘）上的变更位图，因此，它不能增长到比 VMDK 还大。为虚拟机创建每一个快照时，都会创建一个 delta 文件。当快照被删除或在快照管理里被恢复时，这些文件将自动删除。

这些文件用于存储关于快照的元数据和信息。这个文件是文本格式的，里面包括诸如快照显示名称、UID（编号）和磁盘文件名等信息。在没创建虚拟机快照之前，这个文件的初始大小为0字节。这样说来，只要进行快照，这个文件就会增大和持续更新。

在快照被移开后，这个文件不能被完全清除。一旦删除了个快照，它将仍然在文件里为每个快照遗留位置，不过仅增加编号并在“Consolidate Helper”里放置名称，这可能是用来整合备份*.vmsn file。

这是快照状态文件，里面存储的是使用快照时，一台虚拟机精确的运行状态。这个文件大还是小取决于选择保留这台虚拟机的存储作为快照的一部分。如果你选择保留虚拟机的存储，那么，这个文件将比较大，然后分配给虚拟机最大化的RAM。

这个文件类似于VMware暂停状态文件.vmss。虚拟机每个快照都将创建一个.vmss文件；当移动快照时，这些文件自动删除。

大多数情况下，应该避免为同一台虚拟机创建多个快照。每次为系统创建新的快照，其运行速度都会变慢。每个快照都会建立相应的delta磁盘文件，如果虚拟机需要读取多个delta文件，必然会增加系统的I/O负载。这个过程无疑会延长虚拟机的响应时间，并且产生额外的磁盘操作。

如果只想保存一系列快照当中的最新版本，可以将它们整合为单一快照。这种方式可以帮助提升系统运行速度和管理效率。选择目标虚拟机，单击鼠标右键，之后选择整合。你可以在虚拟机和模板视图当中查询虚拟机是否需要整合，并且在列表当中显示所有需要进行整合的虚拟机。

（2）如何优化VMware的网络设计实现网络高可用？

对于计算节点高可用来讲，除了在资源数量上要保证其冗余性之外，策略设置也非常重要。可以参考以下四点。

第一，Admission Control Policy：对于生产环境来讲，一般认为选择（Host Failure the cluster tolerates=1）比较合适，当然如果资源非常空闲，可以适当调大。

第二，对于每一台物理机上的虚拟机根据其重要程度不同，设置其启动的优先级（高中低）。

第三，当一台物理机上的虚拟机远超过集群当中的物理机数量时，可以考虑设置虚拟机HA互斥分离规则。

第四，生产环境当中尽量把 DRS 的策略设置得不要太激进。尤其是前段具有负载均衡设备的时候建议把 DRS 设为建议模式。

对于存储来讲，必须保证集群内所有节点看到的外部存储视图是一样的、完全共享的，才能很好地保证其 HA 及 DRS 功能。

（3）VMware 逃逸问题。

虚拟机逃逸是指利用虚拟机软件或者虚拟机中运行的软件的漏洞进行攻击，以达到攻击或控制虚拟机宿主操作系统的目的。

VMware Workstation 和 Fusion 的拖放（drag-and-drop，DnD）功能中存在一个越界内存访问漏洞。在运行 Workstation 或 Fusion 的操作系统上，攻击者可以利用这个漏洞实现客户机逃逸，在宿主机上执行代码。在 Workstation Pro 和 Fusion 上，如果拖放功能和复制粘贴（copy-and-paste，C&P）功能都被禁用，那么这个漏洞就无法利用。

（4）VMware 快照删除时的合并策略。

【问题描述】

如，有快照 A->B->C->当前位置

当虚拟机关闭时：

问题 1. 如果删除快照 B，快照 B 的内容是合并到 A 还是 C？

问题 2. 如果删除快照 C，快照 C 的内容是合并到 B 还是当前位置？

当虚拟机打开时：

问题 3. 如果删除快照 B，快照 B 的内容是合并到 A 还是 C？

问题 4. 如果删除快照 C，快照 C 的内容是合并到 B 还是当前位置？

如果回滚的快照不包含内存状态，服务器将关闭，在重启后使用前一快照状态。如果快照中包含了内存状态，虚拟机只是简单中断一下后恢复到之前快照的磁盘和内存状态。

当用户对 VMware 虚拟机快照进行操作时，要注意，当需要删除虚拟机所有快照时，所有创建的 delta 文件首先被合并到原 VMDK 文件然后进行删除，如果选择仅删除某个快照，那么只有该快照被合并到上一级快照中；如果选择回滚快照，那么现有的磁盘和内存状态都被抛弃，系统恢复到所选择的回滚时间点状态。无论选择了哪一级的快照进行回滚，它都成为新的父级快照。而父级快照并非代表最新的快照，如果选择之前的时间点进行回滚，虚拟机就恢复到老时间点的状态。在 Snapshot Manager 中，父级快照总是带有标签“You are here”，代表虚拟机的当前状态。

6.2 云计算

从广义上说，云计算是与信息技术、软件、互联网相关的一种服务，这种计算资源共享池称为“云”，云计算把许多计算资源集合起来，通过软件实现自动化管理，只需要很少的人力参与，就能让资源被快速提供。也就是说，计算能力作为一种商品，可以在互联网上流通，就像水、电、煤气一样，可以方便地取用，且价格较为低廉。

云计算不是一种全新的网络技术，而是一种全新的网络应用概念，云计算的核心概念就是以互联网为中心，在网站上提供快速且安全的云计算服务与数据存储，让每一个使用互联网的人都可以使用网络上的庞大计算资源与数据中心。

云计算是继互联网、计算机后在信息时代又一种新的革新，云计算是信息时代的一个大飞跃，未来的时代可能是云计算的时代，虽然目前有关云计算的定义有很多，但总体上来说，云计算的基本含义是一致的，即云计算具有很强的扩展性和需要性，可以为用户提供一种全新的体验，云计算的核心是可以将很多的计算机资源协调在一起，因此，用户通过网络就可以获取到无限的资源，同时获取的资源不受时间和空间的限制。

现阶段所说的云服务已经不单单是一种分布式计算，而是分布式计算、效用计算、负载均衡、并行计算、网络存储、热备份冗杂和虚拟化等计算机技术混合演进并跃升的结果。

简单地说，云计算就是计算服务的提供（包括服务器、存储、数据库、网络、软件、分析和智能）——通过互联网（云）提供快速创新、弹性资源和规模经济。

云平台，包括私有云的建设与运维，均离不开云服务提供商，故本章仅介绍云计算相关基础知识，不涉及建设与运维。

6.2.1 云计算和虚拟化

根据云计算的概念可知，云计算更多指服务，而虚拟化则是一种技术。云计算的模式呈现给用户更多的是直接能为客户提供服务，而虚拟化更多的是将资源整合，最常用的VM，就是把计算存储网络资源虚拟化后，给用户呈现了一计算实例，两者显然不同。

从技术方面来看，云计算是在虚拟化技术基础上实现的，虚拟化是云计算的基础，而云计算则是虚拟化的应用扩展，将资源集中后再分配给更多的用户使用。

从价值方面来看，云计算将虚拟化的价值扩大化，让它的用户们除了能实现自身设备的虚拟化外，也可以将某些业务直接上云。

6.2.2 云计算的特点

云计算的可贵之处在于高灵活性、可扩展性和高性比等，与传统的网络应用模式相比，其具有如下优势与特点。

1. 虚拟化技术

必须强调的是，虚拟化突破了时间、空间的界限，是云计算最为显著的特点，虚拟化技术包括应用虚拟和资源虚拟两种。众所周知，物理平台与应用部署的环境在空间上是没有任何联系的，正是通过虚拟平台对相应终端操作完成数据备份、迁移和扩展等。

2. 动态可扩展

云计算具有高效的运算能力，在原有服务器基础上增加云计算功能能够使计算速度迅速提高，最终实现动态扩展虚拟化的层次达到对应用进行扩展的目的。

3. 按需部署

计算机包含了许多应用、程序软件等，不同的应用对应的数据资源库不同，所以用户运行不同的应用需要较强的计算能力对资源进行部署，而云计算平台能够根据用户的需求快速配备计算能力及资源。

4. 灵活性高

目前市场上大多数 IT 资源、软件、硬件都支持虚拟化，如存储网络、操作系统和开发软、硬件等。虚拟化要素统一放在云系统资源虚拟池当中进行管理，可见云计算的兼容性非常强，不仅可以兼容低配置机器、不同厂商的硬件产品，还能够外设获得更高性能计算。

5. 可靠性高

倘若服务器故障也不影响计算与应用的正常运行。因为单点服务器出现故障可以通过虚拟化技术将分布在不同物理服务器上面的应用进行恢复或利用动态扩展功能部署新的服务器进行计算。

6. 性价比高

将资源放在虚拟资源池中统一管理在一定程度上优化了物理资源，用户不再需要昂贵、存储空间大的主机，可以选择相对廉价的 PC 组成云，一方面减少费用，另一方面计算性能不逊于大型主机。

7. 可扩展性

用户可以利用应用软件的快速部署条件来更为简单快捷地将自身所需的已有业务以及新业务进行扩展。例如，计算机云计算系统中出现设备的故障，对于用户来说，无论是在计算机层面上，抑或是在具体运用上均不会受到阻碍，可以利用计算机云计算具有的动态扩展功能来对其他服务器开展有效扩展。这样一来就能够确保任务得以有序完成。在对虚拟化资源进行动态扩展的情况下，同时能够高效扩展应用，提高计算机云计算的操作水平。

6.2.3 云服务类型

大多数云计算服务都可归为三大类：基础设施即服务、平台即服务、软件即服务。它们有时被称为云计算“堆栈”，因为它们互为构建基础。

1. 基础设施即服务

基础设施即服务（infrastructure as a service，IaaS）指把 IT 基础设施作为一种服务通过网络对外提供，并根据用户对资源的实际使用量或占用量进行计费的一种服务模式。在这种服务模型中，普通用户不用自己构建一个数据中心等硬件设施，而是通过租用的方式，利用互联网从 IaaS 服务提供商获得计算机基础设施服务，包括服务器、存储和网络等。IaaS 与传统的主机托管有相似之处，但是在服务的灵活性、扩展性和成本等方面，IaaS 具有很强的优势。

2. 平台即服务

平台即服务（platform as a service，PaaS）是云中的完整开发和部署环境，用户可以使用其中资源交付内容，从基于云的简单应用到启用云的复杂企业应用程序皆可。用户以即用即付的方式从云服务提供商处购买所需资源，并通过安全的互联网连接访问这些资源。

类似 IaaS，PaaS 也包括服务器、存储空间和网络等基础结构，但它还包括中间件、开发工具、商业智能（BI）服务和数据库管理系统等。PaaS旨在支持Web应用程序的完整生命周期：生成、测试、部署、管理和更新。

PaaS让用户无须购买和管理软件许可证、底层应用程序基础结构和中间件、容器业务流程协调程序（如Kubernetes）或开发工具及其他资源，从而避免了开支和复杂操作。用户管理自己开发的应用程序和服务，剩余事项一般由云服务提供商负责。

3. 软件即服务

软件即服务（software as a service，SaaS）是让用户能够通过互联网连接和使用基于云的应用程序。常见示例有电子邮件、日历和办公工具等。

SaaS提供完整的软件解决方案，用户可以从云服务提供商处以即用即付方式进行购买。为组织租用应用，组织用户即可通过互联网连接到该应用（通常使用Web浏览器）。所有基础结构、中间件、应用软件和应用数据都位于服务提供商的数据中心内。服务提供商负责管理硬件和软件，并根据适当的服务协议确保应用和数据的可用性和安全性。SaaS让组织能够通过最低前期成本的应用快速建成投产。

6.2.4 云计算类型

并非所有云都相同，并且没有一种云计算适合所有用户。为了提供合适的解决方案，满足客户需要，已有多种不同的模型、类型和服务得到开发。

用户需要确定云开发的类型或云计算基础结构，云服务将根据这些内容进行实现。部署云计算资源有三种不同的方法：公共云、私有云和混合云。

1. 公共云

公共云，也称公有云，是指第三方提供商通过公共互联网提供的计算服务，面向希望使用或购买的任何人。它可能免费或按需出售，允许客户仅根据CPU周期、存储或带宽使用量支付费用。

公共云的意义在于能够以低廉的价格，提供有吸引力的服务给最终用户，创造新的业务价值。公有云作为一个支撑平台，还能够整合上游的服务（如增值业务、广告）提供者和下游最终用户，打造新的价值链和生态系统。

公有云被认为是云计算的主要形态。在国内发展如火如荼，根据市场参与者类型分类，可以分为五类：

（1）传统电信基础设施运营商，包括中国移动、中国联通和中国电信；

（2）政府主导下的地方云计算平台，如各地如火如荼的各种“××云”项目；

（3）互联网巨头打造的公有云平台，如华为云、阿里云、腾讯云；

（4）部分原 IDC 运营商，如世纪互联；

（5）为具有国外技术背景或引进国外云计算技术的国内企业，如风起亚洲云、Windows Azure、Amazon AWS。

2. 私有云

私有云是指通过互联网或专用内部网络仅面向特选用户（而非一般公众）提供的计算服务，核心属性是专有资源。私有云也称作内部云或公司云，私有云计算为企业提供了许多公有云的优势（包括自助服务、可伸缩性和弹性），其通过专用资源提供额外控制和定制能力，远胜于本地托管的计算基础结构。此外，私有云通过公司防火墙和内部托管提供更高级别的安全和隐私，确保第三方提供商无法访问操作和敏感数据。其存在一个缺点，即由公司 IT 部门承担私有云的成本以及管理责任。因此，私有云须具有与传统数据中心所有权相同的人员配备、管理和维护费用。

私有云可提供两种模型的云服务。第一种是 IaaS，它允许公司使用基础结构资源，如计算、网络和存储即服务。第二种是 PaaS，它允许公司提供各种应用程序，小至基于云的简单应用程序，大到复杂的企业应用程序。

私有云具有以下特点。

（1）数据安全：虽然每个公有云的提供商都对外宣称，其服务在各方面都是非常安全，特别是对数据的管理。但是对企业或单位而言，特别是大型企业或重要单位而言，与业务有关的数据是其的生命线，更重要的是涉密管理的相关要求，数据是不可外泄或受到任何形式威胁的，所以短期而言，大型企业或重要单位是不会将其重要的应用放到公有云上运行的。而私有云在这方面是非常有优势的，因为它一般都构筑在防火墙后。

（2）SLA（服务质量）：因为私有云一般在防火墙之后，而不是在某一个遥远的数据中心中，所以当公司员工访问那些基于私有云的应用时，它的 SLA 应该会非常稳定，不会受到网络不稳定的影响。

（3）影响现有 IT 管理的流程：对企业而言，流程是其管理的核心，如果没有完善的流程，企业将会成为一盘散沙。不仅与业务有关的流程非常繁多，而且 IT 部门的流程也不少，如那些与 Sarbanes-Oxley 相关的流程，并且这些流程对 IT 部门非常关键。在这方面，公有云很吃亏，因为假如使用公有云的话，将会对 IT 部门流程有很多的冲击，如在数据管理方面和安全规定等方面。而在私有云，因为它一般在防火墙内的，所以对 IT 部门流程冲击不大。

3. 混合云

混合云，有时称为云混合，是一种将私有云与公有云加以结合的计算环境，可在它们之间共享数据和应用程序。有人将混合云定义为包含“多云”配置，也就是组织除了使用其本地私有云外，还使用多个公有云。

无论使用哪种混合云定义，其优点均为当计算和处理需求超出了本地私有云的功能时，可以使用公有云来即时纵向扩展或缩减容量，以处理超出的容量。此外，可避免购买、安装和维护新服务器（可能不一定始终需要）的时间和成本。

对于使用高度敏感数据的行业，如银行、金融、政府，混合云可能是其最佳云选项。例如，水利行业需要将某些类型的数据存储在本地，同时允许在云中存储不太敏感的数据。在这种混合云体系结构中，组织可以享有公有云的灵活性，以执行不太受管制的计算任务，同时可满足其行业要求。

第 7 章　安全防御体系

网络安全和信息化是一体之两翼、驱动之双轮。网络安全建设必须统一谋划、统一部署、统一推进、统一实施。做好网络安全和信息化工作，要处理好安全和发展的关系，做到协调一致、齐头并进，以安全保发展、以发展促安全，努力建久安之势、成长治之业，构建安全可控的信息技术体系。

党中央、国务院高度重视网络安全工作。2017 年 6 月 1 日，《中华人民共和国网络安全法》正式施行，同时为了适应无线移动接入、虚拟计算环境、云计算、大数据、物联网和工控系统等新技术、新应用情况下信息安全等级保护工作的开展，国家完成了对《信息安全技术信息系统安全等级保护基本要求》（GB/T 22239—2008）等一系列等级保护标准的修订工作，确定了针对无线移动接入、云计算、大数据、物联网和工业控制系统等新技术、新应用领域的安全要求。2019 年 5 月 10 日，《信息安全技术　网络安全等级保护基本要求》（GB/T 22239—2019）完成修订并正式印发，网络安全等级保护制度正式进入 2.0 时代。

水利行业高度重视网络安全的建设与发展，网络安全防护能力的提升被列为《水利网信水平提升行动方案（2019—2021 年）》的首要任务。同时，在顶层设计中也提出了一系列建设目标：继续完善网络安全防御控制能力，实现网络安全保护“实战化、体系化、常态化”和“动态防御、主动防御、纵深防御、精准防护、整体防控、联防联控”的“三化六防”动态保护措施；不断提升网络安全综合感知能力，构建全面的网络安全感知体系，全面感知网络流量、信息系统运行信息、网络安全威胁信息；增强安全监测体系建设，提升应急事件处置能力，依托跨部门、跨地区的立体化网络安全监测体系和网络安全防护体系；完善网络安全管理调度能力，构建集中的网络安全管理调度系统，对网络安全防御控制设施进行统一的管理；完善网络安全分析决策能力，构建网络安全大脑，对感知的网络流量、信息系统运行信息、网络安全威胁信息等综合分析处理，全面感知网络安全风险、智能自动应对或提出应对建议。

7.1 思路与框架

7.1.1 建设思路

网络安全防护体系设计，应以新发展理念为引领，以新一代安全技术和水利业务融合创新为驱动，加强网络安全自主可控，构建实战化、体系化、常态化的新一代网络安全保障体系，打造动态防御、主动防御、纵深防御、精准防护、整体防控、联防联控的安全防护机制，实现“等保合规基线达标、各层面风险全盘可控、上下协同一体化监管”的网络安全目标。

优先应加强等级保护合规建设，从安全物理环境、安全通信网络、安全区域边界、安全计算环境、安全管理中心等层面进行安全设计和建设，构建网络安全基线。

其次应打造适应水利业务、安全内生的网络安全保障体系，以体系化的思想从终端安全、系统安全、应用安全、数据安全、云安全、视频安全、工业控制系统安全、身份安全、安全威胁态势感知等方面进行整体的安全技术设计，有效提升网络安全防护能力。

再次应以资产和安全风险管理为主线，加安全管理和制度建设，加强人员安全管理，定岗定责；构建横向风险闭环管理，纵向上下协同处理的运维机制，增强风险对抗能力，打造能够面向实战的安全运营能力；增强网络安全监管的力度，促进网络安全能力的自我提升和改进。

7.1.2 总体框架

网络安全保障体系，从安全管理体系、安全技术体系、安全运营体系、安全监管体系四个方面进行整体设计。各体系密切衔接、相互融合，形成人、技术、流程的闭环运行效果，最大限度发挥安全产品和服务的作用，达到“等保合规基线达标、各层面风险全盘可控、上下协同一体化监管”的整体目标，保障网络和信息化的持续有效运行。

第一，优化安全管理体系。梳理并优化当前的安全管理体系，包括：优化设计安全组织及岗位职责、安全管理制度与标准、安全工作要求与操作规范等，进行等级保护测评及风险评估，持续开展安全合规性检查及指导工作。

第二，持续提升安全技术体系防护能力。构建新型积极防御安全技术体系，在满足等保合规的基础上，全面提高安全技术防护能力，重点关注上下一体化的安全威胁态势协同、应用安全防护、系统安全按防护、终端安全防护、云安全防护等几个层面，能够提供持续的安全技术保障。

第三，增强安全运营体系建设。坚持“以人员为核心、以数据为基础、以运营为手段”的基本安全理念，结合实际情况，优化完善整体的安全运营体系，形成威胁预测、威胁防护、持续检测、响应处置的闭环安全工作流程，打造面向实战化的安全运行机制。

第四，增强安全监管审计体系建设。以“安全风险管理”为抓手，分别从安全风险管理、安全合规检查、安全绩效考核层面进行整体的安全监管和审计。对于发现的问题，向上反馈，向下通报整改，实现风险闭环管理。

7.2　安全防御技术体系

围绕着“智慧水利”的发展需要，水利行业在不断加强网络安全防御控制能力、综合感知能力、管理调度能力、分析决策能力、容灾备份能力等能力建设的同时，构建覆盖智慧水利综合感知、分析处理和智能应用全过程的网络安全防护体系。

7.2.1　安全建设要求

对于新建设的系统、新上线的设备，要严格按照等级保护建设要求，做好全面的安全防护，全面符合等保测评要求。

7.2.1.1　系统定级和备案

根据《信息安全技术　网络安全等级保护基本要求》（GB/T　22239-2019），二级以上（含二级）信息系统在定级工作中需要组织相关部门和有关安全技术专家对定级结果的合理性和正确性进行论证和审定，新建信息系统在规划阶段就可根据信息系统将承载的业务的重要程度对信息系统进行定级，按照相应等级进行等级保护安全体系设计和建设，对二级以上（含二级）信息系统还需按照公安机关的要求进行备案。

为了进一步明确信息系统定级、备案的相关责任和流程，应明确系统定级、备案和系统测评流程。

为确保系统等级保护定级备案工作的规范性和专业性，可选择专业的等级保护咨询服务完成相关工作。

7.2.1.2 系统安全方案设计

按照“三同步”的原则，网络安全需要与信息化建设同步规划、同步建设、同步运行，在系统建设规划阶段须明确安全建设的目标和建设需求并进行安全规划方案的设计，安全方案应经过评审、批准后才能实施。

安全方案设计须根据安全保护等级选择基本安全措施，依据风险分析的结果补充和调整安全措施；

安全方案应根据保护对象的安全保护等级及与其他级别保护对象的关系进行安全整体规划和安全方案设计，设计内容应包含密码技术相关内容，并形成配套文件；

安全建设项目根据实际建设阶段须设计不同的安全方案，包括总体建设规划方案、详细设计方案、建设实施方案等，安全方案须组织相关部门和有关安全专家对安全整体规划及其配套文件的合理性和正确性进行论证和审定，经过批准后才能正式实施。

7.2.1.3 安全产品采购管理

网络安全产品的采购和使用应符合国家的有关规定，对于密码产品的采购和使用须符合国家密码主管部门的要求，并预先对产品进行选型测试，确定产品的候选范围，并定期审定和更新候选产品名单。

针对业务系统中安全设备采购，须严格按照设备采购管理流程和政府设备采购目录来采购相应的安全产品；并且在搭建的模拟系统中对这些安全设备和软件进行测试和试运行验证，以防止产生对系统产生不可预见的影响。

7.2.1.4 外包软件开发管理

在等级保护制度中，对于外包软件开发，明确要求应在软件交付前检测其中可能存在的恶意代码，并要求开发单位提供软件设计文档和使用指南，对于三级系统的外包软件开发还要求开发单位提供软件源代码，并审查软件中可能存在的后门和隐蔽信道。

针对外包软件开发建议可选择专业的安全公司作为第三方进行开发过程的安全管理，包括协助开发单位建立安全开发制度和流程，并在软件开发的关键节点进行代码检测，代码检测采用自动化工具+专家审核的检测方式，既提高检测准确性和效率，又能发现系统逻辑错误等问题。

7.2.1.5 工程实施管理

信息系统安全建设过程中，涉及产品安装部署、功能启用、策略配置、与应用系统集成等各方面工作，安全工程建设整个过程本身还需要安全可控，需要由专门的部门或人员负责工程实施过程的管理，并制订安全工程实施方案，控制工程实施过程。对于三级信息系统，等级保护还明确要求须通过第三方工程监理控制项目的实施过程。

在实施过程中指定一家单位作为项目第三方监控单位，并指定专门的项目安全工作负责人，制定项目管理制度和项目实施方案。

7.2.1.6 测试及交付管理

项目建设完成后在正式上线前应进行系统测试，应制订测试验收方案，并依据测试验收方案实施测试验收，形成测试验收报告，按照等级保护的要求，应进行上线前的安全性测试，并出具安全测试报告，安全测试报告应包含密码应用安全性测试相关内容。

在系统交付时，应制定系统交付清单，并根据交付清单对所交接的设备、软件和文档等进行清点，对负责系统运行维护的技术人员进行相应的技能培训，提供建设过程文档和运行维护文档。

由于系统的复杂性，在系统及各子系统交付时，要制定交付清单，并根据交付清单对所交接的设备、软件和文档等进行清点；对负责运行维护的技术人员进行相应的技能培训；确保提供建设过程中的文档和指导用户进行运行维护的文档。

系统安全性测试建议选择专业的安全公司进行系统上线前安全检测，

并针对安全风险及时采取措施整改。

7.2.1.7 系统等级保护测评

在系统建设完成后，按照等级保护的要求必须选择国家认可的测评机构对信息系统进行等级保护测评，并在系统运行过程中定期进行测评，对于三级系统要求每年测评一次，对发现不符合相应等级保护标准要求的及时整改，并在发生重大变更或级别发生变化时进行等级保护测评。

系统上线运行后，选择经过国家认可的等级保护测评机构进行测评，由于测评工作的专业性和复杂性，建议选择专业安全厂商协助进行测评工作，如在正式测评前协助进行自测和整改等。

7.2.1.8 服务供应商选择

等级保护制度规定要确保服务供应商的选择符合国家的有关规定；与选定的服务供应商签订相关协议，明确整个服务供应链各方需履行的网络安全相关义务；并定期监督、评审和审核服务供应商提供的服务，并对其变更服务内容加以控制。

在项目建设过程中，要选择有相应资质的安全服务商、安全集成商、系统集成商和软件开发商，并与其签订协议，明确相关安全义务和责任。

7.2.2 等保合规基础体系

等保合规是网络安全建设与运维的基础，应遵循国家等级保护要求，包括安全物理环境、安全通信网络、安全区域边界、安全计算环境、安全管理中心等层面。

7.2.2.1 安全物理环境

等级保护基本要求主要涉及的方面包括：物理位置选择、物理访问控制、防盗窃和防破坏、防雷击、防火、防水和防潮、防静电、温湿度控制、电力供应和电磁防护等十个控制点。机房建设应严格按照国家对信息系统机房的建设标准，机房应在各方面满足等级保护的相关要求。

7.2.2.2 安全通信网络

安全通信网络应优化安全域划分，消减网络中核心节点设备的单点问题，进一步提高网络的稳定性。为了对业务系统实现良好的安全保障，参照等级保护的要求对系统安全区域进行划分设计，实现内部办公、数据共享交换与外部接入区域之间的安全隔离，并对核心区域进行冗余建设，用以保障关键业务系统的可用性与连续性。

1. 优化安全域划分

在安全域边界位置增设防火墙做好边界访问控制，可根据实际情况将总体的安全域灵活划分为核心交换域、三级服务器区域、二级及普通服务器区域、DMZ 域、互联网接入域、广域网接入域、安全管理域、办公终端接入域、安全开发域、安全测试域以及访客接入域等。

2. 消除核心节点单点风险

对网络中存在单点的核心路由器、核心交换机或关键位置防火墙，若存在单点设备，应实现双机热备模式。

3. 运维建议

根据网络情况，调整优化安全域划分，并根据访问控制原则设定严格的访问控制策略。通过在网络关键位置，部署对应的路由器、交换机或防火墙，根据实际业务场景选择主从业务模式或主业务模式。

7.2.2.3 安全区域边界

安全区域边界是保证跨越网络边界的访问和数据流通过边界设备提供的受控接口进行通信；能够在关键网络节点处检测、防止或限制从外部以及内部发起的网络攻击行为；能够对非授权设备私自联到内部网络的行为进行检查或限制；能够在关键网络节点处对恶意代码进行检测和清除，并维护恶意代码防护机制的升级和更新；能够在网络边界、重要网络节点进行安全审计，进一步保障通信的安全性。

1. 加强边界访问控制

采用安全访问控制技术，对进出安全域的访问行为设定访问控制策略。边界访问控制的安全要求主要如下。

（1）访问控制：能够基于 IP、安全域、VLAN、时间、用户、地理区域、服务协议及应用等多种方式进行访问控制。能对 HTTP、SMTP、POP3、IMAP、FTP、TELNET 协议进行细粒度的控制，过滤不受信任的网络行为。

（2）应用层访问控制：能实现文件过滤、URL 过滤、邮件过滤等、实现针对主要的应用协议（如 HTTP、FTP、POP3、SMTP、IMAP 等）的双向内容传输过滤，可预定义或自定义敏感信息库进行敏感信息定义。

（3）负载均衡：能实现基于 IP、ISP、应用、用户、服务等的多链路负载均衡，DNS 流量的负载均衡，基于服务器地址的负载均衡。

（4）支持 IPv6：能够支持完整的双栈协议，支持 IPv6 下的多种功能，包括网络功能和安全功能，包括 IPv6 接口、IPv6 路由、IPv6 认证管理、IPv6 日志管理、IPv6 VPN、IPv6 安全功能及安全策略等。

（5）支持 VPN：能够支持 IPSec VPN、SSL VPN、L2TP、PPTP、GRE 等 VPN 协议，用于互联网用户访问内网业务应用系统。

（6）协同联动：能够与终端安全管理系统、云端的 URL 库、病毒库、上网行为、应用识别库等资源进行联动，提升对已知威胁的识别效率，并能对在终端发现的威胁从网络层及时阻断。

2. 加强边界入侵防护

在网络区域的边界处，需要对网络攻击行为进行检测与阻断，并及时报警和报告。

新一代检测分析技术：能结合异常检测与攻击特征数据库检测的技术，同时也包含深层数据包检查能力，除了检查第四层数据包外，更能深入检查到第七层的数据包内容，以阻挡恶意攻击的穿透，同时不影响正常程序的工作。

双向攻击检测：通过对进出网络的流量进行采集分析，可对由内向外发起的网络攻击行为和由外向内发起的网络攻击行为均进行检测和告警。可以检测多层多种类型攻击，如应用型攻击、流量性攻击、蠕虫连接型攻击、普通常见攻击等。

日志告警和阻断：要能检测辨别出各种网络入侵攻击，保护网络及服务器主机的安全外，还需要提供完整的取证信息，提供客户追查黑客攻击的来源等，并提供包括 E-mail、SNMP trap、声音等方式的告警。可以对攻击行为进行实时阻断。

攻击诱捕：能够给攻击者伪造一个漏洞多、安全性差的内网环境，通过对攻击者攻击手法的精准识别，并精准响应漏洞利用结果，达到攻击诱骗的目的。对流量实施动态的诱骗捕获，并根据行为进行溯源、分析，推动网络安全体系从被动防御向主动防御进化。

3. 加强边界完整性检测

对于终端的非法外联可以通过终端的网络安全准入、上网行为管理措施进行控制。网络安全准入和违规外联检测的安全要求主要如下。

（1）网络安全准入。

支持应用准入：防止非法终端访问核心区域资源，规范终端入网流程，保障入网终端的安全可信，结合终端的合规检查，满足终端入网的合规性管理要求。

支持 Web Portal 认证：保护网络核心区域不受外部非法访问，通过监听保护区域的网络数据流，并做连接跟踪，对数据流进行合法性检测并对非法连接进行阻断和控制，保护核心区域访问的安全。

支持 802.1x 接入认证：在网络接入层做准入认证，根据认证授权情况确定是否能访问网络。支持动态 VLAN 的下发，可绑定多种认证因素实现强认证管理。结合入网合规性检查策略，根据合规性下发网络访问权限。

支持 MAB Mac 认证：网络中存在大量的哑终端设备，如网络打印机、视频会议系统、IP 网络电话等设备，对于此类不能安装客户端的哑终端设备也需要合法入网。

入网合规检查：检测终端入网安全状态，快速定位发现入网终端的安全合规情况，并利用终端 ACL 防火墙隔离机制及时将终端设备与网络上的其他设备隔离起来，只能够访问自定义的隔离修复区或修复服务器，同时依照策略进行引导式修复或一键修复。

第三方认证源联动：支持本地用户、AD 认证、LDAP 认证、E-mail 认证、HTTP 认证适应用户不同网络环境，满足用户实名制认证、集中统一管理的入网需求。

动态在线连接及强制下线：支持认证用户在线状态详情查看在线时长，让管理员实时掌握用户接入网络情况，并支持用户违规强制下线和账号锁定，确保具有安全隐患的接入终端对网络不造成影响。

强制隔离：采用 802.1x 认证成功后，如果认证会话没有过期，网络会持续可用，管理员可以在任何时候强制在线的用户和终端下线、注销当前登录的网络，确保非正常情况下对终端入网进行控制和强制隔离处理。

（2）违规外联检测。

URL 访问审计与过滤：采用 URL 分类数据库，通过管理员配置基于

URL 分类的控制策，进行 Web 访问控制，发现非法访问可进行阻断、记录或报警。

应用控制：通过应用特征与行为特征对应用进行识别。通过精细化的控制策略设置，可以实现对单位应用访问的精细化管理。

内容审计和过滤：对内容的审计可以有效控制信息的传播范围，控制敏感信息的泄露，避免可能引起的安全风险。

共享接入监控：支持使用 NAT 技术将一个网络出口共享到多个主机，能够对接入网络的设备做观察、控制，能够检测到一个用户或 IP 所共享的终端数量，并可以对数量做策略控制，以达到掌控用户终端数量的目的，在监控到用户使用的终端数后，可以对此进行控制，屏蔽该用户的上网流量。

4. 加强边界恶意代码检测

应在网络重要节点处（如互联网入口）进行病毒的检测、清除和阻断。能够基于本地安全引擎，高效拦截常见漏洞入侵、间谍软件、病毒、木马、钓鱼网站、恶意 URL 访问、垃圾邮件等网络威胁。一般的边界访问控制措施具备该安全能力。

5. 加强网络安全审计

通过镜像获取通过核心交换机上流量数据对整个网络的流量进行审计分析，可对用户的行为进行审计。

网络安全审计的安全要求主要如下：

（1）支持对用户的 HTTP、邮件、FTP、Telnet、远程桌面、QQ 远程、互联网访问等进行审计。

（2）支持将日志发送至外置日志存储系统，确保日志记录满足合规要求。

（3）支持通过收集网络设备、安全设备、服务器、应用系统等的日志信息，结合网络流量日志进行关联分析，能够快速发现网络安全事件，并进行定位和报警。

6. 运维建议

对于边界访问控制，可考虑采用防火墙设备。防火墙一般部署在各安全域边界，在互联网接入边界、安全管理区边界、核心业务区边界均建议单独部署防火墙设备，设置严格的访问控制规则，并定期进行策略的检查和优化。

边界入侵防护，可考虑采用入侵防范设备。入侵防范设备一般旁路部署在核心交换设备上，能够对网络攻击行为进行检测与阻断，并及时报警和报告。采用蜜罐设备对流量实施动态的诱骗捕获，并根据行为进行溯源、分析。

对于边界完整性监测，可考虑采用网络准入控制系统和上网行为管理系统。二者均采用旁路部署模式。对于现有的上网行为管控设备，需要全面开启上网行为审计策略。

为实现对病毒的实时阻断，在互联网边界串接防火墙的情况下，可考虑开启 AV 模块，或在防火墙后串接专业的防病毒网关设备，实现从网络层检测和阻断恶意代码。

对网络行为和流量的安全审计，可考虑采用网络安全审计设备。通过旁路部署在核心交换机，通过分析网络流量进行用户行为的分析审计。

对上述现有的安全措施的维保服务进行升级，对于过保的设备，应考虑续保或采购新设备。

7.2.2.4 安全计算环境

安全计算环境是对终端、服务器、应用系统等的登录用户进行身份标识和鉴别，对登录的用户分配账号和权限；采用免受恶意代码攻击的技术措施或主动免疫可信验证机制及时识别入侵和病毒行为，并将其有效阻断；对虚拟机要进行安全防护，对相关系统进行安全性评估和漏洞修复，保障重要数据的安全性。

1. 对终端 PC 进行安全防护

通过建设终端统一安全管控体系、落实终端安全管理技术措施、实现统一终端运维、全面的安全审计能力。

终端安全管控的要求主要如下。

(1) 终端恶意代码防护：通过集中管控实现对病毒查杀策略、病毒库的统一升级管理。采用云查杀引擎、未知病毒检测等新技术，解决传统防病毒软件本地特征库对新型病毒查杀效果不明显的问题。

(2) 终端统一安全管控：制定统一的安全策略，进行全网终端的流量监控、非法外联监控、应用程序黑白名单控制、外设管控、桌面安全加固等。

(3) 终端软件管理：能够让管理员掌握网内终端环境软件使用情况，及时发现异常，保证终端环境中软件的正常运行和软件安全性。

（4）统一补丁升级和管理：能够对全网计算机进行漏洞扫描，把计算机与漏洞进行多维关联，根据终端或漏洞进行分组管理，支持补丁错峰下发，实现对补丁库的统一升级和管理。

（5）终端统一安全运维：实现全网终端硬件资产管理，且具备远程协助能力。

（6）终端综合审计：对终端用户的行为进行审计，审计内容应包括软件使用日志、外设使用日志、开关机日志、系统账号日志、文件操作日志、文件打印日志、邮件记录日志等；并具备报表能力，对终端安全日志、漏洞修复、病毒日志、木马查杀、插件清除、安全配置、文件及应用日志、终端事件告警等信息进行报表统计。

2. 对服务器进行统一安全防护

针对访问控制要求，应对业务应用服务器进行全面的安全管理和防护。服务器安全管控的要求主要如下。

（1）采用运行时应用自防护技术（RASP）：对应用系统的流量、上下文、行为进行持续监控，识别并防御已知、未知威胁。

（2）能够基于沙盒原理实现对网络木马异常行为进行检测：持续对系统的行为进行学习，可有效检测出系统中存在的异常行为，并在综合判定后产生告警。

（3）采用内核加固及可视化虚拟安全域模型（ASVE）技术：实现应用及系统权限的控制与隔离，收缩应用进程的访问范围，从有效抵御恶意程序执行，提权等已知、未知 APT 攻击，实现提供整体的安全加固。

（4）采用微隔离和流可视化技术：能够重新定义虚拟网络边界和监控内部网络信息流动，防止攻击者入侵内部网络后的东西向移动。

（5）采用基线扫描技术：可设定安全基线，包括系统存在的安全漏洞、系统配置的脆弱性、系统状态的检查。

3. 对虚拟机进行安全防护

对虚拟主机进行统一的安全防护。虚拟化安全要求主要如下。

（1）恶意软件防护：无须在虚拟机内部安装杀毒软件，就能够防止其受病毒、间谍软件、木马和其他恶意软件的侵害。

（2）进程管控：能够以黑白名单方式，针对不同的场景灵活配置管控规则，未被允许的进程将无法使用，彻底阻止勒索软件或其他恶意软件执行。

（3）防火墙能力：可对虚拟机进行微隔离，既能控制南北向流量，还可控制云平台内部虚拟机之间的东西向流量。

（4）应用控制能力：对应用协议进行分类，针对分类配置阻断、放行策略，对于新增的应用能自动应用分类的配置策略。

（5）入侵防护能力：可对已知的漏洞进行虚拟修补，在虚拟机系统及应用不进行安全补丁升级的情况下，防御针对漏洞的攻击。能够防护 SQL 注入、跨站脚本攻击及其他的利用 Web 应用程序漏洞的攻击，并能及时防御针对最新漏洞的攻击。

（6）DDoS 防护能力：可对 TCP Flood、UDP Flood 和 ICMP Flood 攻击进行防护，能针对每台虚拟机单独进行流量清洗。

4. 对 Web 应用进行安全防护

对 Web 应用的安全防护要求主要如下。

（1）漏洞防护能力：能够对 SQL 注入、跨站脚本、代码执行、目录遍历、脚本源代码泄露、CRLF 注入、COOKIE 篡改、URL 重定向等多种漏洞攻击进行有效防护。

（2）攻击防护能力：能够针对用户请求提供多重检查机制和智能分析，确保对高安全风险级别攻击事件的准确识别率。针对 Flood 攻击、SQL 注入、跨站脚本、目录遍历等主要攻击手段，提供有效的识别、阻断并告警能力。

（3）网页代码检查能力：能够对网站进行检查，在网站被挂马之前发现网站的脆弱点，未雨绸缪，避免挂马事件的发生。

（4）挂马检测能力：能够对网站挂马进行安全威胁监测，防止因挂马导致的敏感信息泄露、木马植入、账号被盗等事件的发生。

（5）网页防篡改能力：能够对 Web 站点进行实时监控。在网页被防篡时，网页文件会被自动锁定，所有“写”的权限被封锁，只有“读”的权限。恢复正常后，所有相关权限会自动下发，网站正常恢复更新。

5. 对应用系统进行身份鉴别与访问控制

对业务应用系统的访问采用双因素认证机制，实现对用户身份的统一管理和多种方式组合的强身份认证。详细可参见本书 7.2.9 节“零信任身份安全体系”。

6. 进行全面的漏洞扫描

对安全计算环境内的终端、服务器、网络设备、安全设备、应用系统等进行漏洞扫描，对系统补丁更新情况、网络设备漏洞情况、远程服务端口开放等情况进行综合评估，提供安全漏洞评估报告，提前进行漏洞修复，预防漏洞利用或攻击事件的发生。

漏洞扫描的安全要求主要如下。

（1）发现内部资产：快速发现网络内部资产，避免未知资产带来的安全风险，实现内部 IT 资产的标识和分类管理，方便安全扫描策略的实施和风险评估的进行。

（2）实现网络内部环境的脆弱性评估：通过漏洞知识库以及多样的漏洞扫描策略，针对网络设备、系统主机、应用程序等存在的漏洞和风险进行有效评估，并生产完善的评估报告，建立高效的安全漏洞管理解决方案。

（3）建立完善的漏洞管理和风险评估体系：通过定期的漏洞扫描和漏洞验证形成规范的全网漏洞管理体系，并辅以风险报表以及解决方案建议，提供完整的从漏洞发现、验证、修复建议的流程。

7. 对数据进行安全防护

需通过以下具体的技术保护手段，在数据和文档的生命周期过程中对其进行安全相关防护，确保内部数据在整个生命周期的过程中的安全。详见本书 7.2.7 节“数据安全防护体系”。

按照等级保护要求，对数据的安全防护分为 3 个层面。

（1）对数据进行加密与保护。

加强对于数据的分级分类管理：对关键敏感数据必须设置标记，对于重要的数据应对其本身设置相应的认证机制；加强对于数据的授权管理，对文件系统的访问权限进行一定的限制；对网络共享文件夹进行必要的认证和授权。除非特别必要，可禁止在个人的计算机上设置网络文件夹共享；对重要的数据和文档进行加密；进行通信保密：对于存在大量敏感信息的系统，采用专业的数据防泄密措施对数据进行全生命周期防护。

（2）对数据访问进行安全防护。

对应用数据库进行全方位的安全审计；对终端敏感数据进行安全防护，加强终端数据安全管控，通过终端敏感数据发现、通道管控、文档加密和屏幕水印，实现敏感数据防泄漏；对数据进行安全管理与风险分析，建设数据安全管理与风险分析平台，全面掌握数据流转过程中的安全状态，形成全局数据风险视图，全面掌握数据安全风险，统一管理数据安全策略，防范违规、越权、滥用数据行为。

（3）对数据进行备份与恢复。

应提供重要数据的本地数据备份与恢复能力；应提供异地实时备份能力，利用通信网络将重要数据实时备份至备份场地；应提供重要数据处理系统的热冗余，保证系统的高可用性。

8. 运维建议

对终端进行统一的安全防护，应在网络内部部署终端安全管理系统，通过控制中心和终端客户端，终端会根据控制中心制定的安全策略，进行杀毒、补丁分发、修复漏洞、网络准入、运维管控、移动存储管理等安全操作。

对服务器进行统一的安全防护，应部署服务器安全管理系统，在服务器上部署客户端程序，通过控制中心实现对服务器统一安全策略的下发，对服务器提供安全加固、Web 应用防护、运行时应用安全防护、内核加固等功能，实现对服务器的统一安全管理和高效安全运维。

对虚拟化系统进行安全防护，应采用虚拟化安全管理系统，一般由安全组件和管理中心两部分组成。管理中心接收安全组件上传的安全事件和网络流量日志，通过多维度、细粒度的大数据分析，并以可视化的形式展现给用户，从而实现对已知威胁进行溯源，并对未知威胁进行预警。安全组件安装在数据中心每个计算节点、物理服务器上，接收管理中心配置的安全策略，对虚拟机或物理终端进行文件、网络和系统的安全防护，并将安全事件及行为日志上传到管理中心进行分析。

对 Web 应用系统的防护，采用 Web 应用防火墙 WAF，WAF 部署采用纯透明串行接入模式，在交换机上串行接入 Web 应用防火墙，所有 Web 请求和恶意访问攻击均由 WAF 来承担处理，经过清洗、过滤后，由 WAF 向真实的服务器提交请求并将响应进行整形、压缩等处理后送交给请求客户端。这能够有效防范来自互联网的威胁，保护网络的安全、稳定、高性能运行。

对应用系统的身份鉴别和访问控制，详细参见本书7.2.9节“零信任身份安全体系”。

对全网进行漏洞扫描，应采用漏洞扫描系统，可旁路部署在待评估网络中的核心交换机上，网络可达的情况下能够有效地评估主机、网络设备和系统软件的漏洞情况。数据库审计系统旁路部署在服务器区，对数据库访问行为进行审计。

7.2.2.5 安全管理中心

安全管理中心能够在安全管理区域，对分布在网络中的安全设备或安全组件进行集中管控，对分散在各个设备上的审计数据进行收集汇总、报警和集中分析；能够对各级单位的网络安全威胁进行收集汇总、报警和集中监控，并能够把网络安全威胁数据上传至水利部；能够对相关的登录的用户实现“三员”管理和身份唯一性标识鉴别，对登录的用户分配账号和权限。

1. 网络安全威胁的全面感知和上下协同

网络安全威胁感知要基于网络中全要素多源异构数据的分析感知安全态势，包括网站安全监测数据、流量监测数据、网络攻击监测数据、“僵木蠕毒”监测数据、高级威胁攻击监测数据等，进行分析挖掘，实时掌握网络攻击情况、攻击手段、攻击目标、攻击结果以及网络自身存在的隐患、问题、风险等情况，对比历史数据，形成趋势性、合理性判断。

2. 终端统一安全管理和上下协同

终端统一安全管理，主要实现终端恶意代码防护、终端统一安全管控、终端软件管理、终端补丁升级和管理、终端统一安全运维和终端综合审计等。终端统一安全管理建设采用多级建设模式，一级平台制定总体的终端安全防护策略，并下发到下级平台。整体上实现全网终端的统一管控和上下协同管理。终端统一安全管理和上下协同。

3. 设备/服务器统一的安全运维管理

对网络设备、服务器等进行统一的安全运维管理，主要将运维人员与被管理设备或系统隔离开来，所有的运维管理访问必须通过运维管理平台进行。安全运维管理要求具备集中权限管理和行为审计能力。

统一安全运维管理的安全要求主要如下。

（1）资产管理与统一访问：能够支持管理员通过 B/S、C/S 两种登录方式进行安全运维管理工作，支持单点登录。

（2）身份管理：能够为运维人员创建唯一的运维账号（主账号），并与服务器账号（从账号）均进行关联，确保所有运维行为审计记录均可定位至自然人，能够有效解决账号共用问题。

（3）身份认证：支持多种双因素身份认证方式，包括本地认证、短信认证、手机令牌、动态令牌、数字证书等。

（4）访问控制与授权：通过集中统一的访问控制和细粒度的命令授权策略，确保每个运维用户拥有的权限是完成任务所需的最合理权限。

（5）操作审计：对管理用户的操作审计能够按照不同方式进行事件查询，审计人员可以根据操作时间，源，目标 IP 地址，用户名（运维、主机），操作指令等条件对历史数据进行查询，快速定位历史事件。

4. 运维建议

安全态势感知采用多级建设模式，一级平台设立网络安全威胁监测预警平台，在非核心区及外联区域布设安全威胁感知探针，并视实际情况建设二级平台。二级平台探针的数据要发送到一级平台进行汇总分析和威胁告警，整体上实现安全威胁的全面感知和上下协同处置。

终端统一安全管理建设，采用多级建设模式，在相应的终端 PC 或服务器上安装客户端程序。一级平台制定总体的终端安全防护策略，并下发到下级平台。下级平台能够进行独立管理，也需要将相关信息上报至一级平台。整体上实现全网终端的统一管控和上下协同管理。

对于设备/服务器统一安全运维管理，采用堡垒机设备，进行旁路部署。

7.2.2.6　等级保护建设清单

在等级保护建设过程中，按照相应等级的要求所需要采用的安全技术措施，可参照表 7-1 进行。

表 7-1　安全技术措施

序号	等保所需产品	等保二级	等保三级
1	防火墙	必备	必备
2	入侵防御	必备	必备
3	日志审计	必备	必备
4	漏洞扫描	必备	必备
5	上网行为管理	必备	必备
6	WAF（包括防篡改）	可选	必备

续表

序号	等保所需产品	等保二级	等保三级
7	运维管理系统	可选	必备
8	数据库审计	可选	必备
9	未知威胁检测	可选	可选
10	网络版杀毒软件	必备	必备
11	安全流量分析	可选	可选
12	邮件安全网关	可选	必备
13	蜜罐系统	可选	可选
14	态势感知	可选	可选
15	终端准入系统	可选	必备
16	安全接入网关	可选	必备
17	虚拟化安全系统	可选	必备
18	网站监测预警系统	可选	可选
19	备份与恢复系统	可选	必备

7.2.3 终端安全管控体系

终端安全基于“终端安全一体化管控”的建设理念，从终端防病毒、终端安全管控、终端准入、终端审计等角度进行整体设计，实现有效发现识别病毒、木马、APT 等各类威胁，通过病毒查杀、补丁修复、终端管控、终端准入、防黑加固等安全能力，为构建上下一体化、协同运作的终端统一立体防护体系，同时要能够兼容 Windows、Linux、信创等类型操作系统和计算平台，实现多系统统一管理平台、多功能统一管理平台。终端安全管控体系总体架构如图 7-1 所示。

建设跨数字化终端类别的统一安全管理平台，在终端和接入环境上构建面向终端硬件、操作系统、应用软件、数据资源、用户身份、操作行为和末梢网络的一体化安全技术栈；提升终端纳管能力，降低终端运维成本；充分利用终端的安全能力和数据资源，实现与数据安全、系统安全、身份安全、行为安全等其他安全运行目标的有效衔接和深度聚合。终端安全管控体系的安全要求主要如下。

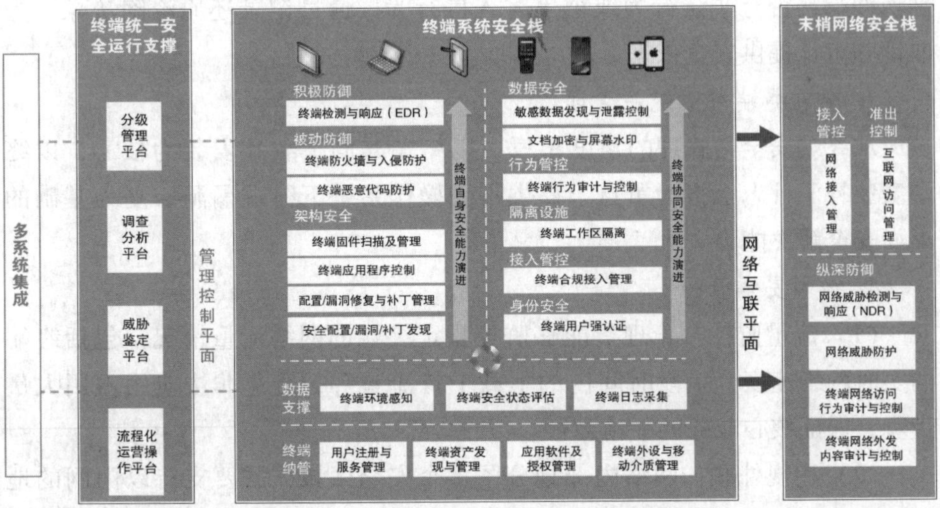

图 7-1　终端安全管控体系总体构架

1. 终端病毒与恶意代码防范

使用人工智能检测引擎，采用人工智能与机器学习的方法，对病毒样本进行多次切片学习，抽取出病毒与恶意代码的共性特征，建立恶意代码的不同族系模型样本黑白名单管理。要具有终端防病毒能力，支持对蠕虫病毒、恶意软件、广告软件、勒索软件、引导区病毒、BIOS 病毒的查杀。对于恶意 URL 的检测采用动态分析结合静态匹配的技术，要满足对恶意链接的精确检测要求。

2. 终端综合评估

（1）配置脆弱评估：可以通过检查终端身份鉴别、安全审计、访问控制、资源控制、入侵防护的配置状态，评估终端配置脆弱程度，符合国家标准、水利行业标准或自身的安全要求。

（2）数据价值评估：可以自定义终端数据价值判断标准，判定终端价值（普通数据终端、敏感数据终端、核心数据终端）。通过终端数据价值评估，可以保证拥有重要价值数据的信息非法外泄，加强内部数据安全监管力度，保证终端价值数据安全流通。

（3）沦陷迹象评估：可以对终端威胁检查内容进行设置，沦陷迹象主要关注系统账号的变化、终端 U 盘的使用记录，浏览器的记录、打开文档的记录、搜索历史记录、共享访问记录等。通过以上记录信息的历史回查，确认终端是否有非法行为或被黑客入侵行为，通过记录还原沦陷迹象，为取证和审计提供安全依据。

3. 全网终端漏洞统一管理

从终端安全与管理的角度出发，以终端漏洞下载和安装为核心，以终端安装补丁日志上报为重点，提供不同操作系统下终端漏洞修复为基础的桌面安全解决能力。

4. 终端安全管控

（1）流量监控：管理员能够监控指定终端的网络流量情况，包括终端的实时网络速度、一段时间内的下载上传流量等，避免非法应用占用大量带宽，保证核心业务的平稳运行。

（2）违规外联：网络内部划分了多个安全区域，需要支持以内网的地址作为外联判断标准，对于外联设备的接入也需要产生告警信息，提供给管理员更多的信息，以提高违规外联的防护措施。

（3）应用程序安全：应用程序安全应支持进程黑白名单。添加入进程红名单的进程为必须运行进程，可以防止恶意程序对该必备类型进行破坏。

（4）网络安全：通过黑白名单来确保网络安全。管理员可以添加某些网络连接的协议类型、IP 地址、端口号或者添加 URL 地址来设置黑白名单，从而保证用户网络安全。

（5）远程维护：可对网络内需要帮助的计算机终端进行远程维护操作，帮助远程计算机终端进行异地操作和检查系统问题。

（6）外设管理：支持硬件准入管理，可帮助管理员对终端的 USB 口、1394、串口、并口、PCMCIA 卡等接口进行启用和禁用控制。管理员可对 PC 终端外设进行强有力的全面管控，杜绝数据外泄和感染病毒的风险。

（7）桌面加固：通过桌面安全加固能帮助 IT 管理员对终端桌面系统的账号密码、本地安全策略、控制面板、屏保与壁纸、浏览器安全、杀毒软件检查等功能进行细粒度的统一强管控。

（8）屏幕水印：屏幕水印对拍照等方式泄露重要敏感数据形成有效的震慑，直接降低了以拍照方式泄露数据的风险。

（9）客户端强制自保护：不允许终止 Agent 进程运行，并且默认情况下不允许卸载，如必须卸载 Agent 软件，必须提供卸载密码。

5. 终端信息审计管理

终端行为审计内容应包括文件操作审计与控制、打印审计与控制、应用程序使用审计、系统开关机审计等。

6. 身份认证合规准入管控

应提供主机快速认证、802.1x 认证拨号、Web Portal 认证、入网强制合规检查、隔离修复、认证客户端交互配置等能力。提供访客入网的管理能力，访客可自注册账号通过管理员授权后，才可访问网络内的资源。能够检测终端入网时的安全状态，能快速定位发现入网计算机终端的安全合规情况，并利用其终端 ACL 防火墙隔离机制立即将这个设备与网络上的其他设备隔离起来，只能够访问自定义的隔离修复区或修复服务器，同时依照策略进行引导式修复或一键修复。

7. 多网切换隔离管控

在无物理隔离的情况下，终端可同时接入电子政务外网及内网的情况原则上被严格禁止。多网切换利用纯软件的方式满足多网安全访问而需要投入的大量资源，亦能极大地提高终端用户日常使用上的便利性。

8. 软硬件资产登记管理

能够跟踪硬件资产变更，可帮助管理员及时获取硬件资产的变更记录，硬件新增、丢失情况，对硬件变更准确监控，及时预警，方便管理部门审计，轻松构建专业的硬件资产监控与审计平台。

9. 移动存储介质管理

能够实现对移动存储设备的灵活管控，保证终端与移动存储介质进行数据交换和共享过程中的信息安全要求，包括移动存储介质的身份注册、网内终端授权管理、移动介质挂失管理、外出管理和终端设备例外等。

10. 终端威胁检测与响应

为了快速提升面向终端资产的高级威胁响应速度，需要提供威胁检测与响应（EDR）能力，实现大数据存储，查询的能力，包括大数据分析的思路和方法。EDR 在威胁情报知识的引导下，可以发现新的潜在未知威胁，供管理员分析与调查。

对存在威胁的终端能够进行全面的安全评估，结合终端背景数据，对于终端的安全漏洞、威胁的攻击步骤进行分析评估，发现整个攻击链与终端沦陷的根本原因以及影响范围。

11. 可视化安全数据分析与决策

终端安全数据可视化能力为IT运维、安全运维、系统管理员、信息主管量身打造终端安全数据可视化分析与决策能力平台。通过可视化大屏将安全数据进行汇总统一展示，同时针对关键事件进行轮播预警，适合投影到各类安全运营屏幕，统一展示终端安全整体状态以及安全建设成果。

12. 运维建议

终端统一安全管控体系的建设，采用多级部署、协同管理的模式，一级平台负责自身的终端安全管理，多级平台负责自身的终端安全管理，整体的安全策略由一级平台统一制定下发，保持安全防护策略的一致性。多级平台能够进行独立管理，也需将相关告警信息上报至一级平台。整体上实现全网终端的一体化管控和上下协同管理。

7.2.4 移动安全管控体系

随着移动应用逐渐增多，在方便快捷的同时也带来了新的安全风险和挑战。移动安全管控体系采用零信任、零管控、零隐私理念，以设备、人、应用三个维度，构建基于可信空间的系统环境、身份边界、应用数据三级信任体系，监控并防护移动终端环境安全，保护业务应用敏感信息。

移动安全管控在功能架构上主要包含移动客户端、管理控制台、应用网关、智能身份平台等四个部分。客户端是安全工作空间在移动终端上的客户端形态，包括三个核心模块："零信任"核心能力区域、终端数据保护能力、内部应用区域。管理控制台是控制中心和策略中心，为最终的移动用户提供面向应用和数据的安全和合规性策略。应用网关是内部应用接入水利内网的关键控制点，提供应用级SSL VPN通道以及应用访问资源的授权，并且对应用传输的数据实施高强度数据加密，让移动用户在无感知的情况下接入网络。智能身份平台是移动用户的身份认证和应用授权管理中心。

1. 全面感知移动终端环境

对接入应用系统的移动终端采用"零信任"机制，对终端安全状态进行实时和全面感知。能够基于终端应用风险、系统风险、网络风险、设备风险以及策略合规情况等多个维度，进行全面的感知和上报，安全维护人员可对接入的终端风险状态可视、可控。对感知和上报的终端风险事件和风险行为，按照策略和规则对移动终端的安全状态进行度量，能够评定终端的安全等级和分值。

2. 隔离风险终端

根据感知和评估规则，对不同等级风险的终端进行执行相应等级的安全防护策略。例如，感知到终端存在中高等级风险或行为时，唤起用户身份认证；在感知到终端存在高危风险时，采取阻止访问业务或者执行擦除本地应用数据，从而实现对应用安全和业务系统安全的保护作用。

3. 终端系统环境可信

通过基于大数据的移动威胁防御技术在移动智能终端上提供系统级（如越狱/Root、系统脆弱性、系统配置合规性检查等），网络级（如 Wi-Fi 安全检测等），以及应用级（如恶意 APP 行为检测等）的风险感知和威胁检测，确保在一个安全可信的移动终端环境中运行。

4. 用户身份边界可信

通过新一代应用沙箱与身份认证深度技术整合的方式，对应用在移动终端上的边界重新进行划分。第一层边界是可信空间自身，第二层边界是在可信空间内部应根据应用的不同的价值度和敏感度来定义内部的应用边界，对一些高敏度的应用需要进行基于时间、位置和行为等因素的持续动态的增强身份认证，从而确保这些高敏感或者高价值的应用是在正确的时间和地点被正确的用户安全的访问。

5. 业务应用数据可信

通过构建数据全生命周期（存储、传输、使用、共享）保护方案让应用/数据变得可信。在数据存储阶段通过应用层透明加解密技术，在移动终端的存储空间上开辟一个独立的安全存储区域，并对需要落地存储的文件进行高强度加密存储。在数据传输阶段传输通道上采用基于 TLS 的应用级加密通道，实现在数据传输过程中的安全通道访问。在数据使用阶段需要控制内部员工在使用数据过程中的有意以及无意识的数据泄密行为，如设置禁止截屏、拷贝粘贴、应用/文档水印等，从而有效地防止内部敏感数据的泄露。在数据共享阶段主要限制工作空间内部的应用与应用之间及内部应用与个人应用之间的数据共享和交互。

数据可信的核心是数据存储的可信，通过密钥沙箱技术，实现智能终端加密密钥、证书等关键数据的安全存储和管理，为构建可信空间内部应用数据全生命数据可信防护方案提供基础。

6. 零管控、零隐私模式

应能够基于“零管控”方式打造移动终端用户优质工作体验，全面消除隐私担忧。应实现无须注册和激活设备管理器，完全去除 MDM 移动设备管理功能，对员工移动终端不做任何设备管理。零隐私模式能够不收集地理位置、个人 APP 列表等隐私信息。

7. 运维建议

移动安全管控体系的建设，采用移动环境感知平台和安全工作空间平台，能够及时监控移动终端环境安全并进行安全防护，保护业务应用敏感信息安全性（图 7-2）。

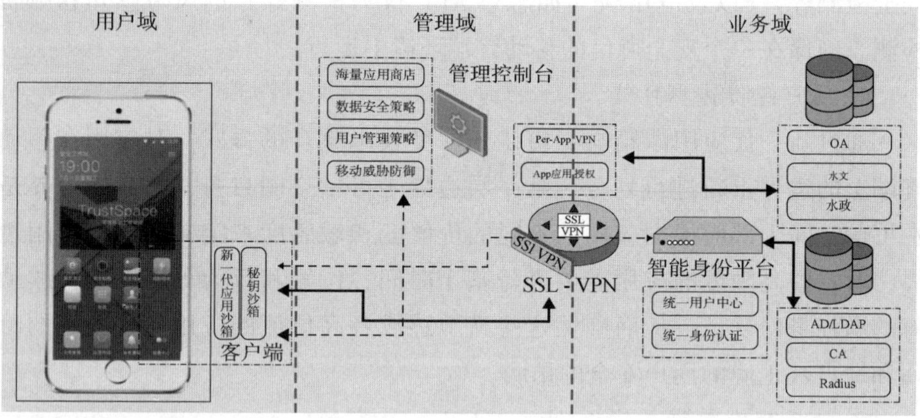

图 7-2　移动安全管控体系示例

7.2.5　系统安全体系

着眼实战化安全运行需求，通过基于资产、配置、漏洞、补丁四大措施，建立数据驱动的新一代系统网络安全体系。系统安全体系的总体架构如图 7-3 所示。

以聚合 IT 资产和运维的实战化安全运行为核心，构建全局的系统安全体系。建设全局性资产管理体系、安全配置管理体系、系统漏洞管理体系、系统漏洞缓解体系，持续监控信息系统的资产状态，分析配置符合性、漏洞状态等信息，基于测试验证结果，判定风险缓解措施优先级，提供修复方案。建设系统安全运行平台，聚合资产、配置、漏洞、补丁等数据，在

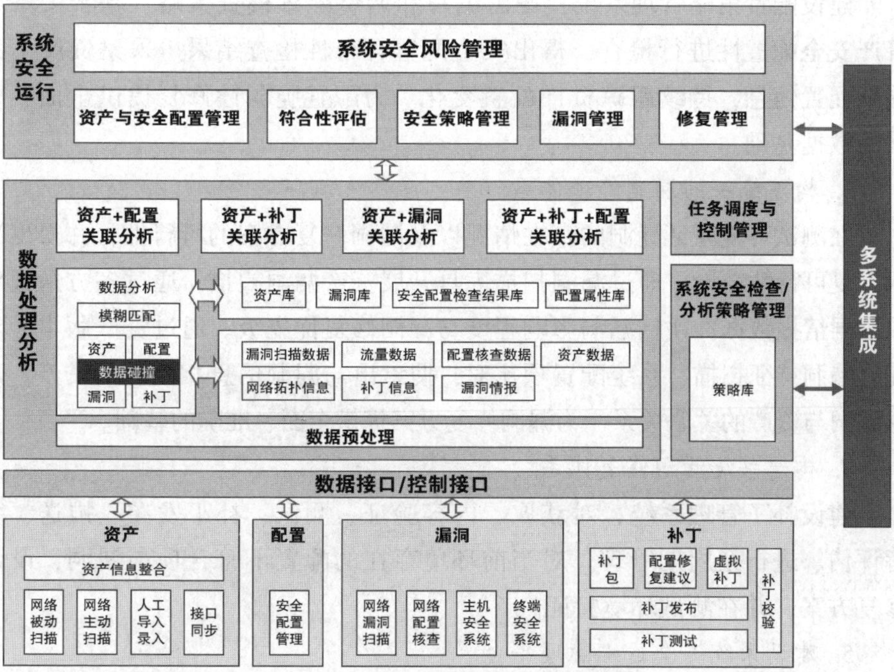

图 7–3　系统安全体系的总体架构

系统资产管理、配置管理、漏洞管理、补丁管理等方面形成协同有序的一体化运行能力。

1. 构建全局性的资产安全管理体系

建设面向 IT 服务的资产管理平台，通过网络主动扫描、流量被动扫描、Agent、CMDB 导入等方式，获取终端、主机、中间件、数据库等资产信息。对资产信息进行统一标准化处理，形成资产管理数据库，实现资产的全面覆盖，及时发现未备案资产违规上线。

能够与 CMDB \ HR \ PMS 等系统集成，获取资产所属业务、责任人、重要程度等属性信息，结合人工运营补全缺失的资产属性。补全资产的属性信息，为漏洞信息适配、系统安全风险分析、整改责任落实提供基础。

2. 构建整体的系统安全配置管理体系

在测试环境验证配置方案的有效性并发布、推广，明确系统安全配置项，实现系统最小化安装，避免不必要程序安装引入风险，且已部署系统得到正确配置。

建设配置策略管理系统，按需编写和调整配置核查策略，基于策略对资产安全配置性进行检查，得出安全配置符合性检查结果。采集资产生命周期配置信息，持续跟踪资产配置变化。为配置脆弱性修复提供全面、准确的数据基础。

3. 构建统一的漏洞管理体系

在测试环境验证漏洞的存在情况以及漏洞修复方案的可行性，并得出漏洞修复可行性结论。通过漏洞扫描工具开展资产漏洞扫描；通过多方情报获取漏洞情报数据；评估漏洞影响程度与漏洞修复优先级。通过资产版本号匹配、漏洞特征扫描、系统配置项比对，搜索出与漏洞信息相匹配的资产，建立漏洞与资产的关联关系，为漏洞修复方案提供全面、准确的基础。

4. 构建系统漏洞修复体系

建设补丁管理系统，对获取、内容验证、测试、补丁发布、推送、缓解评估、进行全周期管理。对当前环境存在的配置不符合项与漏洞，设计修复方案，并在测试环境验证。

5. 建设系统安全运维管理平台

聚合资产、配置、漏洞、补丁等数据，持续监控信息系统的资产状态，进行多维度数据碰撞分析、关联分析。分析配置符合性、漏洞状态等信息，判定风险缓解优先级等。通过资产信息与配置信息结合，分析出重要配置项的符合性结果、资产脆弱性以及重要补丁；通过资产与补丁信息结合，分析出补丁视角的风险暴露结果；通过将资产与漏洞数据结合，分析出漏洞视角的风险暴露结果。

6. 运维建议

可在现有网络安全威胁检测预警平台的基础上，建设统一的安全运维能力，聚合资产、配置、漏洞、补丁等数据，运维管理工作包括风险管理、资产安全配置管理、符合性评估、安全策略管理、漏洞管理、修复管理能力。

7.2.6 应用安全体系

应用开发时应充分考虑敏捷、持续集成、开发运行一体化（DevOps）等应用开发新模式，实现安全防护机制内生于应用系统，保持应用开发敏捷的同时，确保应用建成后满足合规要求，并具备对抗风险的能力。应用安全体系的整体架构如图 7-4 所示。

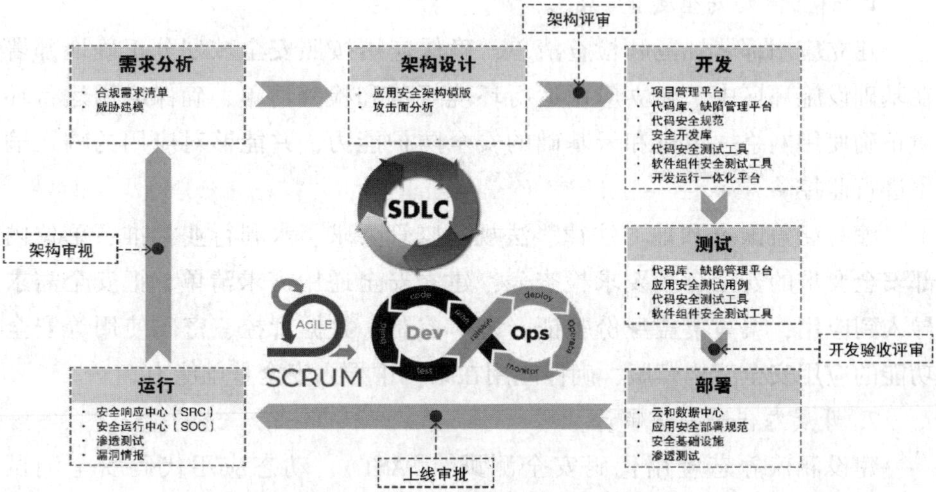

图 7-4　应用安全体系的整体架构

为了保障各类应用系统的安全，安全人员对内需要将外部合规要求以及内部符合性要求转换为需求和架构设计要求，充分参与重要的应用阶段评审，对研发、测试团队进行赋能，并面向业务为应用开发团队提供包括全生命周期的安全能力支撑。对外需要将应用安全要求作为供应商准入、采购、考核机制的一部分，确保供应商履行相应的义务。

围绕软件开发生命周期，构建应用安全能力支撑体系，优化应用开发流程，添加需求确定、架构管控、编码开发、测试评估等环节的软件开发生命周期安全控制机制。

相应地，建立参考最佳实践、覆盖安全规范的应用安全通用需求清单。开发可导入安全基础设施防护能力的应用安全架构模版。建设可导入身份管理、特权管理等安全防护能力的开发运行一体化平台。

制定代码安全规范，建设与应用缺陷（BUG）管理平台打通的源代码安全测试工具平台和软件开源组件分析工具平台。制定应用安全测试用例清单。设立安全应急响应中心、导入漏洞情报、开展渗透测试，建立漏洞评估和修复体系。依托身份安全、密码体系等安全工程，构建身份管理、访问控制、权限执行和密码操作等开发库。通过培训增强开发团队的安全意识和能力，使安全成为应用开发团队文化的一部分。

1. 确立代码安全规范

建立应用部署规范和检查清单，确保应用按照安全域划分正确地部署在基础设施环境中，建立应用运行环境规范和检查清单，确保应用运行环境正确使用网络、主机和云基础的安全防护能力，并能够对应用的输入输出进行监控。

编写涵盖国家和地方法律、法规、监管要求、水利行业标准、单位内部安全要求的安全合规要求检查表，建立安全通用需求清单，把安全需求导入到应用；编写覆盖身份验证、访问控制、数据管控、密码使用等安全功能的应用安全架构模版，确保应用在架构中导入安全基础能力。

2. 开展源代码安全审计

建设涵盖静态应用代码安全测试（SAST）、动态应用代码安全测试（DAST）、交互应用代码安全测试（IAST）在内的应用代码安全测试（AST）平台，实现代码安全检查与应用开发测试的聚合；建设软件组件分析（SCA）平台，建立应用开发框架、中间件和通用库清单，结合漏洞情报，提高应用开发框架、中间件和通用库漏洞管理的准确性和效率。

3. 对开源组件进行安全审计

构建针对开源组件安全分析的能力，对应用系统的源代码进行开源组件成分分析，识别出网络中全部在用的开源组件资产和漏洞清单。管理部门可以根据组件应用广泛度、漏洞严重程度、修复工作量选取试点开源组件，将待修复的组件清单及检测结果交由开发部门进行工作评估和漏洞修复，修复过程中可以根据推荐版本或最新版本的修复建议，进行开源组件版本升级。

4. 提升人员应用开发安全意识和能力

通过开展应用代码安全相关的培训，使需求设计人员、测试人员、系统维护人员等了解软件安全开发生命周期（SDL）在软件开发过程中的重要作用，了解Java、C/C++、C#等语言安全编码常识，了解常见的源代码安全缺陷及其产生机理、危害程度及防范措施。

5. 运维建议

编写安全合规要求和检查表，建立安全通用需求清单，把安全需求导入到应用中。搭建针对源代码安全审计和开源组件安全审计的工作平台，及时发现应用软件中存在的安全漏洞，并及时提供修复方案。

7.2.7 数据安全防护体系

数据安全防护体系应系统性地考虑数据安全治理和防护工作，明确保护要求、保护目标和保护策略，形成以分类分级为基础的数据安全治理能力。要基于数据资产风险评估和PDCA过程模型的数据安全治理框架，逐步有序地推进组织数据安全体系建设并有效落实数据泄漏风险。

数据安全防护体系主要由数据治理与安全管理平台、数据梳理与数据发现系统、数据资产态势感知系统、网络数据泄漏防护系统、邮件数据泄漏防护系统和终端数据泄漏防护系统组成。

1. 数据分类分级管理

对数据进行分级管理，采取差异化的保护策略。

不同部门的数据管理员可对部门数据分类的创建和管理维护定义分类名称、数据权限、分级、条件规则等属性，不同部门的数据管理员可以在系统中实现数据分类的清单式管理，可持续地维护管理分类及其属性。

2. 数据智能梳理

应用机器学习、自然语言处理和文本聚类分类技术，对数据进行基于内容的实时精准分类。通过集成到系统平台的机器学习引擎，实施有监督机器学习，提取短句或长组合词作为语义特征，自动生成分类规则库。

数据管理员可以在线对样本进行分类梳理，支持无监督聚类及有监督的机器学习快速实现分类规则学习定义，使数据管理人员可通过系统平台快速、准确地实现业务数据的梳理。

3. 数据识别发现

对数据格式、类型、位置、协议、网络应用等进行识别，确定数据防护策略，进而实施保护。

4. 用户行为分析

通过后台算法定期对风险事件及行为详情进行统计、关联和挖掘，根据综合分析评价得出结论，利用机器学习技术对用户行为学习。

5. 数据资产态势感知

关键数据是重要战略性资产，需要实质了解数据资产所处的环境，评估现在和未来的风险，并准确预测和应对可能出现的潜在问题。通过预测数据资产可能发生的各种状况，管理者能够制定行之有效的应对策略。

6. 运维建议

数据安全管理平台独立部署管理不同位置的 DLP 网关设备，DLP 设备以探针模式工作，实现终端、网络、邮件、存储上分布式流量分析和平台化集中式策略及事件管理展现，能够根据需求灵活地扩展分析监测范围及能力。

7.2.8 云安全体系

云安全体系可建立同时满足传统数据中心安全和云计算安全要求的新一代云数据中心安全防护体系。云安全防护体系总体架构如图 7-5 所示。

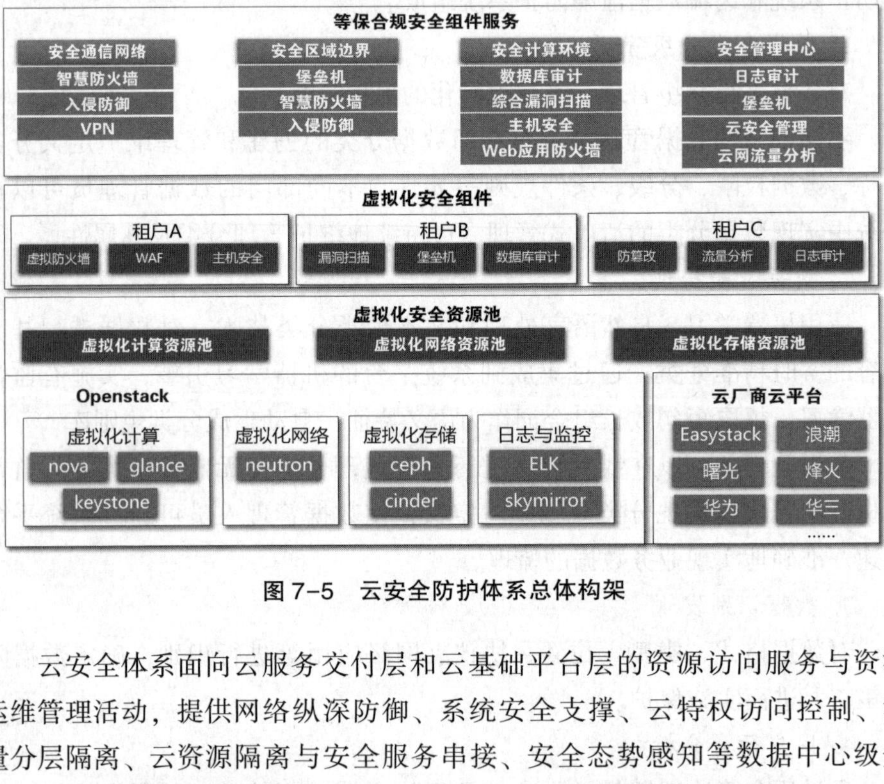

图 7-5 云安全防护体系总体构架

云安全体系面向云服务交付层和云基础平台层的资源访问服务与资源运维管理活动，提供网络纵深防御、系统安全支撑、云特权访问控制、流量分层隔离、云资源隔离与安全服务串接、安全态势感知等数据中心级安全能力，全面覆盖数据中心边界、云边界、应用系统区域、主机、容器等层次，打通控制平面实现安全防护体系和云环境的一体化编排调度，保障云数据中心的稳定有序运转。

1. 云安全防护

网络安全能力：通过虚拟防火墙、虚拟 IPS/IDS、虚拟 SSL/IPSEC VPN、抗 DDoS 攻击等技术手段，实现对网络系统中的系统和通信数据进行保护，不因偶然的或恶意的原因而遭受到破坏、更改、泄露，系统连续可靠正常地运行，网络服务不中断。应具备主机安全、虚拟化安全、数据安全能力、应用安全能力、安全管理能力、云端应急响应等能力。

2. 云安全管理

通过对业务资源池内业务流量的牵引和镜像流量的导出及安全资源池内对各种安全能力进行服务编排形成最终的安全服务链。

3. 安全服务链编排

云安全资源池实现的安全服务链，可以使得数据报文在安全资源中传递时，按需经过多种的安全服务节点。安全服务节点包括云防火墙、云入侵防御、云应用防火墙、云数据库审计等。不同业务系统的流量可以经过不同的安全资源服务链进行清洗，满足不同业务系统专用安全防护要求。

4. 资源池防护

安全资源池内可以集成各类安全能力，包括检测、防护、扫描、安管等能力，在此基础上实现预测、检测、防护、响应等环节的协同联动、安全策略动态调整、自适应安全防护服务。安全资源池对云业务流量进行检测和防护，解决虚拟化环境中南北向流量和东西流量检测防护问题，同时对云主机进行微隔离防护和流量可视化监控。

安全资源池应包括的云安全服务：云防火墙、云入侵防护、云漏洞扫描、云 Web 防火墙、云堡垒机、云数据库审计、云日志审计、云网络审计和数据防泄密、云配置核查、终端检测响应、云安全统一管理等。

5. 运维建议

云安全资源池与传统硬件安全设备并存，传统安全设备的部署采用通用安全策略，安全资源池部署细颗粒度策略。安全资源池与云基础资源池解耦化构建，提供以云业务为中心的安全服务能力（图 7-6）。

7.2.9　零信任身份安全体系

零信任身份安全体系设计的目的是将基于零信任架构的技术路线，建设新一代身份安全体系，承载全局的数字身份视图，构建基于零信任机制的身份管理、凭证管理、认证管理、权限管理、风险评估、策略管理、自动化流程、自助服务等能力。

采用基于零信任架构的技术路线，建设零信任身份管理与访问控制体

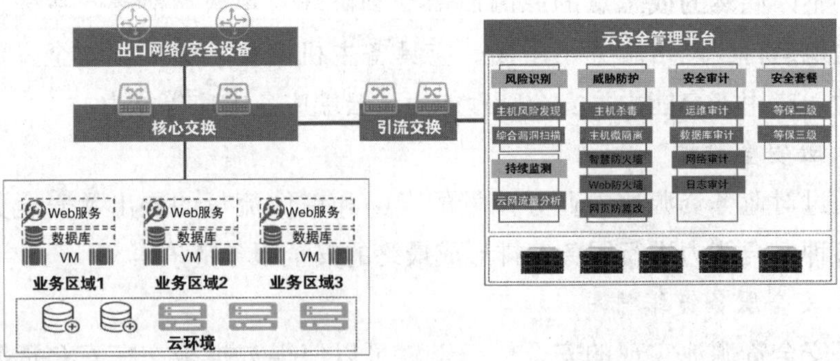

图 7-6　安全资源池与云基础资源池解耦化构建

系。聚合人员、设备、程序等主体的数字身份、认证因子等数据和 IT 服务资源属性、环境属性、数据资源安全属性等数据，结合访问控制策略数据，形成统一身份数据视图。

面向云、大数据平台、应用系统的服务与资源，建立基于资源属性的数字身份统一授权管控策略，实现人机交互、系统间互访的统一授权管理，以及基于零信任的细颗粒度访问控制。

集成现有的多因素身份认证技术，支撑高强度身份认证；集成用户行为分析（UEBA）技术，支撑对异常行为的发现与处置。

零信任身份安全体系通过在主体（设备、用户、应用）和客体（应用、服务接口、应用功能、数据）之间的访问路径上建立完整信任链，实现访问过程的安全可控。

零信任身份安全体系采取更严格的访问控制和安全检测方式，仅通过认证的主体（合法设备、合法用户、合法应用），才能够进行访问客体（应用系统、应用功能、数据、服务接口）；提供细粒度授权控制，通过纵深部署访问控制点提供对应用系统、应用功能、数据、服务接口的授权控制，仅通过访问控制点判定的访问请求才可以完成业务办理、获取数据服务；提升安全风险感知能力，通过持续认证、风险分析，及时发现疏漏并及时调整访问控制及权限策略；主体对客体的业务访问流量加密，确保传输过程安全性，建设以“身份”为边界的零信任安全防护体系。

1. 可信应用安全接入

针对应用的访问控制需求，实现应用的分层安全接入、一站式应用访问、应用单点登录、应用审计等能力构建。实现用户/终端和业务应用之间的安全访问，具备传输加密、应用代理、日志审计等能力。

2. 可信 API 安全接入

从数据攻击防护维度和数据泄露防护维度来完成交换全过程的交换服务、安全控制。可信 API 代理措施完成跨网访问的端口隐藏，对外默认不暴露任何协议端口，当外部网络通过强制身份认证后，可信 API 代理才开放某个随机端口，以接受授信的外部连接请求。

3. 可信控制

构建跨网数据访问边界的安全策略决策中心，提供身份、认证、权限等基础服务；协同可信环境感知中心的安全状态感知能力，提供动态授权、二次认证等细粒度访问控制。

4. 身份和行为分析

提供用户行为分析和身份分析服务。用户行为分析依据跨网访问用户访问日志，运用大数据、机器学习模型进行用户画像；身份分析通过针对用户、设备、应用、API 接口等身份化资源的运行态分析，实现异常/过期/孤立账号发现、特权账号/角色/对等组分析、挖掘等能力，形成各类身份的分析汇总。分析结果用于进行跨网访问的认证、权限等基础策略的调优，分析结果同期反馈可信代理控制服务，控制动态控制数据访问过程。

5. 运维建议

零信任身份安全体系（图 7-7）的构建，需要设定用户区、安全访问控制区、数据区。

用户区：用户使用终端设备对应用进行访问，终端设备中部署可信环境感知 Agent，其将持续采集终端环境安全状态至可信环境感知系统。

安全访问控制区：用户发起的应用访问请求在此区域被可信应用代理集中接管；可信应用代理在向业务应用转发请求之前，与可信访问控制台进行联动以对发起访问请求的用户进行身份合法性认证及动态授权；可信访问控制台可和智能可信身份平台联动获取身份和权限信息；用户身份认证及授权通过后，可信应用代理将请求转发至业务应用；智能身份分析系统基于访问日志、可信环境感知传递的终端风险信息进行持续的信任评估，支撑可信访问控制台实现动态可信的权限判定。

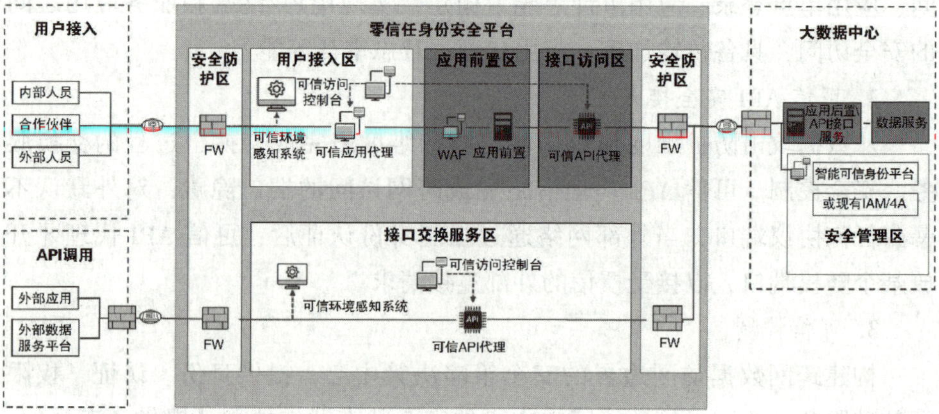

图 7-7 零信任身份安全体系

7.2.10 态势感知体系

安全威胁感知是网络安全防护体系的监控中枢、运营中枢。应面向安全实战化运营，建设全网监管、上下协同的新一代网络安全威胁监测预警体系，实现数据处理、安全分析、自动化响应、安全运行、指挥控制、态势呈现等多层次的安全能力，支撑实战化安全运营。网络安全威胁监测预警体系的总体架构如图 7-8 所示。

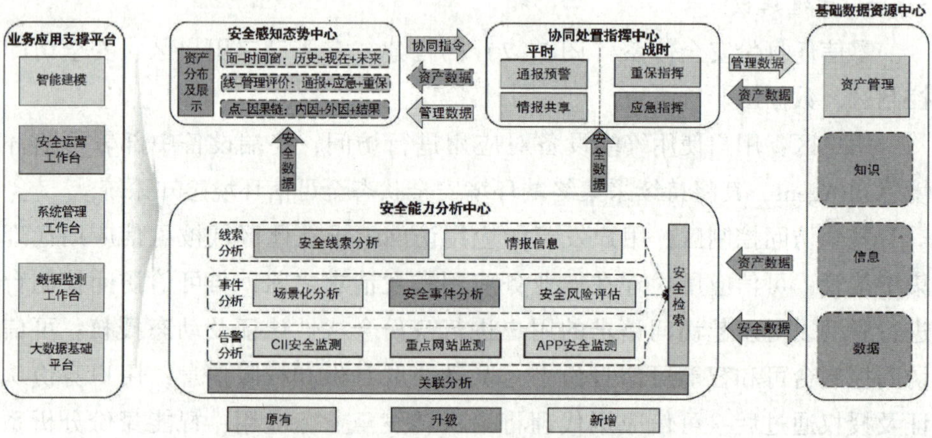

图 7-8 网络安全威胁监测预警体系的总体架构

面向安全实战化运行，建设全天候全网态势感知平台，提供数据处理、安全分析、自动化响应、安全运行、指挥控制、态势呈现等多层次的安全能力；形成安全数据的汇聚中心，安全风险的持续监测和处置中心、安全策略验证和优化中心、安全威胁的分析和发现中心、安全运行指挥中心；有效支持系统安全、网络纵深防御、数据中心安全、数据安全、终端安全，并支撑实时安全监测、持续措施验证、及时事件处置、多源情报融合、深度威胁猎杀等安全运维工作。

1. 全网综合态势感知和分析

基于全要素多源异构数据的分析感知安全态势，利用大数据技术对获取的不同来源的各类数据，包括网站安全监测数据、流量监测数据、网络攻击监测数据、“僵木蠕毒”监测数据、高级威胁攻击监测数据等，进行分析挖掘，实时掌握网络攻击情况、攻击手段、攻击目标、攻击结果以及网络自身存在的隐患、问题、风险等情况，对比历史数据，形成趋势性、合理性判断。支持对网络空间安全态势进行全方位、多层次、多角度、细粒度感知。

2. 安全监测

对全网的安全情况进行实时监控，经过分析归并后的数据或告警都将进行集中呈现和实时预警。

接入的数据来源包括但不限于云端数据监测、网络空间测绘、流量探针传感器、日志探针传感器和第三方 SOC 平台等推送的各类不同来源的数据。对接的数据类型包括但不限于流量告警数据、流访问日志、网站监控数据以及第三方推送的高质量威胁情报。接入后的基础数据通过的关联分析引擎、大数据分析、实时检索等计算和分析方式对各类数据进行相关分析处理，形成高价值的告警事件，安全监测针对各类安全事件进行管理，并推送至其他应用子系统进行专题应用。

3. 资产管理

通过汇聚不同数据源的资产及其脆弱性信息，对资产进行生命周期模式的运营，形成以系统、网络、计算设备、软件、服务为主的网络资产库，摸清底数，对网络空间整体资产状况及关键信息基础设施资产态势进行全面掌控。

4. 通报预警

提供基于综合感知、安全监测等产生的安全和管理数据，能够对上述基础数据进行分级、分类、归纳分析，形成通报报告，并按照不同情况和业务需求，通过日常通报、综合通报、专项通报、公开预警通报等多种方式，及时通知相关人员，协调协同联动，进行快速处置、通报反馈的业务流程，为网络安全事件的侦查调查提供有力支撑。

5. 应急指挥

通过可编排、可执行的数字化应急预案和可机读的威胁情报，结合事前应急演练，针对重大网络安全事件，实现对预警响应流程和应急响应流程的全方位支撑，对各类资源的统筹调度、情报共享、协同联动，对不同类型的安全事件定义个性化监控指标和视图，对事态发展进行实时监控，提高在重大网络安全事件期间的应急响应能力。

在重大事件网络安全事件发生期间，及时有效地整合应急资源，编排和调用预设的应急预案，建立事件应急处置任务，实现快速针对发生的网络安全事件进行流程化的处置响应管理。事件发生后应及时通知应急指挥部、责任方单位，完成对网络安全隐患及网络安全事件的处置工作。并向其他单位或者公众网络发布预警。应提供包括基础资源管理、应急预案管理、应急任务管理，以及应急专项可视化展示等能力。

在网络安全重点保障期间，可对网络安全情况进行实时监测。提供重保任务的全生命周期管理，覆盖筹备阶段、临战阶段、决战阶段、战后总结等多个环节，及时通报预警网络安全隐患，高效处置网络安全事件，并对监测过程所产生的数据及结果进行管理。协同多家技术支撑单位、互联网安全厂商及网络安全专家保障整个过程的网络安全和数据安全，提供有效的安全保障能力。

6. 信息共享

能够将各种安全数据按照统一标准进行采集、汇总、处理、加工，通过资源目标的方式提供信息资源服务，让不同的数据使用者能够访问系统整合的各种数据资源，并通过数据服务或数据交换技术对这些数据资源进行相关的计算、分析、可视化等处理。

7. 可视化展示

开发安全威胁态势展现大屏、能够以图形化的方式直观展示综合态势、各种预定义的主题态势、资产态势、攻击态势等。

7.3 安全管理体系

网络安全管理体系设计内容，主要从管理组织建设、安全管理制度、安全管理流程、人员安全管理、安全建设管理、安全运维管理、安全培训管理等方面开展，要形成完善的管理制度、适用的安全管理组织架构、规范的安全管理流程，更好地将制度宣贯落实，实现人员安全、安全建设、安全运维、安全培训方面的有效管理。优化完善安全管理体系，符合等级保护三级要求，指导日常安全管理工作及其他相关工作的开展。

7.3.1 安全管理机构

网络安全管理机构是行使网络安全管理职能的重要机构，由网络安全与信息化领导小组（以下简称“网信领导小组”）（管理领导机构）和网信领导小组办公室（以下简称“网信办”）（执行机构）构成，网信领导小组需确保整个网络安全方针、策略和制度的贯彻落实。

等级保护制度中明确规定“单位应成立指导和管理网络安全工作的领导小组，其最高领导由单位主管领导担任或授权”，并设立网络安全管理的职能部门。因此，应根据管理工作需要设立安全管理机构，但至少应包括网络安全领导小组和网络安全管理职能部门。

7.3.1.1 领导机构与职责

网信领导小组职责是负责贯彻落实中央及上级单位关于网络安全和信息化工作的总体部署，组织领导网络安全和信息化工作；研究制定网络安全和信息化发展战略等，协调解决网络安全和信息化有关重大问题。

网信办承担网信领导小组日常工作，职责是牵头负责网络安全与信息化的统筹协调工作，推动网信领导小组决策部署的落实，监督检查网络安全和信息化工作，牵头负责网络安全与信息化的组织、指导和技术管理工作，负责网络安全管理工作，组织开展网络安全与信息化管理制度及标准体系建设。

技术支撑单位职责是在网络安全事件预防、监测、研判、应急处置、调查评估等工作中提供技术支持。

技术保障单位职责是根据网络安全事件等级，在各级网信办和技术支撑单位的指挥下进行相应的应急保障工作。技术保障单位包括软件开发商、系统集成商、设备供应商、服务供应商等单位。

7.3.1.2 岗位职责及授权审批

网络安全管理应落实岗位安全责任，网络安全组织机构及职责明确了组织层面的管理职责，但管理职责的落实需要层层落实到人。

等级保护中明确要求要“设立安全主管、安全管理各个方面的负责人岗位，并定义各负责人的职责”，并设立系统管理员、审计管理员和安全管理员，并明确岗位工作职责。

根据实际情况设立相关的网络安全管理岗位，但至少应包括安全主管以及“三员”（系统管理员、审计管理员和安全管理员），且“三员”工作职责须分工明确，互相监督，安全管理员须专职，不得兼任其他岗位工作。三员的岗位职责建议如下。

（1）安全管理员。

安全管理员不能兼任网络管理员、系统管理员，其职责参见7.5节“安全监管体系”。

（2）系统管理员。

系统管理员不能兼任安全管理员，其职责是负责网络及网络安全设备的配置、部署、运行维护和日常管理工作；负责编制网络及网络安全设备的安全配置标准；能够及时发现、处理网络、网络安全设备的故障和相关安全事件，并能根据流程及时上报，减少网络安全事件的扩大和影响；负责服务器的日常安全管理工作，确保服务器操作系统的漏洞最小化，保障服务器的安全稳定运行；负责编制服务器操作系统的安全配置标准；能够及时发现、处理服务器和操作系统相关安全事件，并能根据流程及时上报，减少网络安全事件的扩大和影响。

（3）安全审计员。

安全审计员的职责是定期审计网络安全制度执行情况，收集和分析信息系统日志和审计记录，及时报告可能存在的问题；对安全、网络、系统、应用、数据库管理员的操作行为进行监督，对安全职责落实情况进行检查。

在实际工作中，可根据实际管理需要进行岗位职责的细化，如将系统管理和网络管理工作分别由不同的人负责，对重要的应用系统设置业务系统管理员，对机房、数据库、信息资产进行专门的管理，设置机房管理员、数据库管理员、信息资产管理员等，并明确岗位职责。

在明确岗位职责过程中，要梳理在网络安全管理过程中需要授权审批的事项，并根据各个部门和岗位的职责明确授权审批部门和批准人等，对于系统变更、重要操作、物理访问和系统接入等重要事项建立审批程序，按照审批程序执行审批过程，对重要活动建立逐级审批制度，并定期审查，及时更新相关信息。

7.3.1.3　内部沟通和外部合作

网络安全管理工作不是孤立的，在日常的业务工作中离不开安全管理工作的保障。同样，网络安全管理工作也离不开业务部门的配合，要使网络安全管理工作顺利开展，须“加强各类管理人员、组织内部机构和网络安全管理部门之间的合作与沟通，定期召开协调会议，共同协作处理网络安全问题”，加强内部沟通。同时，网络安全工作也需要得到外部专家和技术力量的支持，包括监管部门、供应商、业界专家及其他安全组织等。

聘请专家和外部顾问成员，该成员需要对网络安全或相关领域有丰富的知识和经验，如网络安全技术、水利业务、等级保护或质量管理等。专家和外部顾问负责对网络安全重要问题的决策提供咨询和建议。同时加强与供应商、业界专家、专业的安全公司等安全组织的合作和沟通。建立外联单位联系列表，包括外联单位名称、合作内容、联系人和联系方式等信息。

7.3.1.4　安全审核与检查

网络安全管理工作是否有效，安全制度和规范是否得到落实需要网络安全管理部门定期进行检查，及时发现问题，持续改进和提升网络安全管理能力。按照等级保护的要求，网络安全检查可分为定期常规安全检查和定期全面安全检查，安全检查工作须进行认真准备，保留记录。根据实际情况，进行安全检查工作安排，包括：

（1）定期进行常规安全检查，检查内容包括系统日常运行、系统漏洞和数据备份等情况。

（2）定期进行全面安全检查，检查内容包括现有安全技术措施的有效性、安全配置与安全策略的一致性、安全管理制度的执行情况等；全面安全检查可请专业的安全厂商协助完成。

（3）制订安全检查表格实施安全检查，汇总安全检查数据，形成安全检查报告，并对安全检查结果进行通报。也可参照上级单位或自行制定安全检查评价指标，以便量化考核安全工作的执行情况。

7.3.2 安全管理制度体系

安全管理制度体系自上而下分为安全策略、管理制度和操作规程、记录表单，需要建设符合自身实际情况的安全管理制度体系，应覆盖物理环境、通信网络、区域边界、计算环境、管理中心等内容，并对管理人员或操作人员执行的日常管理操作建立操作规程。

安全管理制度体系应结合实际业务需要，建立符合自身实际情况的安全制度体系，须包括信息安全方针、安全策略、安全管理制度、安全技术规范以及流程等。

7.3.2.1 安全方针和策略

最高方针，纲领性的安全策略主文档，陈述本策略的目的、适用范围、网络安全的管理意图、支持目标以及指导原则，网络安全各个方面所应遵守的原则方法和指导性策略。

7.3.2.2 安全管理制度和规范

各类管理规定、管理办法和暂行规定。从安全策略主文档中规定的安全各个方面所应遵守的原则方法和指导性策略引出的具体管理规定、管理办法和实施办法，是必须具有可操作性的，而且必须得到有效推行和实施的。

技术标准和规范，包括各个安全等级区域网络设备、主机操作系统和主要应用程序应遵守的安全配置和管理的技术标准和规范。技术标准和规范将作为各个网络设备、主机操作系统和应用程序的安装、配置、采购、项目评审、日常安全管理和维护时必须遵照的标准，不允许发生违背和冲突。

网络安全管理制度和规范示例见表 7-2，具体以后期实际梳理优化为准。

表 7-2　网络安全管理制度和规范示例

序号	类型	制度组成
1	总体方针、安全策略	《网络安全总体方针和安全策略》
1	安全管理机构	《网络安全组织及职责管理规定》
2		《重大事项授权和审批管理规定》
4	安全制度管理	《网络安全制度管理规定》
5	人员安全管理	《内部人员安全管理规定》
6		《外部人员安全管理规定》

7.3.2.3　安全流程和操作规程

为网络安全建立相关的流程，保证安全运营可以遵照标准流程制度执行，主要的内容如下。

流程制定：建立健全流程管理制度，主要包括的流程为安全事件处置流程、安全风险评估流程、安全事件应急响应流程、安全事件溯源取证流程、安全设备上线交割流程等；

流程变更维护：定期维护和修订相关的管理制度；

流程发布：根据需要，定期发布变更后的全套流程到相关的组织范围内，并对发布的流程进行相关的培训。

7.3.2.4　安全记录单

安全记录单是落实安全流程和操作规程的具体表单，根据不同等级信息系统的要求可以通过不同方式的安全记录单落实并在日常工作中具体执行，主要包括日常操作的记录、工作记录、流转记录以及审批记录等。

7.3.2.5　制度文件管理

制度文件需要正式发布并进行定期评审修订和版本控制，并应该得到对应单位的负责人的签发和认可，只有被正式发布并真正落实的管理制度才能促使单位安全管理能力的提升和安全技术措施的有效运行。网络安全管理制度体系是不断改进和完善的过程，包括以下过程。

1. 制定和发布

安全制度系列文档制定后，必须有效发布和执行。发布和执行过程中除了要得到单位负责人的大力支持和推动外，还必须有合适的、可行的发布和推动手段，同时在发布和执行前对每个人员都要做与其相关部分的充分培训，保证每个人员都知道和了解与其相关部分的内容。安全制度在制定和发布过程中，应当实施以下安全管理：安全管理制度应具有统一的格式，并进行版本控制；安全管理职能部门应组织相关人员对制定的安全管理制度进行论证和审定；安全管理制度应通过正式、有效的方式发布；安全管理制度应注明发布范围，并对收发文进行登记。

2. 评审和修订

网信领导小组应组织相关人员对于网络安全制度体系文件进行评审，并确定其有效执行期限。同时，应指定网络安全职能部门每年审视安全策略系列文档，具体检查内容如下。

网络安全策略中的主要更新；网络安全标准中的主要更新。网络安全标准不需要全部更新，可以仅对因变更而受影响的部分进行更新；如果必要，可以使用年度审视/更新流程对网络安全标准做一次全面更新；安全管理组织机构和人员的安全职责的主要更新；操作流程的主要更新；各类管理规定、管理办法和暂行规定的主要更新；用户协议的主要更新等。

7.3.3 人员安全管理

1. 内部人员安全管理

加强人员安全管理，尤其需要加强对内部人员的安全教育和审核，减少因内部人员恶意或工作疏忽带来的网络安全威胁。针对内部人员的安全管理须从人员的录用、安全培训和教育、技能考核和调用、离岗审核等全过程进行安全管理，具体管理要求包括：

（1）录用前应指定或授权专门的部门或人员负责人员录用；应对被录用人员的身份、安全背景、专业资格或资质等进行审查，对其所具有的技术技能进行考核；与被录用人员签署保密协议，与关键岗位人员签署岗位责任协议。

（2）工作期间对各类人员进行安全意识教育和岗位技能培训，并告知相关的安全责任和惩戒措施；针对不同岗位制订不同的培训计划，对安全基础知识、岗位操作规程等进行培训；定期对不同岗位的人员进行技能考核。

（3）及时终止离岗人员的所有访问权限，取回各种身份证件、钥匙、徽章等以及机构提供的软硬件设备；办理严格的调离手续，并承诺调离后的保密义务后方可离开。

2. 外部人员安全管理

外部人员包括软件开发商、硬件供应商、系统集成商、设备维护商和服务提供商，以及实习生、临时工、调用人员等。外部人员由于工作需要临时或短期访问单位内部网络，进出单位工作场所，流动性强，背景情况不明，给网络和业务系统的安全带来较大隐患，必须建立严格的物理和网络访问授权审批制度并有效执行。应制定外部人员物理访问和网络接入的管理制度，并记录相关内容，具体要求如下：

（1）在外部人员物理访问受控区域前先提出书面申请，批准后由专人全程陪同，并登记备案；

（2）在外部人员接入受控网络访问系统前先提出书面申请，批准后由专人开设账户、分配权限，并登记备案；

（3）外部人员离场后及时清除其所有的访问权限；

（4）获得系统访问授权的外部人员应签署保密协议，不得进行非授权操作，不得复制和泄露任何敏感信息。

7.3.4 安全资源保障

为了推动水利网络安全领域的发展，同时为更多专家、技术人员提供技术推广平台，在人员保障方面，建立专家指导机制，为水利行业专家、各单位之间建立快速的技术共享和技术支持通道。在经费保障方面，落实等级保护测评等工作的专项经费、落实网络安全设备的运维专项经费。在物资保障方面，实现设备冗余的物资保障，确保关键节点设备为主备或堆叠方式；实现关键节点设备留有备机，确保出现故障可快速更换。

7.4 安全运维体系

网络安全运维体系主要从安全服务的日常运维、重要时期运维来开展具体工作。遵照对应的服务流程和运维要求，以网络安全威胁监测预警平台为中枢，基于数据分析形成威胁预测、威胁防护、持续检测、响应处置的闭环安全运维体系。

7.4.1 安全运维要求

1. 环境管理

环境是指信息系统所处的物理环境，包括机房、配线间、办公场所等。加强对环境的安全管理主要目的是防止非授权物理访问导致的对信息系统的破坏。一般来说，机房作为重要信息设备集中放置的场所应重点加强防护，重要办公区域也需要加强物理防护。

所有的服务器和核心网络设备均按照要求放置在机房中，指定专门的部门或人员负责机房安全，对机房出入进行管理，定期对机房供配电、空调、温湿度控制、消防等设施进行维护管理。

制定机房安全管理制度，对有关物理访问、物品带进出和环境安全等方面的管理作出规定；制定办公环境安全管理制度，并对以下方面进行规定：办公室的信息安全要求、办公终端信息安全保密要求、办公终端使用规范等。

2. 资产管理

信息资产是构成网络和信息系统的基础，是系统各种服务功能实现的提供者和信息存储的承载者，应明确信息资产的种类、数量、责任人等，并建立清单，定期盘点，对重要信息资产应重点保护。编制并定期更新与被保护对象相关的资产清单，包括各类硬件、软件、数据、介质、文档等，确定并标识资产责任部门、重要程度和所处位置等内容；根据资产的重要程度对资产进行标识管理，针对重要信息资产制定专门的管理措施；对信息分类与标识方法作出规定，并对信息的使用、传输和存储等进行规范化管理。

3. 介质管理

介质作为信息的载体，在信息的存储、传递过程中发挥着重要作用，同时，也是恶意代码传播的重要手段，且容易导致信息泄露。要制定严格的介质管理制度，规范介质的使用行为，对介质更加需要严格的管理。需制定介质安全管理制度，规定介质的使用范围、介质标识、介质保存等方面的内容。须将介质存放在安全的环境中，对各类介质进行控制和保护，实行存储环境专人管理，并根据存档介质的目录清单定期盘点；对介质在物理传输过程中的人员选择、打包、交付等情况进行控制，并对介质的归档和查询等进行登记记录。

4. 设备维护管理

信息设备在日常工作中存储和处理业务信息，设备的可用性和安全性对信息安全至关重要，要加强对信息设备的日常管理，包括设备日常维护、外带、报修、报废等。对各种设备、线路等指定专门的部门或人员定期进行维护管理；对配套设施、软硬件维护管理做出规定，包括明确维护人员的责任、维修和服务的审批、维修过程的监督控制等；信息处理设备必须经过审批才能带离机房或办公地点，含有存储介质的设备带出工作环境时其中重要数据必须加密；含有存储介质的设备在报废或重用前，应进行完全清除或被安全覆盖，保证该设备上的敏感数据和授权软件无法被恢复重用。

5. 漏洞和风险管理

信息安全漏洞是信息系统脆弱性的主要表现，易被攻击者利用进而入侵系统进行破坏，对漏洞的发现和修补除了须采取必要的技术措施外，加强对系统的日常安全评估，并及时进行整改修复，也是降低信息安全风险的重要手段。定期开展安全评估，形成评估报告，对发现的漏洞等安全问题及时通报，并限定整改时间；定期开展安全测评，形成安全测评报告，对发现的问题制订整改方案，采取措施应对发现的安全问题，相关内容形成记录。

6. 网络和系统安全管理

网络和系统作为信息系统的基础性设施，为各个业务系统和办公应用提供连通和数据传输，实现信息共享，网络和系统应进行更细分更专业的管理，对重要的业务系统还需要指定专门的管理人员。按照等级保护的要求，对网络和系统的安全管理包括：

（1）划分不同的管理员角色进行网络和系统的运维管理，明确各个角色的责任和权限。可以指定专门的网络管理员、系统管理员、数据库管理员等，对网络设备、操作系统、数据库等进行专业化管理。

（2）指定专门的部门或人员进行账户管理，对申请账户、建立账户、删除账户等进行控制。对重要服务器、数据库、业务应用等的管理账户应更加严格管理。

（3）建立网络和系统安全管理制度，对安全策略、账户管理、配置管理、日志管理、日常操作、升级与打补丁、口令更新周期等方面作出规定。

（4）制定重要设备的配置和操作手册，依据手册对设备进行安全配置和优化配置等。

（5）详细记录运维操作日志，包括日常巡检工作、运行维护记录、参数的设置和修改等内容。

（6）指定专门的部门或人员对日志、监测和报警数据等进行分析、统计，及时发现可疑行为。

（7）严格控制变更性运维，经过审批后才可改变连接、安装系统组件或调整配置参数，操作过程中应保留不可更改的审计日志，操作结束后应同步更新配置信息库。

（8）严格控制运维工具的使用，经过审批后才可接入进行操作，操作过程中应保留不可更改的审计日志，操作结束后应删除工具中的敏感数据。

（9）严格控制远程运维的开通，经过审批后才可开通远程运维接口或通道，操作过程中应保留不可更改的审计日志，操作结束后立即关闭接口或通道。

（10）保证所有与外部的连接均得到授权和批准，应定期检查违反规定无线上网及其他违反网络安全策略的行为。

7. 防病毒管理

对于病毒的防范需要采取必要的安全技术措施，但技术措施的有效性需要安全管理制度进行保障。病毒防范作为重要的网络安全基础性工作，必须确保提高全员的防病毒意识，确保技术手段的有效落实。制定防病毒管理办法，明确防恶意代码软件授权使用、恶意代码库升级、定期汇报等流程，明确对外来计算机或存储设备接入系统前进行恶意代码检查；定期验证防范恶意代码攻击的技术措施的有效性；组织全员的安全意识培训，提高全员对病毒的防范意识。

8. 配置管理

信息系统的配置基线管理是重要的日常运维管理工作，良好的配置管理是系统安全可靠运行的基础，配置基线应结合等级保护的要求，进行相关配置信息的保存、更新和变更控制。日常配置管理包括：记录和保存基本配置信息，包括网络拓扑结构、各个设备安装的软件组件、软件组件的版本和补丁信息、各个设备或软件组件的配置参数等；将基本配置信息改变纳入变更范畴，实施对配置信息改变的控制，并及时更新基本配置信息库；建立安全配置基线，对设备、操作系统、数据库等制定安全基线，并定期维护安全基线。

9. 密码管理

根据等级保护的要求，在网络安全建设过程中须遵循密码相关国家标准和行业标准，使用国家密码管理主管部门认证核准的密码技术和产品。确保在系统中使用的密码相关产品获得有效的国家密码管理主管部门规定的检测报告或密码产品型号证书。

10. 变更管理

为了加强防范由于网络和系统变化对整体安全现状的影响，规避变更产生的风险，须进行变更管理。变更管理的内容包括明确变更需求，变更前根据变更需求制订变更方案，变更方案经过评审、审批后方可实施；建立变更的申报和审批控制程序，依据程序控制所有的变更，记录变更实施过程；建立中止变更并从失败变更中恢复的程序，明确过程控制方法和人员职责，必要时对恢复过程进行演练。

11. 备份与恢复管理

按照等级保护要求，三级信息系统需具备实时的数据备份能力，并能进行异地备份，对于信息系统容灾备份能力的建设，除了建设备份与恢复技术措施外，对备份策略的制定和管理，备份流程的制定以及备份恢复能力的演练是系统实现高可用的重要保证。

制定备份与恢复管理制度，体现的内容包括指定责任部门，识别需要定期备份的重要业务信息、系统数据及软件系统等；定义备份信息的备份方式、备份频度、存储介质和保存期等；根据数据的重要性和数据对系统运行的影响，制定数据的备份策略和恢复策略，备份策略必须指明备份数据的放置场所、文件命名规则、介质替换频率和将数据离站运输的方法；建立备份和恢复流程，对备份过程进行记录，所有文件和记录应妥善保存；建立演练流程，定期对恢复程序进行演练，检查和测试备份介质的有效性，确保可以在恢复程序规定的时间内完成备份的恢复。

12. 安全事件处置和应急管理

《信息安全技术　网络安全等级保护基本要求》（GB/T 22239-2019）强调了单位对于网络安全事件处置能力和应急管理的能力，在当前安全威胁形势下，各类安全事件频发，网络安全保障的思路已经从传统的以防为主，转换为更加关注单位威胁检测能力以及快速的响应和处置能力。

应及时向安全管理部门报告所发现的安全弱点和可疑事件；在安全事件报告和响应处理过程中，分析和鉴定事件产生的原因，收集证据，记录处理过程，总结经验教训；制定安全事件报告和处置管理制度，明确不同安全事件的报告、处置和响应流程，规定安全事件的现场处理、事件报告和后期恢复的管理职责等；对造成系统中断和造成信息泄漏的重大安全事件应采用不同的处理程序和报告程序。

此外，对应急管理需要从总体制度层面加以规范和明确，并按照国家应急管理的相关规定明确流程，定期演练。

13. 外包运维管理

针对目前普遍存在的运维工作外包的现状，《信息安全技术　网络安全等级保护基本要求》（GB/T 22239-2019）明确了对外部管理的相关要求，在选择外包服务商应符合国家相关制度规范，并须明确外部服务商的责任。

对于外包服务商的管理包括确保外包运维服务商的选择符合国家的有关规定，与选定的外包运维服务商签订相关的协议，明确约定外包运维的范围、工作内容；保证选择的外包运维服务商在技术和管理方面均应具有按照等级保护要求开展安全运维工作的能力，并将能力要求在签订的协议中明确；在与外包运维服务商签订的协议中明确所有相关的安全要求，如可能涉及对敏感信息的访问、处理、存储要求，对IT基础设施中断服务的应急保障要求等。

7.4.2　安全运维内容

1. 安全产品运行维护

安全产品运行维护是针对网络中的安全产品，在运行过程中所进行的一系列常态化维护工作，包括设备运行安全监测、设备运行安全审计、设备及策略备份更新等工作。通过安全产品运行维护工作的开展保障安全产品最优化运行。

针对所有需要运维的安全设备输出安全产品运维记录单，该记录单内容包括安全产品运行过程中变化情况、出现的问题、问题的解决等。

2. 安全策略优化

在运维服务的过程中，需要持续地对各个层面的安全产品策略进行优化，需要通过工具及人工的方式进行检测、分析、优化。

策略信息收集后，结合实际业务安全需求，对现有安全策略进行差距分析，发现策略缺失、策略冗余、策略未废止等问题，并制定相应工作方案开展策略优化工作，内容包括访问控制策略优化、安全防护策略优化、行为审计策略优化等。

通过安全策略优化完善策略可用性，提升防护能力。针对所有需要安全策略优化的安全设备输出安全策略优化报告，该报告内容记录了优化前和优化后的策略变化情况。

3. 安全基线评估加固

通过“自动化工具配合人工检查”方式参考安全基线进行检查，包括网络设备安全配置基线、安全设备安全配置基线、操作系统安全配置基线、数据库安全配置基线、中间件安全配置基线等，采用主流的安全配置核查系统或检查脚本工具，以远程登录检查的方式工作，完成设备的检查，针对物理隔离或网络隔离的设备使用检查脚本工具来补充完成检查工作。

4. 系统上线安全检查

随着业务发展及应用更新的需要，存在新业务系统上线及应用系统版本变更的需求，为了避免系统带病上线影响全局安全，在业务系统上线及应用变更时应按照合规要求进行全面安全检测分析。

开展源代码和开源组件安全检测，对软件源代码、开源组件的安全性、可靠性进行全面的安全检查，充分挖掘当前存在的安全缺陷以及规范性缺陷；开展 APP 安全评估：通过对网络通信，服务器端，客户端（iOS、安卓），数据和业务逻辑等多个层面进行细致的梳理、测试和分析，发现 APP 面临的安全风险。

5. 应用系统渗透测试

采用各种手段模拟真实的安全攻击，从而发现黑客入侵信息系统的潜在可能途径。渗透测试工作以人工渗透为主，辅助以攻击工具的使用。主要的渗透测试方法包括信息收集、端口扫描、远程溢出、口令猜测、本地溢出、客户端攻击、中间人攻击、Web 脚本渗透、B/S 或 C/S 应用程序测试、社会工程等。应输出渗透测试报告，能够描述发现的问题并给出相应的解决方案。

7.4.3 重保时期安全运营

1. 互联网资产发现

基于网络扫描、搜索引擎、互联网基础数据引擎，主动探测业务应用系统在互联网上暴露的资产，可以形成明确的资产清单，发现各业务应用系统的未知资产。通过大数据挖掘和调研的方式确定资产范围，进行主动精准探测深度发现暴露在外的IT设备、端口以及应用服务，发现活跃资产及“僵尸”资产，由安全专家对每个业务梳理分析，结合业务特点对资产重要程度、业务安全需求进行归纳，最终形成资产清单。

2. 应用失陷检测

由专业的攻防人员采用专用工具，对应用系统的访问日志进行安全审计，找出日志中存留的攻击者痕迹，发现并复盘曾经发生过的入侵事件，可以获知应用系统是否已被黑客成功入侵、应用系统安全事件复盘线路图、应用系统被成功利用的漏洞信息、安全事件可能造成的损失等。

3. 全流量风险分析

利用威胁情报数据，利用采集到的安全大数据并采用专业攻防思路构建分析模型，提供内部失陷主机、外部攻击、内部违规和内部风险等关键网络安全问题的周期性的检测、发现和响应服务。提升主动应对安全威胁能力，在网络安全方面构建最后一道“防火墙”。主要包括内部失陷主机检测、外部攻击检测、内部攻击检测、内部违规检测和事件分析研判溯源四大类服务。全流量风险分析服务应结合本单位实际情况，周期性地开展工作，提供交付成果全流量风险分析报告。

全流量风险分析服务除了提供上述服务之外，还可以协助建立内部的安全大数据中心，为后续利用大数据分析技术来开展安全分析、安全数据的基线、安全数据的深度挖掘和安全数据的审计都提供了必要的基础。

4. 安全事件研判分析

安全事件研判分析工作是网络安全运维工作的核心，基于安全运行中预测、监测到的安全数据和安全事件信息进行安全事件研究、分析、判定，验证可能性并提供相应的解决方法。安全事件研判分析需要依靠具有专业技术能力的安全服务人员，利用搭建的安全技术体系，借助外部安全大数据开展工作。

5. 威胁情报预警

威胁情报预警是基于网络安全威胁情报来监测和管理资产的安全健康状态，主动提供安全事件预警、分析以及处置，利用安全大数据进行关联分析和行为分析，精确地标签出威胁情报，提供安全预警，能更好地保持网络IT基础设施的安全更新，更好地修复安全漏洞，防止数据丢失或系统故障，从而有效地抵御攻击者。威胁情报预警根据不同时期发生的事件(如安全漏洞、安全事件等)提供有针对性的威胁情报分析报告。

7.4.4 构建安全运营平台

7.4.4.1 统一运维操作平台

采用现有的网络安全威胁检测预警平台，为安全运维人员提供可视化的统一运维操作平台，主要通过对主要硬件设备的运行状态、运行时间、内存使用率和磁盘空间，服务组件运行日志以及平台操作日志进行不间断监控，在发现问题时可直接定位根源，对异常状态进行实时预警，以及远程控制数据采集设备，对数据采集任务进行一键下发。

1. 全维监测、实时预警

运维操作平台要实现对系统进行全天候无死角的监测。广度上，监测覆盖大数据基础架构、系统服务组件、网络设备、安全设备和服务器以及操作日志；深度上，细化到网络的域、组、节点、线。系统对监测到的异常情况，实现实时预警。

2. 问题溯源、精准定位

运维操作平台要实现安运人员根据预警信息，可追溯到具体的设备或服务组件，找出安全隐患，对问题进行精准定位，并及时做出相应的修复策略。事后，可以通过日志的溯源，对系统运行的状况进行整体评估，并对系统做出相应的优化和调整。

3. 运行透明、运维可视

要通过不间断的监测和运行日志的留存，实现网络安全威胁监测预警平台的运行状态透明化。同时为安运人员提供图形化、列表化的数据支撑以及功能支撑，实现由传统的底层运维到可视化运维的运维工作模式革新。

7.4.4.2 统一安全运营管理平台

采用现有的网络安全威胁检测预警平台，为安全运营人员、管理领导及上级单位提供日常工作的管理和协作平台，旨在建立一个良好的线上协助机制，提高安全运营工作的质量及效率。运营工作台要包含日常工作、日常运营、知识库和工作报告等功能模块，分别从领导和员工的两个视角开展安全运营工作。

1. 工作安排合理化、任务管理流程化

要贴合实际工作需求，对任务进行合理化管理及分配。任务的执行过程要流程化，设置专项任务质量的监督检查机制，由专人对任务完成情况进行把关，保质保量开展安运工作。

2. 保证任务质量，提高工作效率

在平台上开展的安全运维工作要进行留痕。通过对工作情况的深度分析全方位地剖析安运人员的工作情况，领导可根据分析结果进行工作安排优化，员工则可根据分析结果进行自我工作调节，保证工作质量，提高工作效率。

3. 共享工作经验，增强团队协作

要建立一套良好的工作经验共享机制。员工可将日常工作中总结的经验、使用的工具以及工作技巧在系统中进行分享；领导可在系统中为团队提供可靠的远程专家支持渠道。通过这种机制为安运团队赋能，增强团队协作能力。

7.4.5 安全应急响应与保障

为建立健全网络安全事件应急工作机制，提高应对网络安全事件的组织指挥和应急处置能力，保证应急指挥调度工作迅速、高效、有序进行，保障重要信息系统安全运行，预防和减少网络安全事件对国家安全、公众利益、社会秩序及公共安全所造成的损失和危害，依据国家有关规定，应制定应急预案。预案所描述的网络安全事件是指由于人为原因、软硬件缺陷或故障、自然灾害等，对信息系统或其中的数据造成危害、对社会造成负面影响的事件。

7.4.5.1 事件分类

网络安全事件分为有害程序事件、网络攻击事件、信息破坏事件、信息内容安全事件、设备设施故障、灾害性事件和其他网络安全事件等。

(1) 有害程序事件分为计算机病毒事件、蠕虫事件、特洛伊木马事件、僵尸网络事件、混合程序攻击事件、网页内嵌恶意代码事件等有害程序事件。

(2) 网络攻击事件分为拒绝服务攻击事件、后门攻击事件、漏洞攻击事件、网络扫描窃听事件、网络钓鱼事件、干扰事件等他网络攻击事件。

(3) 信息破坏事件分为信息篡改事件、信息假冒事件、信息泄露事件、信息窃取事件、信息丢失事件等信息破坏事件。

(4) 信息内容安全事件是指通过网络传播法律法规禁止信息，组织非法串联、煽动集会游行或炒作敏感问题、敏感信息泄露并危害国家安全、社会稳定和公共利益的事件。

(5) 设备设施故障事件分为软硬件自身故障、外围保障设施故障、人为破坏事故等设备设施故障。

(6) 灾害性事件是指由自然灾害等突发事件导致的网络安全事件。

7.4.5.2　事件分级

网络安全事件分为四级：特别重大、重大、较大和一般。

1. 特别重大网络安全事件

符合下列情形之一的，为特别重大网络安全事件：

(1) 重要网络和信息系统遭受特别严重的系统损失，造成系统大面积瘫痪，丧失业务处理能力。

(2) 国家秘密信息、重要敏感信息和关键数据丢失或被窃取、篡改、假冒，对国家安全和社会稳定构成特别严重威胁。

(3) 其他对国家安全、社会秩序、经济建设和公众利益构成特别严重威胁、造成特别严重影响的网络安全事件。

2. 重大网络安全事件

符合下列情形之一且未达到特别重大级别的网络安全事件：

(1) 信息安全等级保护为三级的信息系统因发生有害程序事件、网络攻击事件、信息破坏事件、设备设施故障事件或灾害性事件等，导致核心业务子系统中断运行6小时以上，对应急处置工作造成特别严重影响的。

(2) 信息安全等级保护为二级的信息系统因发生有害程序事件、网络攻击事件、信息破坏事件、设备设施故障事件或灾害性事件等，导致核心业务子系统中断运行12小时以上，或系统不按调度指令工作，造成特别严重影响或后果的。

（3）信息安全等级保护为三级的信息系统的敏感信息和关键数据大规模丢失或被窃取、篡改、假冒，对国家安全和社会稳定构成严重威胁的。

（4）其他对国家安全、社会秩序、经济建设和公众利益构成严重威胁、造成严重影响的。

3. 较大网络安全事件

符合下列情形之一且未达到重大级别的网络安全事件：

（1）信息安全等级保护为三级的信息系统因发生有害程序事件、网络攻击事件、信息破坏事件、设备设施故障事件或灾害性事件等，导致核心业务子系统中断运行3小时以上，对应急处置工作造成严重影响的。

（2）信息安全等级保护为二级的信息系统因发生有害程序事件、网络攻击事件、信息破坏事件、设备设施故障事件或灾害性事件等，导致核心业务子系统中断运行6小时以上，或系统不按调度指令工作，造成严重影响或后果的。

（3）信息安全等级保护为三级的信息系统的敏感信息和关键数据大规模丢失或被窃取、篡改、假冒，对国家安全和社会稳定构成较大威胁的。

（4）其他对国家安全、社会秩序、经济建设和公众利益构成较严重威胁、造成较严重影响的。

4. 一般网络安全事件

除上述情形外，对国家安全、社会秩序、经济建设和公众利益构成一定威胁、造成一定影响的。

7.4.5.3 安全应急响应处置

基于发生安全事件要开展专家应急响应。通过安全事件检测、安全事件抑制、安全事件根除、安全事件恢复、安全事件总结，最终形成协调联动机制，增强应急技术能力，健全应急响应机制和预案。完成安全事件应急处置并恢复系统，找到安全事件发生原因并提供安全解决方案。

7.4.5.4 安全事件实时通报

建立安全通告机制，对出现的安全问题、威胁情报信息等进行全面传达，每周以邮件形式向内部人员通告业内安全态势、重大舆情信息、重要系统漏洞及补丁信息等定期通告。对于紧急重大类漏洞信息，将以最快时间不定期地通过邮件或电话向相关单位告知漏洞危害、影响范围及应对措施等信息。

7.4.6　安全演练

网络安全攻防演练，具体参照网络安全事件应急预案执行。

7.4.6.1　防守方参与

作为防守方积极参加国家级、上级主管部门以及当地监管部门组织的实战演练。实战演练分为部署准备阶段、演练值守阶段、整改复盘三个阶段。

1. 部署准备阶段

加强领导、落实责任。成立指挥部，编制专项演练防守方案，召开防守工作部署启动会，梳理各阶段工作，人员部署责任落实。相关人员签订保密承诺书。技术防护准备工作主要从以下四个方面落实。

（1）缩小攻击面。严格控制互联网资产暴露面，结合互联网应用整治行动，全面梳理资产，特别关注各级单位已部署在公有云上的信息系统（含微信公众号、移动APP、单位网站、信息系统等），根据技术支撑单位提出的安全防护要求进行全面防护。关闭面向互联网非必要的应用系统（包含应用系统管理后台和中间件管理后台），局域网内下线老旧僵尸系统。服务器遵守最小化访问原则，限制登录IP，仅指定的IP可登录，部分系统夜间禁止访问。办公终端下班及时关机。

（2）敏感信息排查。在搜索引擎、网盘、代码托管、微博、微信、论坛、文库等互联网暴露源中对敏感信息进行搜索发现和清理，敏感信息包括网络架构图、网络拓扑图、有限地址、密码、系统设计文件、通讯录、内部资料、安装说明、程序源代码、备份文件等。

（3）检查优化防御体系。日常运维通过堡垒机进行，保证对服务器的操作都有迹可循，且可回溯。对于最新的高危漏洞，需要及时响应，及时修补。严格要求主机防护软件的安装。同时加大对信息系统（尤其是面向互联网开放的）的漏洞扫描频率和力度，督促高危、中危漏洞修补工作，面向互联网开放的系统高中危漏洞必须全面修复。

（4）增加、升级网络安全设备。协调网络安全建设项目单位，将攻防演练所需的设备尽快到货并安装调试到位，将安全设备和网络设备的版本及特征库更新至最新，修改关键设备三员密码。临时升级已有网络安全设备的功能模块。

2. 演练值守阶段

抽调专门的网络安全技术人员，与技术支撑单位人员混合组队，从演练前2天开始执行每日网络安全专人值守工作，直至这次演练结束。

监控值守组每天进行实时监测，通过主机日志、网络设备日志、入侵检测设备日志等信息对攻击行为进行分析，以找到攻击者的源IP地址、攻击服务器IP地址、邮件地址等信息，并对攻击方法、攻击方式、攻击路径和工具等进行分析研判。视情况对攻击事件进行溯源分析，形成黑客画像，及时上报防守日志及安全事件。

分析处置组根据监测和确认的安全事件，及时封堵处置。封禁攻击源IP，联系业务主管部门，运维人员等进行文件清理、漏洞修补、业务恢复等，并同时编写防守报告。应急时可采用断网、临时添加策略、下线业务、封禁区域通道等方式。

业务应用组每天检查业务系统日志，发现异常及时将情况反馈给分析处置组，以供技术分析。若发现业务系统已被攻破，立即上报联络协调组，同时保留证据，将技术细节传至分析处置组，配合做好处置。

综合协调组做好与部网信办及相关业务主管部门的沟通联络，负责重要信息上报及整改要求下发等工作。

3. 整改复盘阶段

（1）实时整改：在防守阶段，对发现的风险及时进行整改。原则上当日完成整改，如有困难不能当日完成，应首先采取有效的防控措施，并报联络协调组协调整改工作。

（2）总结整改：在实战演练结束后的两周内，对整体保障工作进行分析与总结，制定有效的整改建议，报网信办监督落实，以达到通过实战演练及时排除安全隐患，提高防御水平的目的。

7.4.6.2 组织方

作为组织方每年至少组织一次本单位的实战演练，同时作为攻击方向各参演单位发起不同级别及不同类型事件进行实战演练，提高各单位的应急实战能力。

1. 组织部署阶段

（1）安全评估：在组织攻防演练前期，组织各相关单位完成基本评估与整改工作，以确保整体安全能力达到基线要求。在基础安全评估阶段，采用三类安全服务，系统层漏洞扫描、基线合规检查和应用层渗透测试。其中应用层渗透测试在保障前期，会以深度安全评估的方式继续巩固加强。

（2）安全防护措施加固：针对安全评估阶段发现的问题，指导各相关单位进行安全加固。安全防护策略加固的目的是找出信息系统的主机、网络设备、安全设备、数据库等资产的配置错误及弱点信息，并及时进行通过策略调整威胁消除，以免这些配置错误被攻击者利用，给业务系统带来危害。

（3）组织确定专项攻防演练实施方案：制订演练实施方案，方案中应明确参与攻防演练组织方、攻击方、防守方三方队伍的组成以及职责分工、分阶段工作安排、攻击时间及空间范围、演练规则、各阶段采用的技术方案、预期成果以及保障措施等。

2. 演练值守阶段

（1）组织模拟攻击。

（2）互联网安全监测：各相关单位通过网站安全监测平台对客户网站进行不间断的监测，及时发现网站存在的安全隐患和问题，第一时间进行处理。

（3）事件分析与处置：各相关单位根据监测到安全事件，协同进行分析和确认。如有必要可通过主机日志、网络设备日志、入侵检测设备日志等信息对攻击行为进行分析，以找到攻击者的源 IP 地址、攻击服务器 IP 地址、邮件地址等信息，并对攻击方法、攻击方式、攻击路径和工具等进行分析研判。

各相关单位根据分析结果，依据该预案采取相应的处置措施，来确保目标系统安全。通过遏制攻击行为，使其不再危害目标系统和网络，依据攻击行为的具体特点实时制定攻击阻断的安全措施，详细记录攻击阻断操作，并及时上报。

3. 整改复盘阶段

各相关单位总结攻防演练的成果，通过统计工作量、统计资产清单、统计漏洞、统计整改情况等内容。

7.4.7 安全培训

针对安全管理制度普及、安全技术措施使用、安全运维中应该注意的关键问题等，在日常运维过程中提供不定期的安全培训。整体上提高相关人员的安全意识、加快安全技能的掌握，实现持续地提升人员的安全能力和安全认知。结合日常工作和网络安全需要，培训应包括基础安全意识、等级保护安全管理制度、安全产品操作使用一级政策法规合规检查类的培训。

7.5 安全监管体系

应按照上级单位要求、等级保护要求和单位管理要求等，持续开展内部安全合规性检查及指导工作，定期开展等级保护测评及风险管理工作。安全监管的主要工作内容是负责单位内部安全合规检查、监管和考核，负责安全管理制度规范的制定、完善、发布，迎接上级单位及相关单位的检查和测评。

7.5.1 设定岗位职责

设立安全管理员岗位，具体职责包括协助网信办和有关负责人组织制定本单位网络安全管理目标并实施考核工作；拟定本单位网络安全管理工作计划，编写本单位各部门、各岗位的安全职责，并实施监督检查；参与制订本单位网络安全投入计划和安全技术措施计划并组织实施或者监督相关部门实施；组织拟定或者修改本单位网络安全管理规章制度，并参与审查，对执行情况进行监督检查；实施本单位网络安全检查工作，对检查发现的安全事件及安全隐患问题，责令相关人员及时处理；参加审查本单位新建、扩建等项目的安全设计计划，参加项目安全评价审查、工程验收和试运行工作，并负责审查相关的资质资料等；组织实施本单位网络安全宣传、教育和培训，总结和推广网络安全工作的先进经验。

7.5.2 安全风险管理

组织相关部门或专业的安全技术团队，使用标准规范的安全风险管理方法，识别出单位 IT 资产存在的安全弱点和安全威胁，确定风险处置的优先级别和风险控制措施，协调、督促各单位进行整改，实现风险的闭环管理，以达到改善网络安全环境、减少和杜绝安全事故的目标。

7.5.3　安全合规审查

按照相应的合规要求，定期开展安全合规性审查，发现存在的安全问题，督促相关部门进行整改，并将安全合规审查结果向上汇报。

网络安全合规审查主要指网络安全等级保护合规审查（定级、备案、整改建设、等级测评和监督检查），关基设施安全合规审查（关基识别、政策文件要求和执行、重要数据保护、管理机构和人员、管理体系落实），上级主管单位管理要求合规审查等。

7.5.4　安全绩效考核

制定网络安全绩效考核标准和要求，按照单位安全绩效考核要求，执行网络安全绩效考核。安全绩效考核标准和要求应与安全管理制度一起正式发布，严格执行。

第 8 章　基础支撑服务

8.1　基础软件

8.1.1　数据库

数据库（database）是“按照数据结构来组织、存储和管理数据的仓库”，是一个长期存储在计算机内的、有组织的、可共享的、统一管理的大量数据的集合。它的存储空间很大，可以存放百万条、千万条、上亿条数据。但是数据库并不是随意地将数据进行存放，是有一定的规则的，否则查询的效率会很低。当今世界是一个充满着数据的互联网世界，充斥着大量的数据，即这个互联网世界就是数据世界。数据的来源有很多，如出行记录、消费记录、浏览的网页、发送的消息，等等。除了文本类型的数据，图像、音乐、声音都是数据。

8.1.1.1　数据库定义

数据库指的是以一定方式储存在一起、能为多个用户共享、具有尽可能小的冗余度、与应用程序彼此独立的数据集合。这种数据集合具有如下特点：用综合的方法组织数据，具有较小的数据冗余，可供多个用户共享，具有较高的数据独立性，具有安全控制机制，能够保证数据的安全、可靠，允许并发地使用数据库，能有效、及时地处理数据，并能保证数据的一致性和完整性。尽可能不重复，以最优方式为某个特定组织的多种应用服务，其数据结构独立于使用它的应用程序，对数据的增、删、改、查由统一软件进行管理和控制。随着计算机在数据管理领域的普遍应用，人们对数据管理技术提出了更高的要求：希望面向企业或部门，以数据为中心组织数据，减少数据的冗余，提供更高的数据共享能力，同时要求程序和数据具有较高的独立性，当数据的逻辑结构改变时，不涉及数据的物理结构，也不影响应用程序，以降低应用程序研制与维护的费用。

8.1.1.2　数据库技术的发展

数据库技术始于20世纪60年代，经历了最初的基于文件的初级系统、20世纪60—70年代流行的层次系统和网状系统，而现在广泛使用的是关系数据库系统。数据库应用也从简单的事务管理扩展到各个应用领域，如用于工程设计的工程数据库、用于互联网的Web数据库、用于决策支持的数据仓库技术、用于多媒体技术的多媒体数据库等，但应用最广泛的还是在基于事务管理的各类信息系统领域。

数据管理技术是对数据进行分类、组织、编码、存储、检索和维护，是数据处理的中心问题。

数据管理技术的发展过程：人工管理阶段（40年代中期—50年代中期）—文件系统阶段（50年代末—60年代中期）—数据库系统阶段（60年代末至今）

应用需求的推动、计算机软硬件的发展是数据管理技术的发展动力。

1. 人工管理阶段

20世纪50年代以前，计算机主要用于数值计算。从当时的硬件看，外存只有纸带，卡片，磁带，没有直接存取设备；从软件看（实际上，当时还未形成软件的整体概念），没有操作系统以及管理数据的软件；从数据看，数据量小，数据无结构，由用户直接管理，且数据间缺乏逻辑组织，数据依赖于特定的应用程序，缺乏独立性（图8-1）。

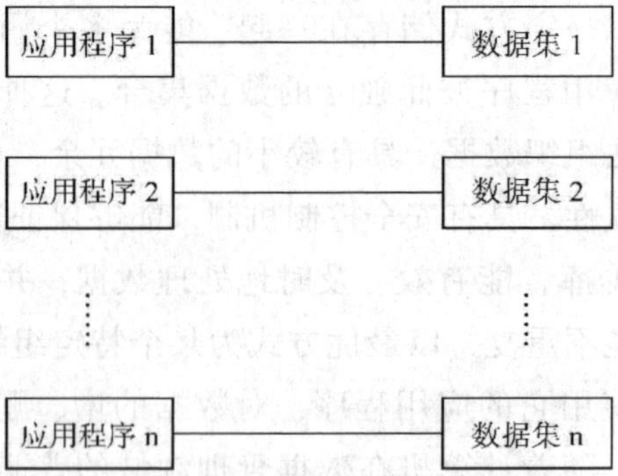

图8-1　人工管理阶段数据管理方式

2. 文件系统阶段

20世纪50年代后期–60年代中期，出现了磁鼓、磁盘等数据存储设备。新的数据处理系统迅速发展起来，这种数据处理系统是把计算机中的数据组织成相互独立的数据文件，系统可以按照文件的名称对其进行访问，对文件中的记录进行存取，并可以实现对文件的修改、插入和删除，这就是文件系统（图8–2）。文件系统实现了记录内的结构化，即给出了记录内各种数据间的关系。但是，文件从整体来看却是无结构的，其数据面向特定的应用程序，因此数据共享性，独立性差，且冗余度大，管理和维护的代价也很大。

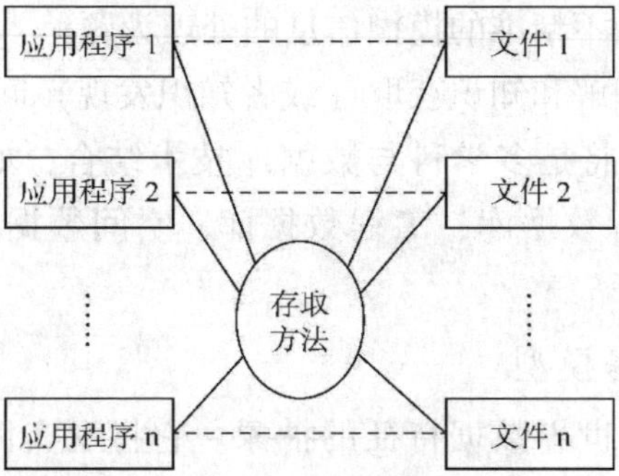

图8–2 文件系统阶段数据管理方式

3. 数据库系统阶段

20世纪60年代后期，出现了数据库这样的数据管理技术。数据库的特点是数据不再只针对某一特定应用，而是面向全组织，具有整体的结构性，共享性高，冗余度小，具有一定的程序与数据间的独立性，并且实现了对数据进行统一的控制。（图8–3）

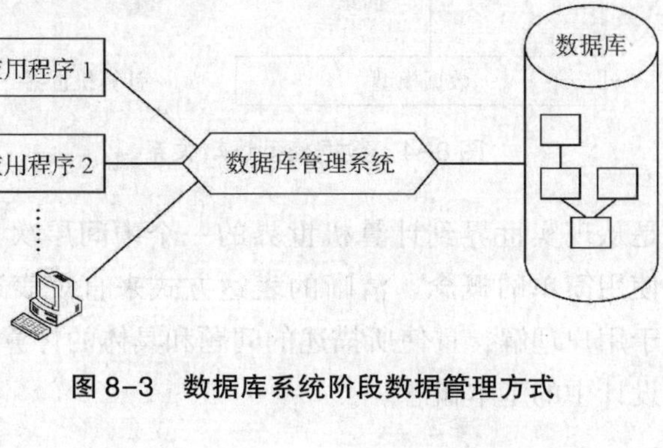

图8–3 数据库系统阶段数据管理方式

数据库系统体系结构经历了单机结构、集中式结构、客户机/服务器结构（C/S 结构）、浏览器/服务器结构（B/S 结构）。

随着信息化进程加快，数据库技术面临着严峻的挑战，主要表现在以下 5 个方面：

（1）信息量剧增，大量信息来不及处理。

（2）数据类型多样化和一体化，传统的数据库系统以字符格式表示数据；新的数据库系统要求能处理文字、图形、视频、声音、动画等，如地图、地质图、空间或平面图、机器人控制、医学图像等。

（3）数据安全问题日益显现。

（4）对不确定和不精准的模糊信息的处理为题。

（5）对数据的理解和知识获取（或者知识发现）问题等。

数据库技术发展将是多学科与数据库技术结合，如分布式数据库、面向对象数据库、并行数据库、工程数据库、空间数据库、多媒体数据库、模糊数据库等。

8.1.1.3 数据模型

数据模型是现实世界数据特征的抽象。它将现实世界中存在的事物以及事物之间的联系抽象出来，加以描述、处理，用以提供有用信息。逻辑关系如图 8-4 所示。

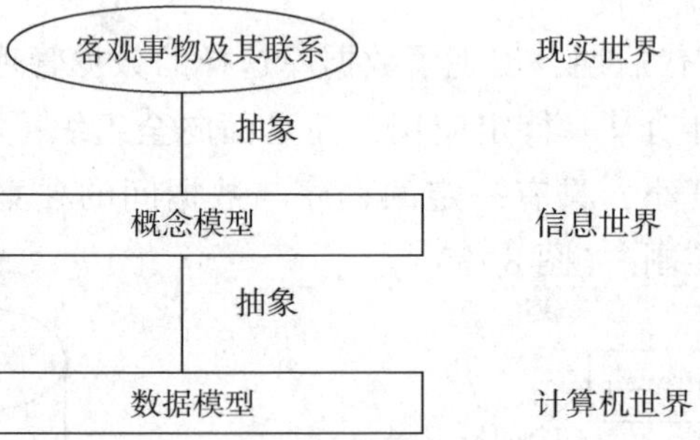

图 8-4 数据模型逻辑关系

概念模型是从现实世界到计算机世界的一个中间层次，是一种信息世界的模型。它使用简单的概念、清晰的表达方式来直观表达应用对象及语义的关联，便于用户理解，且使所描述的问题和具体的计算机无关。

数据模型设计中的基本概念。

（1）实体：客观世界中存在的且可相互区分的事物。

（2）属性：实体或联系所具有的性质。

（3）码：唯一标识实体的属性集。

（4）域：属性的取值范围。

（5）实体型：具有相同属性的实体必然具有共同的特征和特性。用实体名和属性名的集合来抽象刻画同类实体，成为实体型。

（6）实体集：同型实体的集合。

（7）联系：现实世界中事物之间的联系抽象到信息世界反映为实体之间的各种联系。

E-R数据模型（entity-relationship data model），即实体—联系数据模型（图8-5）。

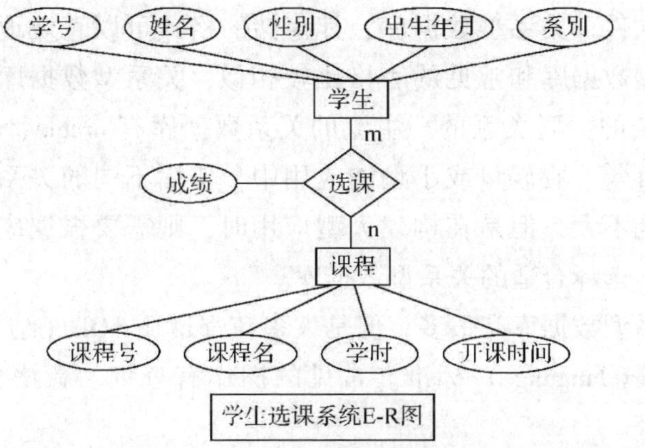

图8-5　E-R数据模型示例

数据模型根据实体集之间的不同结构，常分为以下四种类型：层次模型、网状模型、关系模型、面向对象模型。目前常用的是关系模型。

8.1.1.4　关系模型

关系模型是采用二维表格结构表达实体类型及实体间联系的数据模型，它的基本假定是所有数据都表示为数学上的关系。把数据组织成二维表的形式，这种表格称为关系。表中存放两类数据：实体本身的数据和实体间的联系。关系模型的数据结构包括：关系模型的逻辑结构、关系模型的存储结构。

8.1.1.5 关系数据库

关系数据库是建立在关系数据库模型基础上的数据库，借助于集合代数等概念和方法来处理数据库中的数据，同时也是一个被组织成一组拥有正式描述性的表格，这些表格中的数据能以许多不同的方式被存取或重新召集而不需要重新组织数据库表格。关系数据库的定义造成元数据的一张表格或造成表格、列、范围和约束的正式描述。每个表格（有时被称为一个关系）包含用列表示的一个或更多的数据种类。每行包含一个唯一的数据实体，这些数据是被列定义的种类。当创造一个关系数据库的时候，能定义数据列的可能值的范围和可能应用于那个数据值的进一步约束。而 SQL 语言是标准用户和应用程序到关系数据库的接口。其优势是容易扩充，且在最初的数据库创造之后，一个新的数据种类能被添加而不需要修改所有的现有应用软件。关系型数据库，其存储的格式可以直观地反映实体间的关系。关系型数据库和常见的表格比较相似，关系型数据库中表与表之间是有很多复杂的关联关系的。主流的关系数据库有 oracle、db2、sqlserver、sybase、mysql 等。在轻量或小型的应用中，使用不同的关系型数据库对系统的性能影响不大，但是在构建大型应用时，则需要根据应用的业务需求和性能需求，选择合适的关系型数据库。

虽然关系型数据库有很多，但是大多数都遵循 SQL（结构化查询语言，structured query language）标准。常见的操作有查询、新增、更新、删除、求和、排序等。

查询语句：SELECT param FROM table WHERE condition，该语句可以理解为从 table 中查询出满足 condition 条件的字段 param。

新增语句：INSERT INTO table（param1，param2，param3）VALUES（value1，value2，value3），该语句可以理解为向 table 中的 param1，param2，param3 字段中分别插入 value1，value2，value3。

更新语句：UPDATE table SET param=new_ value WHERE condition，该语句可以理解为将满足 condition 条件的字段 param 更新为 new_ value 值。

删除语句：DELETE FROM table WHERE condition，该语句可以理解为将满足 condition 条件的数据全部删除。

去重查询：SELECT DISTINCT param FROM table WHERE condition，该语句可以理解为从表 table 中查询出满足条件 condition 的字段 param，但是

param 中重复的值只能出现一次。

排序查询：SELECT param FROM table WHERE condition ORDER BY param1，该语句可以理解为从表 table 中查询出满足 condition 条件的 param，并且要按照 param1 升序的顺序进行排序。

总体来说，数据库的 SELECT，INSERT，UPDATE，DELETE 对应了常用的增删改查四种操作。

关系型数据库对于结构化数据的处理更合适，如学生成绩、地址等，这样的数据一般情况下需要使用结构化的查询，如 join，这样的情况下，关系型数据库就会比 NoSQL 数据库性能更优，而且精确度更高。由于结构化数据的规模不算太大，数据规模的增长通常也是可预期的，所以针对结构化数据使用关系型数据库更好。关系型数据库十分注意数据操作的事务性、一致性，关系型数据库对这方面的要求无疑可以很好地满足。

8.1.1.6 数据库管理系统

数据库系统主要由数据库、硬件支持系统、软件支持系统组成。

硬件支持系统主要是构成计算机系统的各种物理设备，包括存储所需的外部设备。硬件的配置应满足整个数据库系统的需要。

软件支持系统主要包括：数据库管理系统（DBMS）、操作系统、应用开发工具等。

1. 基本定义

数据库管理系统（database management system，DBMS）是数据库系统的核心软件，是在操作系统的支持下工作，解决如何科学地组织和存储数据，如何高效获取和维护数据的系统软件。其主要功能包括数据定义功能、数据操纵功能、数据库的运行管理和数据库的建立与维护。

2. 主要功能

数据路定义功能：主要提供数据定义语言（DDL），定义数据库中的数据对象。

数据操纵功能：提供数据操纵语言（DML），操纵数据实现对数据库的基本操作（查询、插入、删除和修改）。

数据库的运行管理：保证数据的安全性、完成性、多用户对数据的并发使用，发生故障后的系统恢复。

数据库的建立和维护功能：数据库数据批量装载、数据库转储、介质故障恢复、数据库的重组织、性能监视等。

8.1.1.7 数据库系统的特点

数据库系统就是基于数据库的计算机应用系统，它包括以数据为主体的数据库、管理数据库的系统软件DBMS、支持数据库系统的计算机硬件环境和操作系统环境、管理和使用数据库系统的人，特别是负责设计、维护数据库的技术人员——数据库管理员、方便使用和管理系统的各种技术说明书和使用说明书。

8.1.1.8 常见数据库管理系统简介

1. Access

Access是微软公司推出的Office系列办公软件中的组件之一，是目前流行的桌面数据库管理系统。主要适用于中小型应用系统。主要特点如下：

(1) 存储方式单一；

(2) 操作简便、使用方便；

(3) 兼容多种数据库格式；

(4) 嵌入VBA编程语言；

(5) 具有Web网页发布功能；

(6) 可应用于客户/服务器方式。

2. Oracle

Oracle数据库管理系统是由甲骨文公司推出的关系型数据库管理系统。它是当前世界上应用最广泛、功能最强大、可用性最高的数据库管理系统，适用于大型数据库应用系统。主要特点如下：

(1) 具有完整的数据管理功能；

(2) 提供分布式数据库能力；

(3) 可兼容性；

(4) 可移植性；

(5) 可连接性；

(6) 提供功能齐全的数据库开发工具。

3. SQL Server

SQL Server是微软公司推出的大型关系数据库管理系统，适用于中、大型数据库应用系统。其主要特点如下：

(1) 基于客户机/服务器体系结构；

(2) 支持分布式数据库结构;

(3) SQL Server与Windows集成;

(4) SQL Server与Microsoft BackOffice服务器类集成;

(5) 多线程体系结构。

4. DB2

DB2是IBM公司推出的一种关系型数据库系统。适用于大型数据库应用系统。主要特点如下:

(1) 能够处理各类复杂企业日常信息，这些信息包括多媒体信息、网页内容和电子邮件;

(2) 支持标准的SQL语言，能与异种数据库相连;

(3) 具有速度快、可靠性好的优点;

(4) 能在所有主流平台上运行，适用于海量数据处理;

(5) DB2在企业级的应用广泛。

5. MySQL

MySQL是一种流行的开源关系数据库管理系统。它具有良好的连通性、速度和安全性，适合于访问互联网上的数据库。主要特点如下:

(1) MySQL是一种开放源码软件;

(2) MySQL服务器具有快速、可靠和易于使用的特点;

(3) MySQL服务器工作在客户/服务器或嵌入式系统中;

(4) 有大量的MySQL软件可以使用。

6. Sybase

Sybase是美国Sybase公司推出的一种关系型数据库系统，是由Sybase SQL Server发展和演化而来。作为企业级的关系数据库系统，Sybase提供了强大的事务处理能力和决策支持功能。

其具有完备的密钥保护等技术，拥有高可靠性和低运行风险。Sybase同时还支持服务器的高可用性，即两个服务器互为备份，从而保证数据库的持续可用性。

7. 达梦等国产数据库

应用较为广泛的四种国产数据库如下。

南大通用数据库：南大通用数据库提供具有国际先进技术水平的数据库产品。南大通用数据库已经形成了在大规模、高性能、分布式、高安全的数据存储、管理和应用方面的技术储备，同时对于数据整合、应用系统集成、PKI 安全等方面具有丰富的应用开发经验。

达梦数据库：武汉达梦数据库有限公司成立于 2000 年，为国有控股的基础软件企业，专业从事数据库管理系统研发、销售和服务。其前身是华中科技大学数据库与多媒体研究所，是国内最早从事数据库管理系统研发的科研机构。达梦数据库为中国数据库标准委员会组长单位，得到了国家各级政府的强力支持。

金仓数据库：人大金仓数据库管理系统 KingbaseES 是北京人大金仓信息技术股份有限公司自主研制开发的具有自主知识产权的通用关系型数据库管理系统。金仓数据库主要面向事务处理类应用，兼顾各类数据分析类应用，可用做管理信息系统、业务及生产系统、决策支持系统、多维数据分析、全文检索、地理信息系统、图片搜索等的承载数据库。

神舟通用数据库：神舟通用数据库是一款计算机数据库。神舟通用数据库标准版提供了大型关系型数据库通用的功能，丰富的数据类型、多种索引类型、存储过程、触发器、内置函数、视图、Package、行级锁、完整性约束、多种隔离级别、在线备份、支持事务处理等通用特性，系统支持 SQL 通用数据库查询语言。

在水利信息化基础设施建设中，常用到 Oracle、SQLServer、MySQL、Sybase 数据库作为管理和存储基础设施信息数据，随着电子政务的发展、国产化环境的需求，达梦数据库、金仓数据库、南大通用数据库等国产数据库逐渐应用于水利信息技术设施数据的管理和存储。

8.2 中 间 件

中间件是一种独立的系统软件服务程序，分布式应用软件借助这种软件在不同的技术之间共享资源，中间件位于客户机服务器的操作系统之上，管理计算资源和网络通信。从这个意义上可以用一个等式来表示中间件：中间件=平台+通信，这也就限定了只有用于分布式系统中才能叫中间件，同时也把它与支撑软件和实用软件区分开来。中间件是介于应用系统和系统软件之间的一类软件，它使用系统软件所提供的基础服务（功能），衔接网络上应用系统的各个部分或不同的应用，能够达到资源共享、功能共享的目的。

8.2.1 中间件简介

中间件用于解决不同系统之间的网络通信、安全、事务的性能、传输的可靠性、语义的解析、数据的应用等问题。中间件是一类连接软件组件和应用的计算机软件，它包括一组服务，以便于运行在一台或多台机器上的多个软件通过网络进行交互。该技术所提供的互操作性，推动了一致分布式体系架构的演进，该架构通常用于支持并简化那些复杂的分布式应用程序，它包括 Web 服务器、事务监控器和消息队列软件。

中间件（middleware）是基础软件的一大类，属于可复用软件的范畴。它处于操作系统软件与用户的应用软件的中间。

中间件在操作系统、网络和数据库之上，应用软件的下层，它是为处于自己上层的应用软件提供运行与开发的环境，帮助用户灵活、高效地开发和集成复杂的应用软件。近年来，人类生活中越来越多的领域已经变得离不开计算机、网络技术以及通信技术。并且随着计算机技术的快速发展，更多的应用软件被要求在许多不同的网络协议、不同的硬件生产厂商以及不一样的网络平台和环境上运营。这导致了软件开发者需要面临数据离散、操作困难、系统匹配程度低，以及需要开发多种应用程序来达到运营的目的。所以，中间件技术的产生，在极大程度上减轻了开发者的负担，使得网络的运行更有效率。

8.2.2　中间件基本功能

中间件是独立的系统级软件，连接操作系统层和应用程序层，将不同操作系统提供应用的接口标准化，协议统一化，屏蔽具体操作的细节，中间件一般提供如下功能。

1. 通信支持

中间件为其所支持的应用软件提供平台化的运行环境，该环境屏蔽底层通信之间的接口差异，实现互操作，所以通信支持是中间件一个最基本的功能。早期应用与分布式的中间件交互主要的通信方式为远程调用和消息两种。通信模块中，远程调用通过网络进行通信，通过支持数据的转换和通信服务，从而屏蔽不同的操作系统和网络协议。远程调用是提供给予过程的服务访问，为上层系统只提供非常简单的编程接口或过程调用模型。消息提供异步交互的机制。

2. 应用支持

中间件的目的就是服务上层应用，提供应用层不同服务之间的互操作机制。它为上层应用开发提供统一的平台和运行环境，并封装不同操作系统提供 API 接口，向应用提供统一的标准接口，使应用的开发和运行与操作系统无关，实现其独立性。中间件松耦合的结构、标准的封装服务和接口、有效的互操作机制给应用结构化和开发方法提供有力的支持。

3. 公共服务

公共服务是对应用软件中共性功能或约束的提取。将这些共性的功能或者约束分类实现，并支持复用，作为公共服务，提供给应用程序使用。通过提供标准、统一的公共服务，可减少上层应用的开发工作量，缩短应用的开发时间，并有助于提高应用软件的质量。

8.2.3 中间件发展历程

1. 中间件早期发展

由于中间件需要屏蔽分布环境中异构的 OS 和网络协议，它必须能够提供分布式环境下的通信服务，将这种通信服务称为平台。IBM 的 CICS（customer lnformation control system）是最早具有中间件技术思想和功能的软件，但由于 CICS 不是分布式环境的产物，人们一般把 1984 年 AT & T 贝尔实验室开发完成的 Tuxedo 作为第一个严格意义上的中间件产品：在很长一段时期里 Tuxedo 只是实验室产品，被 Novell 收购后开展的商业推广并不成功，直到 1995 年被 BEA 公司收购才逐渐成熟起来，BEA 公司也因此成为一个真正的中间件厂商。同一时期，IBM 的中间件 MQSeries 及其他许多中间件产品也逐渐发展并成熟起来。

2. 中间件发展阶段

中间件技术的发展，经历了面向过程的分布计算技术、面向对象的分布计算技术、面向 Agent 的分布计算技术 3 个阶段，相应地，中间件产品也分为远程过程调用中间件（remote procedure call，RPC）、面向消息的中间件（message oriented middleware，MOM）和对象请求代理中间件 3 类，其中面向消息的中间件技术最为成熟。

8.2.4　中间件分类

1. 事务式中间件

事务式中间件又称为事务处理管理程序，是当前应用最广泛的中间件之一，其主要功能是提供联机事务处理所需要的通信、并发访问控制、事务控制、资源管理、安全管理、负载平衡、故障恢复和其他必要的服务。事务式中间件支持大量客户进程的并发访问，具有极强的扩展性。由于事务式中间件具有可靠性高、极强的扩展性等特点，主要应用于电信、金融、飞机订票系统、证券等拥有大量客户的领域。

2. 过程式中间件

过程式中间件又称为远程过程调用中间件。过程中间件一般从逻辑上分为两部分：客户机和服务器。客户机和服务器是一个逻辑概念，既可以运行在同一台计算机上，也可以运行在不同的计算机上，甚至客户机和服务器底层的操作系统也可以不同。客户机和服务器之间的通信可以使用同步通信，也可以采用线程式异步调用。所以过程式中间件有较好的异构支持能力，简单易用，但由于客户机和服务器之间采用访问连接，所以在易剪裁性和容错方面有一定的局限性。

3. 面向消息的中间件

面向消息的中间件，简称“消息中间件”，是一类以消息为载体进行通信的中间件，它利用高效可靠的消息机制来实现不同应用间大量的数据交换。消息中间件的通信模型有两类：消息队列和消息传递。通过这两种消息模型，不同应用之间的通信和网络的复杂性脱离，摆脱对不同通信协议的依赖，可以在复杂的网络环境中高可靠、高效率地实现安全的异步通信。消息中间件的非直接连接支持多种通信规程，达到多个系统之间的数据的共享和同步。消息中间件是一类常用的中间件。

4. 面向对象中间件

面向对象中间件又称为分布对象中间件，是分布式计算技术和面向对象技术发展的结合，简称“对象中间件”。分布对象模型是面向对象模型在分布异构环境下的自然拓广。对象中间件为应用层提供各种不同形式的通信服务，通过这些服务，上层应用对事务处理、分布式数据访问，对象管理等处理更简单易行。OMG 组织是分布对象技术标准化方面的国际组织，它制定出了 CORBA 等标准。

5. Web 应用服务器

Web 应用服务器是 Web 服务器和应用服务器相结合的产物。应用服务器中间件可以说是软件的基础设施，利用构件化技术将应用软件整合到一个确定的协同工作环境中，并提供多种通信机制、事务处理能力及应用的开发管理功能。由于直接支持三层或多层应用系统的开发，应用服务器受到了广大用户的欢迎，是目前中间件市场上竞争的热点。J2EE 架构是目前应用服务器方面的主流标准。

6. 其他

新的应用需求、新的技术创新、新的应用领域促成了新的中间件产品的出现。例如，ASAAC 在研究标准航空电子体系结构时提出的通用系统管理 GSM，属于典型的嵌入式航电系统的中间件。互联网云技术的云计算中间件、物流网的中间件等也均是随着应用市场的需求应运而生的。

8.2.5　中间件基本特点

中间件的优势：满足大量应用的需要；运行于多种硬件和 OS 平台；支持分布式计算，提供跨网络、硬件和 OS 平台的透明性的应用或服务的交互功能；支持标准的协议；支持标准的接口。

存在优势的同时，中间件有其自身的局限性：中间件能够屏蔽操作系统和网络协议的差异，为应用程序提供多种通信机制；提供相应的平台以满足不同领域的需要。因此，中间件为应用程序提供了一个相对稳定的高层应用环境。然而，中间件服务也并非“万能药”。中间件所应遵循的一些原则离实际还有很大距离。多数流行的中间件服务使用专有的 API 和专有的协议，使得应用建立于单一厂家的产品之上，不同厂家很难实现互操作。有些中间件服务只提供一些平台而不是所有平台的实现，从而限制了应用在异构系统之间的移植。应用开发者在这些中间件服务之上建立自己的应用还要承担相当大的风险，且随着技术的发展他们往往还须重写自己的系统。尽管中间件服务提高了分布计算的抽象化程度，但应用开发者还须面临许多艰难的设计选择。例如，开发者还需决定分布应用在 client 方和 server 方的功能分配。通常将表示服务放在 client 以方便使用显示设备，将数据服务放在 server 以靠近数据库，但也并非总是如此，何况其他应用功能如何分配也是不容易确定的。

8.2.6 中间件应用

1. 中间件与电子商务的整合

互联网是电子商务发展的基础，让商户可以通过它，把商业扩展到能到达的任意地点。这其中离不开大量的信息传输，而电子商务则使用了浏览器/服务器 B/S（Browser/Server）的技术来达到大量数据处理的目的。

2. 中间件在 B/S 模式中的架构

中间件在 B/S 模式下起到了功能层的作用。当用户从 Web 界面向服务器提交了数据请求或应用请求时，功能层负责将这些请求分类为数据或应用请求，再向数据库发出数据交换申请。数据库对请求进行筛选处理之后，再将所需的数据通过功能层传递回到用户端。通过如此处理，单一用户可以进行点对面的操作，无须通过其他软件进行数据转换。

8.2.7 中间件系统架构

中间件系统架构如图 8-6 所示。

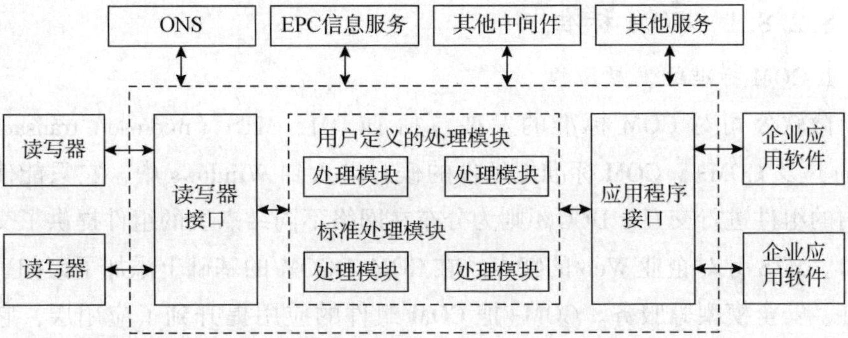

图 8-6 中间件系统架构

1. 读写器接口的功能

（1）提供读写器硬件与中间件连接的接口；

（2）负责读写器、适配器与后端软件之间的通信接口，并能支持多种读写器和适配器；

（3）能够接收远程命令，控制读写器和适配器。

2. 处理模块的功能

处理模块汇聚不同数据源的读取数据，并且基于预先配置的应用层事件过滤器进行调整和过滤，然后将经过过滤的数据送到后端系统。处理模块的功能如下：

（1）在系统管辖下，能够观察所有读写器的工作状态；

（2）提供处理模块向系统注册的机制；

（3）提供 EPC 和非 EPC 的转换功能；

（4）提供管理读写器的功能，如新增、删除、停用、群组等功能；

（5）提供过滤不同读写器接收内容的功能，进行数据处理。

3. 应用程序接口的功能

应用程序接口在中间件的顶层，其主要目的是提供一个标准机制来注册和接收经过过滤的事件，还提供标准的 API 来配置、监控和管理中间件以及它所控制的读写器和感应器。

8.2.8 中间件标准

中间件标准包括 COM 标准、CORBA 标准和 J2EE 标准。

8.2.8.1 COM 标准

1. COM 标准的发展历程

微软公司对 COM 标准的发展包括 DCOM、MTS（microsoft transaction sewer）及 COM+。COM 标准把组件的概念融入到 Windows 中，它只能使本机内的组件进行交互。DCOM 则为分布在网络不同结点上的组件提供了交互能力。MTS 针对企业 Web 的特点，在 COM/DCOM 的基础上添加了诸如事件特性、安全模型等服务。COM+把 COM 组件的应用提升到了应用层，它通过操作系统的各种支持使组件对象模型建立在应用层上，把所有组件的底层细节（如目录服务、事件处理、连接池及负载平衡等）留给操作系统。尽管有些厂商正在为 UNIX 平台使用 COM+而奋斗，但 COM+基本上仍是 Windows 家族平台的解决方案。

2. COM 标准的特性

COM 标准是微软公司提出的一种组件规范，多个组件对象可以连接起来形成应用程序，并且应用程序在运行时，可以在不重新连接或编译的情况下被卸下或换掉。COM 是一种技术标准，很多语言都可以实现，它以 COM 库（OLE32. dll 和 OLEAut dll）的形式提供了访问 COM 对象核心功能的标准接口及一组 API 函数，这些 API 函数用于实现创建和管理 COM 对象的功能。

8. 2. 8. 2 CORBA 标准

1. CORBA 标准的构成

CORBA 标准主要分为对象请求代理、公共对象服务、公共设施三个层次。

对象请求代理（object request broker，ORB）处于底层，它规定了发布对象的定义（接口）和语言映射，实现了对象间的通信和互操作，是发布系统中的软总线。

2. CORBA 标准的特性

（1）CORBA 标准是编写分布式对象的统一标准，这个标准与平台、语言和销售商无关。CORBA 标准包含了很多技术，而且其应用范围十分广泛。CORBA 标准有一个被称为 IIOP（internet inter-ORB protocol）的部分，它是 CORBA 的标准互联网协议，用户看不到 IIOP，因为它运行在分布式对象通信的后台。

（2）CORBA 中的客户通过 ORB 进行网络通信，使不同的应用程序不需要知道具体通信机制也可以进行通信，这使通信变得非常容易。它负责找到对象实现服务方法调用、处理参数调用，并返回结果。

（3）CORBA 中的 IDL（interface definition language）定义客户端和它们调用对象之间的接口，这是一个与语言无关的接口，定义之后可以用任何面向对象的语言实现。现在很多工具可以实现从 IDL 到不同语言的映射，CORBA 是面向对象的基于 IIOP 的二进制通信机制。

8. 2. 8. 3 J2EE 标准

J2EE 标准简化了基于构件服务器端应用的复杂性，虽然 DNA2000 也一样，但它们最大的区别在于，DNA2000 是一个产品，而 J2EE 是一个规范，不同的厂家可以实现自己的符合 J2EE 标准的产品。J2EE 标准是众多厂家参与制定的，它不为 Sun 公司所独有，而且它支持平台的开发，目前许多大的分布计算平台厂商都公开支持与 J2EE 标准兼容的技术。

8.2.9 中间件发展趋势

中间件技术的发展方向，将聚焦于消除信息孤岛，推动无边界信息流，支撑开放、动态、多变的互联网环境中的复杂应用系统，实现对分布于互联网之上的各种自治信息资源（计算资源、数据资源、服务资源、软件资源）的简单、标准、快速、灵活、可信、高效能及低成本的集成、协同和综合利用，提高组织的 IT 基础设施的业务敏捷性，降低总体运维成本，促进 IT 与业务之间的匹配。中间件技术正在呈现出业务化、服务化、一体化、虚拟化等诸多新的重要发展趋势。

近年来，中间件技术取得了很大的成功，成为研究热点之一。随着应用的普及和研究的深入，以及互联网的发展，目前的中间件技术主要呈现三个方面的发展趋势：第一，中间件越来越多地向传统操作系统层渗透，向平台化发展；第二，随着网络化的发展趋势，应用软件需要的支持机制越来越多，中间件会变广变厚；第三，中间件也向构件化发展，为上层应用的结构设计和部署提供有效的支持，并为解决软件复用问题提供支持。随着我国信息化建设的推进，中间件市场越来越受到重视。中间件软件市场对我们来说，既是挑战也是机遇。目前国内一批中间件企业迅速崛起，2004 年国内 13 家软件企业成立中国首个中间件产业联盟。我国中间件技术将会长远规模化发展，为跨平台的应用开发、异构网络环境的应用，软件复用等提供了有效的解决之道。

8.3 动态主机配置协议

动态主机配置协议（dynamic host configuration protocol，DHCP），它的前身是 BOOTP，它工作在 OSI 的应用层，是一种帮助计算机从指定的 DHCP 服务器获取它们的配置信息的自举协议。

DHCP 使用客户端/服务器模式，请求配置信息的计算机称为 DHCP 客户端，而提供信息的称为 DHCP 的服务器。DHCP 为客户端分配地址的方法有三种：手工配置、自动配置、动态配置。

DHCP 最重要的功能就是动态分配。除了 IP 地址，DHCP 分组还为客户端提供其他的配置信息，如子网掩码。这使得客户端无需用户动手就能自动配置连接网络。

8.3.1 功能概述

DHCP Server 一般的功能和要求如下。

（1）保证任何 IP 地址在同一时刻只能由一台 DHCP 客户机所使用。

（2）DHCP 应当可以给用户分配永久固定的 IP 地址。

（3）HCP 应当可以同用其他方法获得 IP 地址的主机共存（如手工配置 IP 地址的主机）。

（4）DHCP 服务器应当向现有的 BOOTP 客户端提供服务。

（5）无须每个子网都配备一台 DHCP 服务器，DHCP 协议应当可以通过路由器或者 BOOTP 代理透传。

（6）当一台 DHCP 客户机重新启动时，在允许的情况下，它应当获得和上次相同的地址和配置。

（7）当一台 DHCP 服务器重新启动时，在允许的情况下，它应当给每一台 DHCP 客户机分配和上次相同的地址。

（8）如果 DHCP 服务器故障，客户端给自己分配一个 169.254.0.1 ~ 169.254.255.254 之间的地址。

8.3.2 DHCP 的工作流程

DHCP 的工作流程如图 8-7 所示。

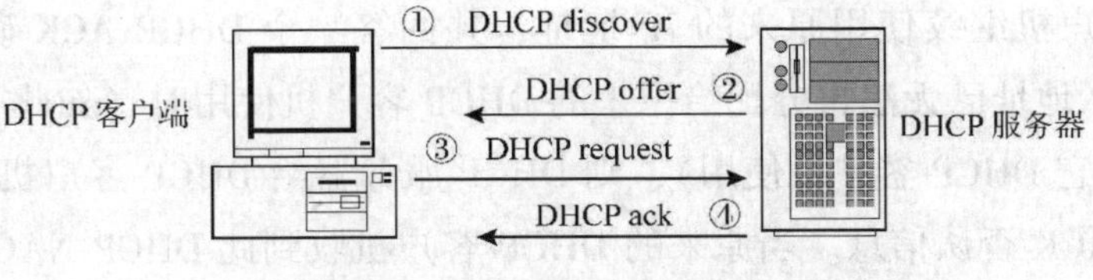

图 8-7 DHCP 工作流程图

（1）发现阶段，即 DHCP 客户机寻找 DHCP 服务器的阶段。DHCP 客户机以广播方式（因为 DHCP 服务器的 IP 地址对于客户机来说是未知的）发送 DHCP discover 发现信息来寻找 DHCP 服务器，以本机源地址 0.0.0.0 向地址 255.255.255.255 发送特定的广播信息。网络上每一台安装了 TCP/IP 协议的主机都会接收到这种广播信息，但只有 DHCP 服务器才会做出响应。

（2）提供阶段，即 DHCP 服务器提供 IP 地址的阶段。在网络中接收到

DHCP discover 发现信息的 DHCP 服务器都会做出响应，它从尚未出租的 IP 地址中挑选一个分配给 DHCP 客户机，向 DHCP 客户机发送一个包含出租的 IP 地址和其他设置的 DHCP offer 提供信息。

（3）选择阶段，即 DHCP 客户机选择某台 DHCP 服务器提供的 IP 地址的阶段。如果有多台 DHCP 服务器向 DHCP 客户机发来的 DHCP offer 提供信息，则 DHCP 客户机只接受第一个收到的 DHCP offer 提供信息，然后它就以广播方式回答一个 DHCP request 请求信息，该信息中包含向它所选定的 DHCP 服务器请求 IP 地址的内容。之所以要以广播方式回答，是为了通知所有的 DHCP 服务器，它将选择某台 DHCP 服务器所提供的 IP 地址。

（4）确认阶段，即 DHCP 服务器确认所提供的 IP 地址的阶段。当 DHCP 服务器收到 DHCP 客户机回答的 DHCP request 请求信息之后，它便向 DHCP 客户机发送一个包含它所提供的 IP 地址和其他设置的 DHCP ACK 确认信息，告诉 DHCP 客户机可以使用它所提供的 IP 地址。然后 DHCP 客户机便将其 TCP/IP 协议与网卡绑定，另外，除 DHCP 客户机选中的服务器外，其他的 DHCP 服务器都将收回曾提供的 IP 地址。

（5）重新登录，以后 DHCP 客户机每次重新登录网络时，就不需要再发送 DHCP discover 发现信息了，而是直接发送包含前一次所分配的 IP 地址的 DHCP request 请求信息。当 DHCP 服务器收到这一信息后，它会尝试让 DHCP 客户机继续使用原来的 IP 地址，并回答一个 DHCP ACK 确认信息。如果此 IP 地址已无法再分配给原来的 DHCP 客户机使用时（如此 IP 地址已分配给其它 DHCP 客户机使用），则 DHCP 服务器给 DHCP 客户机回答一个 DHCP NACK 否认信息。当原来的 DHCP 客户机收到此 DHCP NACK 否认信息后，它就必须重新发送 DHCP discover 发现信息来请求新的 IP 地址。

（6）更新租约，DHCP 服务器向 DHCP 客户机出租的 IP 地址一般都有一个租借期限，期满后 DHCP 服务器便会收回出租的 IP 地址。如果 DHCP 客户机要延长其 IP 租约，则必须更新其 IP 租约。DHCP 客户机启动时和 IP 租约期限过一半时，DHCP 客户机都会自动向 DHCP 服务器发送更新其 IP 租约的信息。

8.3.3 DHCP 报文

8.3.3.1 议栈中的位置

DHCP 是 Bootstrap 协议的一种扩展，基于 UDP 协议，客户端的端口号是 68，服务器的端口号是 67（表 8-1）。

表 8-1 报文在议栈中的位置

Application Layer	DHCP	Data-link Layer	No Limited
Transport Layer	UDP	Physical Layer	No Limited
Network Layer	IP		

8.3.3.2 DHCP 的报文格式

如图 8-8 所示，下文介绍 DHCP 的报文格式。

OP（1）	Htype（1）	Hlen（1）	Hops（1）
Transaction ID（4）			
Seconds（2）		Flags（2）	
Ciaddr（4）			
Yiaddr（4）			
Siaddr（4）			
Giaddr（4）			
Chaddr（16）			
Sname（64）			
File（128）			
Options（variable）			

图 8-8 DHCP 的报文格式

OP：Opration，若是 client 送给 server 的封包，设为 1，反向为 2；

Htype：Hardware Type，硬件类别，ethernet 为 1；

Hlen：Hardware Length，硬件长度，ethernet 为 6；

Hops：若数据包需经过 router 传送，每站加 1，若在同一网内，为 0；

Transaction ID：事务 ID，是个随机数，用于客户和服务器之间匹配请求和相应消息；

Seconds：由用户指定的时间，指开始地址获取和更新进行后的时间；

Flags：0~15bits，最左 bit 为 1 时表示 server 将以广播方式传送封包给 client，其余未使用；

Ciaddr：Client IP Address，用户 IP 地址，当前 IP 地址；

Yiaddr：´your´（client）IP address，客户 IP 地址，服务器将要分配的 IP 地址；

Siaddr：Server IP Address，用于 bootstrap 过程中的服务器 IP 地址；

Giaddr：Gateway IP Address，转发代理（网关）IP 地址；

Chaddr：Client Hardware Address，客户端的硬件地址，一般可以用 MAC 地址；

Sname：Server Name，服务器名称，可选，以 0x00 结尾；

File：启动文件名，以 0x00 结尾；

Options：厂商标识，可选的参数字段。

8.3.3.3 DHCP 的 Option 字段

每个 Option 都由 Tag、Len、Data 三大部分组成：

（1）Tag 表示本 Option 的作用，1 个字节，由 RFC2132 定义。

（2）Len 表明后续 Data 的长度，1 个字节，（Tag 等于 0 或 255 的比较特殊，没有 Len 和 Data）。

（3）Data 内容作为 Tag 的补充详细说明。

比较常用的是 50~59。

Tag 说明见表 8-2。

表 8-2 Tag 说明

Tag（dec）	Tag（hex）	Length	名称	说明
0	0x00	空	Pad	填充字节，本 tag 没有 L 和 V 字段。
255	0xFF	空	End	表示厂家定义 Option 的结束，本 tag 没有 L 和 V 字段
1	0x01	4	Subnet Mask	

续表

Tag (dec)	Tag (hex)	Length	名称	说明
2	0x02	4	Time Offset	
3	0x03	n	Router	
4	0x04	n	Time Server	
5	0x05	n	Name Server	
6	0x06	n	Domain Name Server	
7	0x07	n	Log Server	
8	0x08	n	Cookie Server	
9	0x09	n	LPR Server	Line printer servers available to the client
10	0x0A	n	Impress Server	
11	0x0B	n	Resource Location Server	
12	0x0C	n	Host Name	客户端的名称
13	0x0D	2	Boot File Size	以512字节为单位，表示启动文件的大小
14	0x0E	n	Merit Dump File	
15	0x0F	n	Domain Name	
16	0x10	n	Swap Server	
17	0x11	n	Root Path	
18	0x12	n	Extensions Path	
19	0x13	1	IP Forwarding	0：禁止，1：允许
20	0x14	1	Non-Local Source Routing	0：禁止，1：允许
21	0x15	n	Policy Filter	
22	0x16	2	Maximum Datagram Reassembly Size	
23	0x17	1	Default IP Time-to-live	
24	0x18	4	Path MTU Aging Timeout	
25	0x19	n	Path MTU Plateau Table	
26	0x1A	2	Interface MTU	
27	0x1B	1	All subnets are Local	0/1
28	0x1C	4	Broadcast Address	

续表

Tag (dec)	Tag (hex)	Length	名称	说明
29	0x1D	1	Perform Mask Discovery	0/1
30	0x1E	1	Mask Supplier	0/1
31	0x1F	1	Perform Router Discovery	0/1
32	0x20	4	Router Solicitation Address	
33	0x21	n	Static Route	
34	0x22	1	Trailer Encapsulatino	0/1
35	0x23	4	ARP Cache Timeout	
36	0x24	1	Ethernet Encapsulation	0/1
37	0x25	1	TCP Default TTL	uint8
38	0x26	4	TCP Keepalive Interval	
39	0x27	1	TCP Keepalive Garbage	0/1
40	0x28	n	Network Information Service Domain	
41	0x29	n	Network Information Servers	
42	0x2A	n	Network Time Protocol Servers	
43	0x2B	n	Vendor Specific Information	
44	0x2C	n	NetBIOS over TCP/IP Name Server	
45	0x2D	n	NetBIOS over TCP/IP Datagram Distribution Server	
46	0x2E	1	NetBIOS over TCP/IP Node Type	
47	0x2F	n	NetBIOS over TCP/IP Scope	
48	0x30	n	X Window System Font Server	
49	0x31	n	X Window System Display Manager	
50	0x32	4	Requested IP Address	在 DHCPDISCOVER 消息中使用，客户端指定一个特定的 IP 地址
51	0x33	4	IP Address Lease Time	在 DHCPDISCOVER or DHCPREQUEST 消息中使用，客户端指定释放时间

续表

Tag (dec)	Tag (hex)	Length	名称	说明
52	0x34	1	Option Overload	1："file" 字段转义为 option 2："sname" 字段转义为 Option 3：两个字段都转义为 Option
53	0x35	1	DHCP Message Type	1：DHCPDISCOVER 2：DHCPOFFER 3：DHCPREQUEST 4：DHCPDECLINE 5：DHCPACK 6：DHCPNAK 7：DHCPRELEASE
54	0x36	4	Server Identifier	在 DHCPOFFER and DHCPRE-QUEST 中使用
55	0x37	n	Parameter Request List	客户端要求的 Option 字段列表，服务端尽量按照要求的顺序返回，但也可以不必按照顺序。
56	0x38	n	Message	在 DHCPNAK 消息中使用，包含了错误信息字符串
57	0x39	2	Maximum DHCP Message Size	uint16
58	0x3A	4	Renewal（T1）Time Value	uint32，单位秒
59	0x3B	4	Rebinding（T2）Time Value	uint32，单位秒
60	0x3C	n	Class Identifier	
61	0x3D	n	Client Identifier	
62	0x40	n	NIS+ Domain	
63	0x41	n	NIS+ Servers	
64	0x42	n	TFTP Server Name	若 "sname" 被占用，使用本字段
65	0x43	n	BootFile Name	若 "file" 被占用，使用本字段
66	0x44	n	Mobile IP Home Agent	
67	0x45	n	SMTP Servers	
68	0x46	n	POP3 Servers	
69	0x47	n	NNTP Servers	

续表

Tag (dec)	Tag (hex)	Length	名称	说明
70	0x48	n	WWW Servers	
71	0x49	n	Default Finger Server	
72	0x4A	n	Default IRC Server	
73	0x4B	n	StreetTalk Server	
74	0x4C	n	StreetTalk STDA Server	

8.3.3.4 DHCP 的报文种类

DHCP 的报文种类见表 8-3。

表 8-3 DHCP 的报文种类

报文	说明
DHCPDISCOVER	客户机广播发现可用的 DHCP 服务器
DHCPOFFER	服务器响应客户机的 DHCPDISCOVER 报文，并向客户机提供各种的配置参数
DHCPREQUEST	1）客户机向服务器申请地址及其他配置参数 2）客户机重新启动后确认原来的地址及其他配置参数的正确性 3）客户机向服务器申请延长地址及其他配置参数的使用期限
DHCPACK	服务器向客户机发送所需分配的地址及其他配置参数
DHCPNAK	服务器通知客户机，其申请的地址无效，或者已经超期
DHCPDECLINE	客户机通知服务器，其分配的地址已经被其他设备所使用
DHCPRELEASE	客户机放弃其所使用的地址
DHCPINFORM	客户机向服务器申请本地的配置参数（当客户机的地址已经被分配时使用）

8.3.4 客户端 DHCP 状态机

客户端 DHCP 状态机如图 8-9 所示。

8.3.5 DHCP 设备

由于 DHCP 是 C/S 模式运行的，所以使用 DHCP 的设备为客户端，而

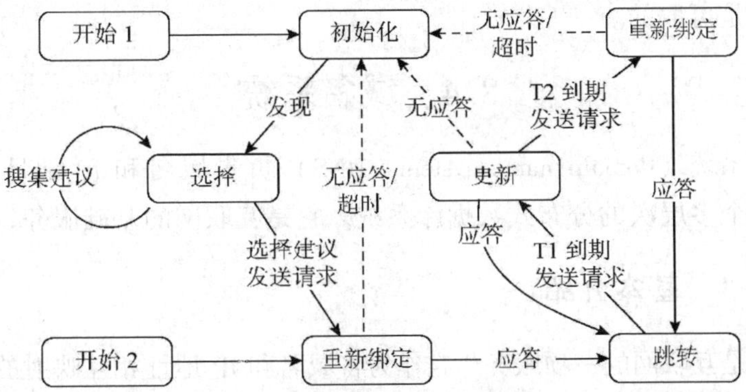

图 8-9 客户端 DHCP 状态机

提供 DHCP 服务的为服务端。DHCP 客户端可以让设备自动地从 DHCP 服务器获得 IP 地址以及其他配置参数。使用 DHCP 客户端可以带来如下好处。

(1) 降低了配置和部署设备时间。

(2) 降低了发生配置错误的可能性。

(3) 可以集中化管理设备的 IP 地址分配。

DHCP 服务器指的是由服务器控制一段 IP 地址范围，客户端登录服务器时就可以自动获得服务器分配的 IP 地址和子网掩码。

需要注意的是，DHCP 也可以用在不同的子网上，这时候需要使用称为 DHCP 中继代理（DHCP Relay，DHCPR，称 DHCP 中继）的设备。当 DHCP 客户端与服务器不在同一个子网上时，就必须有 DHCP 中继代理来转发 DHCP 请求和应答消息。DHCP 中继代理的数据转发，与通常路由转发是不同的。通常的路由转发相对来说是透明传输的，设备一般不会修改 IP 包内容。而 DHCP 中继代理接收到 DHICP 消息后，重新生成一个 DHCP 消息，然后转发出去。有了 DHCP 中继，可以实现 DHCP 的跨网运作。由于 DHCP discover 是以广播方式进行的，其情形只能在同一网络之内进行，因为路由器是不会将广播传送出去的。但如果 DHCP 服务器架设在其他的网络上面，可以用 DHCP 中继来接管客户的 DHCP 请求，然后将此请求传递给真正的 DHCP 服务器，然后将服务器的回复传给客户。这里，DHCP 中继主机必须自己具有路由能力，且能将双方的数据报互传对方。如果不使用中继，也可以在每一个网络中安装 DHCP 服务器，但这样的话，一来设备成本会增加，而且管理上面也比较分散。当然，如果在大型的网络中，这样的均衡式架构还是可取的。

8.4 域名系统

域名系统（domain name system，DNS）负责域名和 IP 地址之间的映射，是一个多层次的分布式数据库系统。它是互联网的基础服务。

8.4.1 基本介绍

DNS 是互联网的一项服务。它作为将域名和 IP 地址相互映射的一个分布式数据库，能够使人更方便地访问互联网。DNS 使用 UDP 端口 53。当前，对于每一级域名长度的限制是 63 个字符，域名总长度则不能超过 253 个字符。

DNS 是一种工作在 TCP/IP 的应用层的分布式网络目录服务，它通过维护一个遍布全球的分布式数据库，提供主机名和 IP 地址之间的转换及有关电子邮件的选路信息。大多数互联网服务器依赖于 DNS 而工作，一旦 DNS 出错，用户将无法访问 Web 站点，并且无法收发电子邮件。域名地址是用英文字母与数字表示的助记符，用于标识网络上的计算机，DNS 将枯燥难记的 IP 地址用容易理解的描述性名称代替，这样用户就可以不必去记忆 IP 地址。DNS 是一种高层协议，它提供的是域名与 IP 地址之间互相转换的服务，尽管用户使用域名来访问网络，但下层的传输仍然使用 IP 地址。

8.4.2 域名与命名约定

最初主机名与 IP 地址的映射是保存在 NIC 的 hosts. txt 文件中的，网络中所有计算机都必须在本地保存该文件的副本。随着网络的发展，不断有计算机连入网络，在单个计算机上维护数据库的方法变得难以使用，因为经常会有主机要求下载 hosts. txt 文件，对 NIC 的主机造成巨大的压力，而且也不能保证服务的质量，存在单点故障。局域网的用户希望管理自己的主机名，不希望多天审核后才把自己的主机加在 hosts. txt 文件中。

DNS 的出现解决了上述问题。DNS 使用分层结构的名字空间组织方案，整个名字空间以分布式数据库管理。

1. 分层结构域名命名

（1）分层结构域名命名的基本语法是：local. group. site。

（2）用小数点“.”分隔开的各部分称为“标签”，分层结构中等级越高的标签，位置越靠后，上述表示中，site 为顶级域，group 为二级域，local 为三级域。标签可使用的字符包括字母、数字和连字符“-”，每个标签的最大长度为 63 个字符，一律不区分大小写，域名的总长度最多为 255 个字符（图 8-10）。

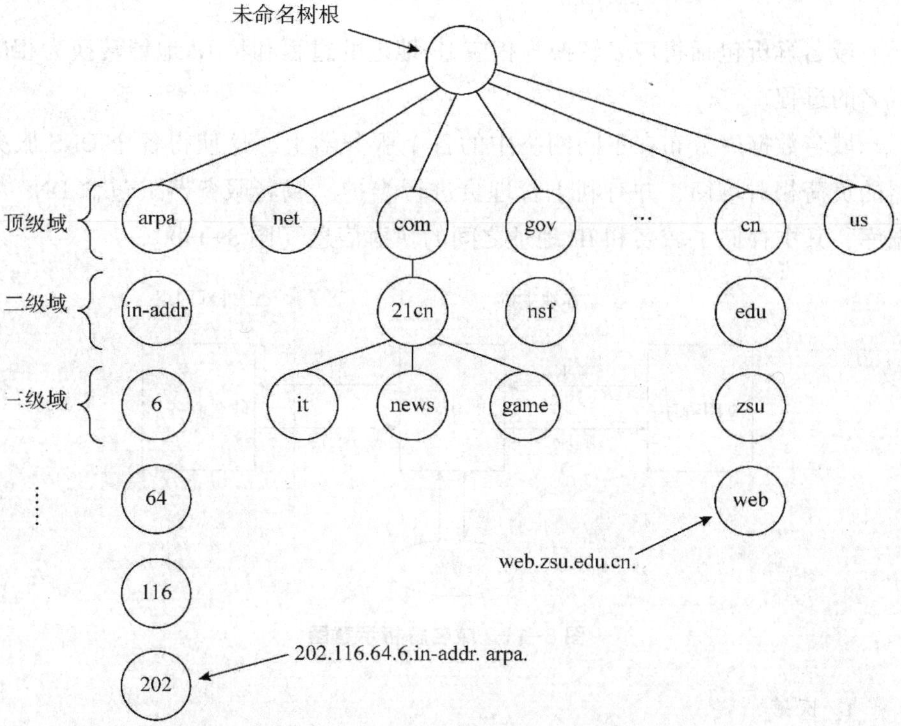

图 8-10 DNS 域名的层次结构示意图

2. 绝对域名（FQDN）

绝对域名是包含了主机名称，并以小数点“.”结尾的域名，如 it. 21cn. com. 。

3. 相对域名

可通过在其右边加上本地域信息后缀而使其变为绝对域名。例如，域名 news 通过加上后缀“. 21cn. com.”而成为绝对域名。

4. 顶级域名的三种类型

（1）arpa：用作 IP 地址到绝对域名转换（反向解析）的特殊域。

（2）3 字符长的域：用于表示域所属组织的类型。它由 NIC 定义，通常称为普通域（或组织域）。

(3) 2 字符长的域：用于表示域所在的国家或地区。绝大多数都与 ISO3166 中定义的国家代码一致，通常称为国家域或地理域。

8.4.3 域名解析

域名解析包括将域名转换为相应 IP 地址的过程和将 IP 地址转换为相应域名的过程。

域名数据库分布在不同网络中的各个服务器上，这使得各个 DNS 服务器的负荷相对均衡，并有利于管理员进行维护。域名服务器上包含 DNS 数据库，其中存储了域名和 IP 地址之间的映射信息（图 8-11）。

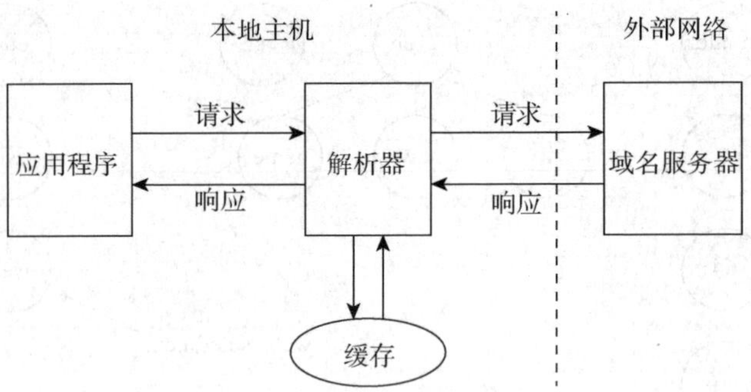

图 8-11 域名解析示意图

1. 区域

域名分层结构中可以分开管理的域称为区域。区域中包含该域中所有计算机的 IP 与域名的详细信息，区域-子区域的层次结构使得管理工作变得轻松。对于域名服务器所管理的区域来说，该服务器是权威的，一个域的域名解析查询只能由权威域名服务器来回答。包含区域的详细信息的服务器称为域名服务器（或 DNS 服务器），一个域名服务器可以负责一个或多个区域。一个区域的管理者必须为该区域提供一个主域名服务器和至少一个副域名服务器。主、副域名服务器必须是独立和冗余的，把主域名服务器中的区域文件复制到副域名服务器的过程称为区域传送。

2. 域名解析过程

将域名转换为相应 IP 地址的解析过程：当客户端应用程序需要用到域

名对应的 IP 地址时，它会向解析器发出查询请求，解析器首先会检查本地 DNS 缓存，看看是否有匹配的项目，如果有，解析器立即将结果返回给应用程序，否则解析器会产生 DNS 查询报文，并将其发送到本地域名服务器。当被询问到的有关本域名内主机的时候，域名服务器会直接做出回答。如果服务器无法解析，则它会先从缓存中查找，看该域名是否最近被解析过，如果找到了相应的记录，服务器会把从缓存中获取的 IP 地址信息返回给客户端，并标记为“非权威”，表示该结果可能已过期，同时附上解析该域名的权威服务器的域名和 IP 地址。当因过期而造成访问失败时，客户可直接访问它。如果本地域名服务器在缓存中也无法找到匹配的记录项，它有两个选择：递归或迭代，这依赖于服务器的配置方式。

递归查询：如果域名服务器对于请求查询的域名来说不是权威的，它会将请求传送给另一个域名服务器，如果那个域名服务器还是无法解析域名，它同样会请求其他的域名服务进行解析，这个过程就像爬梯子一样。如果某个域名服务器成功解析了该域名，则 IP 地址信息会沿相反的路径返回给客户端，就像从梯子上下来一样。

迭代查询：如果域名服务器不能解决查询，它将给客户端返回一个响应，告诉客户端能解决该查询的域名服务器，客户端需要自行与这个服务器联系，以获得域名解析的结果。

8.5　文件传输协议

文件传输协议（file transfer protocol，FTP）是用于在网络上进行文件传输的一套标准协议，它工作在 OSI 模型的第七层、TCP 模型的第四层，即应用层，使用 TCP 传输而不是 UDP，客户在和服务器建立连接前要经过一个“三次握手”的过程，保证客户与服务器之间的连接是可靠的，而且是面向连接，为数据传输提供可靠保证。

FTP 允许用户以文件操作的方式（如文件的增、删、改、查、传送等）与另一主机相互通信。然而，用户并不真正登录到自己想要存取的计算机上面而成为完全用户，可用 FTP 程序访问远程资源，实现用户往返传输文件、目录管理及访问电子邮件等，即使双方计算机可能配有不同的操作系统和文件存储方式。

8.5.1 文件传输简介

FTP 的目标是提高文件的共享性，提供非直接使用远程计算机，使存储介质对用户透明、可靠高效地传送数据。它能操作任何类型的文件而不需要进一步处理，就像 MIME 或 Unicode 一样。但是，FTP 有着极高的延时，这意味着，从开始请求到第一次接收需求数据之间的时间会非常长，并且不时地必须执行一些冗长的登录进程。

8.5.2 工作原理

FTP 采用互联网标准的用户界面，向用户提供了一组用来管理计算机之间文件传输的应用程序。FTP 是基于客户-服务器（C/S）模型而设计的，在客户端与 FTP 服务器之间建立两个连接。开发任何基于 FTP 的客户端软件都必须遵循 FTP 的工作原理，FTP 的独特优势同时也是与其他客户服务器程序最大的不同点就在于它在两台通信的主机之间使用了两条 TCP 连接，一条是数据连接，用于数据传送；另一条是控制连接，用于传送控制信息（命令和响应），这种将命令和数据分开传送的思想大大提高了 FTP 的效率，而其他客户服务器应用程序一般只有一条 TCP 连接。

当客户进程向服务器进程发出建立连接请求时，要寻找连接服务器进程的熟知端口（21），同时还要告诉服务器进程自己的另一个端口号码，用于建立数据传送连接。接着服务器进程用自己传送数据的熟知端口（20）与客户进程所提供的端口号码建立数据传送连接。由于 FTP 使用了两个不同的端口号，所以数据连接与控制连接不会发生混乱。

8.5.3 用户分类

（1）Real 用户：这类用户是指在 FTP 服务上拥有账号。当这类用户登录 FTP 服务器的时候，其默认的主目录就是其账号命名的目录。但是其还可以变更到其他目录中去，如系统的主目录等。

（2）Guest 用户：在 FTP 服务器中，我们往往会给不同的部门或某个特定的用户设置一个账户。但是，这个账户有个特点，就是其只能够访问自己的主目录。服务器通过这种方式来保障 FTP 服务器上其他文件的安全性。这类账户在 Vsftpd 软件中就称为 Guest 用户。拥有这类用户的账户，只能够访问其主目录下的目录，而不得访问主目录以外的文件。

（3）Anonymous 用户：这也是我们通常所说的匿名访问，这类用户是指在 FTP 服务器中没有指定账户，但是其仍然可以进行匿名访问某些公开的资源。在组建 FTP 服务器的时候，我们就需要根据用户的类型，对用户进行归类。默认情况下，Vsftpd 服务器会把建立的所有账户都归属为 Real 用户。但是，这往往不符合企业安全的需要。因为这类用户不仅可以访问自己的主目录，而且还可以访问其他用户的目录。这就给其他用户所在的空间带来一定的安全隐患。所以，企业要根据实际情况，修改用户所在的类别。

8.5.4　传输方式

FTP 的传输有两种方式：ASCII 和二进制。

（1）ASCII 传输方式：假定用户正在拷贝的文件包含简单的 ASCII 码文本，如果在远程机器上运行的不是 UNIX，当文件传输时 FTP 通常会自动地调整文件的内容以便于把文件解释成另外那台计算机存储文本文件的格式。但是常常有这样的情况，用户正在传输的文件包含的不是文本文件，它们可能是程序、数据库、字处理文件或者压缩文件。在拷贝任何非文本文件之前，用 binary 命令告诉 FTP 逐字拷贝。

（2）二进制传输模式：在二进制传输中，保存文件的位序以便原始和拷贝的文件是逐位一一对应的。即使目的地机器上包含位序列的文件是没意义的。例如，macintosh 以二进制方式传送可执行文件到 Windows 系统，在对方系统上，此文件不能执行。如在 ASCII 方式下传输二进制文件，即使不需要也仍会转译，这会损坏数据。（ASCII 方式一般假设每一字符的第一有效位无意义，因为 ASCII 字符组合不使用它。如果传输二进制文件，所有的位都是重要的。）

8.5.5　支持模式

FTP 客户端发起 FTP 会话，与 FTP 服务器建立相应的连接。FTP 会话期间要建立控制信息进程与数据进程两个连接。控制连接不能完成传输数据的任务，只能用来传送 FTP 执行的内部命令以及命令的响应等控制信息。服务器与客户端之间传输文件的连接是全双工的，允许同时进行双向数据传输。当数据传输完成后，数据连接会撤消，再回到 FTP 会话状态，直到控制连接被撤销，并退出会话为止。

FTP 支持两种模式：Standard（PORT 方式，主动方式），Passive（Pasv，被动方式）。

（1）Standard 模式：FTP 客户端首先和服务器的 TCP 21 端口建立连接，用来发送命令，客户端需要接收数据的时候在这个通道上发送 PORT 命令。PORT 命令包含了客户端用什么端口接收数据。在传送数据的时候，服务器端通过自己的 TCP 20 端口连接至客户端的指定端口发送数据。FTP server 必须和客户端建立一个新的连接用来传送数据。

（2）Passive 模式：建立控制通道与 Standard 模式类似，但建立连接后发送 Pasv 命令。服务器收到 Pasv 命令后，打开一个临时端口（端口号大于 1023 小于 65535），并且通知客户端在这个端口上传送数据的请求，客户端连接 FTP 服务器此端口，然后 FTP 服务器将通过这个端口传送数据。很多防火墙在设置的时候都是不允许接受外部发起的连接的，所以许多位于防火墙后或内网的 FTP 服务器不支持 PASV 模式，因为客户端无法穿过防火墙打开 FTP 服务器的高端端口；而许多内网的客户端不能用 PORT 模式登陆 FTP 服务器，因为从服务器的 TCP 20 无法和内部网络的客户端建立一个新的连接，造成无法工作。

8.6 Telnet

Telnet 协议是 TCP/IP 协议族中的一员，是互联网远程登录服务的标准协议和主要方式。它为用户提供了在本地计算机上完成远程主机工作的能力。在终端使用者的电脑上使用 Telnet 程序，用它连接到服务器。终端使用者可以在 Telnet 程序中输入命令，这些命令会在服务器上运行，就像直接在服务器的控制台上输入一样。就可以在本地控制服务器。要开始一个 Telnet 会话，必须输入用户名和密码来登录服务器。Telnet 是常用的远程控制 Web 服务器的方法。

8.6.1 登录

远程登录是指用户使用 Telnet 命令，使自己的计算机暂时成为远程主机的一个仿真终端的过程。仿真终端等效于一个非智能的机器，它只负责把用户输入的每个字符传递给主机，再将主机输出的每个信息会显在屏幕上。允许用户在远地机器上建立一个登录会话，然后通过执行命令来实现如同在本地操作一样。这样便可以访问远地系统上所有可用的命令，并且系统设计员不需提供多个专用服务器程序。

工作过程如下。使用Telnet协议进行远程登录时需要满足以下条件：在本地计算机上必须装有包含Telnet协议的客户程序；必须知道远程主机的IP地址或域名；必须知道登录标识与口令。

Telnet远程登录服务分为以下4个过程：

（1）本地与远程主机建立连接。该过程实际上是建立一个TCP连接，用户必须知道远程主机的IP地址或域名；

（2）将本地终端上输入的用户名和口令及以后输入的任何命令或字符以NVT（net virtual terminal）格式传送到远程主机。该过程实际上是从本地主机向远程主机发送一个IP数据包；

（3）将远程主机输出的NVT格式的数据转化为本地所接受的格式送回本地终端，包括输入命令回显和命令执行结果；

（4）最后，本地终端对远程主机进行撤消连接，该过程是撤销一个TCP连接。

8.6.2 功能

Telnet是互联网远程登录服务的标准协议和主要方式，最初由ARPANET开发，现在主要用于互联网会话，它的基本功能是允许用户登录进入远程主机系统。Telnet的主要用途就是使用远程计算机上所拥有的本地计算机没有的信息资源，如果远程的主要目的是在本地计算机与远程计算机之间传递文件，那么相比而言使用FTP会更加快捷有效。

交互过程如下。当使用Telnet登录进入远程计算机系统时，事实上启动了两个程序：一个是Telnet客户程序，运行在本地主机上；另一个是Telnet服务器程序，它运行在要登录的远程计算机上。本地主机上的Telnet客户程序主要完成以下功能：建立与远程服务器的TCP联接；从键盘上接收本地输入的字符；将输入的字符串变成标准格式并传送给远程服务器；从远程服务器接收输出的信息；将该信息显示在本地主机屏幕上。

远程主机的“服务”程序通常被昵称为“精灵”，它平时“不声不响”

地守候在远程主机上，一接到本地主机的请求，就会立马活跃起来，并完成以下功能：通知本地主机，远程主机已经准备好了；等候本地主机输入命令；对本地主机的命令作出反应（如显示目录内容，或执行某个程序等）；把执行命令的结果送回本地计算机显示；重新等候本地主机的命令。

在互联网中，很多服务都采取这样一种客户/服务器结构。

安全隐患：Telnet 是一个明文传送协议，它将用户的所有内容，包括用户名和密码都明文在互联网上传送，具有一定的安全隐患，因此许多服务器都会选择禁用 Telnet 服务。如果我们要使用 Telnet 的远程登录，使用前应在远端服务器上检查并设置允许 Telnet 服务的功能。

8.6.3 协议

Telnet 是位于 OSI 模型的第 7 层——应用层上的一种协议，是一个通过创建虚拟终端提供连接到远程主机终端仿真的 TCP/IP 协议。这一协议需要通过用户名和口令进行认证，是互联网远程登录服务的标准协议。应用 Telnet 协议能够把本地用户所使用的计算机变成远程主机系统的一个终端。它提供了三种基本服务：

（1）Telnet 定义一个网络虚拟终端为远程系统提供一个标准接口。客户机程序不必详细了解远程系统，他们只需构造使用标准接口的程序；

（2）Telnet 包括一个允许客户机和服务器协商选项的机制，而且它还提供一组标准选项；

（3）Telnet 对称处理连接的两端，即 Telnet 不强迫客户机从键盘输入，也不强迫客户机在屏幕上显示输出。

8.7 电子邮件服务

8.7.1 定义

电子邮件（E-mail）就是利用网络进行信息交换的电子媒体信件。它是随着计算机网络而实现的，并依靠网络的通信手段实现普通邮件信息的传输。

电子邮件是一种通过计算机网络与其他用户进行联系的快速、简便、高效、价廉的现代化通信手段。如果要使用 E-mail，首先必须拥有一个电子邮箱，它是由 E-mail 服务提供者为其用户建立在 E-mail 服务器磁盘上的专用于存放电子邮件的存储区域，并由 E-mail 服务器进行管理。用户将使用 E-mail 客户软件在自己的电子邮箱里收发电子邮件。

电子邮件服务（E-mail 服务）是最常见、应用最广泛的一种互联网服务。通过电子邮件，可以与互联网上的任何人交换信息。电子邮件的快速、高效、方便以及价廉，越来越得到了广泛的应用，也是政务办公最重要的手段之一。

E-mail 系统基于客户端/服务器模式，整个系统由 E-mail 客户端、E-mail 服务器端、通信协议三部分组成。E-mail 客户端软件也称为用户代理，它是用户用来收发和管理电子邮件的工具；E-mail 服务器主要充当“邮局”的角色，它除了为用户提供电子邮箱外，还承担着信件的投递业务，当用户发送一个电子邮件后，E-mail 服务器通过网络上若干中间结点的“存储—转发”式的传递，最终把信件投递到目的地。

通信协议：SMTP（简单邮件传输协议）、POP（post office protocol）。在 TCP/IP 网络上的大多数邮件管理程序使用 SMTP 来发信，采用 POP3 协议来保管未及时取走的邮件。

8.7.2 工作原理

8.7.2.1 邮件传递流程

（1）使用邮件用户代理（MUA）创建一封电子邮件，邮件创建后被送到了该用户的本地邮件服务器的邮件传输代理（MTA），传送过程使用的是 SMTP 协议。此邮件被加入本地 MTA 服务器的队列中。

（2）MTA 检查收件用户是否为本地邮件服务器的用户，如果收件人是本机的用户，服务器将邮件存入本机的 MailBox。

（3）如果邮件收件人并非本机用户，MTA 检查该邮件的收信人，向 DNS 服务器查询接收方 MTA 对应的域名，然后将邮件发送至接收方的 MTA，使用的仍然是 SMTP 协议，这时，邮件已经从本地的用户工作站发送到了收件人 ISP 的邮件服务器，并且转发到了远程的域中。

（4）远程邮件服务器比对收到的邮件，如果邮件地址是本服务器地址则将邮件保存在 MailBox 中，否则继续转发到目标邮件服务器。

（5）远端用户连接到远程邮件服务器的 POP3（110 端口）或者 IMAP（143 端口）接口上，通过账号密码获得使用授权。

（6）邮件服务器将远端用户账号下的邮件取出并且发送给收件人 MUA。

8.7.2.2 通信协议

1. SMTP（简单邮件传输协议）

SMTP 协议是应用层协议。SMTP 协议是一组用于由源地址到目的地址传送邮件的规则，由它来控制信件的中转方式。SMTP 协议属于 TCP/IP 协议簇，它帮助每台计算机在发送或中转信件时找到下一个目的地。通过 SMTP 协议所指定的服务器，就可以把电子邮件寄到收信人的服务器上了，整个过程只要几分钟。SMTP 服务器则是遵循 SMTP 协议的发送邮件服务器，用来发送或中转发出的电子邮件。

SMTP 协议描述了电子邮件的信息格式及其传递处理方法，保证被传送的电子邮件能够正确寻址和可靠传输。SMTP 协议是面向文本的网络协议，其缺点是不能用来传送非 ASCII 码文本和非文字性附件。

过程：SMTP 要经过建立连接、传送邮件和释放连接 3 个阶段。

（1）建立 TCP 连接。

（2）客户端向服务器发送 HELO 命令以标识发件人自己的身份，然后客户端发送 MAIL 命令。

（3）服务器端以 OK 作为响应，表示准备接收。

（4）客户端发送 RCPT 命令。

（5）服务器端表示是否愿意为收件人接收邮件。

（6）协商结束，发送邮件，用命令 DATA 发送输入内容。

（7）结束此次发送，用 QUIT 命令退出。

2. POP3（邮局协议）

POP3 协议是应用层协议。POP3 协议用于电子邮件的接收。POP3 协议允许本地计算机上的用户代理程序连接到邮件服务器，将用户的邮件取回到本地，这样用户就能在本地阅读邮件了。

POP3 协议支持“离线”邮件处理。其具体过程如下：邮件发送到服务器上，电子邮件客户端调用邮件客户机程序以连接服务器，并下载所有未阅读的电子邮件。这种离线访问模式是一种存储转发服务，将邮件从邮件服务器端送到个人终端机器上，一般是 PC 机或 MAC。一旦邮件发送到 PC 机或 MAC 上，邮件服务器上的邮件将会被删除。

与 POP3 协议相对应的 IMAP 协议（互联网邮件访问协议）。

SMTP 协议与 POP3 协议均是利用 TCP 端口。SMTP 所用端口号是 25，POP3 所用端口号是 110。

8.7.3 搭建部署

8.7.3.1 建设邮件系统的条件

邮件服务器软件，必须从功能性、稳定性、易用性还是高端的 API 支持、跨平台兼容等方面综合考虑所选取的邮件软件。

8.7.3.2 搭建方法

（1）在服务器上安装操作系统。

（2）下载安装电子邮件系统。直接选择安装包下载。如是 Windows 版本，则下载完毕直接点击安装，按照操作点击，3min 内完成安装；如是 Linux 版本，则下载完毕执行 1 条解压命令、3 条启动命令即安装启动邮件系统。

（3）做域名解析。在购买的域名的管理后台配置域名解析，将 MX 记录指向服务器所在公网 IP，将 Web MailL 的 A 记录指向服务器所在公网 IP。

（4）进入邮件系统的管理员后台，添加域以及用户，进行域的功能的授权与用户权限的授权。

通过以上 4 个步骤，一套可以进行内部和外部收发的邮件系统就已经搭建完毕，建好的用户凭着自己的邮箱名与密码就可以使用自己的企业邮箱。

8.7.4 邮件功能

8.7.4.1 系统功能

邮件系统功能包括 POP3、IMAP POP3 over ssl、多域名、多邮箱聚合、域别名支持、分级管理、流量分析、域空间限制、垃圾邮件过滤、支持分布式、Smtp、Smtp 认证、Smtp over ssl、Web 的 ssl、在线杀毒。

8.7.4.2 管理功能

邮件管理功能包括基于 Web 管理、LOGO 设置、邮件数据备份、内容管理、邮件搜索排序、用户数据备份、统计流量、详细日志、日志管理、管理员管理管理、管理架构、用户管理、用户导入导出、批量用户管理、邮件列表管理（系统级）、公告栏管理、服务进程监控、启动关闭服务、系统状况监控、多域名管理、一次性发信数量限制、通讯簿管理。

8.7.4.3 用户功能

地址簿、多账户管理、账户密码箱、一收 POP3 信件、日程管理、个性化签名、视频邮件、查找邮件、用户端反病毒设置、用户端反垃圾设置、密码修改、邮件夹管理、语音邮件。

8.7.5 安全性

随着互联网快速、广泛的普及应用，各类企业的业务交流越加依托于网络通信，电子邮件系统也越发成为企业的主流级应用。因受到网络黑客的猖獗侵袭、垃圾邮件持续泛滥、企业自身防御技术还比较薄弱等因素牵制，对企业邮件系统的安全性管理应尤为重视。针对网络环境和企业实际需求，考评邮件服务器安全性好坏有以下 5 个关键点。

（1）反垃圾反病毒模块。如何有效地阻止垃圾邮件和病毒邮件对企业邮箱的干扰，是企业通信长期以来的一大难题。市面上的邮箱系统对反病毒、反垃圾功能宣传不一，具体效果如何有待考证。企业在进行选型时，最好能组织一段时间内的公网测试，并重点测试其在反垃圾、反病毒方面的效果。

（2）邮件加密。如何防止内外有心人士对邮件信息进行窃取、篡改，对重要的信息能否自主进行邮件加密，这是邮件系统安全通信的首要条件。企业在选型时，应该了解邮件系统厂家对邮件信息的加密标准和过程。政府单位，银行、证券等金融机构，对加密要求尤其严格，选择邮件系统时，不妨对该产品的购买用户案例也做一定的了解。

（3）邮件监控审核。邮件监控审核主要用于防范企业核心资料的泄露，加速领导或部门主管对员工邮件收发审核，及时拦截不正当流通的邮件。此项功能对信息保密性管理甚为关键，对不同的信息所要求的监控效果也有所不同，所以该功能需要操作简单、易管理、规则多样化。具体情况最好是搭建个系统环境进行模拟测试。

(4) 过滤规则。通过过滤规则的设置，企业可以控制各类用户或各个不同部门邮件的收发权限，有效地保障企业的机密资料的安全性。不同邮件系统对过滤规则的设置是不一样的，有些只能单纯地对具体用户进行设置，功能丰富的产品则可以针对不同的 IP、部门、发件人或收件人、邮件主题、邮件内容、时间等条件进行过滤，从更加细致的角度规划企业的邮件收发权限。

(5) 稳定性。邮件系统能否实现对 SMTP client 并发连接和发送频率的控制，直接反映了邮件服务器的安全性是否可靠。部分邮件系统因该功能的欠缺，导致系统运行不稳定，攻击者通过垃圾邮件字典攻击，瞬间发送大量的垃圾邮件，使系统崩溃。系统通过连接速率的控制，使得邮件业务在峰值时仍保有良好效率，不发生拥堵、宕机。此外，SMTP 超时限定，防止 SMTP 半连接攻击，能让系统有较好的防 DDos 攻击能力。如何验证用户身份，采用何种加密算法，也至关重要。对系统各种信息的监控，如 Web Mail 在线用户、队列、SMTP、POP3、IMAP 会话、Web 服务器信息、系统信息等，可以让系统管理员随时掌握系统运行状况、是否支持多种数据库用户信息的存储和统一认证等。

8.8 网　　盘

随着网络技术的日益普及和信息化建设的重视，网络硬盘是一种新型安全的网络存储系统，网络硬盘是一块专属的存储空间，对用户而言，主要是为了帮助用户存储个人文件，它可以用作个人的一个网络 U 盘，用户可以通过上网登录网站的方式，上传、下载自己想要的文件。只要能上网，就可以用网络硬盘登录到服务器上进行个人文件的上传、删除及文件目录的新建、修改、共享等操作，随时随地存储自己的个人文件。

8.8.1 定义

网盘，又称网络硬盘、网络 U 盘，是一种基于网络的在线存储服务。网盘向用户提供文件的存储、共享、访问、备份等文档管理功能。用户可以通过互联网管理、编辑网盘里的文件。

网盘的实质是网盘服务提供商将其服务器的硬件资源分配给注册用户

使用。因此，网盘投资巨大，免费网盘一般容量比较小。此外，为了防止用户滥用网盘资源，通常限制单个文件大小和上传文件大小。免费网盘通常只用于存储较小的文件，而收费网盘则具有速度快、安全性能好、容量高、允许大文件存储等优点，适合有较高要求的用户。

8.8.2 网盘功能

8.8.2.1 注册功能

用户获得注册页面→注册页面验证（前台验证）→注册页面调用 socket 的 out 对象发送封装好的注册消息→服务端 in 对象接收到客户端 out 对象发送过来的注册消息→验证用户名是否已经注册过（后台验证）→如果没有注册过，调用 dao 层对象去做数据库的新增用户的操作，然后返回给客户端注册成功的结果，如果用户名已经被注册过，就返回给客户端用户名已经被注册过的提示。

8.8.2.2 登录功能

用户输入用户名和密码→客户端验证用户是否输入了数据（前台验证）→验证通过之后调用 socket 的 out 对象将用户填写的用户名和密码发送给服务端→服务端的 in 对象在接收到用户名和密码之后，调用 dao 层去验证用户名和密码是否匹配→如果匹配，通过服务端的 out 对象发送给客户端用户成功登录的消息，如果不匹配或者用户名不存在，返回对应的错误消息。

8.8.2.3 修改个人信息的功能

用户在登录成功之后，调用客户端的 out 对象发送初始化个人信息的消息→服务端 in 对象接收到客户端的请求→调用 dao 层去获取用户的个人信息→调用 out 对象将用户的个人信息发送给客户端→客户端的 in 对象获得用户的个人信息→将用户信息加载到个人中心这个面板上。

8.8.2.4 修改用户密码的功能

验证通过之后通过 out 对象将用户名和密码发送给服务端→服务端在接收到客户端的请求之后→调用 dao 层对象修改该用户的密码→通过 out 对象返回客户端修改成功的消息。

8.8.2.5 上传文件

用户单击上传按钮→弹出一个文件上传的对话框→用户选择自己需要上传的文件→客户端的 out 对象发送改变服务端接收数据类型的消息→服务端的 in 对象接收到该消息后，修改自己接收数据类型的 flag 标记→客户端建立和要上传的文件的连接（fis）→通过 socket 获取输入流，转型成文件流（fos）→fis 读取本地文件到缓冲区，fos 发送文件对客户端→服务端 in 对象接收传送过来的字节数组→将字节数组通过文件输出流 fos 写入服务端的磁盘→上传完成之后，服务端调用 dao 层增加该文件在数据库中的记录→调用 dao 层根据文件按大小修改该用户的剩余空间大小→返回给客户端文件上传成功的消息→客户端获取消息，弹出文件上传成功的提示。

8.8.2.6 下载文件

用户点击隐藏面板上面的下载标签或者选中某个文件，单击主面板上的下载按钮→弹出一个文件下载的对话框，用户选择文件的下载位置和文件名→out 对象发送文件下载的消息给服务端→服务端的 in 对象接收到消息→调用 dao 层获取该文件在服务器上的路径→服务端 out 对象发送改变客户端接收数据类型的消息→客户端 in 对象收到消息之后，修改接收数据类型的 flag 标记→服务端建立文件输入流 fis→建立文件输出流 fos（从 socket 的输出流强转）→通过 fis 把文件读取到缓冲区，然后通过 fos 把缓冲区中的数据发送给客户端→客户端的 fis 对服务端发送过来的数据进行接收→当接收到该文件的总长度的时候，下载完成，修改 flag 标记成 String。

8.8.2.7 删除文件

用户单击隐藏面板上的删除标签或选中某个文件之后单击删除按钮→客户端 out 对象发送删除该文件的消息→服务端 in 对象接收到删除该文件的消息→调用 dao 层去获取该文件的路径→初始化 File 对象，删除该文件在服务器端的磁盘文件→调用 dao 层去删除该文件在数据库中的记录→服务端 out 对象发送给客户端处理结果→客户端 in 对象接收到处理结果→显示处理结果的提示。

8.8.2.8 重命名文件

用户单击隐藏面板上的重命名标签→客户端的 out 对象发送重命名的消

息给服务端→服务端 in 对象接收到重命名的消息→调用 FileDao 去获取该文件的路径→通过该文件的路径初始化磁盘文件操作对象 File→通过 File 重命名磁盘上的文件→通过 FileDao 修改该文件在数据库中的记录→服务端 out 对象发送处理结果给客户端→客户端 in 对象在接收到处理结果之后提示用户处理的结果。

8.8.2.9 新建文件夹

用户单击主面板上面的新建文件夹的图标按钮→客户端 out 发送新建文件夹的消息给服务端→服务端 in 对象接收到新建文件夹的消息→调用 dao 层对象在数据库里面新增一条文件的记录→初始化磁盘文件的操作对象 File→通过 File 在磁盘上面新建一个文件夹→返回给客户端新建文件夹成功的消息→客户端 in 获得该消息→刷新主面板。

8.8.3 数据安全手段

8.8.3.1 权限控制

因为系统是开放的，如果没有权限限制，那么所有的用户都可以对资源进行访问，这样就会影响到数据的安全，那么就需要设置权限控制，其他的用户或业务访问只能访问到用户确认共享的资源。通过用户管理，认证用户的身份，将密钥分配给用户，对用户的密钥链进行维护。

8.8.3.2 数据隔离

系统所创建的存储空间都是独立存在的，服务于单个用户，在控制用户空间的数据访问时，依据的是用户标识和对应权限，这样可以保证其他用户的数据和用户信息不会被一些未授权的用户所访问到。各种存储服务在存储和读取数据时，不同的应用在权限方面也有着很大的差异。为了避免出现越权访问数据的情况，系统会依据应用的不同来隔离数据。

8.8.3.3 数据加密

系统在加密用户文件时，采用的是 128bit AES 加密算法，这样可以防止其他的非法用户盗取关键信息。用户在上传文件时，可以加密文件数据，在对数据进行获取时，只需要对其进行自动解密或手动解密即可。要特别注意的是，为了维护数据的安全，用户的加密数据即使是系统管理员也不能获取。用户可以自主选择用户口令，用户认证身份，也可以采取一些其他的手段来进行辅助认证，如UKEY、口令卡等。依据公钥加密标准，可以将用户口令升级为用户密钥，但是用户只有在每次的成功登录之后才会生成密钥，如果结束了会话，那么就会立即清除密钥。因此，这种用户密钥只会被授权的用户所获得。系统管理者分配着用户私钥，它的生成是在密文策略的基础上，通过属性加密来生成的。文档采用的是密钥来进行加密，每一个文档都有一个专用的密钥，利用CP-ABE机制，这个密钥就可以有效地控制访问。

8.9　即时通信系统

8.9.1　即时通信系统定义

即时通信（instant messaging）是指网络上用来进行实时通信的系统服务，人们利用即时通信软件以文字、图片、文档、语音、视频的形式通过网络进行异地实时信息交流。随着互联网不断的发展普及，使用通信软件交流成为人们生活中必不可少的一部分，而且对通信软件的功能的需求不断增大，即时通信软件的功能也日需完善，除了最基本的通信功能外，逐渐集成了电子邮件、微博、音乐、电视、游戏、电子支付和搜索等多种功能，而这些功能已经不再是一个单纯的通信工具，它已经成为了集信息交流、娱乐、电子商务、商务办公、客户服务于一身的综合化信息平台。

政府部门上下级之间、部门之间的协调是一项系统功能，关系到提高政务办事效率，加强工作人员在办公过程中的协同，也需要一套结合政务的即时通信系统。

8.9.2　即时通信系统的总体结构

8.9.2.1　体系结构

即时通信系统从技术上采用分布式架构方式，整个服务平台有以下几个组件构成：系统架构主要是三层结构，分别是数据服务层、用户服务层和应用服务层（图8-12）。而客户端应该是标准的，采用工业标准的session lnitiation protocol（SIP）协议进行沟通的工具，并且具有丰富的实时沟通功能，如联系人状态显示，实时通信、视频电话、文件传输、应用共享、白板等。

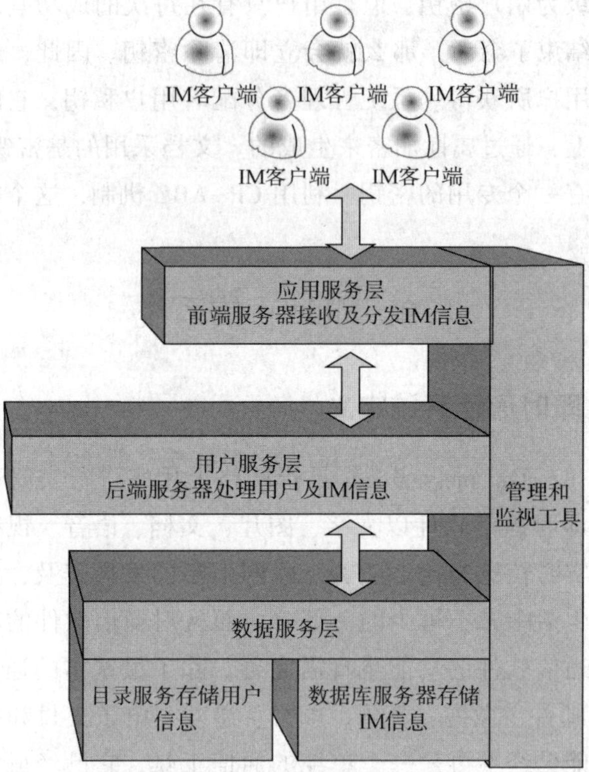

图 8-12　即时通信系统架构

8.9.2.2　即时通信系统设计原则

1. 高效、稳定

即时通信系统解决方案要充分吸收、总结国内外相关的即时通信系统的成功经验和失败教训，通过各种最新技术手段的运用，最大限度上保证系统在大负荷情况下正常稳定运行，而不至于发生意外宕机出现，损害用户的利益。

2. 易用、适用

对用户来说，即时通信系统解决方案要提供一个可以让用户轻松自如使用的即时通信工具，并且具体操作应该与日常使用的Windows应用程序兼容；对系统管理人员来说，可以在较短时间内设置改好系统的所有配置，将维护成本和人力成本减少到最大限度。

3. 完全开放的体系结构

系统结构采取开放、分布式结构，用户可以对其中的任何一部分作出适合自己的合理调整而不会影响到整个系统的正常运作，包括开发新的适用于自己的新功能、新服务内容，多机系统的调整及系统本身功能的调整和限制。

4. 完全支持业界中相关的通用标准

即时通信系统作为政府中重要的信息交流工具其互通性是至关重要的，只有充分支持国际上的业界通用标准才能够使系统在未来的环境中保持兼容性。因此设计的即时通信系统要能支持工业标准的SIP协议。支持符合SIP标准协议的所有即时通信（即IM）客户端，如Windows Messenger5.0等。

5. 安全性

与大部分公开的即时消息服务相比，该方案的即时通信平台提供了非常安全的通信机制。

所有服务器与服务器之间的通信可用Transport Layer Security（TLS）加密。客户端可以选择使用Transport Layer Security（TLS）加密与服务器之间的通信支持Real-Time Transfer Protocol（RTP）加密。

通过这些加密机制可以提高在登录、验证和传输过程中的安全性。即时通信系统平台采用NTLM和Kerberos这两种国际上已经被证明是最安全的机制验证用户。该系统应该还可以与Active Directory目录服务紧密集成来验证用户并实现单一登录（single sign on）。这样管理人员可用Active Directory工具来管理用户。同时还可以通过配置AD中的组策略（GPO）来管理带宽和进一步提高安全性。

6. 完善的在线信息沟通功能

这些功能包括联系人状态显示，实时通信，计算机-计算机音频、视频电话，文件传输，应用共享，白板，计算机-电话以及电话-计算机沟通等。

7. 完备的系统管理功能

提供图形化管理界面，支持远程管理，具有强大的系统管理和统计功能，管理员可以通过远程登录系统的方式方便地管理和监视其管辖范围内的所有组织、用户、域以及各个服务器的运行情况。

8.9.3 系统功能描述

8.9.3.1 即时通信功能

1. 点对点即时消息

发送点对点即时消息是即时通信基本通信功能，通过联系人列表选择希望与之通信的在线联系人，即可发送点对点消息，点对点即时消息包括文字消息和允许发送的表情图释，每条消息最长可达600个字符，并且可以指定发送消息的字体、样式和颜色。同时，通过对话窗口的状态栏，可以看到通信双方何时正在输入消息的提示。

2. 多方对话

即时通信提供多方对话功能，在点对点的通信中可以通过邀请其他联系人加入对话，在一个界面中进行即时消息通信，包括文字消息和允许发送的表情图释。一次多方对话，最多可以有32个参与者。

3. 点对点文件传输

通过即时通信选择在线联系人，可以向其发送文件，该操作在发送者和接收者两者之间进行，接收方对传输的文件可以选择接收、拒绝或者保存位置，传输完成的文件如果有相应程序关联在对话窗口中双击即可打开。

4. 点对点音频/视频传输

在安装了麦克风和摄像头的计算机上，通过即时通信可以选定联系人，联系人双方进行音频/视频的通信交流，在开始音频/视频的对话前，可以通过“音频/视频调节向导”设置客户端音频/视频参数，或对音频/视频的传输请求选择接受还是拒绝。

5. 点对点应用程序及白板共享

通过使用数据共享，可以使计算机上当前打开的程序或文件对其他计算机上的人员可用，用户可以共享 Microsoft 画图之类的程序来允许多人看到相同的绘图。

6. 点对点桌面共享

通过使用数据共享，选择共享桌面，可以进行远程协助，向对方演示桌面操作，桌面共享时，对方可以观看但无法介入桌面操作。

8.9.3.2 状态和联系人管理

1. 状态控制

状态指用户使用即时通信过程中的联机、忙碌、请勿打扰、离开、脱机等信息，用户可以通过手工方式或设置来控制其联系人能看到的状态的显示，以反映用户使用即时通信的情况，提供关于用户行踪的更多信息。

2. 请勿打扰设置、禁用提醒

当用户接收到其他联系人发送的即时消息、文件传输或者音频/视频连接请求等操作时，有相应提醒窗体出现，对于不需要提醒窗体或者不能出现的场合时，可以通过相应设置来暂时或者持续屏蔽提醒窗体，并在需要时再进行修改。

3. 联系人权限设置

即时通信用户可以根据自己需要或组织制度，对联系人是否能够和自己取得通信联系进行权限控制，可以允许指定的人员跟自己取得联系或禁止指定的人员看到自己的状态向自己发送即时消息，同时，可以根据需要随时调整。

4. 搜索联系人

即时通信系统中的用户可以按名字、姓氏、电子邮件别名或这些元素的任一部分来搜索联系人，搜索到的联系人将在即时通信窗口的“查找结果”区域列出，每次显示的联系人不足50条全部显示，超过50条搜索结果则显示为搜索记录的前50条。

8.9.3.3 安全管理

1. 数据加密传输

从安全性出发，即时通信登录连接方式可以选择TCP或者TLS，选择TLS方式需要安装相应证书，用户身份验证合法登录成功之后，通过即时通信进行的所有通信数据将通过加密方式传输，通过加密方式传输的数据对用户使用无影响。

2. 阻塞未授权消息

即时通信用户能对联系人进行权限控制，允许或禁止联系人获取自己的状态并联系自己，一旦进行了相应设置，系统将自动对未授权消息进行阻塞，而不会发送到用户的客户端上。

3. 文件过滤

为了避免一些危险程序或不明程序通过即时通信传播运行，即时通信对所有的可执行文件传输进行了过滤，包括 exe、com、bat、msi、msc 等后缀的可执行程序和注册表文件都不能直接发送。

4. 消息内容过滤

同文件过滤出于同样的考虑，即时通信在文本消息的传输中对消息内容进行了判断和过滤，包含“http”开头的 URL 链接，将不能发送给对方联系人。

8.9.3.4 定制化功能

1. 全中文界面

为了便于用户操作和使用，即时通信向用户提供全部中文化的界面，包括客户端界面和安装程序界面。

2. 后台管理工具

后台管理工具提供系统维护管理，包括用户管理和通知公告管理，其中，用户管理有：用户个人资料修改、用户增删、用户分组管理、初始密码设置、通知公告管理有、公告发布、公告修改、撤销。

3. 界面修改定制

在即时通信本身的界面基础上，根据用户使用习惯和要求，进行下述修改：即时通信主程序登录界面的图形、关于界面上用即时通信标识替换原图形、屏蔽部分耗资源的菜单项和操作、即时通信主程序界面上的标签图案、联系人组名称右边展开折叠功能图标。

4. 分组联系人列表

对所有用户预定义联系人分组，便于组织机构内的相互交流沟通。

5. 文件跨 NAT、VLAN、VPN、防火墙传送

即时通信点对点文件传输在跨 NAT、VLAN 和防火墙传送会出现无法传送的现象，针对应用环境中网络安全策略和拓扑结构的复杂性，以及用户的实际需要，即时通信实现了文件跨 NAT、VLAN、VPN 和防火墙传输功能，确保文件在复杂网络情况下的可靠传输。

6. 音频/视频跨 NAT、VLAN、VPN、防火墙传送

即时通信点对点音频/视频传输在跨 NAT、VLAN 和防火墙传送时出现

无法传送的现象，针对应用环境中网络安全策略和拓扑结构的复杂性，以及用户的实际需要，经过开发，即时通信实现音频/视频跨 NAT、VLAN、VPN 和防火墙传输功能，确保音频在复杂网络情况下的可靠传输。

7. 客户端自动升级更新

不断的完善和改进，需要适时修改即时通信相关程序和文件。从用户的易用性和可用性出发，通过对客户端进行功能开发，使之具备自动升级更新，每次相关程序、文件的修改不需要客户端进行卸载安装，而在运行客户端时自动进行。

8. 客户端标签功能

为了在客户端基础上扩展和丰富客户端功能，开通客户端标签功能，通过标签对客户端功能完善，目前计划通过客户端标签提供：用户修改密码、添加联系人、通知公告、技术支持。

9. 用户密码修改

用户可以通过密码修改功能修改自己密码，修改密码时需要提供现用密码，验证通过方可修改成新密码。

10. 添加联系人

通过预定义联系人组，可以向用户提供基本的联系人分组信息，搜索功能则提供用户选择的余地，作为补充方式，添加联系人向用户展示完整的组织机构以及组织机构下的人员信息，用户可以根据地域、单位的方式来添加相关联系人。

11. 通知公告

通知公告面向全体即时通信用户，是政务协同平台的辅助手段和方式，通知公告的维护和管理通过后台管理工具实现，提供前台给用户查阅浏览。

12. 用户账户和初始密码查询

即时通信所有用户账户名称为姓名的汉语拼音，初始密码为账户名，由于用户基数庞大，重名现象较多，为方便用户首次登录和使用，提供用户账户和初始密码的查询，初始密码一经用户修改，则失效。

13. 技术支持站点

技术支持站点向用户提供即时通信相关信息，包括产品和功能介绍、使用帮助说明、问题列表、客户端程序下载，以及技术支持联系方式、用户账户和初始密码查询，帮助用户更好地使用即时通信。

14. 开发定制与业务系统的集成

Live Communications Server 2005 与 Windows Messenger 都是可开发定制的平台，在企业的业务应用系统（如 CRM 系统）中将它们集成进去，提供即时通信能力，如微软的 Office 2003 与它们紧密集成，编辑业务文档时，可随时与伙伴即时通信，协同编辑与传送。

8.9.4 即时通信系统优势

（1）易于扩展的系统平台，甚至还达到了电信级要求的 IM 平台；

（2）优势的协作通信平台：共享白板、共享应用、远程协助、开发定制等；

（3）完善的、与 Windows Active Directory 集成的用户管理；

（4）活动目录组策略管理控制：功能的容许与否，带宽控制；

（5）内外整合：可同时连接到企业内部相关服务；

（6）能方便地与内部电话网实现互连；

（7）信息存储在标准的关系型数据库中，容易管理与备份；

（8）能在用户级别上控制音频、视频的使用权限，并限制带宽。

第 9 章　运维管理系统

9.1　运维管理系统概述

9.1.1　信息化发展需求背景

随着分布式架构的大量应用，设备规模大、复杂多样的软硬件导致的运维成本高、厂商管控难等问题，使得 IT 运维工作压力上升到一个新的台阶，随之而来的是对智能运维的思考和强烈需求。

（1）资产管理方面：对于应用相关的各种软硬件资产如何实现标准化统一管理，量化评估，淘汰低效、无效的资产，提高资源利用率。

（2）在系统监控方面：系统复杂度增加，零散分布的大量监控指标，无从看起，如何实现面向业务系统的软件、硬件资源统一监控，监控无死角，结合 AI 算法实现故障提前预警与精准定位。

（3）应用生命周期管理：刀片化主机数量激增，如何实现应用日常运维操作沉淀，实现标准化、自动化管理，降低人为故障风险的同时提升运维工作质量和效率。

（4）故障处理方面：系统复杂度增加，如何提供端对端的故障定位手段以及故障自愈能力，实现故障的精确定位和快速处理，提高客户满意度。

（5）运维管理方面：多厂商多业务系统，如何实现跨厂商、跨业务系统的运维统一管理，提升对厂商的运维管控力度，确保业务快速交付。

9.1.2 运维管理现状

信息化基础建设的力度加大，伴随而来的是IT部门的信息资产梳理更新不及时、设备监控与运维被忽视、运行流程规范效率低下等问题日益突出。传统的技术管理方式，主要存在以下局限或问题。

9.1.2.1 在IT基础架构运维监控管理方面

1. 手工的管理方式，效率有待提高

管理工具部署不全面，存在很多管理空白点。管理方式缺乏自动化手段，通常采用手工或半自动方式，系统管理员每天重复进行大量低效率工作。

2. 分散的管理方式，维护方式复杂

IT系统的日益复杂，使得IT部门的管理难度增加。IT部门的技术人员通常是各管一摊，这种分散的管理方式导致IT服务管理缺乏系统性。

3. 被动的管理方式，问题处理时间长，影响客户体验

IT部门面对突发事件总是采取“救火”的处理方式，充当“急救医生”的角色，哪里有问题就赶到哪里去救，在整个过程中总是处于被动的地位。被动的管理方式降低了IT部门的响应速度，无法满足业务增长的需求。

9.1.2.2 在IT系统运维规范、流程和标准方面

（1）系统运维流程不够完善。如缺乏完善的对事件和问题的报告、跟踪和处理机制，不便于及时报告事故并跟踪处理情况，影响事故和问题解决的效率。

（2）缺乏对IT服务质量的明确目标和绩效考核标准。

9.1.2.3 运维环境数据和集成架构

运维环境的集成架构还没有建立，各运维系统不能有机地集成，无法形成统一的管理和监控。

运维数据不完整并且分散，无法对历史数据进行存档、查看、统计和分析，数据的价值没有得到充分利用，存在信息孤岛情况。

9.1.3　运维系统策略

进入21世纪，推进水利信息化，构建数字化智慧水利已经成为不可逆转的世界潮流。通过统一的运维体系，能够将水利运维管理规范化，运维流程和运维工具相结合；有效实现运维工作自动化、数据化、智能化；规避人为因素风险，降低运维工作成本；实现水利信息化运维建设的数字化方向转变。

9.1.3.1　监控一体化

基于“基础设施监控”的监控思路，支持各种主流及国产CPU型号主机、操作系统、数据库、中间件、网络设备、存储以及业务应用的运行监控。提供基础应用进行运行监控，性能探测，阈值告警及对服务端软件进行安装部署、卸载，以及版本控制等配置管理等功能的综合监控平台。

9.1.3.2　管理流程化

运维工作的流程化、规范化，基于ITIL标准和规范，加入协同化、自服务、敏捷化，打通整个运维产品线的流程管理，且可快速接入第三方系统，为其流程管理服务。

9.1.3.3　IT资产梳理智能化

资产发现、储存，维护水利部海河水利委员IT资源配置信息，是IT管理系统中各个部分的结合点，为ILIT其他流程（如事件管理、问题管理、变更管理、发布管理等流程）提供准确的配置信息，同时这些流程也保证了储存的配置信息的正确性。

9.1.3.4　运维可视化

即将日常运维工作、系统运行情况以可视化图表、图形进行呈现。应用可视化，即将应用内部架构、运行性能、应用本身应用情况以可视化的形式呈现，并为系统决策提供真实的数据依据。

9.1.4　运维系统实现目标

通过水利运维管理平台的建设，能够让用户在网络、业务系统的运行监控管理的基础上，实现统一运行维护工作，最终达到如下目标。

9.1.4.1 梳理资产配置，构建精确、统一的资产配置管理库

构建符合实际管理需求的资产配置模型，对资产配置信息进行梳理，实现资产配置的全生命周期管理，并实现资产配置的可视化展现。

9.1.4.2 强化主动监控，构建内控体系，实现集中管理

通过部署集中监控与操作审计系统，实现网络、IT资源、业务应用的集中监控和统一操作，主动、及时地发现问题，解决被动救火的局面；将分散的设备管理转变为集中操作；对运维过程进行记录，对运维过程的审计和事后追踪。

9.1.4.3 规范运行流程管理，促进有序高效协作

参照ITIL规范，对运维管理工作进行优化，对服务管理进行改善，根据相关制度进行，对内完善流程，使运维人员具备更高的工作效率；同时把运维过程中产生的丰富经验进行积累和总结，形成有效的知识库，建立知识的共享机制。

9.1.4.4 多维度视图展现，实现统计分析和决策支持

通过提供各类分析报表、资源统计报表和运维分析报表，从各个侧面、各个角度反映系统的运行情况、性能情况和人员工作情况，为系统升级、改造、扩容提供科学依据，也为员工的绩效考核提供电子依据。

9.2 运维系统总体架构

基于水利信息系统现有的IT运维现状，平台的架构设计既从现有的应用需求出发，又要面对未来水利业务和技术发展的要求，在技术方案的先进性、实用性、扩展性、稳定性等方面保持一个良好的平衡。平台确保为水利信息化建设提供长期的支撑，保证用户IT运维管理的不断发展需要。建设“以资产管理为核心、完善IT设施监控、规范流程管理、丰富运维数据可视化为导向”的运维管理系统架构体系（图9-1）。

如图9-1所示，运维管理系统在架构图上分为资产配置管理库、基础设施监控中心、流程管理中心、可视化管理中心及统一登录门户及第三方接入接口。

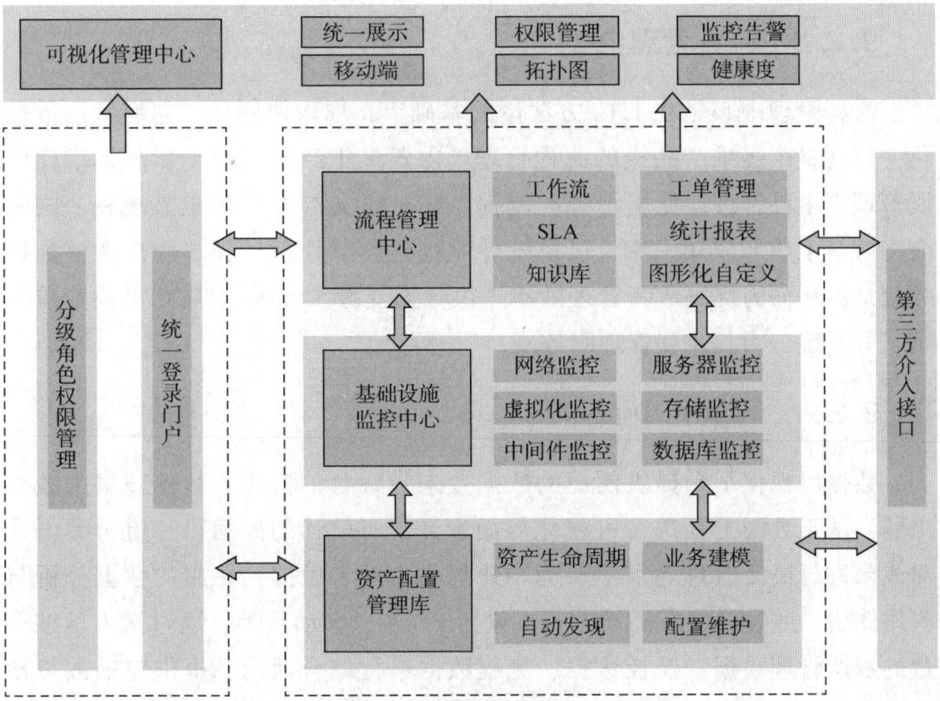

图 9-1　运维管理系统架构

9.2.1　资产配置管理库

系统旨在建立统一的 IT 基础资产管理的平台。主要包括资产配置、资产录入、资产状态展示与变更、资产查询、资产报表等功能，通过自动发现、业务建模、自动采集、调和、变更控制等手段，保证 IT 生产环境中配置项的完整性和精准性，为上层服务流程提供数据支撑。

9.2.2　基础设施监控中心

基础设施监控中心提供基础组件的集中监控、展现、预警、分析、管控，实现对网络设备、操作系统、存储、数据库、中间件等 9 大类，多项性能指标的集中监控和管理。通过多维度的可视化展现（包括历史曲线图、物理拓扑图、网络拓扑图、业务拓扑图）为用户提供全面的动态监控。通过灵活的预警机制来帮助用户预防问题产生和快速定位故障。

9.2.3 流程管理中心

流程管理中心是在 ITIL 方法论的基础上，加入协同化、自服务、敏捷化，打通整个运维产品线的流程管理。内置多年经验沉淀积累的标准化问题管理、事件管理、变更管理的流程，同时还支持图形化定义流程。同时会将海量工单形成知识库，以及统计流程各环节处理时长和用户考核数据等信息，从而为提高流程管理效率提供数据支撑。此外，ITSM 可快速接入第三方系统，为其流程管理服务。

9.2.4 可视化中心

数据可视化平台提供便捷的数据接入与融合，将业务数据归集为数据主题，基于数据主题进行可视化界面设计，所设计的界面可一键分享，并对成果进行灵活管理与展示，为用户提供专业、敏捷、易用的数据分析与应用体验。兼容各终端展示方式，包括 PC 端、移动端等，通过接入运维平台的资产管理数据、监控数据、流程数据进行综合展示，提供包括故障预警、资源拓扑展示、系统健康度等相关功能。

9.2.5 统一登录门户

综合展现包括了统一服务门户管理、权限管理等主要模块，目的是保证平台不同角色的运维人员可以通过浏览器访问到跟自身职责对应的功能和视图，达到分级角色权限管理的要求。

此外，平台还预留多种标准接口及开放的接口体系，实现和第三方系统的功能或数据集成对接，包括短信系统、邮件系统等。

9.3 资产管理配置管理库

建立统一、集中、共享的应用资源管理平台，实现应用相关软硬件资源的集中化、规范化、标准化管理。资源配置管理库涵盖所有的 IT 资源，包括各种软件、硬件资产、应用、业务单位、人员等均可被识别为配置项并存储在配置管理数据库中，能确保配置项的完整和精准。系统的默认配置项类型要包括主机、网络设备、存储设备、办公设备、数据库、邮件服务器、中间件、基础软件、虚拟化、业务应用等，是其他管理功能模块查询、处置和记录的基础。

9.3.1 资产配置

9.3.1.1 资产模型配置

资产根据类型不同可以分为不同的模型，不同的模型可以配置不同的属性，如资产入库时间、资产价格、资产评估指标、资产处置等属性，同时可以加入特性属性，如服务器 IP 地址、网络设备端口号等。

资产管理内置了数据库、业务应用、组件、虚拟、基础设施、网络设备、存储设备和安全设备。虚拟模型组下默认存在的模型有集群、大楼、机房中心及楼层；基础设施模型组下默认存在的模型有服务器、机柜及虚拟机；网络设备模型组下默认存在的模型有 F5、防火墙、交换机、路由器、Radware 及 A10；存储设备模型组下默认存在的模型有 IP 网络存储、LUN、NAS、SAN 及磁盘阵列；安全设备模型组下默认存在的模型有 IDS、IPS、UTM、VPN 及 WAF，还支持新建自定义的模型组和模型。

9.3.1.2 资产批量管理

批量管理包含模型批量导入、模型组批量导入、配置项批量导入、标签类型批量导入、标签批量导入及图标导入。除了图标批量导入外都只支持 csv 和 zip 格式的文件导入，zip 文件中要包含所需要的 csv 文件。图标批量导入在以 csv 文件导入时，还需要图片文件（png、jpg、jpeg、gif），zip 文件中需要包含 csv 文件和图片文件。

9.3.2 资产录入

资产登记入库支持自动发现、手工录入、文件导入、第三方 API 接入等方式（图 9-2）。

IT 设备基本信息管理：单台设备的基本信息包括设备名称、固定资产号、供应商、供应商电话、保修到期时间、技术状况、设备位置、资产类型、IP 地址，购买日期，设备所使用的操作系统，供应商信息等，要便于管理员编辑查询，能够对物理资产信息按照需求字段进行导出或导入。

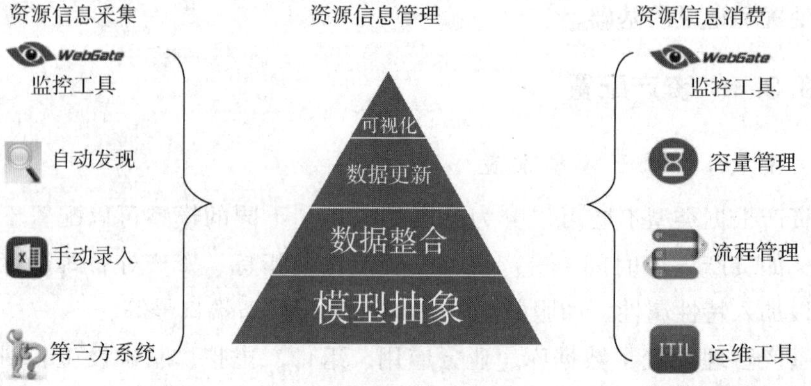

图 9-2　资产登记入库方式

9.3.2.1　自动录入

依靠自动发现机制自动录入和稽查数据的正确性，抛弃传统的手工梳理和盘点的方式。通过网络协议 SSH、Telnet、Socket、WMI、SNMP、PING 的方式采集主机、网络、安全等硬件设备的信息。通过在操作系统上安装的代理收集机器、应用信息，极大地减少人工维护量，提高配置信息的准确性。

自动发现与稽查主要包括任务管理、代理发现、网络扫描、历史数据管理等模块。

代理主要负责资源的被动型信息采集，根据提供的代理配置信息，用户可以进行安装代理，编辑代理，启动代理，停止代理，（强制）卸载代理等操作。代理安装分为自动安装代理和手动安装代理。

网络扫描主要指通过扫描规则的编辑配置，基于 SNMP 网络等协议根据扫描参数对资源进行批量发现和更新。平台内置 SNMP 映射规则库，支持对网络设备 F5、交换机、路由器、防火墙、A10 的模型属性的映射规则进行定义、编辑和删除操作，满足用户多样化设备发现的需求。

9.3.2.2　手工录入

在资产管理中，通过已经建立好的资产模型等，手工把设备的资产信息对应输入到模型中，进行新建、保存。

文件导入支持 csv 和 zip 格式的文件导入，zip 文件中要包含所需要的 csv 文件。此外还支持图标批量导入，在以 csv 文件导入时，需要图片文件（png、jpg、jpeg、jp2、jpe、gif），zip 文件中需要包含 csv 文件和图片文件。

9.3.3 资产状态展示与变更

9.3.3.1 状态拓扑展示

1. 物理拓扑

资产状态物理拓扑如图 9-3 所示。

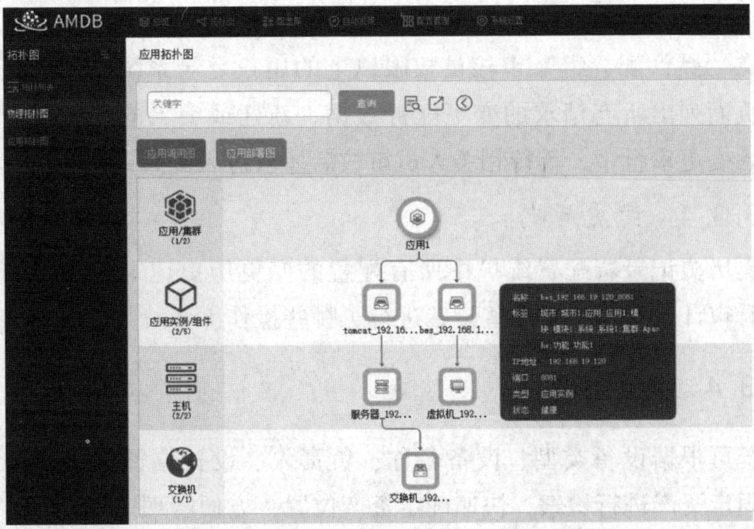

图 9-3 物理拓扑

2. 应用拓扑

信息管理系统的应用拓扑如图 9-4 所示。

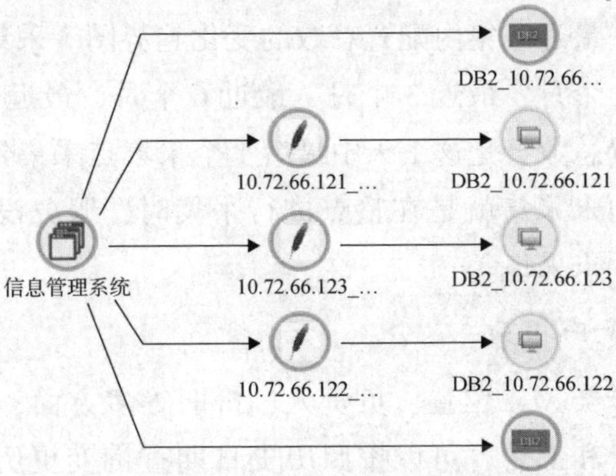

图 9-4 应用拓扑

9.3.3.2　变更申请

平台所有用户可以进入权限下的变更申请进行数据查看，进入变更申请页面，页面列出所有请求的变更配置数据。

平台用户可以对自己的请求数据进行撤销操作，撤销后对应在变更审批和变更申请中的该条记录被置为已撤销状态。

9.3.3.3　变更审批

具有“默认配置组”审核员权限以上的用户登录系统，进入变更审批页面，页面列出所有请求的变更配置数据。新建或编辑的配置，所有记录均会进入变更审批中，等待相关人员审核后才可进入配置库。

9.3.3.4　变更历史

变更历史记录着配置维护中所有配置的变更历史记录，方便用户实时进行查看审计哪些用户对哪些配置进行了哪些操作。

9.3.4　资产查询

系统可根据设备类型、设备名称、负责人、设备位置等多种关键字对机房内固定资产进行检索，快速确定资产位置，方便管理。

9.3.5　资产报表

9.3.5.1　资产总览

资产总览中会分别统计出当前日期最近1周、最近1个月、最近3个月、最近6个月、最近一年内配置总数的变化趋势图。采集将会在整点时间进行，展示最近1个月、最近3个月、最近6个月、最近1年的采集结果，日期中统计的配置总数会是这1天中最后1个采集点采集到的数量。目前存在未采集状态，而未采集就是在整点进行采集时，服务没有启动即不是运行状态，就会显示未采集。

9.3.5.2　资产报表

根据机房资产类型、位置、负责人、折旧等多方面，自动生产各类报表，便于规划设计和部署，可以按照历史日期查询变更历史记录，并生产对应的历史记录报表。报表格式包括Word、Excel、PDF、HTML等，显示方式包括曲线图、饼图和柱状图。

生成资产报表时，提供丰富的可视化组件，支持钻取、联动、筛选、链接等分析配置，内置多种聚合分析应用，开箱即用，让业务人员通过简单拖拽即可实现数据探索与分析，无需担心试错成本，更好地观察数据，与数据对话，快速洞察数据背后的关联、趋势和逻辑，让数据分析更简单、更智能，通过所见即所得的资产分析报告。

9.3.6　系统设置

严格控制数据权限，区分不同用户的修改权限，系统设置分为用户管理、角色管理、属性设置，实现将资源分类别分配给相应的责任人维护，明确职责。

9.4　基础设施监控中心

9.4.1　仪表盘

通过领导驾驶舱形式综合显现 CPU、操作系统、主机、网络、存储、数据库、中间件等基础设施的平台资源安全稳定运行状况。展现内容包括国产化覆盖率雷达图、应用系统健康度、平台资源健康度、top10 资源性能排名、资源占用情况、资源告警情况。

9.4.2　运行监控

运行监控由网络拓扑图和资源监控两组功能构成，支持用网络拓扑关系和资源分组两种视角查看平台资源运行状况。

1. 拓扑图监控

网络拓扑图，可编辑的拓扑图，区分编辑和浏览两种模式。编辑模式下应支持节点聚合/反聚合、网元和连线的增删改、设备图标可替换等基本操作；浏览模式下应支持直观反映链路流速变化的动画效果，网络链路额定带宽的连线粗细效果，节点和链路告警状态的颜色效果、告警和性能信息的钻取效果、端到端链路检索的提示效果（表 9-1）。

表 9-1　拓扑图监控元素说明

序号	元素	内容	样式	事件
1	连线	—	1. 颜色与告警级别或状态对应，分六种：提示、警告、严重、紧急；正常；失联 2. 粗细与额定速率对应，分四种：万兆以上、万兆、千兆、千兆以下	1. 鼠标 over：显示【链路信息 tab】 2. 单击：进入【点到点链路视图】
2	节点	按照“设备别名\设备名称\管理 IP”顺序显示有值的一个	颜色与告警级别或状态对应，分六种：提示、警告、严重、紧急；正常；失联	1. 鼠标 over：显示【设备信息 tab】 2. 单击：进入【节点对应模型实例视图】
3	图名	拓扑图名称	—	—
4	更多	—	—	鼠标 over：拓扑图清单，选择条目切换拓扑图
5	编辑	—	—	单击：进入【拓扑图编辑】页面
6	管理	—	—	单击：进入【拓扑图列表】页面
7	刷新	—	—	—
8	链路检索	按链路信息检索或按照状态检索	—	单机：展开检索条件
9	链路信息 tab	起止设备名称及其对应端口、额定速率、链路状态、带宽占比、可用率、网络延时、告警数	—	单击：进入告警数进入【告警处置】页面
10	设备信息 tab	设备别名、类型、IP 地址、可用率、状态、告警数	—	单击：进入告警数进入【告警处置】页面

2. 拓扑图列表

拓扑图列表说明见表 9-2。

表 9-2 拓扑图列表元素说明

序号	元素	内容	事件
1	排序	—	列表字段双击顺序-倒序
2	新增	—	单击：进入【拓扑图编辑】页面
3	删除	—	支持批量
4	编辑	—	单击：进入【拓扑图编辑】页面
5	查询	—	通用功能
6	分页	默认 20 行	通用功能

3. 拓扑图编辑

拓扑图编辑界面如图 9-5 所示。

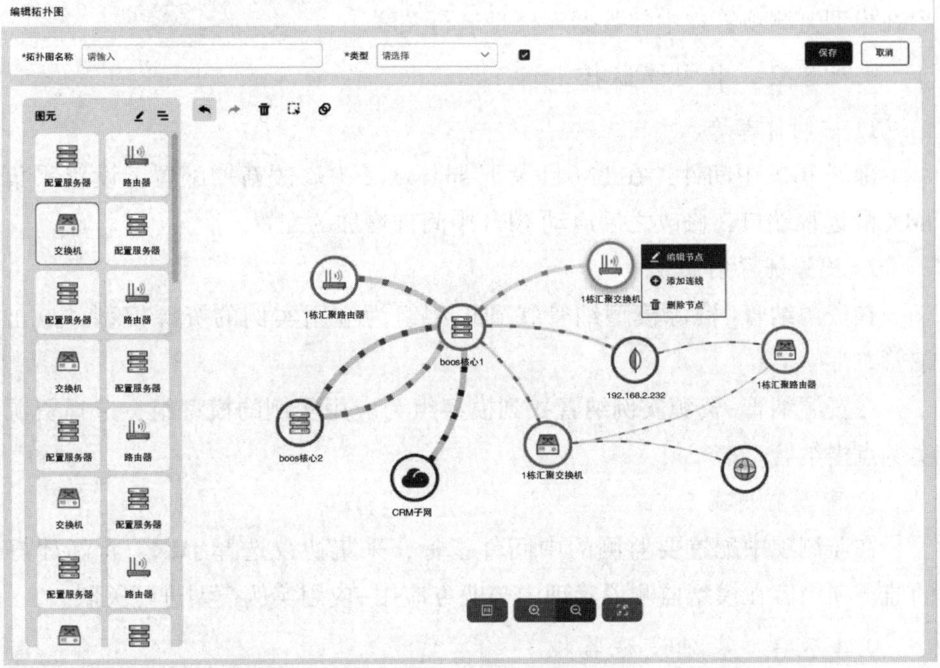

图 9-5 拓扑图编辑

9.4.3 常见基础设施监控配置示例

9.4.3.1 数据库监控

通过资源纳管、配置监测项、采集策略、组件管理可以对数据库指标进行采集、监控。

1. 配置资源纳管

在资源纳管-资源模型纳管找到模型组为数据库的资源模型，点击纳管。

在资源纳管-资源实例纳管找到模型组为数据库的模型组，选择资源实例点击纳管。

2. 配置监测项

首先，需要在采集策略中新建一种 JDBC 的协议；其次，在监测项中配置要监测的数据库指标，采集协议选择 JDBC；最后，将新建好的监测项内容在模型监测项管理中与数据库模型进行关联。

9.4.3.2 中间件监控

1. 中间件部署

部署 BES 中间件，在 bin 目录下 startsever 中修改新增配置，设置采集 JMX 的远程端口，修改之后启动 BES 中间件增加的配置。

2. 配置资源纳管

在资源纳管-资源模型纳管找到模型组为应用实例的资源模型，点击纳管。

在资源纳管-资源实例纳管找到模型组为应用实例的模型组，选择资源实例点击纳管。

3. 配置监测项

在监测项中配置要监测的中间件指标，采集协议选择 JMX，将新建好的监测项内容在模型监测项管理中与业务应用-应用实例模型进行关联。

9.4.3.3 基础设施监控

1. 各协议采集指标列表

采集对象为虚拟机，服务器通过 SSH 协议、WMI 协议、IPMI 协议采集对应的指标和指标参数。

2. 虚拟机部署

以下步骤以 SSH 协议、采集对象为虚拟机进行操作。

下载并安装 webgate-node-redhat. tar. gz，修改配置文件（node. conf）中的 zk 地址，启动 webgate-node。

3. 资源模型纳管

在监控配置→资源模型纳管，选择虚拟机，点击“纳管”，在已纳管的资源模型对应的监测项，配置监测项指标。

4. 配置采集协议

在监控配置→采集策略→采集协议，新建一个 SSH 协议。

9.4.3.4　存储设备监控

以通过 snmp 协议采集浪潮的存储阵列为例进行说明。

1. 配置资源纳管

在监控配置-资源纳管-资源模型纳管下，通过模型分组条件查找存储设备，勾选资源模型列表中的磁盘阵列，点击纳管。

在监控配置-资源纳管-资源实例纳管下，选择存储设备，勾选资源实例列表中要监控的磁盘阵列（如果没有可以新建），点击纳管。

2. 配置监测项

（1）确认当前设备需要用到的采集协议 snmp 是否已存在，如果不存在则在采集策略的采集协议下进行新建。

（2）确认当前设备需要采集的监测项及其指标是否存在，在监控配置-监测项-监测项管理下进行查找确认，如果不存在则进行监测项的新建和指标的新建，可参考监测项管理小节。

（3）将磁盘阵列模板与将采集的监测项进行关系绑定。监控配置-监测项-模型监测项管理下，通过查找快速定位到磁盘阵列模型，点击操作列的添加监测项，选择存储设备监测项进行模型与监测项的关联。

9.4.3.5　告警管理

通过设置告警策略，对异常情况进行监视和管理，将告警信息以用户设置的告警方式在第一时间通知相关人员，减少因异常情况发生给用户带来的损失。在此可以设置问题发生时采取的告警方式，目前支持邮件、短信、微信、数据库、文件和 API 方式。

9.4.3.6 移动端 H5 展示

手机端的功能展现主要是将 Web 版本的仪表盘信息功能体现在手机监控中，可以灵活方便地看到系统的整体运行状态及故障告警。总览页面是移动端访问路径。

图 9-6 总览页面

总览页面根据系统进行划分，可以方便地查看各个系统的运行状态。能够筛选全部展示、健康或故障。界面如图 9-6 所示。

9.5 流程管理中心

流程管理中心 ITSM 是在 ITIL 方法论的基础上，加入协同化、自服务、敏捷化，打通整个运维产品线的流程管理。内置多年经验沉淀积累的标准化问题管理、事件管理、变更管理的流程，同时还支持图形化定义流程。同时，会将海量工单形成知识库，以及统计流程各环节处理时长和用户考核数据等信息，从而为提高流程管理效率提供数据支撑。此外，ITSM 可快速接入第三方系统，为其流程管理服务。流程管理服务架构如图 9-7 所示。

9.5.1 工单管理

所用工单展示与当前登录用户相关的所有工单，同时提供新建、处理、删除、查询等操作。

（1）支持普通节点、会签节点、子流程、分流网关、并行网关、汇聚网关。

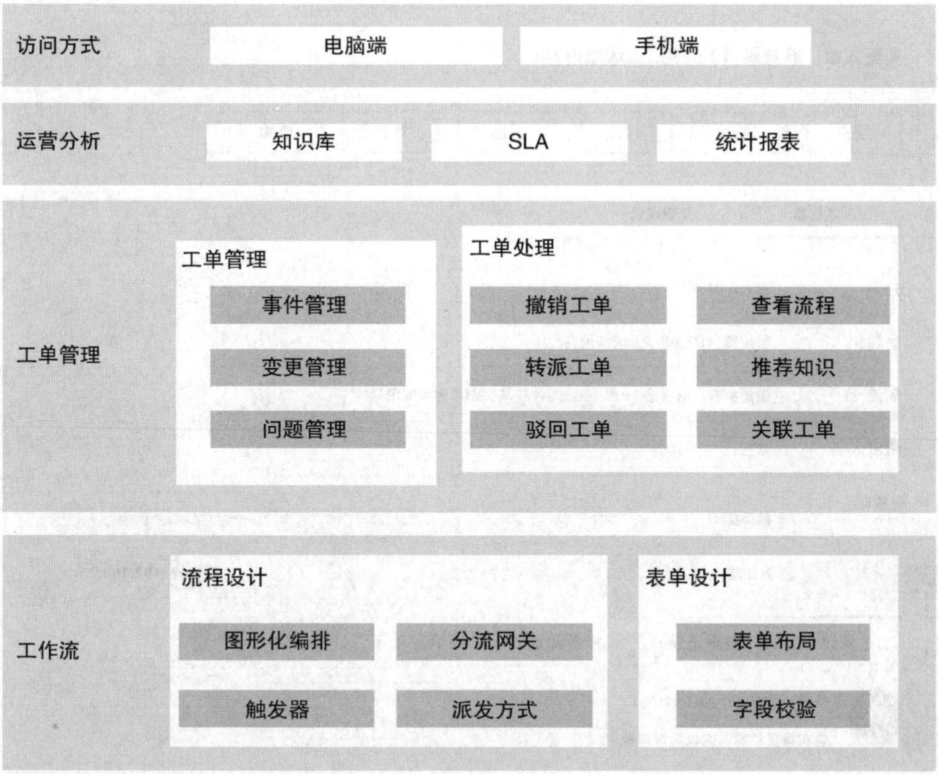

图 9-7　流程管理服务架构

（2）支持设定流程节点绑定表单内容。表单设计中可以设定表单包含哪些字段及每个字段的校验规则。

（3）支持手动指定下个节点处理人，自动分配下个节点处理人去处理工单。

（4）支持转派、评论、驳回、保存草稿。

（5）支持流程节点绑定触发器去触发邮件通知、短信通知、API 触发第三方系统执行相应动作。

9.5.2　工作流

流程设计是 ITSM 的核心，用于设定流程包含哪些节点，每个节点绑定哪个表单，形成具体的流程。用户可以创建状态为启用的流程工单，进行流程服务管理，工单变更业务处理如图 9-8 所示。

图 9-8 工单变更业务处理

1. 流程列表

（1）启用状态的流程，操作列没有编辑按钮；未启用状态的流程，操作列有编辑按钮。

（2）删除流程后，已经在流程中的工单不受影响，启用的流程不能删除。

（3）内置事件工单流程、问题工单流程、变更工单流程，不可编辑和删除。

（4）查询、新建和删除在列表上方，预览、复制、编辑功能在列表的操作列。

2. 新建流程

先决条件：工作流—表单设计—表单列表，新建好表单，存在表单数据。

菜单导航工作流—流程设计—流程列表，点击新建按钮，打开新建流程页面，默认开始节点连接一个任务节点，第一个任务节点为发起人的流程，如果需要审批，最少两个任务节点，最后加上流程结束节点。

设置步骤名称，选择建好的表单，默认带出所属部门。然后再添加一个任务节点，通过拖拽或者快捷按钮。

选择候选处理人，支持角色、指定用户、默认用户；勾选是否允许驳回、是否允许转派等功能，最后保存即可。

流程属性说明见表9-3，常见节点属性说明见表9-4。

表9-3 流程属性说明

配置项名称	说明
名称	流程名称
流水号格式	自定义流水号格式，例ITSM20200814001
产品	数据来自系统管理-接入系统，选择的产品可以使用该流程
描述	流程的描述信息
启用	流程是否启用
抓手工具	可以移动流程画布
套索工具	框选流程节点
连线工具	连线流程节点
开始	流程的开始节点，不能进线，只能出一条线
结束	流程的结束节点，进多条线，不能出线
网关	目前支持互斥网关、并行网关 互斥网关： 1. 只能进一条线，出多条线，其后的连线画出后自动弹出条件设定框。具体某个流程只走其后一条路 2. 点击分流网关后的连线时，弹出跳转规则设定面板 3. 跳转规则可以添加跳转到不同步骤的设置，当满足条件时即流向该分支。所有跳转步骤不允许重复出现 （1）条件可选值：满足全部条件、满足任一条件 （2）条件下面的第一个框可选值：各节点的字段 （3）第二框可选值根据第一个框的选择变化

续表

配置项名称	说明
网关	若第一个框选择的字段提前知道备选值，比如下拉单选、下拉多选、单选、多选等，则第二框可选值有：=、≠，第三框下拉展示所有备选值，支持多选。 若第一个框选择的字段是单行文本框、多行文本框这种没有备选值的字段，第二个框可选值：包含、不包含、=、≠，>、≥、<、≤，可以添加多个 并行网关： 进一条线，出多条线。具体某个流程走其后所有条路
任务	任务节点都是只能进一条线，出一条线，目前支持用户任务，基于用户进行流程处理

表 9-4　节点属性说明

配置项名称	说明
步骤名称	流程的节点名称
节点表单	来自表单列表的自定义表单数据
分配方式	上个节点指定、自动分配、主动认领三个选项
候选处理人	指定用户、角色、所有用户，其中指定用户和所有用户选项，有默认处理人
默认处理人	当分配方式为自动分配时，才有该属性，默认处理人下拉内容为候选处理人，流程流转到该步骤时自动发配给默认处理人
允许驳回的步骤	当勾选允许驳回后才出现。下拉多选，下拉框展示当前节点前的步骤
会签	1. 节点表单：会签的每个人都需要填写该表单 2. 通过规则：下拉单选，下拉框展示：全票通过、一票通过、一票否决、设定通过比例、设定通过票数 3. 会签人：选择哪些人需要会签，并行处理 4. 流程步骤决定会签通过或不通过，会流转到哪个下一步骤，每个步骤都是多选框 5. 处理工单时，对应节点的人填写下拉单选，通过、不通过。可以看到会签其他人填写的内容

流程设计的具体使用描述如下所述（图 9-9）。

（1）抓手工具使用：点击抓手工具，出现手型图标，移动到右侧画布，移动节点即可。

（2）套索工具使用：点击套索工具，出现框选图标，移动到右侧画布，框选节点或范围即可。

（3）连线工具使用：点击连线工具，然后点击右侧的起始节点，然后拖到目标节点，点击鼠标即可连接两个节点。

（4）节点使用：点击左侧节点不放（开始、结束、网关、任务），然后拖拽到右侧画布即可添加该节点。

节点快捷操作使用：直接单击某个节点，出现快捷操作，选择下一步节点即可，然后设置相应的类型（图9-10）。

点击扳手图标，选择类型（图9-11）。

会签功能使用介绍如下：点击任务节点，点击扳手图标，点击上方的并行多重事件、时序多重事件或循环按钮即可。节点属性填写：点击节点后，右侧出现属性模块，根据属性填写或选择合适的属性值即可。

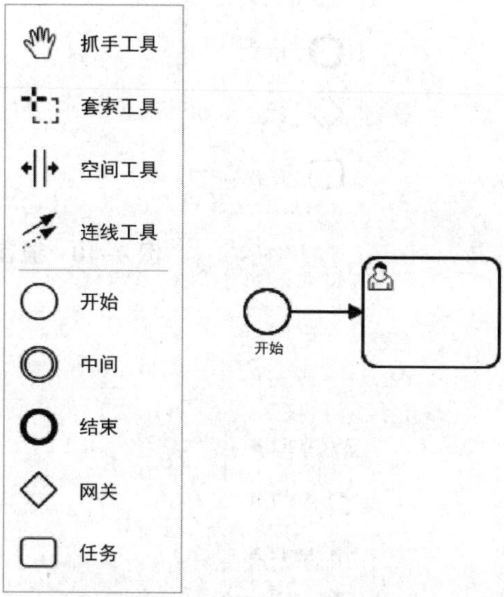

图9-9　流程设计页面

通知的使用如下。

在普通任务节点、会签节点时，都可以设定通知。支持邮件和API通知，API通知可以触发其他产品进行对应动作。

点击任务节点，右侧属性模块，找到通知，点击开启。

快速添加节点名称使用：双击节点，节点出现输入光标，输入节点名称回车或者单击空白处即可。

3. 编辑流程

在流程列表页面，我们可以点击列表操作列的编辑按钮，进行流程编辑操作，修改流程基本信息、流程内容，保存即可。注意未启用的流程才可以编辑，启用的流程没有编辑操作。

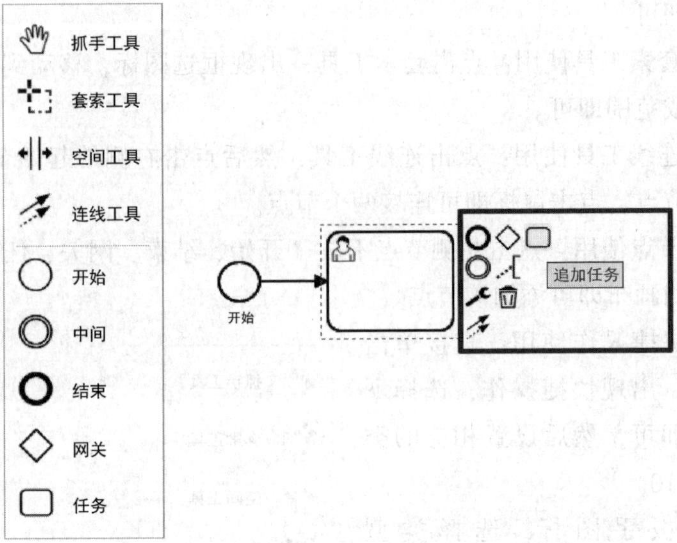

图 9-10　流程节点快捷操作

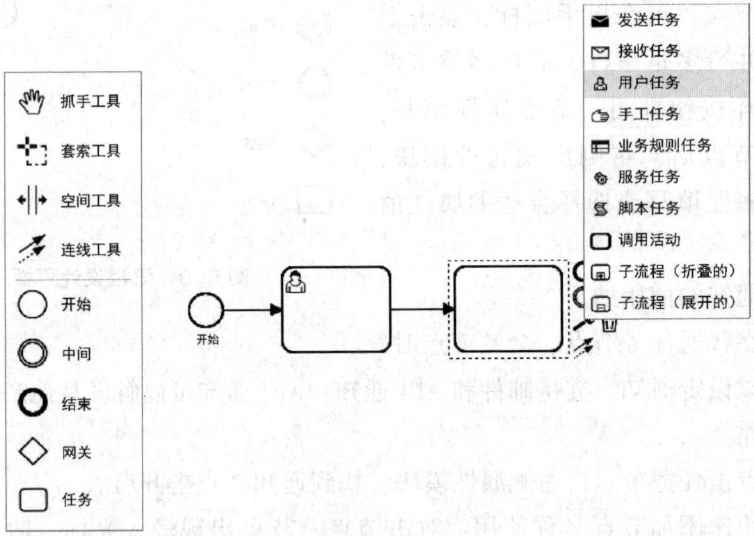

图 9-11　任务节点-用户任务

4. 预览流程

在流程列表页面，我们可以点击列表操作列的预览按钮，进行流程预览操作。

5. 复制流程

在流程列表页面，我们可以点击列表操作列的复制按钮，进行复制流程操作，修改流程基本信息、流程内容，保存即可。

6. 删除流程

在流程列表页面，选择一个或多个未启用的流程，点击删除按钮，删除成功会提示删除成功。启用的流程不可删除，启用流程的勾选框默认禁灰。

7. 查询流程

根据状态（启用、未启用），名称可以进行联合查询和单独查询，名称支持模糊查询。

9.5.3 表单设计

表单设计是设定每个表单中包含哪些字段，以及每个字段的校验规则，最终形成的表单为流程设计时绑定表单用。

显示所有的表单，内置表单有创建、问题处理、一线处理、二线处理、变更处理、关闭。勾选框不可勾选，操作列无编辑。自定义表单可以进行编辑和删除。所有表单都可以进行预览操作。

9.5.4 移动端访问

为了便于运维工程师对于当前工单任务进行及时响应，流程管理中心还兼容移动端访问。

9.5.5 SLA、统计报表

统计报表可以对每个用户处理工单量、处理时长进行统计，以及对不同类型的工单的每个环节处理时长统计，以便于明确哪些环节需要提高效率，并支持导出。

9.6 可视化中心

可视化中心将资产管理、基础设施监控、流程管理中心的资产数据、拓扑图、监控数据、告警数据集成至大屏，进行集中展示。

9.7 统一登录门户

统一登录门户是内部运维人员运维管理的人机交互接口，提供了面向不同角色人的友好界面，方便操作，使得相关人员只要通过门户登录系统，就可以将角色所需的信息和功能推送到浏览器上，进入到当前角色权限可以看到的信息面板。

另外，统一登录门户可以集成各个运维模块登录门户集成，做到“统一登录”是自有系统的一次性用户名、密码验证，各系统间跳转，不再需要用户名密码验证。

分级角色权限管理包括用户管理、角色管理和权限管理。

用户管理包括用户信息清单和用户信息编辑。

(1) 用户信息清单。

列表页面，字段包括用户名、角色、实例组、描述、操作（编辑）。

页面操作：支持查询、编辑、用户名排序。

(2) 用户信息编辑。

编辑页面，字段包括：用户名、手机号码、邮箱地址、描述。

页面操作：支持保存、取消。

角色管理包括角色管理清单和角色管理编辑。

(1) 角色管理清单。

列表页面，字段包括：角色名、描述、操作（编辑、删除）。

页面操作：支持角色名查询、编辑、删除、批量删除、角色名排序。

(2) 角色管理编辑。

编辑页面，字段包括：角色名、描述、资源配置。

页面操作：支持保存、取消、资源配置单选、多选、全选、重置。

功能资源主要控制不同角色用户拥有不同的菜单权限，新增或编辑角色时要进行勾选功能资源，未勾选的功能资源就代表该角色下的用户没有该菜单权限。

(1) 角色分配全部功能资源权限。

编辑或新增角色时，在功能资源点击全选，点击保存。

在统一认证平台新增用户，待数据同步，在用户管理列表展示在统一认证平台新增的用户，给用户赋予新增的功能资源权限的角色，用该用户登录系统，拥有全部菜单权限。资源纳管菜单及子菜单、采集策略菜单及子菜单、告警策略菜单及子菜单、视图配置菜单及子菜单等展示设备资源内容受设备资源权限控制。

（2）角色未分配功能资源权限。

编辑或新增角色时，在功能资源不勾选任一功能资源，点击保存。

在统一认证平台新增用户，待数据同步，在用户管理列表展示在统一认证平台新增的用户，给用户赋予新增的功能资源权限的角色，用该用户登录系统，登录后页面显示401，表示没有任何菜单页面的访问权限。

（3）角色分配部分功能资源权限。

编辑或新增角色时，在功能资源勾选部分功能资源，点击保存。

在统一认证平台新增用户，待数据同步，在用户管理列表展示在统一认证平台新增的用户，给用户赋予新增的功能资源权限的角色，用该用户登录系统，登录后显示勾选的部分功能资源对应的菜单，未勾选部分不展示。

9.8　第三方接口

9.8.1　系统集成接口

提供统一认证接口，可以集成到第三方系统运维门户，也可以集成第三方系统到门户。

9.8.2　系统数据及服务接口

提供标准的API，方便将数据对接给第三方系统消费，也支持第三方监控、运维工具将收集到的配置信息通过API接口写入到AMDB中，帮助AMDB录入新增数据，并及时更新旧数据。

9.9 平台建议部署方案

根据项目建设的经验及平台的支撑能力，提供两种方案进行运维管理平台的整体建设。

9.9.1 分级部署

在实施过程中可以很方便地实行分步实施，降低实施风险，可分单位逐步进行部署；可以在各独立系统上线运行成功的基础上，最后部署交换中心即可。

由于采用分布式部署方式，每个单位都需要部署一套独立的硬件系统（服务器、防火墙等）和软件系统（统一身份管理系统的访问模块），前期相对投入较大。

9.9.2 集中部署

统一身份建设管理：由于系统所有用户单位共用同一套统一身份认证管理系统，统一管理集团的身份信息，下级单位可以通过分级分权的模式管理各自单位的用户信息。构建统一身份管理认证的基础设施，避免集团内部身份重复建设，降低业务获取身份与认证建设的额外成本。

快速集中部署：由于系统主要设备都部署在集团总部，集团成员单位对网络等的要求相对降低，可以在集团部署后迅速部署。

维护方便：由于只在总部部署一套系统，所以系统建设同时系统维护比较方便。